中国轻纺城发展口述史

ZHONGGUO QINGFANG CHENG FAZHAN KOUSHU SHI

浙江工业大学之江学院
绍兴市布商研究中心 编著

郑雅萍 主编

ZHEJIANG UNIVERSITY PRESS
浙江大学出版社

↑ 20 世纪 70 年代的柯桥水上布街

← 20 世纪 80 年代“小船户头”布样推荐

↓ 20 世纪 80 年代的布摊一条街

↑ 20 世纪 80 年代的柯桥轻纺产品市场

← 20 世纪 80 年代末的绍兴轻纺市场

↓ 20 世纪 80 年代的绍兴县纺织企业

↑ 20 世纪 90 年代初交易繁忙的轻纺城

→ 20 世纪 90 年代中国轻纺城外景，货运繁荣

↓ 1994 年 4 月 28 日柯桥经济开发区成立、中国轻纺城北市场开业

↓ 1994 年 4 月 28 日轻纺大桥开通

↓ 1999 年首届中国轻纺城纺织品博览会

↑ 现代化纺织车间（2003 年）

←2010 年花样版权保护四地签约仪式

↓ 中国轻纺城全景（2018 年）

↓中国轻纺城老市场交易区

↓钱清中国轻纺原料城

↓ 中国轻纺城坯布市场

↑ 中国轻纺城北市场

↑ 中国轻纺城东市场

↑ 中国轻纺城北联窗帘布艺市场

←中国轻纺城东升路市场

↑ 中国轻纺城国际贸易区

↑ 中国轻纺城联合市场

↑ 中国轻纺城国际物流中心

← 中国轻纺城创意大厦

↓ 中国轻纺城跨境电商中心

←绍兴柯桥经济技术开发区（浙江绍兴滨海工业园区）

↓中国轻纺城 CBD 夜景

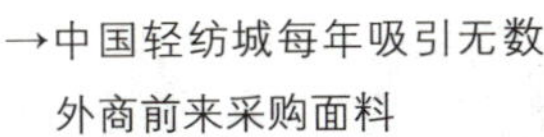
→中国轻纺城每年吸引无数外商前来采购面料
→“纺城有家”创新浙江市场党建工作标杆（2018 年）
→2015 年纺博会（秋季）场景

←2018 年柯桥时尚周走秀活动

↑ 2017 年“中国轻纺城 – 由衷杯”全国服装模特邀请赛

↑“柯桥国际纺织之都展团”首次走进非洲，开启对非丝路合作新篇章（2019 年）

↓敦礼为衣——首届柯桥·中国国际礼服设计展

↑ 2018 年首届世界布商大会“丝路柯桥·布满全球”启动仪式

↓ 2018 年首届世界布商大会开幕式

↓ 2019 年第二届世界布商大会全球纺织产业高峰论坛

↓ 2020 年第三届世界布商大会开幕式

↓ 2020 年绍兴柯桥轻纺城海外联合商会正式成立，轻纺城海外火种计划全球发布会

↑ 2021 年 6 月 28 日，绍兴地铁 1 号线柯桥段通车，从中国轻纺城直达省会杭州

序一

PREFACE

一丝一缕，牵连古今中外；一针一线，关乎国计民生。中国纺织服装行业一直以来都是国家经济发展的重要支撑、人民美好生活的重要承载、对外经贸往来的重要领域。经过多年的发展，行业生产制造能力与国际贸易规模已稳居世界首位，产业基础高级化、产业链现代化水平显著提高。中国工程院的研究显示，纺织行业是我国制造业处于世界先进水平的 5 个行业之一，位于我国制造业迈向世界强国阵列的第一梯队。

从全球看，中国纺织行业的全球竞争优势，来自已经形成的全球规模最大最完备的产业体系，来自纺织印染的有机衔接、产供销的协同推进、产学研的系统协作。其中，专业市场是畅通产业循环、形成协同优势的关键一环。

专业市场连接供给与需求，汇聚制造经济、信息经济、服务经济，是提升产业效率和产业协作的有力支撑；专业市场赋能企业与渠道，延展消费内容、消费场景、消费生态，是实现消费牵引和价值转换的核心所在；专业市场融通产品与服务，整合产业优势、市场优势、区域优势，是优化要素循环和资源配置的重要平台。行业规模经济的实现离不开专业市场规模经济的实现，行业高质量发展离不开专业市场的高质量发展。据中国纺联流通分会统计，2020 年我国 1 万平方米以上纺织服装专业市场已有 925 家，市场经营面积达到 7618.61 万平方米，市场商铺数量达 142.19 万个，市场总成交额达到 2.28 万亿元。

在众多纺织服装专业市场中，中国轻纺城无疑是佼佼者。中国轻纺城坐落于绍兴柯桥——托在一块布上的城市，从 20 世纪 80 年代开始，由自发的“集”起步，到初具规模的“市”，到现代化的“城”，中国轻纺城由小而大，与区域同发展、与产业共成长。目前，中国轻纺城已形成庞大的群体市场，成为全球规模最大、产品最齐全的纺织品集散中心。全国 1/3 的面料交易、全球 1/4 的面料交易都在这里发生。2020 年，中国轻纺城线上线下两个市场成交额达 2770.3 亿元。

回看 30 多年的发展历程，中国轻纺城成功走出了一条具有产业特色的专业市场发展之路。一是坚持市场导向。轻纺城紧扣市场脉搏，积极在市场形态、市场制度、市场组织等方面探索，率先创建“柯桥轻纺产品市场”、成立全国第一家以大型市场为依托的股份制企业，每一次的转型，都是将更好地满足市场需要作为基点。二是坚持创新驱动。轻纺城由集贸市场演变成集现代商贸、品牌孵化、金融服务、时尚设计等于一体的服务综合体，线上与线下融合发展、国内与国际融合发展，这一切的背后正是轻纺城顺应时代潮流，执着追求创新的努力。三是坚持融合发展。轻纺城始终同产业、市场、城市建设保持联动，融入区域发展的潮流、产业调整的潮流、市场拓展的潮流，整个市场的集群化、集约化、国际化水平不断提升，千亿级产业集群与千亿级市场相得益彰。

当前，世界百年大变局的特征正在持续演化，疫情对未来世界的影响广泛深远，全球力量对比和经贸格局都在发生深刻调整；中华民族伟大复兴战略全局的实践稳步推进，中国已经开启全面建设社会主义现代化国家的新征程。统筹融入两个大局，立足新发展阶段，中国纺织服装行业正在确定新的定位，即"国民经济与社会发展的支柱产业、解决民生与美化生活的基础产业、国际合作与融合发展的优势产业"。在"双循环"新发展格局中，践行新定位，推动产业高质量发展，实现内外市场战略衔接、供给需求相互促进，需要一批像中国轻纺城一样的优秀纺织专业市场。

"择善而从，则可久之业益彰矣，可大之功尤著矣。"学习中国轻纺城的发展历程，对于推动整个行业专业市场的发展大有裨益。这部《中国轻纺城发展口述史》正是对中国轻纺城多年来创新实践的生动呈现。浙江工业大学之江学院绍兴市布商研究中心负责人郑雅萍研究员，带领团队成员采取口述史的方式，访谈了100位典型人物，以普通人身份从不同视角生动反映中国轻纺城的发展轨迹、体制改革、经济贸易、科技创新、时尚设计、文化创意、社会治理、管理服务等内容，全方位展示中国轻纺城改革发展历程，深度解码中国轻纺城的成功逻辑，以此书献礼中国共产党成立100周年具有深远的意义。本书在内容上具有重要的史料价值和实践价值。希望业内同仁、各界人士能一读此书，从中获取经验、汲取智慧、更好前行。

站在"两个一百年"奋斗目标的历史交汇点上，让我们以习近平新时代中国特色社会主义思想为指导，以党的十九届五中全会精神为基本遵循，以"科技、时尚、绿色"的产业实践，坚持产业高质量发展，为中华民族伟大复兴贡献产业的力量！

孙瑞哲

（孙瑞哲　中国纺织工业联合会会长）

2021年5月于北京

序二

PREFACE

在庆祝中国共产党成立100周年之际，设立在浙江工业大学之江学院的绍兴市布商研究中心精心组织、编著了《中国轻纺城发展口述史》（以下简称《口述史》）一书。百名受访者用自己质朴的语言讲述了在轻纺城创立、发展过程中亲历的故事，向党的百年大庆献上了一份别开生面的厚礼。我有幸拜读了书稿清样，乐以三点读后感聊以为“序”，与读者分享。

一、“中国轻纺城”的贡献与特征

本人作为一名经济学者，在20世纪80年代就开始关注柯桥轻纺市场，尤其是20世纪90年代初以来，由于担任浙江省义乌市政府顾问一职，经常到与义乌中国小商品城市场相距百余公里的“中国轻纺城”市场学习调研，并开展比较研究。

专业批发市场是20世纪70年代末80年代初首先在浙江、江苏、广东、福建等省的一些农村涌现出来并发展壮大，而后逐渐向全国推开的新兴事物。此后几十年来，国内外经济形势复杂多变，不少专业市场经营户在激烈的市场竞争中屡屡遭遇困难、挫折，甚至难以为继，但中国轻纺城市场同义乌中国小商品城市场一样，从“马路市场”，逐步提升为区域性市场、全国性市场和国际性市场，成功实现了线上线下、出口进口、内贸外贸、批发零售相结合的成功转型，至今巍然屹立，越战越勇。

回顾“中国轻纺城”市场及其他一些适时转型升级的大型专业批发市场的发展历程，我认为其主要贡献和特征有三：一是专业市场的产生、发展符合广大农民勤劳致富的迫切愿望，其中一些眼光较远、胆子更大的“弄潮儿”喝到了“头口水”，成为第一批难能可贵的市场主体；此后又逐步实现了向年纪更轻、文化更高、接受新理念新技术能力更强的接班人有序传承。这说明：市场经验千万条，市场主体第一条；主体提升，市场常青。应该说这是中国轻纺城等“国字号”市场及其他一大批新型专业市场危中寻机、难中求变的第一条经验。二是产业联动，建立产业与市场的有机联动和良性循环。市场是命根子，实业是腰杆子，从马克思《资本论》的论述来讲，就是形成了生产、流通、分配和消费四种循环的连续性和并存性。物质生产是人类社会生存发展的基础，而“衣”被列为人人都不可或缺的消费品之首，因此研究纺织业的生产、流通、分配和消费是具有重大意义的。历史上号称“日出华舍万丈绸”，而今因有万余家相关企业的纺织产业仍堪称第一支柱的柯桥乃至绍兴，其纺织企业和其他各种市场主体，与轻纺城市场密不可分，相互支撑的特征尤为明显；三是市场和政府“两只手”紧密联系，各司其职，相互支撑。1982 年谢高华任中共义乌县委书记时，最早提出创办第一代小商品市场的义乌就是一个最有说服力的最好例证。当然，绍兴市尤其是原绍兴县（2013 年 10 月改为柯桥区）这方面也创造了很好的经验，亟须将这些经验进一步地挖掘和梳理。

二、编写《中国轻纺城发展口述史》的样本意义

具有群众性、共享性、自主性、开放性等优势的专业批发市场是中国特色社会主义经济的微观基础，它的产生、发展和提升完全符合社会主义市场经济发展的客观规律，是广大劳动群众走向共同富裕的大平台。《口述史》其实不只是简单记录一个市场的建设轨迹，更是解读一个时代发展的印记。

由百名亲历者、见证者忆往事、谈体会、论未来，对读者，尤其是年轻学生学懂、弄通、做实习近平总书记关于以人民为中心、充分发挥市场和政府“两只手”作用的一系列重要论述，具有很大的启示意义。尊重和发挥市场的决定性作用，首先就要充分尊重各类工商企业、门店摊位经营者，为市场服务的法律、金融、信息等中介机构，以及市场管理者和其他主体的合法权益，尤其要尊重和发挥承担研发新产品、新技术、新渠道之重任的科研单位的自主权和创造性。

《口述史》一书的难能可贵之处首先是在第二至第六章分类、记述、整理了上述各类市场主体的回忆和思考，与读者分享他们的创业创新故事，具有很强的历史感和现实性。其次，本书第一章收录了不同层级党委政府机关领导、有关机构的负责人在培育市场、引导主体、管理创新方面的所作所为、所思所想，这是在轻纺城发展史上充分发挥“政府的重要作用”的一份真实记录，可以给后来者以很大的启示；对我个人而言，纪根立书记、诸剑明副书记、周如生局长等都是我在柯桥和绍兴调研时所结识的老领导、好朋友，阅读他们的口述稿，使我有一种回到珍贵的“往日时光”的亲切感。最后，本书专设第七章记述了并不直接参与经营管理，也谈不上政府官员的轻纺城发展的“见证者”“宣传者”“支持者”的回忆与感想，这说明了本书主编和同仁具有全局观、开放度和感恩之心。记得 2006 年浙江省委省政府在总结发布“义乌发展经验”（共 6 条）后召开的理论研讨会上，我发言的题目就是“义乌经验第七条：众人拾柴火焰高”，令人欣慰的是，这个“第七章”，与我当年讲这番话的初衷是一致的，这可能也与我们都是力求更全面更理性地看问题的学者有关吧！

三、浙江工业大学之江学院（绍兴市布商研究中心）的时代担当

浙江工业大学是我省著名的高校，“上天入地”是历届校领导一以贯之的办学思路。早在 1999 年，于杭州钱塘江畔创办了浙江工业大学之江学院，初衷就是把它办成为地方经济社会发展服务的重要平台之一。浙江工业大学之江学院于 2013 年迁建至闻名于世的绍兴柯桥后，时任浙江工业大学之江学院党委书记郑雅萍和历任院长，带领学院专家学者和其他师生，紧紧抓住“国际纺织之都，现代商贸之城”所提供的更大平台，为柯桥、绍兴、全省乃至全国发展做出了应有的贡献，这是值得赞赏的。

口述史作为一种特殊的写作纪实方式，既生动活泼，又富有真实性，非常值得提倡。编写口述史是一项时间跨度很长、涉及面很广的工作，尤其是约请、采访、记录、整理 100 位亲历者从不同视角对“中国轻纺城”发展历程的“口述”，工作量和难度很大，做好这件要事、好事、大事，是人少事多的党史办、档案馆、轻纺城建管委等单位都心有余而力不足的，在此关键时刻，浙江工业大学之江学院的“绍兴市布商研究中心”当仁不让，勇挑重担，完成了这一光荣而又艰巨的任务，这是很不容易的。

我相信并期待，浙江工业大学之江学院（绍兴市布商研究中心）今后能把学术研究与地方经济社会服务更好地融为一体，取得更多优秀成果。

陆立军

（陆立军　浙江省特级专家）

2021 年 5 月

前言

FOREWORD

惠风一来，风景骤变。

这是一个神话般的崛起。始于乌毡帽戴戴、乌篷船摇摇的“水上布街”，一个自发形成的乡镇集市；20 世纪 80 年代末，乡镇企业兴起及其“改制”之风，让无数人从传统的慢节奏中一下子苏醒过来，激情创业；绍兴柯桥，正是借着这股东风，驶入了现代纺织工业的“高速轻轨”，不断加速，缔造出“丝路柯桥·布满全球”的“国际纺织之都”神话。

一

纺织产业是绍兴市柯桥区的传统产业、支柱产业、富民产业，从隋唐的“越罗”名扬天下，到明清的“时闻机杼声、日出万丈绸”，尤其是改革开放以来，柯桥历经“化纤革命”“无梭化革命”“染整革命”等一系列技术革新，已形成从前道 PX、PTA 再到化纤、织造、印染、服装、家纺一条龙的纺织全产业链。柯桥也因此被誉为“托在一块布上的经济强区”。而今，坐落在绍兴柯桥的“中国轻纺城”更是誉享全球，成为全球规模最大、经营品种最多的“纺织品集散中心”之一。

与其他地方的市场不同，中国经纺城是一个与本地产业结合十分紧密的专业轻纺市场。20 世纪 80 年代从土地中释放出来的剩余劳动力进入乡镇纺织厂，“离土不离乡”，大批农民“洗脚上岸”开始“跳迪斯科”（生产涤丝面料）。大批经营者发扬千方百计、千言万语、千山万水、千辛万苦的“四千”精神，把产品销往全国各地。1988 年，绍兴轻纺市场首次被国家工商局命名为“全国文明集贸市场”。1992 年，经国家工商行政管理局批准，“绍兴轻纺市场”更名为“浙江绍兴中国轻纺城”，成为全国首家以“中国”命名的专业市场。

在中国轻纺城萌芽、发展与飞跃的过程中，坚持以产业为基础、以市场为中心、以政府为主导，因势利导，监督、管理与服务并重，通过“二次创业”“三次创业”的科学谋划，使轻纺城避免了无序发展，克服种种困难，顺利进行体制改革，倒逼企业开展“无梭化革命”“纤维革命”等技术升级，推动印染集聚，创建蓝印时尚小镇，全面推进印染产业数字化改革，不断提升产业内涵，提高附加值，及时更新升级产业链，逐渐成为中国乃至国际的纺织品交易中心、信息中心、技术开发中心和价格发布中心，并正在向世界级先进制造业集群迈进。这说明，一个有着产业基础的自发市场，在科学合理的引导与谋划下，可以激发出无限的生机与活力。在市场的有效调节下，中国轻纺城实现了从自发到自由状态的飞跃。

更重要的是，随着轻纺城的建设与发展，一座现代化的商贸之城崛起了。在高速发展的轻纺城基础上，绍兴县以柯桥为圆心，铺开了现代化城市建设。就在“中国轻纺城”冠名的那年，绍兴县委确定“兴商建市，兴市建城”的发展战略。从1992年的轻纺大桥，到火车站、104国道、329国道、高速公路的交通网络建成，针对印染企业的排污与蓄水工程，公共基础设施建设与科教文卫的提升，一个欣欣向荣、飞速发展的现代化县城从蓝图变成了现实。2001年，绍兴县人民政府驻地迁至柯桥，结束了绍兴县“有县无城”的历史。市以城成，城以护市，这座从轻纺城起步的现代化城市，倒是对接了“城市”形成的古义。

从2010年开始，柯桥通过整整8年的努力，将散布全区的印染企业进行集聚提升，建立了一个“绿色高端、世界领先”的特色小镇——蓝印时尚小镇。印染企业数量由集聚前的212家整合到108家，累计腾退土地约1.3万亩，规上单位工业增加值综合能耗同比下降8.1%，每米印染布附加值提高15%以上，行业税收同比增长10%，柯桥印染业实现“绿色突围”的同时，也实现了市场、企业、政府、老百姓的多方共赢。

二

历史是最好的教科书、营养剂。

从最初的乌篷船，到钢丝床的路边布街，从钢架玻璃瓦棚水泥板的轻纺市场，到“南北中西东”五大市场区域格局，再到高楼大厦鳞次栉比的城市商务中心，谁能料到“一块布”托起了一个大市场、一个大市场更是孕育出一座大城市？绍兴依托独具本地特色的产业基础，建立专业市场，建设现代化商贸城市。中国轻纺城发展的历史，同时也是乡镇企业发展的历史，是东南沿海新型城镇化进程与城乡协调发展的突出代表，更是一部践行“八八战略”的改革开放历史。在中国轻纺城“浙”一片热土上，政府官员、企业家、商会与协会、布商与客户、设计师、产业工人们拧成一股绳，各尽其责，各使其能，以汗水浇灌了时间之花，以勤劳推开了产业之门，以智慧熔铸了经济之果，成为领跑竞跑的“重要窗口”和“萌发地”。2003年，时任浙江省委书记习近平专门为纺博会发来贺信：“希望绍兴县继续努力，通过举办这次纺博会，进一步促进纺织产业的国际经济技术交流与合作，积极营造纺织产业新优势，加快推进全省经济社会新发展。”

无论在经济政策调整、乡镇企业发展遭遇瓶颈、轻纺城倍受争议，还是向国际贸易升级、打造国际纺织之都的多个关键时期，轻纺城人“咬定青山不放松”，充分发挥当地产业特色和区域优势，并进一步培育和优化转化，推动经济社会发展，增加创新优势，再上新台阶。今天的轻纺城，市场总面积从2000年前后的70万平方米扩展到目前的390万平方米，扩大了5倍多的规模。南部的传统交易区不断改造升级，中部的国际贸易区日益繁荣，北部的创新发展区活力日显，西部的钱清原料交易区稳定发展，东部的物流仓储区配套完善。还开设了网上轻纺城，到目前为止年营业额已达607亿元。2020年，中国轻纺城年成交额为2700多亿元。坚持纺织产业和轻纺市场联动，以市场带动产业升级，全面推进市场智能化、产业时尚化，线上＋线下、国内＋国外四轮驱动。通过时尚周、纺博会、世界布商大会等活动扩大了国际影响力，正在更大区域、更高层次上发挥中国轻纺城纺织产业、轻纺市场的集群优势和集散能力。

一张蓝图绘到底，一任接着一任干。中国轻纺城取得的成绩，是来自世界各地的生产经营者几十年共同奋斗的结果，更离不开绍兴县(柯桥区)党员干部“靠作风吃饭、凭实绩说话”的优良传统。不论是“围涂精神”还是“四千精神”，都是担当使命、励精图治、奋勇争先的宝贵精神财富。这，也是中国轻纺城迅猛发展、繁荣兴旺并与时俱进、华丽转身的重要密码。

三

书映百年伟业，传承红色记忆。在中国共产党成立百年之际，浙江工业大学之江学院、绍兴市布商研究中心倾情奉献了《中国轻纺城发展口述史》这份特殊礼物！

百人百篇，写意同一个画卷。全书共收录涉略“中国轻纺城”决策与管理者代表18人、商会与协会负责人代表15人、老中青企业家代表22人、布商与客户代表10人，外商与外贸代表12人、时尚与科创代表12人、媒体与文创代表11人，合计采集“口述”文稿100篇。

全书共分七章。

第一章“决策与管理”，口述者都因工作关系，亲历和参与了“中国轻纺城”各时期重点、节点的决策管理和服务。为了绘好“纺城”这一蓝图并推动“柯桥梦”的实现，绍兴县（柯桥区）政府机关“几乎夜夜灯火通明”——这里，曾留下他们的勇气和魄力、智慧和情怀。并且，在他们的叙事中，也衬映出了一个个隐在背后但功不可没的高管、杰才和乡贤，以及他们的故事和足迹。

第二章“商会与协会”，采集了国家、省、市、区各级各类行业协会、地方商会等掌门人的口述材料，讲述在政府“地不分东西，人不分南北”的开明政策下，轻纺城的营商环境、自身奋斗历程以及协会商会的应运而生及善举贡献……他们，不仅以实业和爱心赢得同行尊重，也用朴实的情怀和语言，抒发对一方热土及政府的感受。

第三章“企业与产业”，从老一辈企业家的打拼到“四大花王”的竞合，从传统纺织印染制造到无水、无纺等新材料抢滩，除了业界“不老松”，更有“海归”新生代，涵盖了不同年龄层次及其他们的创业创新与商海沉浮……值得一提的是，作为先富起来的这些“老板”，大都分享了回馈社会、公益慈善的心得。

第四章“商户与布市”，有“船头脑”转型、有“前店后厂”提升、有“子承父业”拓展 ……10位布商，作为轻纺城一线的经营户，他们各有各的“苦水”，也有独门“生意经”，更有满满的收获和期待，言语朴实平淡，其中的哲理耐人寻味。

第五章“外商与外贸”，收录了也门、韩国、黎巴嫩、巴基斯坦、叙利亚、乌克兰、塞尔维亚、摩洛哥等国家的外商以及国人走向美洲、欧洲、非洲等从事外贸，奏唱“国际歌”。如今，外商早已不是起初“文化不通、言语不通”的“异乡人”，而是“半个中国人”……他们有一个共鸣是:“有困难，第一时间就会想到柯桥政府”。有人远道而来，有人开疆拓土，让轻纺城的“布”飘往异国他乡，熠熠生辉。

第六章“时尚与科创”，包含时尚研究、花样比对、智能纺织、数码印花、时尚定制、色彩安全化、面料黑科技等多种纺织创意相关产业的印记和轨迹……类似见闻，道出了国际纺织市场中，中国地位变化与柯桥纺织产业的国际影响力；不少洞见，揭示了藏在现代纺织品竞争背后的一大“关键支点”。

第七章“媒体与文创”，包含从《轻纺城报》到《浙江日报》，从《中国纺织报》到南京大学出版社等媒体的总编、社长、记者、编辑、频道总监、研究员等不同角色。他们，或纺城的见证者、宣传者，或纺城的文化创意者、推介者，“中国轻纺城”不仅定格在他们的笔下、镜头里，也在他们心中留下了深刻印象。“轻纺城是新闻的富矿”、“绍兴是一篇写不尽的大文章”……

四

盛世写志。今年，当下，深入学习党史、新中国史、改革开放史、社会主义发展史，意境深重、意义特别。

与学习“四史”相契合，作为一部特别的“史”志、“市”史，《中国轻纺城发展口述史》以“讲故事”的访谈形式，通过忠实记录与中国轻纺城建设、发展、转型有重要关联的决策者、管理者、服务者、生产者、经营者和商会、外商、媒体朋友等亲力亲为者代表的奋斗经历及心路历程，从而对轻纺市场风雨几十年的多维再现，为过往、向后人，讲述“纺城”这一现代神话的来龙去脉及背景花絮，为时代、给历史，留下一段段真切而难忘的“同期声”。

参天之木，必有其根；怀山之水，必有其源。这一汇聚“中国轻纺城”亲历者与密触者的口述史，适合所有轻纺行业从业者、轻纺城建设者、纺织印染与服装行业研究者、企业管理者、创业及国际业务拓展者等参阅，这也是一本“纺城”自身值得回味和收藏的历史文档。

让初心薪火相传，把使命永担在肩。这项“中国轻纺城发展口述史”课题，由浙江工业大学之江学院原党委书记、绍兴市布商研究中心负责人郑雅萍研究员主持；联络及组稿分为10组，负责人分别为郑雅萍、周群芳、董勇、宋汉卫、汪俊东、唐根年、冯志红、陈皓、陶佳苹、赵越等，他们秉承之江学院“尚德致知，敢为人先”的院训，带领各自团队，以实际行动践行“四千精神”、展现“柯桥速度”，接力寻访，夜以继日，终成书稿。

不忘来路、感恩同路，方能携手追梦、开辟未来。让我们一起，为轻纺城、为大绍兴、为“浙”里营造更美好的气象。

浙江工业大学之江学院

绍兴市布商研究中心

2021年5月

目录

CONTENTS

第一章　决策与管理

第二章　商会与协会

第三章　企业与产业

第四章 布商与布市

第五章 外商与外贸

第六章　时尚与科创

第七章　媒体与文创

CHAPTER 1 第一章

决策与管理

中国轻纺城始建于20世纪80年代，是全国首家冠名“中国”的专业市场。市场从柯桥的河埠头起步，从无到有，从小到大，以“城市与市场、产业与市场、线上与线下”融合发展为导向，坚持走国际化、时尚化之路，一个“开放、时尚、智慧、高端”的现代化轻纺城，已经傲然挺立于世界东方。

最新一组数据彰显出中国轻纺城的地位：截至目前，市场面积已达390万平方米，有营业用房2.8万余间，经营品种5万余种，经营户3.3万户，常驻国（境）外采购商5500余人。2020年，市场群实现成交额2163.25亿元。市场日客流量10万人次，产品远销192个国家和地区，全球每年近1/4的纺织品在此交易，是全球最大的纺织品集散中心。

如此骄人的业绩，是一代又一代的市场经营者打拼出来的，更倾注了一任又一任决策者和管理者的心血。在这一章中，我们可以看到，绍兴县（柯桥区）党委、政府顺应时代之变，抓住发展机遇，不畏艰难险阻，锐意改革创新，谱写了中国轻纺城建设与发展一篇又一篇精彩华章。在这些决策者和管理者身上，有十分丰富的精神品格值得我们去解读、去继承。

首先是为官一任、造富一方的为民情怀。改革开放初期，当柯桥的河埠头出现市场的雏形时，当时绍兴县（柯桥区）党委、政府的决策者，以敏锐的目光，抢抓机遇，将乌篷船上的小商小贩引导上岸，建起了绍兴轻纺市场。此后，绍兴县（柯桥区）历届党委、政府出台政策，对这一新生事物加以呵护培育，假以时日，终成大器，中国轻纺城横空出世。30余年，决策者和管理者换了一任又一任，但为官一任、造富一方的为民情怀没有变，他们坚持一张蓝图绘到底，一任接着一任干，“你发财，我发展”，终于奠定了中国轻纺城在全国、全球的地位。

其次是顺应潮流、敢为人先的创新品格。中国轻纺城的建设，是一项开创性的工程，没有现成的经验可以借鉴，决策者和管理者摸着石头过河，以敢为人先的勇气，探寻前人没有走过的路，以改革解决发展难题，以创新开创市场未来。全国率先发布纺织指数，率先开展花样保护，率先开辟创意园区，率先建设网上轻纺城，正是凭着这敢为人先的创新品格，才使中国轻纺城行稳致远，越做越强。

第三是越坎爬坡、攻坚克难的担当精神。中国轻纺城的建设，并不是一帆风顺的，在30余年的发展进程中，碰到了一个又一个难题。国际纺织之都、时尚创意之城，这些口号和目标提出容易，实施起来很难；“611”工程，蓝图十分美好，但要落地成为现实，也非易事；引进经营户，留住人才，一桩桩做起来也不容易。但决策者、管理者凭着越坎爬坡、攻坚克难的担当精神，一个又一个加以克服，终使中国轻纺城一步一步走向繁荣，成就了现在的辉煌。

岁月不居，时节如流。回首往昔，感慨万千。还是让我们看看当年的决策者、管理者和亲历者是怎么说的，或许我们可以悟出更多。

特约撰稿人：周智敏

往事三十年 未来更可期

人物名片

纪根立，男，1947年6月生，山东宁阳人，中共党员。1970年7月从华东师范大学毕业分配到绍兴东浦中学任教，1973年入党。1977年调入绍兴县委办公室，先后担任绍兴县委办公室副主任、绍兴县乡镇企业局副局长、绍兴县农工部部长、诸暨市副市长、绍兴县县长、绍兴县委书记、绍兴市市长、浙江省计划经济委员会副主任（正厅级）、浙江省旅游局局长等职务。

往事30年，弹指一挥间。时间久远，多有遗忘。今日所言难免有疏漏、谬误，仅供参考，不足为训。清茶一杯，海阔天空闲聊一聊。只因赋闲十余年，恬淡无为，肯定跟不上形势，达不到你们的要求，只求原谅为幸。

改革开放40多年，中国崛起。崛起在工业成体系，产业兴国，实干兴邦。中央外事工作委员会办公室主任杨洁篪能够霸气地对美国人说：你们没有那个实力，美国没有资格这样和我们说话，不能对我们指手画脚了。就是因为1990年前，中国和美国的GDP相差60多倍，而今这个距离缩小到只差6万多亿美元，并且我们制造业已经超过美国。我国这40多年的发展相当于西方200年的发展，这40多年应大书特书。

回顾昨天，是为了服务今天，展望未来。改革开放以来，浙江的成功在于发展乡镇企业和培育市场。以绍兴县、义乌市为例，绍兴县是先工业后商业，义乌市是先商业后产业，异曲同工，殊途同归。浙江学苏南发展乡镇企业，市场建设走在全国前列，值得总结。治国必先治县，中国的问题是县的问题，强国必先强县。发展要善于牵住牛鼻子，县域经济就是牛鼻子；牵一发而动全身，促进商品市场发展就是“一发”。发展乡镇企业、商品市场，一石多鸟，联动效应强大。

建设中国轻纺城是历史的必然

绍兴建设中国轻纺城有三大优势。一是资源优势，我称之为“天然的萌动”。浙江自带基因，绍兴自然资源少，人多地少，但资源是多方面的，包括传统手工业和传统商业，绍兴布店、布商古已有之。绍兴素有“三缸”之称，即染缸、酒缸、酱缸。绍兴是宝地，早有“日出华舍万丈绸”之说。这是产业基础，也是特有的资源。

绍兴人会做生意，这是区别于许多地方的闪光点，是很好的商品生产基础。可以说，绍兴的特色是“金”，农民会经商，作坊林立；文化是“船”，三缸文化、纺织文化、名人文化；品质是“帆”，比如市场扩建，市场现代化建设，轻纺业提质增效，大力扶持印染和织造业技术的改造、织机改造，引进喷水织机、片梭织机等设备。有了这些，绍兴扬帆远航是自然而然的事。

二是体制优势，也就是举县体制，我称之为“领导推动”。领导进行推动，加之企业行动、部门互动，形成了合力。1990 年，时任浙江省省长沈祖伦同志视察绍兴纺织企业后，高瞻远瞩，指示时任绍兴县委书记的我，必须抓紧扩建绍兴轻纺市场，以带动整个轻纺产业的发展。县委提出：“孩子长大了，必须及时换新衣服。”说干就干，在原有轻纺市场的基础上，绍兴县扩建“轻纺城”。此后，又根据市场发展的需要继续扩建，建成大型、现代化的“中国轻纺城”。具体发展为“三步曲”：从马路市场拓展到室内市场，建成“绍兴轻纺市场”；从初级的轻纺市场发展成大规模轻纺市场——东交易区；从规模轻纺市场扩展为大型中国轻纺城。

三是政策优势，我称之为“政策带动”。绍兴县改革，搞农村联产承包，解决了温饱，解放了生产力，泥腿子进工厂、进市场，农民变工人、变商人；乡镇企业适时进行转制，搞活企业，提高了生产效率，积累了资本，进而进行大规模技术改造，县委、县政府出台一系列政策扶持。

中国轻纺城建设的成功经验

我认为，中国轻纺城能成功，有三条根本经验。第一条经验：转变观念是关键。这个当中要正确处理好三对关系，首先是政府与市场的关系，就是“看得见的手”（政府的手）与“看不见的手”（市场的手），两手都要抓。政府在“看得见的手”的运作中，要有所为，有所不为。其次是干事与干净的关系。“实干兴邦，空谈误国”，干事要有“一万年太久，只争朝夕”的实干精神，同时坚持中国轻纺城及其重要配套工程必须是优质工程、廉洁工程，不搞“形象工程”。长期以来绍兴县的干部绝大多数干净干事，得到广大群众拥护。最后是开放与封闭的关系，这也是事关市场兴旺与否的关键。不搞地方保护主义，破除门户之见。不管温州人还是绍兴人，到市场都是一家人，“地不分东西，人不分南北”，为中国轻纺城出力，为绍兴县经济发展做贡献，都是社会主义建设功臣，一样表彰先进。当时，每年中秋节，县委、县政府都会展开慰问，和来自全国各地的经营户一起吃月饼，一起欢度中秋佳节，表达对经营户的感谢；召开表彰大会，不管你来自哪里，只要做得好，都一样给予表彰，给市场经营者撑腰、鼓励。商铺招租公平、公开，不搞暗箱操作，不搞以权谋私。

第二条经验：干部是做事成败的决定性因素。毛主席说，“政治路线确定之后，干部就是决定的因素”，这句话千真万确。革命时期，有战斗英雄；建设时期，有先进典型；改革开放时期，有改革先锋，改革先锋包括工人、农民、企业家和干部，其中，基层干部至关重要。“位卑未敢忘忧国”，朱镕基总理曾讲过的“地雷阵”，我们遇到过；温家宝总理的“苟利天下生死以，岂因福祸避趋之”，我们也有同感。绍兴县的干部作风，是一代代传承的。沈祖伦同志总结的“四千精神”（走遍千山万水，说尽千言万语，想尽千方百计，吃尽千辛万苦）一直激励着大家，当时县机关夜夜灯火通明，“日里勿歇落，夜里睏勿着”（绍兴方言，意思是白天的事情没完成，晚上是睡不着的）。干部深入基层，深入市场，及时发现问题、解决问题。干部作风是最好的政治“遗产”，代代延续、代代相传。所以，任何时候都不要忘记基层干部的作用。

第三条经验：群众是真正的英雄。我们这个时代是需要歌颂英雄的。我们今天的岁月静好，是因为有人曾经负重前行。群众是历史前进的动力，英雄来自群众。从上旺大队王金友几把锄头战天斗地，到富盛倪家溇李天荣排除万难办企业，再到华舍马仕秀、马鞍蒋张水一掷千金搞技改等。群众才是最根本的力量源泉。前些日子，中国出版集团研究出版社推出长篇小说《彩裳》，作者唐堂在浙江做过记者，《彩裳》写的就是轻纺城的发展史，时间跨度整整 40 年。《彩裳》中描述的普通百姓，代表着那个身份转换时期的不同的人群，就是这些群众的力量，推动了绍兴的进步与发展，进而推动了中国的进步与发展。

“兴商建市，兴市建城”的战略思考

绍兴县的战略定位有两次飞跃。第一次飞跃，是 1990 年初，县委确定“飞鸟型经济”的发展思路。先是“以农业为主体，乡镇企业和多种经营为两翼”的战略举措。在稳定粮食生产的基础上，放开手脚大力发展乡镇企业，推动市场建设；紧接着提出以乡镇企业为主体，以技术改造和市场升级为两翼的“飞鸟型经济”腾飞。这带来了绍兴县农业连年飞速发展，乡镇企业名列全省第一，轻纺市场名列全国前茅。20 世纪 90 年代初，县委、县政府提出建设社会主义新农村的三句话，即三个目标：“吨粮田，千万利，好支部”，意思是农村要“吨粮田”，把农业基础抓好；每一个村的村办企业要“千万利”，即实现年利润 1000 万元；实现这些靠的是“好支部”。

第二次飞跃是 1992 年初，县委确定“兴商建市，兴市建城”发展战略。“兴商”即布商，“兴市”即轻纺市场，“城”即中国轻纺城、柯桥新城。农村经济发展到一定程度，必须有城市的依托。绍兴县经济总量名列全省前茅，却“有县无城”，有碍进一步发展，因而“造城”是呼之欲出的事。城市起源有“三说”：一是“防御说”，因防御而建城，这是在古代；二是“集市说”，因集市商品交换发展而成；三是“社会分工说”，因产业分工需要。后两者就是我们建设中国轻纺城，进而建成柯桥新城的依据。以柯桥为圆心，同心圆扩张，带动钱清、齐贤、鉴湖、柯岩、漓渚、皋

纪根立调研轻纺市场

埠等，全面提升县域经济。

中国轻纺城建设全面推动绍兴县经济、社会发展。

交通环境建设：轻纺大桥接轨柯桥火车站，建设火车站，104、329国道扩建，高速公路争取设置柯桥出口。这个出口对柯桥是非常重要的，所以当时我们千方百计把这件事做成了。我们还提出建设杭州湾跨海绍兴通道，在后人的努力下也变成了现实。

水环境建设：绍兴有“染缸”，治水工程不容忽视。我们治理污水，集聚治理，建设以柯桥为中心的排污工程，采用市场化投资、运营方式，收取排污费用来补贴治污费用，从治污到蓄水（便引出了后来的引水工程，即我任绍兴市市长的时候干部群众齐心协力建成的小舜江水库），同时还做好河道清淤、围海造田等工程。

社会环境建设：在其他社会公共基础设施方面，我们也做了大量的工作，如新农村样板建设（如富盛倪家溇、兰亭联合、马鞍寺桥等新农村建设示范点），绍兴县农村电网改造，平原绿化建设，等等。

此外，发展不能没有人才，我们在科教建设方面也想了很多办法。乡镇企业到上海聘请工程师，也叫“星期天工程师”，引进人才到乡镇企业；搞厂校合作、院县合作等，绍兴县与上海华东纺织工学院（现更名为东华大学）有关高校科研单位建立长期合作关系。

中国轻纺城建设给我们的启示

20世纪90年代初，是世界风云变幻之际，也是中国改革开放是“进”还是“退”的关键时刻，发展社会主义市场经济，姓“社”还是姓“资”的议论，困扰着人们。1991年初在上海过春节的邓小平同志高屋建瓴地做出“改革开放的胆子要大一点、步子要快一点”的指示，极大地鼓舞了我们在基层一线工作的干部群众。此后几年的工作便是党的改革开放政策在绍兴县的实践。

中国轻纺城建设发展的启示是：

第一，要牢固树立三个观念。一是长远观念。要有远见卓识，不短视也不遥不可及，既要看得远又要看得见。二是全局观念。整个县是一盘棋，要拧成一股绳，发展经济、发展社会要全方位、多角度、宽视野，注重联动城乡发展。三是统筹观念、积极发展的同时要注重社会多项事业协同发展，相互促进。时刻不能忘记党的建设，要建设好支部。善抓问题群，善找措施链。

纪根立同志（中）与采访团队合影

第二，要强化三个意识。一是问题意识，不护短，不能只报喜不报忧，善于发现问题才能解决问题。不能欺骗领导，哄瞒群众。比如发现水环境问题就治水，发现教育有短板就建校。二是竞合意识，即竞争与合作。乡镇企业发展中，有竞争也有合作。我们和苏南竞争，但也有合作；市场建设上学习义乌，追赶先进。三是愿景意识。绍兴有句方言，“踏踏抢不如睏着想”，意思是拼命地跑不如躺下来想一想，好好规划谋划。1993 年，县委、县政府举办“奔向明天”大型展览，就是我们当时的“绍兴梦”，通过魂牵梦绕的“筑城梦”，鼓舞士气、激励斗志，带动轻纺城在新时代不断前进。

在中国共产党建党 100 周年之际，温故而知新，目的是谋新篇、谋幸福。

长江后浪推前浪，一届一届的绍兴县委、县政府（柯桥区委、区政府）接续奋斗，不断勾勒发展前景、发展大框架，包括“三个一百平方公里”：一百平方公里的柯桥新城、一百平方公里的滨海新区、一百平方公里的鉴湖柯岩旅游度假区。发展建设方兴未艾，未来可期，令人鼓舞。革命的现实主义和革命的浪漫主义要求我们具有历史之维、现时之局、未来之预、悠远之思的禀赋，投身于社会大变革，激励斗志，带动轻纺市场在新时期不断迈上新台阶。让我们在以习近平同志为核心的党中央的坚强领导下，劈波斩浪，进行新时代的新长征。

访谈时间：2021 年 4 月 26 日

访谈地点：杭州索菲特酒店五楼会议室

访谈整理：郑雅萍　董勇　杨苏琦　许嘉铭

好风凭借力　更上一“城”楼

人物名片

茹关筠，男，1947 年 12 月生，浙江绍兴人，中共党员。历任绍兴县富盛供销社副主任，绍兴县陶堰、皋埠供销社主任；绍兴县供销联社副主任；绍兴县财政税务局副局长、局长、党组副书记；绍兴县副县长、绍兴县委常委、常务副县长、绍兴县委副书记、县长、县政府党组书记；绍兴市副市长、绍兴市委常委、常务副市长。中国轻纺城集团股份有限公司的创始人之一，中国轻纺城集团股份有限公司第一届董事会董事长。

中国轻纺城一步步地发展到今天，已经走过了 30 多个年头了，创业和发展历程历历在目。我的体会是在祖国改革开放大背景下，我国经济体制由计划经济转向市场经济大环境下，绍兴县启动了中国轻纺城的建设，历届党委政府一以贯之地执行这个发展蓝图，一任接着一任干，带领绍兴全县近百万群众一起努力，加上市场主体经营户的积极参与，才铸就了今天辉煌的成绩。

因势利导　天时地利人和

1978 年，随着家庭联产承包责任制的推行，绍兴县开始工业化进程。一些绍兴人依托本地传统的纺织产业，纷纷到上海、江苏、河南等地大型国营纺织企业，买来旧织机，请来有技术的老师傅，在自家门口办起了纺织厂。到 20 世纪 80 年代初，以乡镇企业为主体的绍兴传统纺织工业更是异军突起。当时国家处于短缺经济时期，随着改革开放的深入，计划经济逐步转向市场经济，转向以经济建设为中心，各地鼓励兴办市场。绍兴县早期的轻纺市场，就是在这样的大背景下开始建设起来的。

为什么绍兴选择办轻纺市场，而不是办其他市场呢？就是因为纺织是绍兴的传统产业，柯桥、华舍一带更有“日出华舍万丈绸”的美誉，有一定的基础。1985 年，全县生产涤纶、化纤、棉纺织品的乡镇企业有 500 多家。加上当时绍兴是水网地带，具有水乡交通特色，乌篷船穿行在河边做买卖已经初具规模，柯桥老街出现了轻纺市场的雏形。绍兴县政府对这条具有地方特色的“布街”十分重视，经过多次解放思想的讨论论证，觉得应该因势利导，顺应商品经济的发展，促进市场的有序发展，于 1985 年 7 月在柯桥“布街”的基础上建成了柯桥轻纺产品市场。由于国内

茹关筠在中国轻纺城集团股份有限公司A股上市新闻发布会上

商品流通业逐渐开放，绍兴县 1987 年决定兴建一个“绍兴轻纺市场”，这就是在东升路上的第一代轻纺市场。市场由谁来办呢？是由工商行政管理部门来办。钱从哪儿来呢？当时我担任绍兴县财税局局长，时任县长把我找去，要我们财政部门借钱给工商部门来建市场，这就是轻纺城的起源。

放水养鱼　养鸡生蛋

改革开放后，国家大力倡导兴建市场，从商品经济到市场经济，全国各地都在建设各类市场。怎么吸引经营户呢？当时我们县委、县政府提出了“政府主导、市场主体、经营户主力”这样一个办市场理念，意思是大政方针要由政府来主导，主体是办市场，而市场要兴旺发达需要经营户，他们才是主力。1989 年初，柯桥一带已经发展成为轻纺产品生产基地，为轻纺专业市场奠定了产业基础。县委、县政府为扩大轻纺市场知名度，决定扩大宣传，面向全国招商，重点是向温州商人推介市场经营环境。办市场初期，县委、县政府提出“放水养鱼，养鸡生蛋”这个市场培育的思路。因为全国各类市场都刚开始起步，经营户可以选择到这里投资，也可以选择到那里投资，但是他们肯定要找政策的洼地，哪里环境好，哪里政策优惠，就会选择到哪里去。为了吸引经营户，我们就以比较轻的税负来培育市场，目的是“放水养鱼，养鸡生蛋”。当时我也提出了一个观点，叫“你发财、我发展”，就是经营户到柯桥来投资来经营，首先要营造一个创业的良好环境，使他们来了以后能赚到钱，让他们先发财，然后一个高明的政府再把经营户发财的钱拿出来“为我所用、为我发展”，形成一个合作共赢的良性循环。

刚改革开放时，绍兴县财力很薄弱，整个县的财政收入还不到一个亿。起步阶段政府投了500万元，后面滚动发展、建设资金主要是依托市场，政府只出其中一小部分。我们就是按照市场经济的一套法则来运作的，经营户也因此赚到了钱。所以，我们的第一代市场是由政府出钱建设，第二代市场是由经营户出钱集资建设，到了第三代市场，摊位已经供不应求，就采用铺位竞拍的方式，谁出价高，谁各方面条件比较好就给谁。我们建设轻纺市场中交易区的时候，当时铺位出让，一个福建的经营户，6年租用权的铺位拍到了15万多元。当时这个价格是非常高了，一天中午的时候，我到他的铺位去，跟他讲："你今天出这么高的价格把铺位拿到了，要祝贺你，如果说因为价格高你经营亏损了，到时你来找我，因为你带了个头，我们政府想办法补贴你，如果说你经营没有问题，就不用来找我。"最后他没来找我。这就是首先让经营户发财，发财后再拿出来钱为发展所用，大家共赢共生。

人不分老少　地不分南北

我们搞市场经济，应该人不分老少，地不分南北。大家都要公平、公正、公开一视同仁地进入市场经济竞争，不搞地方保护主义。提出这个理念的背景是这样的：当时绍兴的纺织企业的设备是传统的铁木机，用老的生产设备做出来的产品品质不会很好。办了轻纺市场以后，当时日本、韩国的纺织品大量进来，对绍兴地方纺织工业造成了很大的压力。纺织企业的厂长就向政府提意见，说家门口市场搞了以后，国外的纺织品都进来了，质量又好，我们本地企业怎么竞争啊？地方工业就面临办不下去的境地。

当时这种情况，压力是很大的。县委、县政府认为既然面对的是市场经济，就不能有地方保护主义，市场经济是公平经济，要公平公开地竞争。当时第一要务就是进行纺织企业的技术改造，把铁木机换成箭杆织机、喷水织机、喷气织机等无梭织机，当时一年光织机设备技术改造投资就需要大量资金。钱从哪儿来呢？没钱，县委、县政府就跟银行商量，因为进口设备需要外汇，请银行开远期信用证。实践证明，在激烈的市场竞争面前，绍兴的纺织企业不但没有被市场所冲垮，反而在竞争中不断提升自己。设备升级和人员培训以后，就地取材，产品更新换代也很快，最后日本、韩国的产品优势没了，因为它们的成本比我们高。面对市场竞争，县委、县政府千方百计做企业家的思想工作，引导企业积极参与竞争，不是排外，而是鼓励企业在市场竞争中改造自己、提升自己，同时加强产品专利保护。回顾历史，依托市场，提升产业，转型升级，我们这样的决策是完全正确的。

兴商建市　兴市建城

经历了初期的发展以后，轻纺城紧跟改革开放的步伐，按照市场经济发展进程不断开拓创新，规模越来越大。开始的时候轻纺城是门店交易，后来发展为公司化交易，网络交易，创建网上轻纺城，都是乘着国家改革开放的东风，紧跟时代的步伐。实践证明，中国轻纺城的发展是非常成功的。政府在这个过程中引导、出台相应配套的政策措施，市场不断地拓展，不断地完善，不断地提升，也带动绍兴整个工业，包括纺织、印染都逐步发展起来了。1992 年，时任绍兴县委副书记、县长陈敏尔提出“兴商建市、兴市建城”这个理念，它的内涵是，根据当时的实际，在短缺经济情况下，要大力发展商品流通行业，抓手就是办市场，然后把市场办兴旺，来带动其他产业的发展，在此基础上建成一个现代化的城市。轻纺城是绍兴县经济的一个支柱，是建立在柯桥小城镇的，县委、县政府提出先把轻纺市场建设成兴旺发达的现代化市场，把市场搞繁荣以后，然后在这个基础上，兴市建城，建设一个现代化的城市。实践证明，党委政府提出的这一发展理念是完全正确的。历届党委政府按照这个总体目标、思路，将蓝图一绘到底。现在柯桥变成县政府（区政府）所在地，城市规模也是比较大的，人流、物流、信息流、资金流集聚功能也非常强大，这一步步发展都是遵循市场经济规律的。1992 年轻纺市场更名为“中国轻纺城”，在市场前面加“中国”两个字的，轻纺城是全国第一家。

轻纺城在发展过程中，也得到了各级领导的大力支持，时任全国人大常委会副委员长陈慕华来市场考察，并题写“绍兴轻纺市场”6 个大字。时任浙江省省长沈祖伦为中国轻纺城市场开业剪彩，柴松岳任浙江省省长时为中国轻纺城题词，省里的其他有关部门领导也经常来轻纺城进行指导。

探索现代企业制度　轻纺城股票上市

1996 年，轻纺城成交额近 140 亿元，成为亚洲规模最大、设施最齐全、经营品种最多的纺织品集散中心。市场开始从传统的现场、现货、现金交易方式逐渐向公司化、合同化、订单化等交易方式转变。在市场发展过程中，绍兴县委、县政府按照市场规律，按照现代企业制度的要求，不断提升完善轻纺城。1993 年，中国轻纺城改组为定向募集股份制企业，开创全国以大型专业批发市场为基础改制的先例。同年 5 月，全国第一家以大型专业批发市场为基础的规范化的股份制企业——中国轻纺城发展股份有限公司宣告成立。1994 年，股份公司被国务院列为全国百家现代企业制度试点单位，成为全国专业市场中唯一一家被列入试点的企业。1997 年 2 月，轻纺城股票在上海证券交易所上市流通，打通了融资渠道，走向了资本市场。那时的企业上市，国家是分指标的，额度分到每个省，当时我去向柴松岳副省长要额度，记得给了我们 2925 万股的上市额度。中国轻纺城发展股份有限公司通过上市募集的资金用于中国轻纺市场量的扩张和质的提高，轻纺城从此插上了腾飞的翅膀。

访谈时间：2021 年 4 月 21 日

访谈地点：浙江工业大学之江学院

访谈整理：郑雅萍　周群芳

发展与腾飞：一张蓝图绘到底

人物名片

诸剑明，男，1967年1月生，浙江绍兴人，大学学历，中共党员。现任浙江省绍兴市柯桥区委副书记、政法委书记。曾任绍兴县斗门镇党委委员、副镇长，绍兴县林业局党组书记、局长，绍兴县王坛镇党委书记、人大主席，绍兴县文广局（体育局）党工委书记、局长，绍兴县委办公室主任，绍兴县委常委，绍兴市柯桥区委常委，鉴湖—柯岩旅游度假区党工委书记，柯桥区常务副区长等职。

从“水上布街”到“国际纺织之都”

中国轻纺城始建于1988年，是全国首家冠名（1992年）“中国”的专业市场。

目前，中国轻纺城市场占地面积390万平方米，有南部传统交易区、中部国际贸易区、北部市场升级区、西部钱清原料交易区和东部物流配套区等5个区域，它们共同构成了“四大主体市场区＋配套服务区”五大区域协调发展的格局。中国轻纺城市场拥有营业用房2.8万余间，经营品种5万余种，经营户3.3万余户，其中包含贸易公司1.3万余家，常驻国（境）外专业采购商5500余人，市场日客流量10万人次，销售网络遍布世界192个国家和地区。中国轻纺城连续30多年位居全国纺织品专业市场首位，与全国近一半的纺织企业建立了产销关系，全球每年有1/4的面料在此成交。

然而，轻纺城市场起初只是一条自发形成的“水上布街”，慢慢才成为享誉全球的“中国轻纺城”。现在我们正在建设新时期“国际纺织之都”，可以说，中国轻纺城走出了一条传统向时尚、单一向多元、低端向高端的专业市场转型之路。

中国轻纺城经历了30多年的风风雨雨，有现在的规模和成就，实属不易。

早在20世纪80年代，借助乡镇企业改制的东风，勤劳精明的柯桥人发扬“四千精神”，开始发展纺织业，这为创立轻纺市场奠定了坚实基础。

从1984年开始，陆续有200多户农民自发在柯桥老街、水街上经商卖布。同时，政府因势利导，推动自发市场向规模集贸市场发展，建成了占地3500平方米的棚屋式“柯桥轻纺产品市场”，这就是第一代的市场。

到1988年，建成了多功能、封闭式的“绍兴轻纺市场”，成为当时全省最大的室内专业市场。

20 世纪 90 年代初，轻纺市场加快了规模扩张和硬件升级，先后建成北、东、中三大交易区和钱清原料市场，正式由国家工商总局命名为“中国轻纺城”。那时的市场总面积超 22 万平方米、年成交额逾 35 亿元，成为全国规模最大的轻纺产品专业批发市场。也就是在那个时候，全国第一家以大型市场为依托的股份制企业——中国轻纺城发展股份有限公司成立。

2000 年之后至今的 20 年间，中国轻纺城又经历了“二次创业”。2000 年后，滨海工业区开始开发建设，纺织产业的年织造和印染布产量各从 4 亿米分别增长到 61 亿米和 165 亿米，形成了从前道 PTA 到化纤、织造、印染、服装、家纺等全国最为完整的产业体系，这些都为轻纺城做大做强夯实了产业根基。

2000 年，以政府驻地迁址柯桥为契机，扎实推进了“611”建设工程，自此，100 多幢商务高楼拔地而起，柯桥区面积从 10 平方公里拓展至现在的 77 平方公里，城市化率达到 72%。在产业和城市的双轮驱动下，轻纺城市场不断改造升级，配套功能与管理服务切实优化。在此基础上，轻纺城市场影响力不断扩大，至 2017 年已经形成了“主体＋配套”的“南北中西东”五大市场格局，建筑面积 390 万平方米，年成交额 1642 亿元。

2018 年 5 月 26 日，时任浙江省委书记车俊对中国轻纺城做出重要批示：“绍兴柯桥中国轻纺城是改革开放以来我省的一张金名片，来之不易，希望继续坚持改革开放，不断转型升级，抓住‘一带一路’契机，努力打造新时期‘国际纺织之都。’”

现在，中国轻纺城正围绕新时期“国际纺织之都”建设目标，大力实施转型升级，致力于打造“国际化、时尚化、智慧化”的现代化轻纺城。聚力时尚“强基”，逐步形成以纺织新材料研发、面料开发、服装及家纺设计、自主品牌培育为主的纺织时尚创意产业发展体系。同时，聚力电商“聚能”，目前“网上轻纺城”拥有 208 万注册会员，建立网上商铺 10 万家，日访问量达 338 万次，引入 eBay、阿里巴巴中国站、中国制造网等一批高端跨境电商。尤其是聚力于开放“拓市”，深入推进“丝路柯桥·布满全球”系列活动，成功走进韩国、意大利、越南、美国、尼日利亚等 10 个国家；2018 年起世界布商大会连续三届在柯桥举办，承办地永久落户柯桥；定期发布“中国·柯桥纺织指数”和“中国·柯桥时尚指数”两大国家级指数，中国轻纺城的国际影响力正在进一步提升！

一任接着一任干：护航纺城大发展

中国轻纺城发展过程中，柯桥区委、区政府（绍兴县委、县政府）始终坚持“一张蓝图绘到底”，把轻纺城市场作为柯桥城市发展、产业升级的核心动力，推出了一系列战略发展举措，也一以贯之地坚定维护轻纺城的繁荣稳定。

其属地党委政府，始终坚持对中国轻纺城发展的主导，可以说，政府主导是中国轻纺城市场繁荣稳定的根本基石。这充分保障了商品市场作为公共平台的基本属性，确保了轻纺城市场在正确的轨道上运行，也使市场与产业、市场与城市的互动融合更加密切。

党委政府将轻纺城市场放在产业升级的主引擎、城市繁荣的驱动力层面。2008年，将上市公司中国轻纺城集团股份有限公司控股权收归国有，重新控股了轻纺城，从而将轻纺城市场主体纳入国有管理体系，形成了发展合力，保障了政府各项发展政策高效落在实处。

柯桥区委、区政府还引导纺织企业不断加大产品创新、技术创新、管理创新力度，从而为市场提供更多优质产品。利用市场的完全竞争状态，倒逼企业开展技术升级。柯桥纺织企业经历的“无梭化革命”“纤维革命”等产业升级进程都离不开市场的推动。不断扩大的市场主体和繁荣的市场贸易，带来了中国轻纺城强大的人流、商流，这为城市经济注入了强大活力，为柯桥吸引万达、银泰、红星美凯龙等商贸龙头企业提供了重要基础。

近年来轻纺城市场持续发力于软硬件提升，不断提升市场环境、产品档次、管理服务。2006年以来，绍兴县委、县政府（柯桥区委、区政府）已累计投入100多亿元，对传统老旧市场进行了改造提升，中国轻纺城整体经营采购环境全面改善，现代化水平不断提高。中国轻纺城出台了国内首个专业市场管理办法——《中国轻纺城市场管理办法》，建立和规范了有特色的市场管理机制，创造性地开展金融服务、知识产权保护、品牌创建等10多项管理服务举措，切实提高市场商户素质，有效提升了市场凝聚力。率先在全省贯彻“最多跑一次”理念，优化提升轻纺市场工作，推出审批下沉、诚信建设、智慧应用等35项改革举措，中国轻纺城市场服务大提升改革工作在全省“最多跑一次”改革工作例会上做经验交流。

中国轻纺城的纺织产业链业态不断集聚，经划行归市，毛纺、针织、棉布、窗帘窗纱、家纺、服装服饰等专业市场相继形成。我们的纺织产品全品种集聚，形成了各类服装家纺面料、服装家纺成品、辅料、产业用纺织品等纺织品集聚的一级批发市场，是一个“淡季不淡、旺季更旺”的纺织品全品种、全季节批发市场。

柯桥区委、区政府还实施“轻纺城布商回归”工程，优化国际贸易服务，积极推进市场主体“个转企”“小升规”，着力引聚拥有自主品牌、境外销售渠道、自主研发创新能力的新型纺织贸易公司，市场群注册经营户由2005年底的7900余家增长到目前的3.3万家，公司化主体由2005年的800多家增长到目前的1.3万家，市场常驻国（境）外采购商达到5500余人，外贸出口实绩企业达到2008家。

发展创意产业也成为重要内容。以创意大厦、中纺CBD为基地的创意产业发展迅速，我们以时尚面料设计、流行趋势发布、业界时尚峰会及时装品牌设计、交流、展示等为载体，着力将柯桥打造成为国际性纺织品时尚展示中心、信息发布中心和创意高地。目前已有中国女装面料流行趋势研究院、吴海燕国际时尚研究院、时尚梦工厂等国内外知名设计机构落户，累计已有 398 家纺织创意企业入驻，集聚时尚设计人才 1245 人，一流设计师 128 人，年创意设计产值突破 3 亿元。

近年来，中国轻纺城抢抓“一带一路”机遇，深度融入全球纺织产业链供应链，着力构建纺织行业国内国际双循环的重要节点。以世界布商大会、纺博会、时尚周等为核心载体，大力推进“月月有会展、天天秀时尚”计划。连续 23 年举办中国绍兴国际纺织品面料博览会，成为国内三大知名面料展之一，细化衍生窗帘窗纱、家纺、纺机、印染设备四大专业展会，每年春秋两季纺博会累计入场采购商已达到近 10 万人次。柯桥时尚周已成为集时尚产品、时尚品牌、设计名师、时尚文化和多元时尚元素于一体的产业价值创新平台，不断推动柯桥从“世界加工厂”变身“时尚策源地”。

柯桥区委区政府也大力实施“丝路柯桥·布满全球”行动，向西，在欧美国际知名面料展上建立一批“绍兴柯桥馆”，与意大利米兰缔结友好城市，并设立首个海外面料馆；向东，在“一带一路”沿线国家举办轻纺城国际面料展，走进全球 20 多个知名纺织、时尚产业集群，不断扩大“朋友圈”。实施了中国轻纺城市场采购贸易方式国家级试点，高效运作市场采购贸易管理服务中心、海关监管中心，市场采购贸易联网信息平台已备案市场主体 110 家；同时推进了绍兴跨境电商综合试验区柯桥片区建设，推动电商标准化，培育贸易新业态新模式，每年孵化企业 200 家。柯桥成为全省首个单行业出口突破百亿美元大关的区。

在线上线下融合发展的背景下，我们做优做强“网上轻纺城”。2011 年，国资收购了“全球纺织网”，全力打造“网上轻纺城”平台。2015 年，为进一步完善“网上轻纺城”功能、扩大平台覆盖面和影响力，由轻纺城集团股份公司收购“网上轻纺城”，实现了线上线下全面融合。目前轻纺城主体市场经营户已全部在“网上轻纺城”上线。结合直播电商，利用“网上轻纺城”资源优势，我们正全面做优做强线上推介、线上“带货”新模式，2020 年以来已累计举办云展会、云直播、云对接、云发布等“云”活动 200 余场。

诸剑明在中国轻纺城展示中心指导工作

我们还开发建设了市场诚信管理、营业房流转、触摸屏等智慧化系统，推行“线上展示、线下体验”采购模式；健全电子商务发展支持体系，设立市场智慧服务中心，全面强化“网上轻纺城”与市场经营户的深度对接，为市场主体提供市场分析、信息翻译、商铺优化、推广引流、运营托管等服务。轻纺城市场被列为“中国网上网下融合市场30强”“浙江省网上网下融合示范市场”。当前，轻纺城正全力推进数字市场建设，一期已整合开发营业房流转、物业管理、诚信管理、停车收费、安全监管、客流分析等9个模块的数字智慧系统，预计在2021年6月底实现功能上线。二期将在2021年下半年启动智慧物流、诚信体系、金融赋能等模块开发建设，力争全面形成市场的数字化、智慧化，实现由数字化为传统贸易赋能，提升市场的全面智慧化水平。

展望与期盼

当前，柯桥区委、区政府正统筹部署中国轻纺城“十四五”期间的战略发展格局，在市场业态布局、时尚创意、电子商务、会展经济、现代物流等方面，为中国轻纺城在新时期繁荣发展指明了方向、明确了目标。相信新时期的中国轻纺城一定会与纺织产业、城市经济在更深层面、更广领域形成全面互动发展的新格局。也衷心期盼中国轻纺城抓住数字化改革发展的大好契机，不断提高市场智慧化水平、深入完善综合服务能力、全方位联结产业链上下游、全面提升品牌影响力，从而更好地融入国内国际“双循环”，为柯桥区打造新时期“国际纺织之都”、全面建设世界级纺织产业集群做出更大的贡献，向中国共产党建党一百周年献礼！

访谈时间：2021年4月25日

访谈地点：柯桥区行政中心

访谈整理：郑雅萍　罗雯慧

领跑并竞跑：塑造轻纺城发展新格局

人物名片

方优美，女，1972 年 12 月生，浙江绍兴人，中共党员。现任绍兴市柯桥区副区长。1992 年 8 月参加工作，曾任共青团绍兴县委副书记、书记，陶堰镇党委副书记、镇长，富盛镇党委书记、人大主席，绍兴县旅游局党组书记、局长，商务局党组书记、局长，柯桥区商务局党组书记、局长兼招商局局长，柯桥区发展和改革局党组书记、局长兼物价局局长、招商局局长等职。

中国轻纺城发展的三个阶段

中国轻纺城发展过程，大致可以分为三个阶段，从一个自发的“集”到初具规模的“市”，再成长为现代化的“城”，每个阶段都具有鲜明的时代印记、发展特点。

“一次创业”阶段（1984—1999 年）：市场规模快速扩张。20 世纪 80 年代，柯桥纺织业迅速发展，为创立轻纺市场奠定了坚实基础。政府因势利导，建成了棚屋式“柯桥轻纺产品市场”；1988 年，建成多功能、封闭式的“绍兴轻纺市场”；到 20 世纪 90 年代初，先后建成北、东、中三大交易区和钱清轻纺原料市场，后更名为“中国轻纺城”，同时成立了中国轻纺城发展股份有限公司。

“二次创业”阶段（2000—2017 年）：市场、产业、城市联动发展。滨海工业区开发建设，形成了全国最为完整的产业体系，为轻纺城做大做强夯实了产业根基。依市建城，以 2000 年绍兴县政府驻地迁址柯桥为契机，扎实推进“611”建设工程。在产业和城市的双轮驱动下，轻纺城市场不断改造升级，配套功能与管理服务切实优化，轻纺城市场影响力不断扩大。

建设新时期“国际纺织之都”阶段（2017 年至今）：向国际化、时尚化、智慧化转型升级。围绕新时期“国际纺织之都”建设目标，我们深入推进“丝路柯桥 · 布满全球”系列活动；打造纺织时尚创意产业发展体系；积极实施数字市场改革，着力打造基础设施科技化、运营管理精细化、公共服务个性化、经营业态多元化、决策判断数字化的新型轻纺市场，推动轻纺城不断迈向国际化、时尚化、智慧化。

作为改革开放窗口领跑竞跑全国

作为改革开放重要窗口，中国轻纺城主要是在以下四个方面领跑竞跑：

一是在营商环境上领跑竞跑。柯桥区政府始终把轻纺城作为产业之本、立城之基来抓，坚持加强对中国轻纺城发展的主导，持续提升轻纺城市场软件硬件水平。

推进市场进化。2006年以来累计投入100多亿元对传统老旧市场进行升级改造，建成投用建筑面积约20万平方米的国际面料采购中心，成为中国轻纺城市场中设施设备最为先进的标志性综合体市场，市场的交易环境得到了全面改善。

强化改革创新。设立全省首个专业市场综合性知识产权保护机构——中国轻纺城花样版权保护登记管理办公室，开设市场知识产权巡回审判法庭，切实加强花样版权保护；2020年轻纺城市场服务大提升改革工作在全省“最多跑一次”改革工作例会上做经验交流，获得时任浙江省委常委、常务副省长冯飞肯定。

筑牢产业基石。以传统产业改造提升、印染产业转型升级等省级试点为契机，强势推进印染产业集聚升级，大力实施“322”制造业高质量发展“步鱼计划”，不断推动纺织强链补链。

二是在对外开放上领跑竞跑。作为全球规模最大的纺织品集散中心，近年来，中国轻纺城抢抓“一带一路”机遇，持之以恒扩大对外开放，不断融入全球纺织产业链供应链，着力打造新时期“国际纺织之都”。

“请进来”集聚人气商气。以世界布商大会、纺博会、时尚周等为核心载体，大力推进“月月有会展、天天秀时尚”“走出去”提升品牌影响。大力实施“丝路柯桥·布满全球”行动，向西在欧美国际知名面料展上建立一批“绍兴柯桥馆”；向东在“一带一路”沿线国家举办轻纺城国际面料展。“试起来”优化贸易机制。实施中国轻纺城市场采购贸易方式国家级试点；同时推进绍兴跨境电商综合试验区柯桥片区建设。

三是在数字赋能上领跑竞跑。近年来，区政府坚持线上线下联动发展，依托大数据、云计算、物联网、移动互联网等技术，以线下实体市场的集聚优势加快线上无形市场发展提升，以线上无形市场发展促进线下实体市场持续繁荣，着力构建智慧化的市场交易、服务体系。

建设网上市场。2011年启动“网上轻纺城”建设，2020年，轻纺城网上实现成交额607.05亿元，同比增长15.28%。深化“虚实”联动。开发建设市场诚信管理、营业房流转、触摸屏等智慧化系统，健全电子商务发展支持体系。强化智慧治理。实施轻纺城智慧治理三年行动计划，完善集24小时越警管家自助服务、“四联三防”、矛盾纠纷多元调解、综治指挥室、消防安全体验于一体的市场智慧综合治理中心，强化市场科技监测，确保市场安全稳定。在北市场、东市场、东升路市场、天汇市场、柯北市场等5个市场设立司法调解室，推出“在线矛盾纠纷多元化调解

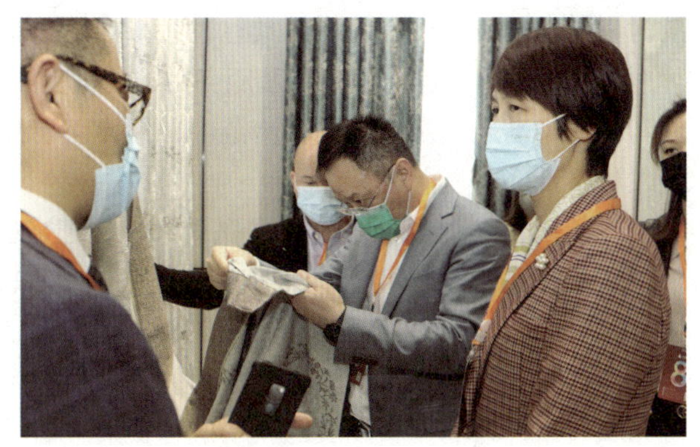

2020 年疫情期间，方优美在窗帘布艺展上巡馆

平台”，及时化解经营户和客商的矛盾。

四是在创新发展上领跑竞跑。近年来，区政府以中国轻纺城为平台，大力发展时尚创意产业，推动纺织产品向个性化、品牌化、高端化转型提升。

加快建设时尚创意平台。实施“创意设计基地三年提升发展计划”，整合资源、优化提升，优化完善轻纺城创意园、创意大厦、中纺大厦、中纺 CBD 等创意功能，布局一批高端时尚研究设计和服务机构，并建成投运，大力引进时尚创意机构和人才。成功孵化了一批如吉麻良丝、瓦栏、百思设计、彩色橡科技等自主时尚品牌企业。2020 年启动实施创意设计人才“经纬计划”“柯桥优选”品牌计划，引进时尚创意企业 25 家，创意人才 21 名，时尚品牌 22 个。2020 年，基地企业设计服务性营收达 3.23 亿元，同比增长 10.5%，带动服务对象形成销售收入达 381.9 亿元，同比增长 10.3%。持续营造时尚创意氛围。实施“天天时尚”计划，发布柯桥纺织指数、时尚指数，组建“中国轻纺城时尚模特队”，每年举办品牌发布、主题论坛、设计赛事等时尚活动 200 余场。同时在国际面料采购中心设立创意设计区，引进面料设计公司“设界”、互联网电商企业“丰云汇”、私人订制中心“博亚”等，引领市场不断提升时尚展示功能。

未来的期许

为了加快轻纺城转型升级步伐，奋力建成新时期“国际纺织之都”，“十四五”期间，我们将坚定不移落实新发展理念、构建新发展格局，着力构建“提升双能，增强双力”的发展大格局，以奋进者姿态开启中国轻纺城高质量发展新征程，努力把新时期“国际纺织之都”建设得更加美好。

一是要推动轻纺城市场向精专化、平台化提档升级，致力于打造线上线下市场融合化、交易环境便利化、营商氛围国际化、服务功能综合化、市场管理智慧化的国际一流新型专业市场；二是要提升时尚创意设计的引领作用，打造国际纺织面料的时尚创意和设计中心，形成具有较大影响力和竞争力的时尚纺织面料创新链与国际时尚策源地；三是要提升配套服务的支撑力度，完善纺织产业生态，致力打造国内纺织时尚高质量发展的先行示范区，世界级现代纺织产业集群的价值中枢和高能级发展平台。

改革创新是中国轻纺城发展赢得未来、建成新时期“国际纺织之都”的必然要求。希望中国轻纺城主动响应现代纺织产业组织方式转变和消费升级变化，贯彻“赋能、融合、创新”的高质量发展理念，对接打造世界级现代纺织产业集群的发展要求，在专业市场功能、配套服务效能、时尚引领力、国际影响力上求突破，形成轻纺城转型升级和创新发展的新动能，塑造轻纺城发展的新格局。我们对轻纺城未来的期许是：

第一，全球最大的纺织品集散中心地位得到进一步巩固。通过交易模式转变、功能提升、业态多元化和服务多样化，实现从传统交易服务提供商向现代产业综合服务提供商的转变。预计到 2025 年，市场规模持续扩大，线上交易份额占比持续提升，市场商品结构逐步优化，实体市场成交额达 3500 亿元以上，线上市场成交额达 1500 亿元以上。

第二，成长为国际领先的新型智慧市场。随着现代物流服务体系、数字市场服务体系的构建，市场功能进一步完善。预计到 2025 年，轻纺数字物流港建成投用，数字化物流生态圈基本建成，数字市场建设深入推进，实现智能管理、智能服务、智能决策。

第三，成长为具有国际影响力的时尚策源地。随着时尚纺织创意设计提升、时尚标杆企业和品牌培育、时尚产业发展服务平台的完善，轻纺城的时尚引力持续提升。预计到 2025 年，园区入驻工业设计企业、工业设计人才显著增加，培育时尚标杆企业 30 家以上，“柯桥优选”入选品牌 100 个以上，行业知名时尚纺织品牌数量达 10 个以上。

第四，成为纺织行业国内国际双循环的重要节点。随着国内外市场不断开拓，展会建设持续推动，跨境电商贸易模式、市场采购贸易方式加快创新实践，国际影响力持续提升。预计到 2025 年，轻纺城市场采购贸易方式将实现年交易额 100 亿美元，绍兴跨境电商综合试验区柯桥园区应用企业年新增 160 家，“世界布商大会”成为全球纺织界标志性盛会。

访谈时间：2021 年 5 月 8 日

访谈地点：柯桥区行政中心

访谈整理：郑雅萍　周群芳

共谋纺城高质量发展新篇章

人物名片

张伟江，男，1966年11月生，浙江绍兴人，中共党员。现任绍兴市兰亭文化旅游度假区管委会党工委副书记、管委会主任，曾任县水利局副局长，漓渚镇党委副书记，杨汛桥镇镇长，夏履镇党委书记，柯桥街道党工委书记兼中国轻纺城党工委书记。荣获2020年绍兴市经济发展突出贡献奖。

临“急”受命：北联市场成功拍租

2013年11月，我担任柯桥街道党工委书记，当时，中国轻纺城主要区域在柯桥街道，考核时，中国轻纺城建管委和我们的很多数字都是串在一起的。而中国轻纺城对柯桥区（原绍兴县）确确实实非常重要，我们把它当成“立区之本”。

2017年，柯桥区委区政府提出“要加快轻纺城市场进化”，其中一项艰巨任务是对老服装市场进行拆迁。当时的老服装市场有1000多家经营户，这个市场最大的问题是存在严重的消防安全隐患。当时，柯桥区委区政府主要领导下决心，要求按经营户户籍属地负责，把老服装市场的1000家经营户全部限期腾退。1000家经营户中有接近1/3的户籍在柯桥街道，当时我们柯桥街道任务最重，但我们不畏艰难，通过发动街道、社区干部，齐心协力，顺利完成了这项工作。

2018年4月6日，柯桥区委常委会一纸命令，叫我去兼任中国轻纺城建管委的书记，成为身兼柯桥街道和中国轻纺城建管委双重书记。这其中有一个小插曲：在老服装市场拆迁腾退时，绍兴柯桥有一个窗纱窗帘的新兴市场——北联市场，它的产权所有人属于中国轻纺城集团股份有限公司。这个市场中有1000多间营业房已过了合同承租期，但到期以后，工作一直没有启动。经营户议论纷纷：为什么这项工作没有实施？

记得是当天傍晚，区委组织部分管干部工作的负责同志通知我，要求我马上履行职责。

赶到轻纺城市场后，我了解到在场的大部分经营户都是住在柯桥街道辖区内的，就对承租户半开玩笑说：“从今天开始我可以24小时服务你们了，白天，你们在市场，我是轻纺城的书记；晚上，你们住在玉兰花园小区，我是柯桥街道的书记。”他们听了这话后很开心，认为这位书记很亲切。

这是我去中国轻纺城当书记以后遇到的第一大难题。记得那时，部分经营户有情绪，我和轻纺城的副书记裘华建会同股份公司负责人，一方面向时任分管领导诸剑明常务副区长报告，另一方面不断地跟经营户开会沟通，讲明我们的政策，并给他们一个底线：游戏规则不能破，房子必须拍租。经过反复听取意见，我们做了一个详尽的方案。应该说，过程很惊险，但结果平稳。经营户总体素质很高，对我们的政策能够理解并给予支持。

北联市场招租这件事，是市场进化的一个重要转折点。这件事，得到了省委信访局领导的肯定，成为市场进化的一个案例，也得到了绍兴市委马卫光书记和绍兴市盛阅春市长的充分肯定。

召开首届世界布商大会　打造“国际纺织之都”

2018 年 5 月，结合绍兴轻纺市场建设 30 年，我们向浙江省委办公厅上报了一份材料，得到了时任浙江省委书记车俊的批示：“中国轻纺城是我们浙江省的一张金名片，要持续擦亮这张金名片。”他提出要努力打造新时期的“国际纺织之都”。绍兴市委马卫光书记也做出了批示。对此，柯桥区委召开常委扩大会议进行了研究，我代表轻纺城做了汇报。后来，由诸剑明常务副区长牵头制订了打造国际纺织之都三年行动计划，提出要打造一个智慧的、高端的、时尚的、开放的轻纺城，并提出要举办“世界布商大会”。

2018 年 7 月 31 日，在北京人民大会堂新闻发布厅发布，将于 9 月 20 日至 21 日在柯桥召开首届世界布商大会，由中国纺织工业联合会和绍兴市人民政府共同举办。

一个多月后，在柯桥蓝天大剧院，我们举办了首届中国轻纺城“世界布商大会”，有来自世界各地 30 多个国家和地区的布商企业参与，纺织企业、大专院校、科研单位、行业协会等单位的 1200 多人参加。大会持续了一天半时间，有一个主题大会、一个圆桌会议，还有四个平行会议，其主题是：开放、科技、绿色、时尚。会议开得很成功，重量级嘉宾很多。我和我的同事徐海芳副书记代表区委、

张伟江代表中国轻纺城建管委和意大利手工业理合会签署合作备忘录

区政府到北京，在中国纺织工业联合会孙瑞哲会长的大力支持下，邀请到了顾秀莲副委员长（时任第十届全国人大常委会副委员长、中国关心下一代工作委员会主任）出席大会。

首届世界布商大会初见成效。会议达成了几个共识：一是世界布商大会永久落户柯桥，这是会议形成的一个制度；二是举行了“丝路柯桥·布满全球”的启动仪式；三是邀请国内所有纺织集群的老总，包括知名院校的院士，共同探讨纺织业发展的当下和未来。

柯桥速度：中国轻纺城展示中心的改造

还有一件事情印象很深，就是中国轻纺城展示中心的改造。2018 年 11 月中旬，纪念“枫桥经验”55 周年的大会要在绍兴召开。2018 年 9 月，柯桥区委区政府决定，借纪念大会召开契机，加快推进“中国轻纺城展示中心”的改造工作，在 40 天的时间里，要求改造完成。时间非常紧迫。当时，为了能按时完工，我们加班加点，不分昼夜，每天 24 小时不停地干。就这样，我们仅用了 25 天时间就把这个项目全部建好了，我想这就是“柯桥速度”。这个项目只是柯桥建设的一个缩影，柯桥能有今天的发展成就，时时处处都体现了“柯桥速度”。

中国轻纺城发展的国际国内“动作”

2018 年 10 月，我和相关单位负责人一起随绍兴市委马卫光书记、柯桥区委沈志江书记到意大利和西班牙考察，华夏米兰集团周小燕女士陪同，她在意大利设立“丝路柯桥·米兰馆”，这是我们设在米兰的第一个窗口。

其间，中国轻纺城跟那不勒斯的意大利手工业联合会签订了一个合作协议，与那不勒斯结为“友好城市”，有力推动了“丝路柯桥·布满全球”的行动计划。马卫光书记、沈志江书记亲自去推动、宣传。后来，绍兴市盛阅春市长、柯桥区赵如浪区长又到日本等国家进一步推动各种合作。

在推动中国轻纺城发展过程中，当时柯桥区建管委提出了“三个走进”：走进企业、走进集群、走进市场。我们首先走进企业，去了江苏恒天、山东如意集团等一流的大企业；“走进集群”，我们到了广东的中大轻纺城等；走进市场，我们去了杭州、温州、武汉、常熟、青岛等地的面料市场。“三个走进”的目的就是希望有更多的交流，把先进的管理理念学回来，运用到轻纺城的发展之中，真正把轻纺城打造成综合的、全国最大的一流市场。记得第一次带队去广州中大市场，看到它的单体市场规模很大，面料比我们高端，市场人流量很大，还有一个最大的优势：服装配套。我们中国轻纺城在这方面还要下功夫。目前，中国轻纺城市场体量已经不小了，主要面临“进化”的工作：一是物流，考虑建物流中心。二是整个市场通关还不够便捷，还缺少走向国际化服务的一些机构。柯桥作为“托在一块布上的城市”，有“恨布不成衣”的遗憾，服装这篇文章还要继续做下去，它的价值链、产业链还要提升完善。

我觉得轻纺城可以考虑建两个场馆：“中国轻纺城博物馆”和“中国轻纺城发展研究院（所）”，一方面可以让世界上更多的人了解轻纺城的发展历史，另一方面可以做好顶层设计，推进轻纺业历史成果展示与产业研究。研究院可以内设在建管委下面，作为研究轻纺城的专业机构，研究、规划、探索市场发展规律。我们可以与东华大学、浙江工业大学之江学院等院校合作，定点设置一些科目，通过服务外包与深入研究，推动轻纺城向更高质量发展，使中国轻纺城真正成为改革开放的重要窗口。我相信，中国轻纺城发展一定会更加成熟，更加精彩！

访谈时间：2021 年 4 月 21 日

访谈地点：柯桥区兰亭管委会三楼会议室

访谈整理：郑雅萍　徐玉红　蓝刚　张增祥

“纺城有家”党建强　“布满全球”不是梦

人物名片

冯华林，男，1969 年 1 月生，浙江绍兴人，中共党员。现任柯桥区中国轻纺城党工委书记、轻纺城建管委主任。1990 年 8 月参加工作，2011—2016 年任中国轻纺城建管委党工委书记、主任，2016—2019 年任华舍街道党委书记，2019—2020 年任柯桥街道党工委书记兼中国轻纺城党工委副书记、轻纺城建管委主任。

中国轻纺城发展的几个阶段

中国轻纺城发展有几个阶段。

第一个阶段，是一次创业阶段。绍兴县的纺织业历史源远流长，早在隋唐时期，会稽、越州的绫罗绸缎就享誉天下。新中国成立以后，绍兴的丝绸业得到了快速发展。20 世纪 80 年代末期，当时绍兴县乡镇企业已经比较发达了，在柯桥、华舍一带办了一大批纺织厂。纺织厂做起来以后，就要解决轻纺产品的销路问题，于是自发地形成了市场，就是老街那边的布街。当时我们县城有近万名的供销员，他们在全国各地跑，把柯桥的纺织产品推销到全国。“四千精神”就是在这个阶段形成的。在这个过程中，政府通过政策扶持，把第一代占地 3500 平方米的棚屋式轻纺市场建起来了。1988 年，建成多功能、封闭式的“绍兴轻纺市场”，成为当时全省最大的室内专业市场。到 90 年代初，轻纺市场加快规模扩张、硬件升级，先后建成北、东、中三大交易区和钱清原料市场，正式更名为“中国轻纺城”，总面积超 70 万平方米、年成交额逾 300 亿元，成为全国规模最大的轻纺产品专业批发市场。同时，成立全国第一家以大型市场为依托的股份制企业——中国轻纺城集团股份有限公司。

第二个阶段，是二次创业阶段，坚持市场、产业、城市联动发展。滨海工业区开发建设，形成了全国最为完整的产业体系。2000 年，以政府驻地迁址柯桥为契机，扎实推进“611”建设工程。400 多幢商务楼拔地而起，城区面积从 2000 年的 10 平方公里拓展至现在的 77 平方公里，城市化率达到 72%。在这个阶段，形成了“主体＋配套”的“南北中西东”五大市场格局，建筑面积 390 万平方米，年成交额 1642 亿元。现在我们轻纺城主要是五大区——南部传统交易区，中部国际贸易区，北部创新区，西部原料交易区，东部物流仓储区，形成了整个市场的格局。五大区的概念提出以后，轻纺城的发展突飞猛进。在这个过程中，我们主要做到了两个联动，一是市场与产业的联动，二是市场与城市的联动，这两个联动贯穿了轻纺城发展的全过程。

第三个阶段，是建设新时期“国际纺织之都”阶段。2018 年 5 月 26 日，时任浙江省委书记车俊对中国轻纺城做出重要批示：“绍兴柯桥中国轻纺城是改革开放以来我省的一张金名片，来之不易，希望继续坚持改革开放，不断转型升级，抓住‘一带一路’契机，努力打造新时期‘国际纺织之都’。”从这个时候开始，轻纺城围绕新时期“国际纺织之都”建设目标，大力实施转型升级，致力打造“智慧化、时尚化、国际化”的现代化轻纺城。这个过程中，我们的体量已经不一样了，2020 年，轻纺城“线上＋线下”成交额达到 2700 多亿元，创意设计基地企业设计服务性经营收入达 3.23 亿元，带动服务对象形成销售收入达 381.9 亿元，“网上轻纺城”拥有 208 万注册会员，建立网上商铺 10 万家，日访问量达 338 万次，“丝路柯桥·布满全球”行动成功走进全球 20 多个知名纺织、时尚产业集群，市场外贸出口额达到 300 多亿元。

创办世界布商大会

2018 年，柯桥创办世界布商大会，2021 年下半年将举办第四届世界布商大会，毫无疑问，这就是政府搭台让轻纺城走向世界的有力举措。我们的做法是三个活动联办。以世界布商大会为抓手，和柯桥时尚周、纺博会联办，这三大活动现已成为柯桥的标志性活动。世界布商大会连续三届办下来，依托国际纺联包括中纺联对我们的支持，中国轻纺城在国内、国际上的影响力越来越大。特别是 2020 年，因为疫情影响，布商大会线上线下联动，线下的大会，国内纺织业界 20 强的大咖们全都来了，这是很不容易的。

布商大会给我们轻纺城带来的开放程度越来越高，“布满全球”这一格局，在国际上越来越有影响。2015 年，中国友协组织我们到非洲考察，去了两个国家，埃塞俄比亚和肯尼亚。在主办方介绍说我们是中国轻纺城的代表时，当地客商根本不知

世界布商大会永久承办地——中国绍兴柯桥授牌仪式

"纺城有家" 展厅

冯华林在第三届世界布商大会新闻发布会上答记者问

道我们。实际上，非洲当地市场上有很多布是中国轻纺城生产的，这些布先批发到广州，再通过广州的港口发过去，所以非洲的客商只知道广州，不知道轻纺城。现在情况有了明显变化，中国轻纺城的国际认知度也高了不少，说起中国轻纺城，当地人都会竖起大拇指。

在中国轻纺城发展过程中，外商发挥了重要的桥梁作用。目前，在柯桥常住外商有 3000 人左右，在疫情前，柯桥有 5500 ～ 6000 名外商，通过这些外商，柯桥产品远销世界 6 大洲 192 个国家和地区。

党建是中国轻纺城发展的重要支撑

"党建强、发展强"，在中国轻纺城打造"开放、时尚、智慧、高端"现代化市场征程中，"纺城有家"党建品牌提供了坚实的红色堡垒和政治支撑。可以说，一块布托起一座城，一座城建起一个家。

2009 年，我们建立了中国轻纺城市场党委；2011 年，创建了富有市场特色和行业特点的"纺城有家"平台；2014 年被中国纺织工业联合会授予"全国纺织行业先进党建工作示范单位"称号。2015 年，成功注册全国第一个党建商标。2016 年 6 月，"纺城有家"市场党建服务标准被国标委成功立项，成为全国第一个党建类标准化试点项目；同月，中国轻纺城市场党委还被授予"浙江省先进基层党组织"荣誉称号。2019 年，被中国纺织职工思想政治工作研究会授予"全国纺织行业思想政治工作先进单位"。2020 年，积极推进中国轻纺城民营市场党组织建设。可以说，通过近年来的建设和发展，"纺城有家"市场党建工作在国内纺织行业和专业市场中已拥有较高知名度，走在了全省乃至全国前列。

绿色纺城，红色阵地。目前，中国轻纺城下属市场有党组织 34 个，其中商会党组织 20 个、网格党组织 12 个、企业党组织 2 个，登记在册党员 939 人。"因为有爱，我们相聚梦里水乡；因为有爱，我们放飞美丽梦想。”我们专门制作《纺城有家》MV，用旋律传递爱的情意，用歌声营造家的温馨。我们通过开展“共建纺城”“温暖纺城”“廉洁纺城”“活力纺城”“诚信纺城”“志愿纺城”“创业纺城”“勤学纺城”“智慧纺城”和“青春纺城”10个特色党建主题活动，培育激发轻纺城广大党员经营户奉献担当、活力四射、诚信创业和积极向上的良好精神面貌。

在党员经营户中，有很多优秀的典型，像柯桥区“优秀共产党员”、中国轻纺城金华商会党支部书记江有财；绍兴市“新时代优秀共产党员”、中国轻纺城安徽商会党支部书记陈良根；有每年交特殊党费的普通党员丁伟，自2012年起，他每年参与爱心结对助学活动，到目前为止，已默默结对资助36位小朋友；也有不忘初心，牢记使命，热心公益事业的轻纺城坯布市场第二网格党支部书记余军，在2020年疫情期间，他带领所在社区居民进行疫情登记管理工作，为所在小区疫情期间实施封闭式管理贡献力量，同时余军书记也不忘受疫情严重困扰的武汉市民，他带头以坯布市场网格支部名义向武汉红十字会捐款1万元……这些平凡而又美丽的故事每天都在轻纺城上演。

调整中国轻纺城管理体制　走市场开放道路

轻纺城发展到今天，有几个重要因素值得一提。一是管理体制的及时调整。中国轻纺城管理体制有个变迁过程。一开始中国轻纺城属国有，后来国有变民营。习近平总书记在浙江任职期间，提出市场学义乌，由政府主导。当时通过政府收购，中国轻纺城又由民营变为国有控股，我认为，这为轻纺城未来的发展奠定了非常重要的基础。从现在的情况来看，和国内其他市场相比，中国轻纺城发展更有后劲。二是政府有为。从我们管委会的名称变迁也可以看出这一点。中国轻纺城建管委的前身是运输管理办公室，当时托运比较复杂，事情比较多，1998年，绍兴县委、县政府决定成立运管办，后来随着市场发展，运管办调整为市场管理委员会办公室；再后来，调整为中国轻纺城建设管理委员会，作为中国轻纺城建设领导小组的常设机构。从管委会名称的变迁可以看出政府对中国轻纺城的重视程度，这个过程是政府不断加强市场建设与管理的过程，管理和服务更加有力。三是走市场开放道路。国内与国际并重这条路，是中国轻纺城市场良好发展的一个有力举措，开始时是内贸为主，后来是内外贸结合，双轮驱动。四是市场经营户。作为市场的主体，其创新的原生动力还是比较强的，经营户的研发速度越来越快，现在一个门市部一个星期可以推出六七个新品，这一点也是非常重要的。

访谈时间：2021年4月15日

访谈地点：中国轻纺城建管委十二楼会议室

访谈整理：郑雅萍　董勇

做温情理性的市场监管人

人物名片

寿志平，男，1961年11月生，浙江诸暨人，中共党员。现任柯桥区市场监督管理局三级调研员。曾在部队服役，后进入工商部门工作。2009年11月，到绍兴县工商局任职，先后担任绍兴县（柯桥区）工商局局长和市场监督管理局局长、党委书记。

中国轻纺城有奥妙

中国轻纺城是一个典型的市场经济的产物，浙江省在全国号称是市场大省，它的底气就是义乌小商品市场和绍兴中国轻纺城。这也说明了中国轻纺城对于全省经济发展的重要意义、历史贡献。工商系统有句话，叫全国工商是一家。因为要建市场、管市场，互相走动较多。中国轻纺城建设高潮时，同一系统来轻纺城考察的，往往是先跟市局联系，我有时一天几次陪工商系统同行来考察轻纺城，所以说是看热闹。因为有中国轻纺城的热闹，所以才有我们柯桥这片热土，才有市场建设的热潮。许多外地政府和企业人员来中国轻纺城看了以后，回去就更加积极兴办市场。

中国轻纺城的建设和发展不是偶然的，更不是天上掉下来的。我在绍兴市工商局市场处任副处长时，经常写材料上报领导。这就从原来的“看热闹”转变到后来的“看奥妙”，有了理性的认识。《绍兴市场建设》这本书是绍兴市工商局和绍兴市委宣传部合作写的，主要作者是我处室的一位同事跟当时绍兴市委宣传部的柳巨波，我帮助协调他们到各地采访。我自己也写过《绍兴市商品交易市场培育建设初探》，当时是把中国轻纺城作为重点来研究的。例如，我们写全市的市场发展变化有哪些特点，归纳为“四多、四发展”：一是资金投入多，市场规模与设施由马路市场向新型室内市场发展。二是市场种类多，由农贸市场为主向多门类专业市场发展。三是经营主体多，市场组织结构由初级向中高级发展。我们轻纺城成立了全国第一家以大型专业市场为基础的股份制企业，这是历史性突破。四是开办的渠道多，市场培育建设从自发行为、民间行为、部门行为，向政府行为和社会行为发展。应该说，市场的培育建设有它的客观规律：一要有一定的产业基础，二要有良好的交通条件，三要有滚动的发展过程，四要有科学的市场管理。所以我说研究轻纺城是有奥妙的，不要看当时办得挺好，一旦违背了这些客观规律，就会走下坡路。

走进轻纺城让人感觉很亲切。我初到柯桥工作，有种强烈的感受：凡是中国轻纺城的经营户，特别是老一批经营户对我都很亲切，往往拉着手，说我们是自家人。经营户们对我的亲切来源于我是轻纺城的“老工商”，这种亲切，是信任，是光荣，更是一种责任。工商部门在改革开放之初，作为党的路线方针政策的具体执行者，直接建设市场，培育市场主体。比如说，发展个体经济，个体户领了执照后，就可加入我们的个体劳动者协会，这是个体劳动者之家，称之为光彩的事业。当民营企业发展起来的时候，我们成立了民营企业协会，也成为民营企业之家。所以工商局对中国轻纺城的培育发展是有历史渊源的。绍兴市工商局20世纪80年代曾主持工作的一位副局长杜惠之，现在已90多岁了，他在退休后写了一本书《我走过的路》，就讲到了轻纺城的由来和自己的亲历，记录了当时省、市、县是怎样协调来确定轻纺城建设的。他这个记忆很清晰，境界也很高。前两年，夫妻两人把多年积蓄下来的50万元人民币都缴了党费，有关部门要来拍宣传片，他又来到柯桥，看到柯桥的新发展很高兴。我们工商人对中国轻纺城有一种情结。所以我说走进中国轻纺城很亲切，是双向的。

监管轻纺城任务很重。我来柯桥工作，作为市场主管，对轻纺城的监管方式进行重大调整。根据国务院精神，举办和管理市场脱钩，我们有些同志当时还感到迷茫，因为老的办法用不上，新的办法没产生。我在深入调研后，提出一个理念：“立足工商干工商，跳出工商看工商，创新工商强工商。”后来在全省工商大会上我也介绍了这个理念和做法。对中国轻纺城的监管服务，有几件事我印象很深。一是对举办市场的宏观调控。对于中国轻纺城的规划，柯桥区政府是有红线规定的。有些外地企业过来，建个商务楼，就想打中国轻纺城的招牌去招商，结果引来市场矛盾，甚至是市场混乱。所以举办市场需要论证，要经绍兴县（柯桥区）政府同意后才可以发市场登记证。二是在市场主体的准入上，原来外资企业的审批是要国家工商局委托省工商局审批的。我在省工商局帮助下，邀请国家工商总局负责外资方面的领导到柯桥实地考察，通过沟通，得到了他们的认可，把审批权下放给我们，方便了外资企业的引进。三是维护市场信誉问题。2012年，有媒体报道说在上海的学校中有学生服装经过检测不合格，被称为“毒校服”，这个布料来源于中国轻纺城，这件事对中国轻纺城带来冲击。我们迅速查明，并不是中国轻纺城的布料，马上发布声明纠正。我们对市场面料是经常抽检的，如果发现不合格就迅速查处，这样才防止了大的问题出现。

创建全国诚信市场　轻纺城的无形资产

2010年国家工商局提出创建全国诚信市场，根据要求，有7个方面任务，80多个具体项目，结合柯桥的实际情况，我们增加到95个项目。这是一项系统工程，在柯桥区委区政府高度重视下，专门成立领导小组，十几个部门分工配合，我们工商局作为牵头部门之一，也做了大量的工作。创建全国诚信市场对于轻纺城的发展具有深远的意义，这不仅是一个经营规则问题，也是商业文明、地域文化的反映。通过一年多努力，我们创建成功，成为第一批全国诚信市场，浙江省第一个全国诚信市场。我们的创建，具有柯桥的特色，我们把诚信的轻纺城、创意的轻纺城、品牌的轻纺城、和谐的轻纺城、创业的轻纺城，“五位一体”有机地结合起来，从而促进轻纺城市场整体的提升。

花样版权保护　轻纺产业发展的核心动力

轻纺城发展初期，对于布的花样是“一天出小样，三天成批量，五天上市场”。这一度成为柯桥纺织界引以为豪的口头禅。但设计是需要成本的，知识产权得不到保护，就破坏了市场竞争的规则。久而久之，恶性循环，还带来社会问题，甚至引发群体性事件，必须加以整治。严格来说，花样版权属著作权，应归文化部门监管。但客观上我们有一大批驻场干部，在时刻维护市场秩序，所以，当时绍兴县委、县政府要求工商部门牵头解决这个问题的时候，我们通过《著作权法》与《反不正当竞争法》结合，开创了市场监管部门花样版权保护的先河。花样版权保护工作于2008年启动，至2017年，企业又提出新的要求，因为花样数量增多，信息化手段出现，如果还是靠传统肉眼识别的方式，不能适应市场的需求。我们寻求新的突破，在缩短时间、加强力量、政策扶持和开发花样版权保护系统上下功夫。我们与浙江工业大学之江学院郑德均博士合作开发花样版权保护系统。现在我们运用大数据管理分析、花样甄别系统等手段，大大加快了花样的识别效率和精准度。在这个过程中，当时区政府分管领导到国家版权局沟通，得到了上级领导的大力支持。我们的工作得到了联合国知识产权组织的肯定，全国人大执法调研组对我们花样版权保护工作也给予了高度评价，认为我们开辟了花样版权保护独树一帜的柯桥模式。2018年，轻纺城花样版权保护获世界知识产权组织与国家版权局颁发的著作权保护金奖。

中国轻纺城的建设与发展是党的改革开放政策和市场经济的产物，也充分体现了柯桥的精神和柯桥的力量。“建一个市场，带一批产业，富一方百姓，兴一个城市”，我觉得柯桥完美地做到了。进入新时代，市场监管的职能和方式在不断改变，但我们市场监管的初心不会变。

访谈时间：2021年4月21日
访谈地点：浙江工业大学之江学院
访谈整理：陈华　付东升　吴晗

亲历轻纺城“二次创业” 从线下到线上

人物名片

毛东敏，男，1961年10月生，浙江诸暨人，民进会员，高级经济师。1981年8月参加工作，历任绍兴双梅中学、柯桥中学教师，绍兴县教育局下属公司副总经理，绍兴县柯桥经济开发区管委会园区管理处主任，建设处副处长、处长；绍兴县交通局建设管理科科长、副局长；中国轻纺城开发经营集团有限公司董事长兼总经理；中国轻纺城集团股份有限公司第七、八届董事。

拍租招商开历史先河

我是2009年12月调到中国轻纺城开发经营集团有限公司工作的，该公司是当时规模较大的国有企业，拥有6个专业市场。当时正值中国轻纺城的“二次创业”火热阶段，既开发建设又招租招商。我负责建设好中国轻纺城北联窗帘布艺市场（以下称“北联市场”）与坯布市场，遇到的最大问题就是如何“招商隆市”。在绍兴县委、县政府（柯桥区委、区政府）的决策和轻纺城建管委指导下，2011年，经过短短3个月时间的运作，北联市场1416间营业房成功招商，一、二、三层市场入驻率达80%。北联市场能形成良好的市场氛围，主要得益于招商模式的创新。之前，市场商铺要么是向纺织企业和经营行业直接进行优先续租招商，要么是向具有一定资格的商户直接出租。北联市场大范围推出商铺6年期使用权“拍租招商”，使经营户真正通过公平竞争，直接向市场公司租营业房，并可以稳定经营6年，6年后还具有优先承租的资格。这种做法，在整个中国轻纺城发展史上还是首次。

当时以拍租方式进行招商主要基于两方面的考虑：一是把真正做生意的经营户引进来，这是市场能繁荣起来的基础；二是作为国有资产，通过拍租的形式，可以实现公开、公平、公正，让真正的经营户进入市场。方案正式实施前，我们团队多次研讨，也曾几次调整起拍租金，在衡量周边成熟市场营业房租金，并考虑到市场起步培育等因素，使起拍租金贴近市场行情。按照拍卖法的规定，拍卖设定“起拍价”和“保留价”，每间商铺一定要拍到保留价才能成交。由于当时商铺很火，前来参加拍卖的有2000多人，在拍卖过程中，当拍卖师拍到第六间商铺时，有人要求停下来，认为“保留价”过高，并鼓动大家离场。在此关键时刻，我冲上台“抢过”

拍卖师的话筒，跟所有在场的商户说，这次拍卖设定“起拍价”和“保留价”，是按照拍卖法的规范程序定的；这个市场是最先进最可靠的市场，错过了大家会后悔的。此话一出，在场的人都安静了下来。后来在商会会长的积极配合下，拍卖又顺利地进行下去了，整场拍卖从早晨 8 点持续到下午 4 点。

那次招商我们创新了招商方式，后来很长一段时间一直沿用这种“1 ＋ 6”的拍租方式。在很多商户和市民眼里，这是轻纺城招商史上的一次“革命”。在当时的市场环境下，此办法能把市场商户迅速引入市场，使真正的商户能在市场里安营扎寨，而且又确保了国有资产公开透明地进入市场，保证了市场有序、健康地发展。

加快升级改造　实现资产重组

我在中国轻纺城开发经营集团有限公司任总经理、董事长期间，经历过两次资产重组；实施了北联市场、坯布市场、西市场的升级改造，感受到“政府主导市场，实行政企分开，公司独立规范化运作”的优势。中国轻纺城开发经营集团有限公司作为中国轻纺城集团股份有限公司的母公司，为了做大做强子公司中国轻纺城集团股份有限公司这张“金名片”，就要想办法把建设好的市场培育好，市场隆市后有盈利，再按证监会要求消除同业竞争，把母公司资产注入子公司。在北联市场和东升路市场繁荣隆市后成功地实现了第一次资产重组，使得母公司对子公司的控股比例从 15.64% 提高到 35.78%。不久，用现金对价的方式将新服装市场、坯布市场的资产成功注入股份公司，实现了第二次资产重组，消除了母公司和子公司之间的同业竞争。

大家都知道，中国轻纺城在发展过程中也是经历过波折的。2002 年，在国家宏观形势影响下，中国轻纺城市场建设有限公司将政府持有法人股全部转让给精工钢结构集团有限公司，轻纺城市场国有股退出了该市场。轻纺城的股权结构从国有资本为主导转向以民营资本为主导。由于民营控股市场的局限性，制约了市场的发展。到 2006 年，轻纺市场生意十分红火，市场经营的商户日益增多，因为商铺紧缺，租金迅速上涨，一间 10 多平方米的商铺，年租金从几万元到几十万元、上百万元，甚至上千万元。出现有的经营户辛苦经营生意一年，其收入都抵不了高房租，甚至出现经营大户向广东、江苏等地外流的现象。当时绍兴县委、县政府为了市场兴市，市场兴县，留住经营户，让轻纺城市场可持续发展，提出政府主导市场，“国进民退”的想法。2008 年 11 月 11 日，国有全资企业绍兴县中国轻纺城市场开发经营有限公司与浙江精功控股有限公司正式签订股权转让协议，收购“精功控股”所持有的 9680 万股“轻纺城”股票，占总股本的 15.64%，成为“轻纺城”第一大股东。自此，改制为民营企业的中国轻纺城重归国有。直到现在，轻纺城仍由政府主导，形成了良性循环。

毛东敏赴北京参加绿色节能市场建设会

中国轻纺城发展到今天，二次创业功不可没，希望一代又一代的轻纺人接过接力棒，继续擦亮轻纺城这张“金名片”。

提出加快建设“网上轻纺城”议案

2011 年，绍兴县“两会”期间，我在接受记者采访时说：“绍兴县有着良好的市场平台，但如果网络经济不尽早跟进，极易被他人抢占先机，从而失去市场阵地。”我呼吁打造“网上轻纺城”，打开新天地。作为政协委员，我关心县域经济发展，也关注民生。那时每天一上班，我都会习惯性地打开网页，点击进入全球纺织网、中国轻纺原料网、中国轻纺城网上交易市场、钱清中国轻纺原料城等网站，久而久之，两个问题越来越困扰着我：一是这些网站建立时间较早，网络技术落后，用户体验不够理想；二是网站虽然不少，但没有一个是综合性的，要想全面了解轻纺信息，必须各个网站一一访问，耗费大量时间。经过调查和思考，我提交了一份《关于加快网上轻纺城建设》的议案，呼吁尽快建立网上轻纺城，再创市场竞争新优势。当时，中国轻纺城通过改造升级和扩容新建，市场软硬件均得到了较大幅度提升，2010 年市场成交额达到 439 亿元，占全县财政收入的 7.8%。随着市场经营水平的进一步发展，有形市场与无形市场的距离日益扩大。轻纺城经营户从事电子商务活动，绝大部分挂靠阿里巴巴、淘宝网等网站，整个市场的电子商务和网络平台与有形市场的发展不相匹配。当时我提出“目前迫切需要一个信息全面、内容及时、操作方便、一目了然的网站，既能及时提供信息，又能进行网上交易 ”。这一建议引起了绍兴县委、县政府的高度重视，并得到了落实。

现如今，中国轻纺城成了亚洲最大的纺织品集散中心。绍兴纺织业经历了由小到大的发展过程，但要想在国际上打响属于自己的品牌，还有很长的路要走。我想聪明的绍兴人会把握好每一次机会，顺应时代之变，做轻纺行业的“弄潮儿”，让属于中国自己的纺织产业真正屹立在世界舞台上。我相信，中国轻纺城一定能从“河边布街”到“布满全球”！

访谈时间：2021 年 5 月 10 日

访谈地点：富丽华大酒店大堂

访谈整理：郑雅萍　陈华　杨苏琦

中国轻纺城的国际化发展之路

人物名片

周如生，男，1968 年 10 月生，浙江绍兴人，中共党员，高级经济师。现任浙江藏元汇控股有限公司董事长，中国法学会会员、绍兴市仲裁委仲裁员、浙商经济发展理事会副主席。曾先后担任绍兴县齐贤中学（现鉴湖中学）校长，县委办公室副主任，绍兴县杨汛桥镇党委副书记、镇长，绍兴县外经贸局（现商务局）党组书记、局长，中国轻纺城建设管理委员会党工委书记、主任，柯桥区经济和信息化局党组书记、局长等职务。曾获浙江省优秀教师、“中国纺织服装行业十大人物”等荣誉称号。

2007 年 5 月，绍兴县委、县政府提出中国轻纺城实施“二次创业”的目标要求，随即召开了中国轻纺城提升发展大会，在这次大会上确定了绍兴县的“立县之本”、绍兴纺织产业的“立业之本”、柯桥新县城的“立城之本”的总体定位，推动中国轻纺城提升发展，加快将中国轻纺城打造成“国际纺织之都，现代商贸之城”。我本人也有幸经历和参与了以“三个本”推动中国轻纺城“二次创业”的过程。

“四大举措”提升产业国际化

绍兴县委、县政府高度重视轻纺城国际化发展，提出“四外”的概念，即在原“外贸”“外资”“外经”基础上，加了一个“外商”，成立了外商服务中心。当时柯桥已经有一部分外商了，我们想把更多的外商吸引到柯桥来，尤其是要把全球纺织贸易的外商吸引到柯桥来。当时外商服务中心刚成立的时候，我清晰地记得柯桥还只有 100 多家外商投资商业企业，5 年以后，外商企业分支机构达到 1000 多家。于是我们以外商服务中心为牵头单位，积极为外商做好服务工作。例如，外商的护照每年都要去领事馆办理签注，外商服务中心积极争取绍兴市公安局护照签注便捷服务，后来把工作事项放到了柯桥，让这些外商在柯桥家门口就能一站式办理；开办国际学校，让外商子女能在柯桥就学；帮助外商在本地购房；等等。这些细微的服务对推动地方产业国际化发展起到了非常重要的作用。柯桥的外商主要来自日本、韩国、印度、巴基斯坦等国，印度外商还成立了一个民间商会。

除了引进来，主要领导每年都要带队到全球各地去推介。我们先后去了美国、墨西哥、埃及、意大利、法国、韩国、日本等国家进行推介，通过推介把外商引介到中国轻纺城。我们中国是面料生产大国，我们生产的面料原来都要通过广州或者香港的外商转卖到全球其他国家，国际化水平比较低。因此，我们考虑能否把这些外商直接引到柯桥来，并通过各种举措让他们常驻在这里，把柯桥的布匹面料直接销往全世界。当时我还在绍兴县商务局局长职位上，第一场海外推介会在迪拜，时任绍兴县委书记徐焕明率队推介。在迪拜的面料市场，有很多柯桥纺织企业老板去设摊位和门市部，当我们把外商吸引到柯桥以后，外商可以直接到柯桥的纺织企业采购面料，与此同时，外商的大量涌入，对面料的质量提升、市场价格、产品研发都带来积极的促进作用。

在各项工作陆续推进过程中，绍兴县委、县政府提出要在各地广泛招聘外语人才，当时面向各行各业招聘了不少擅长英语、日语等语言的优秀外语人才，在这些外语人才当中有高校教师，也有国际旅行社导游等，全部给予事业编制。通过配齐专业的外语人才，进一步推动中国轻纺城国际化发展。“走出去，请进来”，我认为中国轻纺城国际化发展水平不仅仅体现在本地外商变多了，更重要的是对我们的纺织产业提升和对中国轻纺城市场发展起到了重要的推动作用，无论是从思维观念、贸易机会上，还是对人的观念的影响上都有作用。很多市场经营户开始有了自学外语和招聘外语人才的营商意识。

“时尚创意”推动理念国际化

2008 年，国际金融危机席卷全球，中国轻纺城转型升级迫在眉睫，我们又以柯桥打造成为国际纺织面料交易中心、时尚发布中心、纺织会展中心等“三个中心”为目标，正式吹响了柯桥进军时尚创意产业的号角。

在实施国际化推动中国轻纺城快速发展的同时，我们坚持“立足本土、放眼全球”，中国轻纺城在国（境）外设立分市场，越来越多的本土企业通过“政企联动、抱团发展”新模式，积极融入“一带一路”倡议，得以“走出去”，走出绍兴、走出国门，也有效提升了中国纺织产业的国际竞争力。我们当时和国家纺织工业联合会合作联动，共同推动中国轻纺城发展。中国纺织工业联合会的杜钰洲、王天凯、孙瑞哲三任会长，对柯桥都有深厚感情，还有中国纺织信息中心党委副书记伏广伟也一直在积极推动中国轻纺城发展，他还先后在柯桥建立了国家纺织面料馆和纺织面料检测中心。

我们常说柯桥是因布而兴，因布而名，“一块布”托起了一条时尚纺织产业链，托起了一个全球最大的千亿级纺织产业集群。我记得在建设创意大厦的时候，我们专门在旁边留了空间，规划建了一个 T 台用于服装发布会走秀。提到柯桥的时尚产业，不得不说中国纺织工业联合会下属的服装设计师协会，时任服装设计师协会主席王庆对中国轻纺城发展也有很大贡献。一款布料的销量，服装设计师在当中有不可或缺的作用，我们通过服装设计师协会牵线搭桥，成功把吴海燕等全国设计名师引介到柯桥，相继成立了五大设计工作室。

原来的“柯桥纺织博览会”每年只有秋季一场，为进一步通过各类纺织品展览会促进时尚产业发展，绍兴县委、县政府领导在2008年2月提出每年要举办多场纺织面料展、服装展等各类纺织类展会，改变原来单一的秋季纺织博览会的局面，并提出当年春季就要举办一场春季纺织博览会。这个决定对我们来说，压力非常大，一是当时会展中心的场馆还没建设，二是时间非常紧迫，后来再三协调，举办时间最终定在5月，一年两场纺织博览会也就在那个时候一直延续下来。现在回想筹办第一届春季纺织博览会的过程还是非常惊心动魄的，当时的县委书记经常督促我们，时刻关心会展中心的建设工程进度，提出4月11日要先把兰花展放在会展中心，我们的压力可想而知，我还记得当时举办兰花展的时候，会展中心场外的水泥地还没有铺。最后，我们用了3个月的时间筹备，成功举办了首届春季纺织品博览会。

所以说，通过打造纺织面料交易中心、时尚发布中心、纺织会展中心，形成国际化理念，并带动中国轻纺城的产业升级，其意义是非常重大的。

“611工程”打造都市国际化

2007年，我跟绍兴县委、县政府主要领导在迪拜香格里拉大酒店举办中国轻纺城推介会。时任绍兴县委书记徐焕明看到迪拜高楼林立，大家开玩笑说，迪拜人在沙漠能建起高楼，我们也回去建高楼，当时旁边还有很多随行的公司老总也一起起哄，要造100栋高楼，用时10年等。没想到徐书记当真了，当场打电话给建设局局长，告诉他回国以后就要开始讨论“100栋高楼工程”，要求建设局局长拿出规划方案。回国后，县委、县政府讨论确定了用6年时间造100栋商务楼的规划，每年拉动GDP 1百分点，“611工程”就这样产生了。在迪拜的推介会结束之后，徐焕明书记和中国驻迪拜领事馆总领事进行了深入的交流，在交流过程中，对迪拜的纺织贸易、城市建设有了更深入的体会，也更加坚定要在柯桥实施“611工程”的决心。当然，也有很多人不看好“611工程”，认为这是不可能实现的事情，最终在“611工程”的推动下，我们利用5年时间造了135栋高楼，分布在金柯桥大道两旁。

当时，我曾向时任县委书记徐焕明建议，一要把市场里面的商铺变成办公楼，让这些经营户拥有“恒财”；二要加快商品房建设；三要花大力气建设学校，扩充教育资源。我们当时也走访了国内很多地方，第一个“虎视眈眈”盯着中国轻纺城的是广州，广州一直想把中国轻纺城在纺织贸易行业的地位抢走。在此之前，萧山和柯桥两座城市也曾争过“中国轻纺城”这个城市头衔，萧山凭借得天独厚的交通优势，当时的纺织贸易发展比柯桥要兴旺。县委、县政府为了保持中国轻纺城的竞争力，多方调研考察，并以减免租金、减免税收等诸多政策吸引全国各地纺织贸易经营户来柯桥。为了让广大经营户能安心、放心、舒心地留在柯桥，保住中国轻纺城

周如生接受中国轻纺城东升路市场获“浙江省五星级文明规范市场”的牌匾

的地位，我们就通过建商务楼把经营户“赶上楼”，让他们有办公楼这样的经营“恒财”；大力开发房地产，鼓励他们买房落户并在柯桥安家，当时还提出了“房产611工程”，利用6年时间造100栋有15层以上楼层的商品房；还有最关键的是大办学校，鲁迅中学从绍兴城南迁建到柯桥，实验小学、轻纺城小学、鲁迅外国语学校等学校也都是在当时兴办的。

在中国轻纺城“二次创业”过程中，我们始终解放思想，不断开拓创新。还以解决外地经营户的子女来柯桥就学为例，我们充分发挥民间组织的作用，只要外地经营户所在商会会长签字同意，工商联、教体局等部门就会联动促成其子女在柯桥上学。我们坚信，把孩子留在柯桥，一个孩子能够带动4～6个成人留在柯桥，柯桥的人口就能够迅速膨胀，人口的增长就会促进柯桥商贸的繁荣，带动城市的发展，中国轻纺城就会永久落在柯桥，真正成为城市发展的“立城之本”。

访谈时间：2021年4月1日

访谈地点：中国轻纺城创意园

访谈整理：郑雅萍　孙俊

全力打造数智轻纺城　让纺城再次腾飞

人物名片

潘建华，男，1966 年 5 月生，浙江绍兴人，中共党员，大学学历。现任浙江中国轻纺城集团股份有限公司党委书记、董事长。历任绍兴县齐贤中学校长、党支部书记，绍兴县平水副城建管委办公室副主任，绍兴县安昌镇党委副书记，柯桥区教育体育局副局长，柯桥区会展业发展办公室主任、党组书记、主任等职。

三十年风雨　今朝纺城风华正茂

而立之年的中国轻纺城，在时光的洗礼中已成长为全球规模最大、经营品种最多的纺织品集散中心，从“柯桥水街”发展到“丝路柯桥”，从“步满全球”发展到“布满全球”。中国轻纺城到 2022 年冠名“中国”已整整 30 年了，2021 年也是我们中国轻纺城集团股份有限公司成立 28 周年，所以这两年对于中国轻纺城来说，也是一个历史节点。

中国轻纺城集团股份有限公司（以下简称股份公司）立足于纺织市场，经过多年的发展，在中国轻纺城市场占比已达到 65% ～ 70%。一路走来，股份公司与整个纺织产业的发展、与柯桥区（原绍兴县）的发展是高度契合的。柯桥是一个纺织大区，在千辛万苦、千言万语、千山万水、千方百计“四千精神”的指引下，发展了绍兴县的纺织产业。随着市场发展，为了不断规范管理、激发活力，先后成立和组建了中国轻纺城建管委和股份公司。股份公司成立 28 年来，为中国轻纺城的发展和全球纺织事业的进步做出了巨大贡献，目前股权结构中国有股份占 37%，国有相对控股。面对全球纺织行业的激烈竞争，我们压力很大，只有把股份公司搞好了，才对得起政府的重视，也才对得起股民的信任。

“十四五”新目标　数智纺城再出发

我们不回避现在发展过程当中存在的五大不足，只有看到不足，才能为后面的发展制定目标方向。第一个问题，市场传统落后。我们股份公司是全国第一家以专业批发市场为主体的上市公司，一直以来积极发挥龙头引领作用，为纺城创新发展提供有力支持。但随着产业发展和市场变化，我们的市场观念是欠缺的。第二个问题，轻纺城物流现有模式已无法满足轻纺城客商对物流服务提出的更高要求。第三个问题，网上轻纺城发挥的作用还不够大，我们的两个电商平台一个是网上轻纺城，一个是全球纺织网。虽然网上轻纺城起步很早，但没有从技术的角度来保障整个集团所属市场的发展，它与整个市场的互动融合是远远不够的。第四个问题，轻纺城集团公司的收入来源单一，我们公司 85% ～ 88% 的收入来自市场营业房租金。产业结构单一是公司亟待解决的一个问题。第五个问题，当前公司市值被严重低估，市值管理任重道远。

基于这五个问题，我们提出“十四五”期间发展的目标，最核心的目标就是建设“数智”轻纺城，通过数智让市场进化，让管理手段更科学、合理、规范、智慧，让服务更加精准，让产业更加丰富多彩。全力打造数智轻纺城，让轻纺城插上数字的翅膀，再次腾飞。“十四五”时期，公司的主攻方向就是通过以“全球纺织网、网上轻纺城”为技术支撑的数字平台，连接数字市场、数字物流两端，打造“数智轻纺城”全产业链生态闭环。

第一就是建设数字市场，为管理的智慧化服务，为服务的竞争化提供可能。这主要包含三个方面内容：一是信息的归类，二是网上交易，三是金融服务。通过数字市场建设，我们将整合所有的经营户信息和采购商资源，比如通过经营户的经营品种预测近段时间产品走向，根据经营户的信用评级匹配不同的融资平台，让企业产能在原来基础上实现更大的飞跃。同时，对进入市场的国内外采购商进行等级和层次划分，根据采购商的需求预计未来产品的开发方向，让交易更通畅，让管理更高效，让市场更具活力。

第二是建设数字物流。没有现代化的物流，发展肯定会受到制约，只有市场和物流两条腿都健壮，才能相辅相成。我们数字物流项目占地 533 亩，建筑面积达 90 万平方米，总投资 31 亿元，全部由股份公司出资。这样我们股份公司既有市场，又有仓储，既有物流，也有海关的功能。未来，经营户只需要在平台上一键下

2020 年疫情期间，潘建华陪同绍兴市市长盛阅春调研轻纺市场

单，后续所有事情都无须操心，不管是国内还是国际的货物，都将实现仓储配装自动化、一体化。我们还将建一个公共智能仓，所有进入仓储的产品，都将享受知识产权保护，还可以根据发展需要，进行产品质押，深层次利用数字资源，为经济发展赋能。在实现腾笼换鸟的过程中，还将充分考虑跨境电商监管仓、异地货站、市场采购贸易方式等海关前置性功能，依托产业和市场优势，加快布局谋划现代物流体系建设。

第三是加大资本运作和拓展对外投资渠道。充分运用资本的手段和不断的对外拓展来丰富我们公司的发展方向。通过聚焦资本运作，在拓展对外投资渠道上有新设想。同时积极开展市值管理，积极探索供应链金融，积极培育轻纺城品牌直销购物中心。通过开展市值管理，稳定公司股价，探索拓展供应链金融业务，盘活市场存量资产，着力破解市场发展不平衡、不充分等难题，从而达到提升公司资本市场形象的目的。

瞄准目标　实干为先

2021 年是“十四五”开局之年，我们轻纺城创新发展的蓝图已经绘就，接下来最重要的是瞄准目标，实干为先。不管多完美的目标都是脚踏实地干出来的，我们公司上下一定会坚持发扬钉钉子精神，在实干中求实效，把工作往细处抓、往实里做，持续用力、久久为功。我们将聚焦内部管理，在深化体制机制改革上有新突破，重塑考核机制。我们将推进管理体制、考核机制两项改革，着力转变职能、理顺关系、优化结构、提高效能，做到权责一致、分工合理、决策科学、执行顺畅、监督有力，为全面完成工作目标提供体制保障，从而推动市场全面繁荣、均衡发展，实现市场主体多方共赢，真正实现我们的市场管理更科学，市场发展更繁荣，市场效益更明显，公司发展更多元。

当前世界级先进制造业集群无一不是数字集群，产业集群与数字集群融合发展是大势所趋，产业集聚构成了产业数字化和数字产业化高效循环的重要基础。相信在中国轻纺城集团的引领下，中国轻纺城将对标世界级现代纺织产业集群，全力打造“数智轻纺城”，以数字化新引擎赋能纺织产业高质量发展，为新时期纺城再次腾飞插上“数字翅膀”，为柯桥“领跑全市、竞跑全省”不断注入新动能。

访谈时间：2021 年 4 月 1 日
访谈地点：中国轻纺城集团股份有限公司
访谈整理：郑雅萍　金梁英

我参与和见证　我荣幸并坚信

人物名片

濮耀胜，男，1950 年 11 月生，浙江绍兴人，中共党员。1969 年 6 月到内蒙古通辽县余粮堡公社小六家子大队下乡，1971 年 1 月调至内蒙古 114 地质队工作，先后担任综合计划员、计财科副科长、基建办主任；1986 年 12 月调回绍兴县工商管理局工作，历任工商所所长、中国轻纺城工商行政管理处主任、绍兴县工商行政管理局副局长。

我出生于 1950 年，算是共和国的同龄人。我曾到内蒙古下乡插队，回到绍兴县工作后，赶上了轻纺城三次创业，参与并见证了绍兴县从“一条布街”到轻纺城高楼平地起、繁荣发展的过程，这是我人生的荣幸。

创业起步　筚路蓝缕

20 世纪 80 年代，绍兴县委、县政府为带领绍兴县人民摆脱贫困，下大力气狠抓乡镇集体企业的发展，而绍兴自古是桑蚕之乡，那时纺织企业在绍兴县境内可谓是星罗棋布，到 80 年代末，纺织业的产值占到了全县经济总量的 70% 以上，绍兴县是名副其实的纺织大县。

如何把产品变成商品，勤劳的绍兴人发扬“千方百计、千辛万苦、千山万水、千言万语”的“四千精神”，去全国各地推销自己的纺织产品。这在商品比较短缺时期还是创造了比较好的经济效益。但是由于设备陈旧、产品质量一般、研发新产品的能力低，纺织商品在市场上受到很大影响，主要表现在纺织面料销售越来越难，资金回收越来越慢，库存积压越来越多，很大一部分企业陷入了困境。

1987 年，绍兴县人民政府果断决策，要在交通条件相对较好的柯桥镇建一个大型轻纺市场，把本地企业的面料通过市场销到全国去，并列入县政府当年要办的十大实事（即十大重点工程）之一，明确由工商行政管理部门负责实施。

我有幸成为绍兴轻纺市场筹建小组的成员。经过前期一系列准备，于 1988 年 1 月正式破土动工，同年 9 月全部竣工。一个占地 26 亩，建筑面积 2.32 万平方米，共 540 间营业用房的大型室内轻纺市场面世了，并于当年 10 月 1 日隆重开业，绍兴县委、县政府领导都到了现场，给予充分肯定。当时全国纺织品市场中马路露天市场比较多，室内市场比较少，这是绍兴为改革开放 10 周年献上的一份厚礼。

峰回路转　创新发展

万事开头难。轻纺市场开业后，开始冷冷清清的。究其原因，一是市场上卖的是清一色的绍兴布，二是市场一时还没有知名度，辐射面比较窄。我们采取主动出击去外地招商等方式，形势发生了变化。后来540间店面不够用了，临时摊位也摆出来了，特别是吸引来了在全国各地经营的温州布商。温州人很会动脑子，善于抓住商机，他们不光推销绍兴布，还把各种面料带到绍兴来，带动了绍兴县纺织业的发展。

1990年，轻纺市场已经很热闹了。市场内，面料的品种越来越多，有广东的、江苏的、山东的等等，还有了一些进口面料。绍兴轻纺市场由一个主要销售绍兴纺织品的窗口变成了一个开放的销售全国纺织品的批发市场。外地面料的销路比绍兴布的销售还红火，市场竞争机制的优点显现出来。但外来经营者越来越多，外地布料所占比例越来越大，本地企业产品销售受到较大的冲击，不少本地企业纷纷要求政府给予保护。当时我们确实感到压力很大。

1990年7月，时任浙江省省长沈祖伦同志亲临绍兴，对轻纺市场做专题调研。他去纺织厂听取意见，找分管工业的乡镇长开座谈会，现场看市场经营情况。沈祖伦省长在调研会上强调："我看这个市场搞得很好，要抓住机遇更好地发展，商品经济必定充满竞争，要敢于面对……"省长的这番话不但对绍兴轻纺市场做了充分的肯定，也使得浙江全省各地市场得以迅速发展，真正成为资源小省、市场大省。

1990年8月，绍兴轻纺市场扩建，总投资2986万元、建筑面积3.35万平方米的东交易区动工。1992年3月，国家工商行政管理总局在北京人民大会堂召开全国十大市场新闻发布会，绍兴轻纺市场榜上有名，同年又和义乌小商品市场共同发起全国市场联谊会。1991年，绍兴轻纺市场成交额达7.83亿元，位列全国第五。短短几年时间，绍兴轻纺市场已发展成为全国纺织品的集散中心。

南方谈话　大步发展

1992年，邓小平同志发表南方谈话，提出了"发展才是硬道理"这一重要讲话，极大地鼓舞了全国人民。我们也特别兴奋，进一步解放思想，大胆地试，大胆地闯，成为我们工作的座右铭。

1992年是轻纺市场发展史上最重要的一年。

5月8日至10月，我们对轻纺市场中交易区的152间营业用房采用公开拍卖6年租赁权的方式，向全国公开招商。来自全国8个省（自治区、直辖市）的858名商户参与竞拍。这在全国实属首创。

同年6月，绍兴县政府决定建造轻纺大桥，并在运河北侧建造规模更大的北交易区，占地10万平方米，建营业用房3400间。同年8月8日，向海内外公开招商。我们在中央电视台做了15天15秒招商广告。所有营业用房全部招满，筹集建

濮耀胜接受浙江卫视采访

设资金 1.35 亿元。同年 8 月 18 日，北交易区破土动工。

同时，绍兴县委、县政府在柯桥举行了轻纺城经营者大会，时任县委书记纪根立亲自主持，时任县长陈敏尔做报告。会上提出了柯桥和轻纺城的发展规划，提出了“兴商建市，兴市建城；你发财，我发展”的共建目标，并公开宣告：在中国轻纺城经商，国营、集体和个体，本地商人和外地商人地位一律平等，鼓励大家放心、放手、放胆、放量做大生意，并提出了一系列扶持轻纺城发展的政策，比如出台帮助经营户融资，买房落户，子女读书等创新举措。政策提出后，我们更是一件一件加以贯彻落实。

提高总结　再创辉煌

中国轻纺城能有今天的发展，得益于党的改革开放好政策，得益于党委政府的大力支持，得益于轻纺城上下全体员工的共同努力。如果说要总结经验，主要有四个方面，一是政府管理部门的工作是以高效的服务，促进发展为考核目标；二是政府管理部门的工作中最主要的是讲诚信，企业要讲诚信，政府更要讲诚信；三是加强对轻纺城市场的党员教育，组建外来党员临时党组织，充分发挥共产党员的模范带头作用。四是 20 世纪 90 年代，轻纺城作为浙江市场对外的一个窗口，各级领导常来轻纺城视察、调研，大大提升了市场知名度。

在新时代，作为一名老党员，一位中国轻纺城发展的参与者、见证人，我坚信，在绍兴市委市政府、柯桥区委区政府的大力关心和支持下，中国轻纺城的明天一定会更加美好，纺织产业的重要窗口地位会更加凸显。

访谈时间：2021 年 5 月 6 日

访谈地点：浙江工业大学之江学院

访谈整理：郑雅萍　付东升

我的纺城缘：从建市场到管市场

人物名片

杨水龙，男，1967年9月生，浙江绍兴人，中共党员。1990年8月至1996年12月在原绍兴县工商局绍兴轻纺市场工商所，参与中国轻纺城原东市场、中市场及北市场的建设管理工作。1996年12月调至绍兴县工商局工作，2016年3月调至柯桥区市场监督管理局中国轻纺城市场监督管理分局，现任柯桥区市场监督管理局中国轻纺城市场监督管理分局党委书记、局长。

我是大学毕业后分配到绍兴轻纺市场工商所工作的。因为大学学的是工民建专业，轻纺市场要扩建，需要一个懂基建专业的人，绍兴县工商局去向绍兴县人事局把我要来。1990年，县工商局专门成立了轻纺市场扩建办公室，负责轻纺市场扩建工作。我们扩建办人员最多时有12人，办公地点先在绍兴城区县工商局机关，随着项目的推进，扩建办整体搬到柯桥老市场四楼。随着工程建设的开始，扩建办的一部分办公室还直接设在建设工地的工棚内。建设市场的4年，我的大部分办公时间都在市场建设工地现场。从1990年开始，轻纺市场相继建成了东市场、中市场（现已改为东市场停车场）、北市场，建筑面积增加了近20万平方米。1994年完成北市场建设后，我就被安排在北市场参与市场管理工作；1996年12月被调到工商局机关，在局机关工作了20年后，2016年我又回到了中国轻纺城市场监管分局工作。

保证施工质量

1990年到1996年，我在轻纺市场6年，正值轻纺市场繁荣发展起步阶段。轻纺市场扩建持续了4年，这是扩建办刚成立时都没有想到的，当初的任务是仅建设东市场，以后的中市场、北市场是随着需求而延续推进的。轻纺市场扩建工程，是柯桥较早的新建项目，东市场、中市场都是从田地上起步，北市场建设我们更是从渡河开始的。那时候运河北面还没有其他新建工程，轻纺大桥也没有开始建设，运河要南北联通，只在双梅有座拱桥，我们每天去北市场工地办公，都是坐柯桥经济开发区管委会安排的渡船去的，每人每天至少来回渡河四次。

项目建设征地是前期较为繁杂的工作，东市场、北市场在当时都算比较大的项目，征地牵涉单位和个人较多，有时还要帮他们先把其他地方的地征好，让他们搬出去。好在有绍兴县委、县政府的坚定支持，分管副县长经常在晚上加班加点组织召开征地协调会。尽管有些波折，但还是顺利完成了征地任务。

绍兴轻纺市场扩建工程，是当时绍兴县政府的重点项目，我们的建设进度在当时来说是比较快的，建筑质量也是很好的。之前的老市场采用的是砖混结构，东市场开始采用全框架结构，那时没有商品混凝土，都要现场搅拌，施工时间较长。为抢抓时间进度，整个工程施工分成四块，不到一年就建成投入使用。那时候我跟着局里聘请的老工程师管施工质量。由于没有工程监理公司，所有质量都要我们自己把关。说实在的，我刚参加工作，感觉能从事跟所学专业相关的工作，可以发挥自己的才能，干劲、信心都很足。东市场基础使用的是超长沉管灌注桩，设计单位是浙江大学设计研究院，他们也是第一次设计这种超长桩基，所以我们在不同桩基正式打桩前，都要进行试打桩，需要施工、设计、质监的共同确认。

我记得比较清楚，东市场打桩是在冬天，那年还经常下雪，施工期间我就睡在临时搭建的工棚办公室内，晚上经常要起来，不定时到施工现场的搅拌机前，叫施工员对已经拌好、即将灌注的混凝土做试块小样，做好试块小样，搬进办公室，做好记号进行养护，待 15 天和 28 天后送实验室进行抗压实验，确定混凝土是否符合设计要求，确保工程施工质量。

为工程质量问题，我与施工单位还有一个故事。有一个区块的施工单位，在浇筑立柱混凝土过程中，由于木模支撑不牢固，加上振动棒作业不到位，导致拆模后几个立柱有蜂窝。当时施工单位已派人进行修补。我发现后要求必须把立柱全部打掉重浇，因此双方发生了争执。我坚持认为修补只能起到好看的作用，不能保证质量，如果不拆掉重浇，我就不签字。到了晚上，施工单位领导就叫施工人员把有蜂窝的柱子全部打掉重浇。轻纺市场的扩建工程中，我们的项目获得过建筑质量兰花杯奖、钱江杯奖。

不一样的招租

轻纺市场的建设发展，也是我国改革开放的一个缩影。1991 年在东市场招商时，还坚持要分集体和个体，明确一楼必须以集体企业的名义才能租用，二楼以上才允许个体租用。那时候老市场已经饱和，经营户也都觉得在市场中能赚到钱，所以我们施工图出来以后就开始招商，那时候扩建办由 3 个人负责招商，基本上是坐着收钱，用红笔在施工图上做勾画标记。一个摊位大概 15 平方米，一楼每间 3 万元。东市场建好以后，大概 1000 多个门市部都招好了。当时的工商局既是市场业主又是市场监管者，所以我们明确，这个摊位只是租赁，不卖产权，这个 3 万元是预交，到时候租金及市场管理费从这里倒扣。东市场投入使用后，轻纺市场门市部数量从 600 多间增加到了 1600 多间。

中市场建设完成后搞过一次招投标（公开拍卖租赁权）活动，有个福建经营户

1993 年杨水龙在北市场建设现场

投了 25 万元，在当时轰动了整个绍兴。北市场是 1994 年 4 月开业的，建筑面积 14 万多平方米，有营业房 3000 多间。到北市场招商的时候不再分集体和个体，事先价格定好，排队发顺序号，再按顺序号在图纸上自行挑选。营业房图纸编号是我编的，总体是按照从南往北、从西往东编，确定顺序也有插曲。一开始我们安排晚上在东区停车场排队发号。原来我们的想法是，停车场比较宽敞，安排干部举着“依次排队”牌子站在首位，没想到由于场地太宽敞，人员太集中，队伍一下子就被冲散了，试了几次都排不好。我们及时改变方案，安排第二天在老市场二楼走廊排队。老市场二楼是单面走道的，空间较小，在那里排队就比较好控制，也方便维持秩序。随后也陆续开展过几次营业房公开抽签活动。

监管与服务并重

市场发展是有一个过程的。我记得刚到轻纺市场的时候，看到市场里销售的面料，都是清一色的黑的、灰的，少有花色面料，每个门市部里的面料都是一捆一捆叠着摆放的，一楼通道上有许多手拉车在穿梭，客户完成交易，门市部打包后，一般都是叫手拉车主来背包、拉包，送到托运点或马路边。现在的轻纺城经营面料琳琅满目，品种有上万个，挂样销售、展示销售、网上销售等交易模式层出不穷。

在轻纺市场发展过程中，我们工商部门也做过大规模的整治。1997 年至 1998 年，市场经营户存在缺尺少码的问题，经营户标注的米数高于实际米数。为了挽回市场声誉，工商部门下定决心，持续采取高压打击的政策，一年办理上千个缺尺少码案件。总的来说，现在市场上经营透明了，大部分经营户也有了意识，知道这样做就是砸自己的牌子。

有一次巴基斯坦客户向我们反映，说在市场又发现了缺码情况，经过我们检查了解，发现主要还是语言障碍造成的计量单位差异。有少数巴基斯坦采购商主动要求将 80 厘米的布标注为 1 米，导致有些语言不通的经营户直接就在店里明示 80 厘米。我们依法责令进行改正，取缔了 80 厘米公示牌，对相关经营户进行了批评教育，同时在相关市场继续开展诚信计量宣传，建立轻纺城的“缺尺少码”整治长效机制。

还有就是花样问题。过去花样盗版侵权问题比较突出，通过 10 年花样版权保护的努力，形成了柯桥独特的花样版权保护模式，市场知识产权保护意识也有了明显提升。又如商标侵权，我们一直是查到就重罚。还有网络广告使用的规范问题，如抗菌、环保、纳米、防紫外线、防静电等等用语，不是随便可以使用的，必须货真价实。

轻纺城能够走到现在，首先是这个轻纺产业有土壤，有发展基础；其次是各级政府对轻纺城发展的支持力度比较大，包括经营户的小孩上学的政策落实到位，公共服务及税收等营商环境也非常好。

访谈时间：2021 年 3 月 31 日

访谈地点：浙江工业大学之江学院

访谈整理：董勇　朱健伟

纺城十年　影响和成就了我

人物名片

吕瑜洁，女，1980年8月生，浙江新昌人，中共党员。2003年毕业于厦门大学历史系，担任绍兴日报社新闻部记者。从2007年开始，历任绍兴县投资服务办公室主任助理，绍兴县科学技术局党组成员、绍兴县中国轻纺城创意产业服务中心副主任，县科学技术局党组成员、县信息化建设管理办公室主任，县科学技术局副局长，县委组织部部务会议成员、县委人才工作领导小组办公室专职副主任、柯桥区纪委派驻宣传部纪检组组长等职。现为专职作家。

我大学毕业后，做过5年主流媒体教育线记者。之后出于家庭的考虑，考入了柯桥区机关单位，有10年政府部门任职经历，目前我离开了沉淀10年的岗位，成为一名作家。虽然选择了离开，但正是在轻纺城任职的这10年，影响着我，也成就了我。

履职10年间，我见证了轻纺城的巨大变化，见证了轻纺城从零散的小摊市场，建成秩序化、规范化、国际化的中国轻纺城市场。在职期间，正值徐焕明书记提出了"611工程"建设计划，我有幸参与其中，为中国轻纺城的发展添砖加瓦。

抓住"创新"这个牛鼻子

2009年6月到2011年9月，我任职于绍兴县科技局，担任中国轻纺城创意产业服务中心副主任。那时候柯桥新建了三大创意基地，面积超过10万平方米，总投入超过5亿元。时任绍兴市委常委、绍兴县委书记徐焕明说，这是"为传统纺织产业注入更多创新元素，把柯桥建成国际性纺织创意中心"。

在当时全球金融危机背景下，绍兴县加大了培育创新型企业的力度，进一步"筑巢引凤"，以优厚的条件吸引国内外创新型企业在柯桥落户，不仅出台了培育创新型企业"三年行动计划"，还出台了相关考核奖励办法，决定拨出5000万元专项资金进行奖励。

我记得，当时绍兴县对入驻创意产业基地的个人和单位，自签约之日起，两年内免房租，并给予补贴和贷款额度贴息等优惠。为吸引纺织服装专业大学生落户，还在创意产业基地为大学生特设"零成本创意工作室"，一年内免场地费，每月还发500元生活费，力度可谓是相当大了。我主要负责创意大厦和科创大厦招商引资工作，当时主要为新建的科创大厦、创意大厦“筑巢引凤”，我们以优厚的条件吸引国内外创新型企业在柯桥落户，引进知名服装设计师及一些新的设计作品，为经营户提供个性化产品。

当时的中国轻纺城服装、家纺市场还很年轻，不像现在这般成熟，是柯桥市场群中年轻的成员，我们着手打造“创意—设计—展示—营销”的纺织创意产业链。当时，市场正在加紧引进知名服装设计师及一些新的设计作品，为经营户提供个性化产品，为填补轻纺城设计领域的空白，引入设计公司。同时，我带领中国轻纺城纺织创意服务中心的同事前往外地调研，寻找合适的设计公司。

2009 年，我发挥初生牛犊不怕虎的勇气，干劲十足，在长三角地区寻找适合的公司，引入花样设计和纺织面料的设计公司，进一步为中国轻纺城产业转型发展助力，尤其是在花型优化和面料改良方面。那个时候，我们通过各种蛛丝马迹寻找各个设计公司，还自己跑到上海去找。我记得，有次我们随意走进了上海 M50 创意园，看到有一家“不二设计”公司，觉得名字挺有意思，然后就毛遂自荐，介绍中国轻纺城，介绍招商政策，慢慢磨慢慢谈。就是这样，我们实现了首批 40 个“零成本创意工作室”的完美装修落成和 50 多户外商设计公司的引入。同时，招商引资工作进一步拓展到 F5 创意园，开始招揽更多的优秀设计公司。在后续工作中，我们积极打造平台，通过开展花型摆摊等方式，在设计公司和轻纺城市场商户之间架起桥梁，为花型版权市场奠定了基础，打通两头关卡，为轻纺城的划行规市、提档升级，发挥积极的推动作用。

把握“人才”这个创新的源头活水

2011 年 10 月，我担任绍兴县委组织部部务会议成员、县委人才工作领导小组办公室专职副主任，主要抓人才引进工作。

当时绍兴县非常渴求人才，希望在纺织领域技术层面寻找突破口，提升轻纺产业创新能力。从组织部的工作来看，优化轻纺城产业结构涉及各个领域，但引入现代纺织方面的专家是重中之重。

在我去组织部任职之前，浙江省现代纺织工业研究院院长胡克勤等已经做了大量的工作。2007 年，在省科技厅带领下，我和胡克勤一行人一同赴香港理工大学考察。当得知香港理工大学纺织及制衣系是全球纺织科技领域三个顶尖机构之一，胡金莲是记忆纤维领域的专家时，我如获至宝，马上向胡金莲发出邀请。

胡金莲是英国曼彻斯特大学博士、香港理工大学教授，是记忆纤维的创始人。当时，她和她的团队，发明了一种神奇的“聪明布”，能使面料做到免洗免烫。这种织物还跟普通纺织品很不一样，不但可以在一定温度的热水洗涤后恢复原状，且具有保留衣服褶痕、表面平滑、恢复凹凸位原状等特性。这种独特的“记忆功能”，使它不但可以应用于时装，还可以推广应用于医疗、建筑等其他诸多行业。对于绍兴县闻名全球的纺织业来说，不仅给我们带来了巨大的震撼，还能带动纺织企业技术的更新换代。

后来，胡金莲数次到绍兴县考察，在我们的多次努力下，她最终和浙江省现代纺织工业研究院签下联合开展“形状记忆聚氨酯纺织品研发及产业化”的“大单”，一场对柯桥纺织产业产生巨大影响的技术变革，由此拉开序幕。以胡金莲研究成果为主要经营内容的绍兴易比纺织科技有限公司的记忆纤维同步在全国各地生产应用。

由胡金莲教授起步，我们开始陆续引入各种专家人才。

几乎有着和胡金莲相同的引进故事的蒯琳萍教授，为新建印染污水处理项目做出了不小的贡献。对于柯桥庞大的纺织业，特别是印染产业，如何进行废水处理，是转型升级绕不过去的问题。我们了解到蒯琳萍以污水分层生物滴滤处理（MBTF）技术为核心专利技术，采用创新的投资运营模式，两年时间内先后建成了 3 个印染污水处理项目，目前全部正常运营，投资规模和运营规模都超过了预期。“这就是人才的力量！”柯桥的印染企业家们纷纷竖起了大拇指。

2013 年，我们还引进了香港理工大学的郑德均博士，他作为轻纺设计方面的专家，设计构建出了花样花型匹配系统，用于花样版权保护，为中国轻纺城花样版权提供技术支撑，引导轻纺产业优化发展。

此外，我们还引入许多纺织新材料方面的专家，为纺织技术攻关和面料产业升级添砖加瓦。

很大程度上，柯桥之名，源于一块布——轻纺业；相当程度上，人才建设成功与否，在于纺织业的人才聚集度和人才推动力。关于轻纺人才，在柯桥区的“鉴湖英才计划”中有明确的表述：根据“引进人才以产业人才为先、产业人才以轻纺人才为先、轻纺人才以创意人才为先”的理念，着力集聚轻纺人才，助推纺织产业提升发展。重点集聚三类人才，即上游的新材料研发、功能性面料开发、面料成分设计等人才，中游的花样设计、纺织工艺技术、纺织机械研发等人才，下游的服装设计、品牌营销策划、企业经营管理等人才，将柯桥打造成为国内外轻纺人才云集的“硅谷”。正因为柯桥全民动员式的引才，才有了近年柯桥轻纺人才爆发式的涌入，才有了胡金莲、蒯琳萍们来到柯桥的故事，才有了轻纺产业的第二个春天。

访谈时间：2021 年 3 月 22 日

访谈地点：绍兴市归心谷人才学院

访谈整理：陶佳莘　洪丹奇

与轻纺城同呼吸共命运的芳华岁月

人物名片

陈月芳，女，笔名陈三月，1982 年 3 月生，浙江绍兴人，中共党员。毕业于中国政法大学，2006 年因柯桥区（原绍兴县）推进国际化需要，公开招考优秀外语人才，到中国轻纺城建管委工作，现任柯桥区社科联副主席，著有以中国轻纺城为背景的长篇小说《向年年》。

2006 年，我大学毕业 2 年后，作为轻纺城打造国际纺织之都的第一批建设者来到柯桥。我在轻纺城拼搏、创意、奔波，也在这段时间恋爱、结婚、生子，整整 6 年的青春岁月，与轻纺城一起，风风雨雨，忧喜交融。即便现在，不论到哪里，只要看到“轻纺城”这三个字，我都会觉得很亲切，因为自己在这里工作过，同呼吸共命运过。

“纺博会”招商的辛苦

2006 年，我刚出大学校门不久，便到了建管委，这是初成立的机构，全称是“中国轻纺城建设管理委员会”。我是第一批工作人员，在会展宣传处，主要负责纺博会。虽然纺博会已经成功举办好几届了，但它的规模和影响力还需要进一步提升。当时，绍兴县政府提出，轻纺城要二次创业，“轻纺城建管委”应运而生。在轻纺城建管委，我负责轻纺城市场的宣传和纺博会的招商推介。那时我们人很少，整个科室就 3 个人。

我负责邀请上千名采购商来参加纺博会，联络安排，包括后续的会务接待、服务引领等。第一次经历国际招商场面，所以，我的印象非常深刻。那段时间我们每天早上 7 点到单位，晚上 10 点才能够回家，周末也经常加班。我每天跟外商打电话、发电子邮件，由于欧美国家跟我们有时差，所以有时晚上都不能休息。当时连续熬了两个月，嗓子都哑了。纺博会结束了，虽然我累到产生了幻听，老感觉电话还在响，但蛮有成就感的，因为那届纺博会整个国际化程度有了很大提升。

那个时候，轻纺城的传统市场区正在进行改造升级，像当时东升路市场因为设施比较陈旧，停车都成问题，所以，它是最先进行改造提升的老市场之一。改造完了就要招商，一年多后，我又转岗到“市场招商处”，开展轻纺城市场的招商工作。

践行“布满全球”战略

2008年，我作为市场招商处负责人，跟分管领导一起，负责市场的招商工作。在招商过程中，印象最深的事，就是我提出了“布满全球”战略。我们当时想了很多名字：“布行天下”“布满全球”……后来我觉得，还是“布满全球”好。随后，我们就着手实施，组织纺城布商满世界跑，去推销我们的布。

“布满全球”推介，主要分国内和国际，国内集中在广东、福建、四川、湖北、山东、江苏、北京等纺织服装业发达地区，国外主要去意大利、法国、日本、韩国等纺织服装和时尚设计的集中地。

2008—2012年，我们开展了一系列的“布满全球”对接会，由于一处接一处地跑，我们整天跟飞人一样，在各个城市间辗转奔波，与当地的一些采购商对接。其中，印象特别深刻的一次是，我们到了意大利的普拉托（Prato），普拉托其实是一个华人聚集地，有很多温州和浙江的商人在那儿做纺织品面料生意。所以，我们就在意大利的普拉托开了一个对接会，在那里临时设展。普拉托的政府官员来了，服装企业、面料经销商也来了，那次推介会非常成功，当地的华人报刊和本地媒体都进行了报道。

那次我们带出去的大概有20家纺织企业的负责人，收获蛮大的。其中有一家叫巍腾纺织，老板姓任，四川人，是位女企业家。她是“布满全球”的忠实客户，每次我们去哪，她就跟着去哪。她的公司当时还是一家中小规模的外贸企业，现在已经做得蛮好。她是非常热心的一位女企业家，经常做公益事业。

自从第一次“布满全球”活动成功对接以后，越来越多的纺织企业加入到我们“布满全球”的推广系列活动当中。我们一个地方一个地方地走，还为企业家争取到经费补助。这在无形之中，激励了轻纺城的企业家走出去，拓展了销售渠道。

在国内外，我们都开展了“布满全球”推介工作，国外，包括很多柯桥企业去非洲一些地方，或意大利、西班牙等地开设一些窗口和销售点。这其中，政府起到了一个重要的引领作用。国内，我们也跑了很多的地方，从吉林、辽宁到山东潍坊的轻纺市场，从北京服装城，到四川成都荷花池，从湖南株洲，又到湖北汉正街，以及河南、广东、广西、云南、福建等地，全国只要有服装面料市场的，我们都进行了推介。通过对接和现场展示，取得了比较明显的成效。

直到现在，“布满全球”这个品牌一直延续了下来。打造国际纺织之都，推动国际国内双循环，个人能参与到这个进程当中，觉得挺有意义的。

全市第一个区县“双语新闻”平台

柯桥有很多外商，尤其是轻纺城。这些老外很喜欢中国，也很喜欢柯桥，不少人把家都搬来了，甚至把一些亲戚朋友也带来了。其中有一位比较有代表性的外商，来自巴基斯坦的阿杜。

我跟阿杜非常熟，是多年的好朋友。他来的时候还是个小伙子，很年轻。我估计他在轻纺城应该快 20 年了，我们认识也有 10 多年了。

巴基斯坦就是我们的巴铁，阿杜是中巴友谊的一个见证者。他非常热心，自己也经常参与柯桥的一些志愿活动。还有印度的尼拉杰，他当时义务献血，还组织印度人献血，然后做公益。这些外商其实早就把自己看成了轻纺城的一部分，所以我们不叫他们老外，有时候，就叫他们“新柯桥人”，他们已经是柯桥的一分子。

正是基于他们的期待，2021 年，我到柯桥区委宣传部工作，我们推出了“双语新闻”。因为很多老外虽然听得懂中文，但有些专业的资讯看不懂。为了给生活在柯桥的老外一个平台去了解柯桥，了解一些政府的服务资讯，我们联合了很多部门，比如公安、出入境、外办、商务、卫生、教育，共同出台了这个英文发布平台，主要为轻纺城这 5000 多名外籍客商服务。这也是全市第一个区县级“双语新闻”发布平台。

浓缩的纺城故事——长篇小说《向年年》

我在轻纺城工作的数年里，跟很多布商有过接触。轻纺城确实有一个特别吸引我的地方，就是很多人来这里筑梦，也在这里安家，实现了梦想。

那个时候，我听说了很多故事，包括纺城的“四大花王”。在我任职期间，我们还评过“纺城十大风云布商”。从这些人的身上，我感觉到纺城是一个特别神奇的存在，所以，对它的感情也特别深。我一直有一个念头，想把纺城故事像《温州一家人》《鸡毛飞上天》一样写给世界上所有的人看。到 2017 年，我开始动笔。我花了 3 年时间，写出了《向年年》这部关于轻纺城的小说。

陈月芳创作的小说《向年年》

小说名《向年年》取自宋代韩缜《凤箫吟·芳草》:“朱颜空自改，向年年，芳意长新。遍绿野，嬉游醉眼，莫负青春。”小说里面塑造了很多人物，包括女主人公向年年，她从福建来到轻纺城打工，经历了很多坎坷，到最后成为纺城新生代风云布商的故事；也塑造了纺城第一代，即从温州来的老李的形象，涉及子女的教育问题，纺织业的传承发展问题。小说也塑造了一个印染企业的“印二代”，如何把家族的印染企业，从一个低端小厂，经过印染技术的提升，做成了世界级的绿色印染公司。

故事中的人物都有真实的原型，不是一个人，可以是很多人的综合。其实，我塑造了几个人物的名字，连起来就是“轻纺城”。小说主要体现了“纺织人无论遭遇多少艰难困苦，永远向前看”这样一种精神。

轻纺城是一个非常值得写，也非常值得为它付出努力的地方。它是一个非常包容的地方，让来到这里的人能在这里完成生命逆袭，实现梦想。所以，我时常想起一句话:“在这里，但凡你努力，就能实现你的梦想。”柯桥就是这样一个上善若水、海纳百川的地方，这是轻纺城的魅力所在。

访谈时间：2021 年 4 月 15 日

访谈地点：绍兴市柯桥区行政中心大楼

访谈整理：徐玉红　蓝刚　张增祥

解放思想是中国轻纺城发展的永恒主题

人物名片

沈祥星，男，1959年8月生，浙江绍兴人，中共党员。现任浙江中国轻纺城集团发展有限公司党委书记、董事长。历任绍兴县夏履乡乡长，杨汛桥乡党委书记，曾荣获绍兴县城市建设突出贡献者、绍兴市优秀共产党员称号，绍兴县第九届、第十二届、第十三届、第十四届和柯桥区第一届人大代表。

我是农民出身，下过地种过田，有务农、任教和乡镇企业工作的经历。在人生道路上，我一直坚持诚心待人的理念、虚心好学的态度，锲而不舍的作风。轻纺城诞生已经30多年了，我是与轻纺城同步成长的管理者、经营者和受益者，我始终牢记自己的使命与责任，始终恪守“种秧干部”的本色，始终相信一句话：收获来自耕耘。目前，我们中国轻纺城集团发展有限公司下辖的实体主要有新亚面料市场、纺机市场和两栋轻纺大厦；以企业市场租赁和物业服务为主业，兼有房地产开发和金融投资。

中国轻纺城的诞生离不开思想的解放

1978年12月13日，邓小平在中央工作会议闭幕会上提出“解放思想，实事求是”，“一心一意搞经济”，这是新中国历史上一个重要的转折点，绍兴人也是在这个时候冲破了思想的禁锢。那时我还在乡镇分管工业，我们开始大力发展以纺织为主的企业，柯桥周边的乡镇纺织业发展得很快，以纺织品为主的产品生产得很多，我们建立了一支很强的销售队伍，发扬“四千精神”到全国各地销售，希望把绍兴的纺织产品推销到全国，但销售效果并不是很好。1984年，部分生意人到柯桥的旅馆、码头推销商品，才慢慢地将纺织产品推销出去。柯桥交通相对发达，企业多，交通便利，自发地形成了一条布街。那时街市上流传着一句话：“要卖布，去柯桥；要想富，去柯桥。”但自发形成的布街毕竟是最简单的交易中心，设施简陋、管理跟不上等一系列问题限制了其发展。

绍兴县委、县政府看到了柯桥自然形成的布街，也看到了新的希望。1985年7月，县里投资15万元搭建了3500平方米的棚户式的雏形市场——第一代柯桥轻纺产品市场，为绍兴纺织企业服务。绍兴县委、县政府看到棚户市场仍然不能满足日益增长的交易的需要，于1988年兴建绍兴轻纺市场，建了500多间营业房，也就是现在的老市场。这些铺面分到各个乡镇后再分配到各个企业，我所在的乡镇分到 10 间铺面，那时一楼铺面的租金是 6 年共 7000 元。当年轻纺市场成交额达 1.13 亿元。浙江温州、广东、四川各地的经营户看到绍兴轻纺市场的发展，陆续过来经商，1989 年市场成交额已经有 3.1 亿元，成为浙江省最大的室内专业面料市场。但轻纺市场的规模仍不能完全容纳当时的经营户，随后，绍兴县委政府决定扩建市场，1992 年初，建筑面积 3.35 万平方米的轻纺城市场东交易区建成。后来市场发展成为国内最大的纺织品专业市场。

中国轻纺城的繁荣离不开政府的培育

中国轻纺城的成长经历了三个阶段：第一阶段为市场筹建扩容阶段；第二阶段为政府主导下围绕市场联动发展的实体交易模式推进阶段；第三阶段是围绕市场业态升级、商业联动创新、综合服务提升的公司化模式运作阶段。

1992 年 6 月，绍兴轻纺市场改名为中国轻纺城，是首个冠名“中国”的市场。1993 年专业市场改制为股份有限公司，影响非常大。1997 年 1 月，中国轻纺城集团股份有限公司上市，这是绍兴县第一家上市公司，我担任公司的常务副总经理，两年后公司股价达到了 16 元。因为管理的需要，1996 年 12 月成立了中国轻纺城集团发展有限公司，注册资本 1.286 亿元，我被派到轻纺城集团发展有限公司担任董事长。

1999 年，政府开始举办纺织品博览会，推动了绍兴的纺织产品走向世界，提高了知名度。2000 年对东、中、西、北交易区进行了硬件的改造，改善了市场经营环境。

我们当时的交易模式还非常传统，遵循“现金现场现货”交易，采购商背着一麻袋一麻袋的现金来进货都是十分常见的。2000 年，绍兴县委、县政府搬迁至柯桥，大力推进城市化，推进柯桥新城发展，市场、产业、城市联动融合，启动了产业园区的建设。2002 年，建成了 8 万平方米的公司化交易区，2006 年 4 月出台了关于进一步做大做强轻纺城的意见，将目标提高到立城、立业、立县之本的高度，确立了建设国际纺织之都、现代商贸之城的发展目标。至 2014 年，轻纺城设立南、北、中、西四大市场，面积达 365 万平方米，成交额达 700 多亿元。2015 年 8 月，绍兴县委三次出台关于推进轻纺城发展的若干意见，提出要将轻纺城打造成“家”的理念，全面推进市场智能化、产业时尚化的提升和视野国际化的拓展，围绕“线上＋线下”“国内＋国外”四轮驱动，开展一系列活动。开设了网上轻纺城。不仅如此，轻纺城每年还举办时尚周、纺织博览会、世界布商大会，扩大了知名度与影响力，也吸引了世界各地的客户采购，把好的、专业的面料推向了世界。2020 年，轻纺城市场群的年成交额为 2163.25 亿元，同比增长 8.15%。我们计划到 2030 年把轻纺城打造成享有较高知名度的国际化、智能化的纺织之都。

2019 年 1 月，在对市场经营户调研的基础上，我作为人大代表提出了加快中国轻纺城转型升级的提案。2020 年 11 月，我们成立了轻纺城法庭，为各经营户在司法保障、知识产权、减免税收上保驾护航。

中国轻纺城的稳固离不开经营者的坚持

我想说的经营者不仅是来柯桥做生意的人，还有市场的管理者们。经营者们怀揣着热情来到绍兴柯桥这片土地上，盈利或亏损都是做生意的常态，他们没有轻言放弃，而是从失败中汲取经验，用坚强克服困难，支撑着市场，为市场的繁荣做出贡献。轻纺城市场今天的辉煌离不开经营者们的坚持。第一批外来的商人们抱着坚定的信念在绍兴安家立业，他们坚持不懈的精神将会在绍兴柯桥这片土地上传承下去。作为物业租赁的投资人，我们换位思考，将心比心，站在经营者的角度思考问题，希望为商户们提供最好的服务，为他们排忧解难。中国轻纺城集团发展有限公司在牢牢夯实轻纺大厦、纺机市场、新亚商厦等市场营业用房租赁管理主业基础上，涉足房产投资、金融投资、商贸三产等其他行业，形成了多元化的发展模式，公司效益稳步提升。

今后，要把公司做大做强，我想关键还是要凭借自己的能力、发挥公司的实力、分析项目的潜力。让我们为中国轻纺城的繁荣继续努力！

访谈时间：2021 年 4 月 21 日

访谈地点：浙江工业大学之江学院

访谈整理：黄琎　倪佳媛

盛“市”写志　柯桥纺织贸易的形成与变迁

人物名片

许可可，男，1967 年 11 月生，浙江绍兴人。毕业于杭州大学经济系，目前在绍兴市柯桥区市场监督管理局工作。2014 年编著出版《绍兴县市场志》。担任《绍兴县志》（1990—2013）副主编，参与经济部类的撰写工作。2021 年完成《中国轻纺城志》首稿的撰写。

2003 年底，绍兴县要求相关部门各自撰写一本反映本单位的志书，把绍兴县的发展历史记载下来。绍兴县工商局的任务是负责撰写《绍兴县市场志》。我当时在绍兴县工商局市场科工作，因为工作之余喜欢写作、研究历史，同时，我是读经济学出身，喜欢通过文字把与经济发展相关的事物记录下来。局里领导就把这项工作分配给了我，我觉得这既是任务，又符合我个人兴趣，就欣然答应了。我的孩童和少年时代都和绍兴轻纺市场有不解的缘分，我从小就生活在柯桥老街旁边，每天目睹船老大载着进货的客商向他们推荐纺织企业和产品，我希望通过我的文字，让大家了解到中国轻纺城是如何从不起眼的河边布街演变为世界的布市。我从 2004 年就逐渐收集中国轻纺城的相关资料。我认为中国轻纺城的崛起和繁荣主要受到三方面影响。

商业氛围和产业基础开创纺织经济新天地

柯桥古镇自古以来就是一个商业重镇，河道纵横，特别是浙东大运河在柯桥穿过，因此经济比较发达，特别是集市贸易繁荣。每天一到早市，四面八方的人赶到柯桥卖货，当时的交通主要靠水路用船运输。柯桥在民国时期，店铺很多，柯桥老街 1 平方公里范围内有各类店铺 672 家，商业氛围比较好。其次，当地纺织产业基础扎实，有较强的竞争力。在春秋战国，绍兴就已经有织布经商的习惯；在唐代，位于柯桥附近的华舍，已经有“日出华舍万丈绸”的景象；到了南宋，绍兴的越罗、尼罗、寺绫等丝绸更是闻名全国，并作为朝廷贡品；到了明清时期，绍兴的织布业进入了一个快速发展期，成为绍兴的一大产业；民国初年，柯桥的华舍、下方桥（齐贤）已经成为绍兴纺织行业的两个中心，织布户数更是达到了 1600 余户。后来因为抗战爆发，纺织行业日渐衰落。

中华人民共和国成立后，绍兴的纺织行业特别是那些国营集体企业重新恢复了生产。到了 1960 年前后，柯桥附近一带已经出现了村办的纺织企业，1978 年改革开放以后，绍兴县的纺织行业得到了迅速发展。当时，国家从原来的计划经济向市场经济过渡，棉纱一类的纺织品原料需要计划安排配给，但放开了化纤原料的配额限制，县政府抓住这个历史机遇，开始大力发展以化纤面料为主的纺织行业，全县出现了“镇镇兴办纺织业、村村创办纺织业”的现象。到 20 世纪 80 年代末，纺织行业已成为绍兴县工业的支柱产业，产值已经达到 70% 以上，纺织工业为轻纺市场的发展奠定了基础。

党和政府的引导扶持打造纺织经济增长极

轻纺市场的发展，离不开政府的积极引导扶持。当地政府通过科学决策和因势利导，借着改革开放的东风，促进绍兴轻纺市场大发展。绍兴轻纺市场是从自发的设地摆摊开始，也没有政府去管，属于一种自然经济现象，而如何才能让它发展壮大，取决于当地政府的科学决策和积极扶持。当时纺织企业依靠供销员发扬“四千精神”，把绍兴县的纺织产品慢慢推销到全国各地，使绍兴县乡镇企业的纺织产品在全国有了一定的名声。但绍兴县纺织企业仍然没有稳定的销售场所和流通渠道。1984 年，在柯桥老街，一些纺织企业、经营户自发摆摊形成了数百米长的一条布街，主要是推销、销售当地乡镇纺织企业的纺织面料。当时的绍兴县委、县政府解放思想，尊重市场经济规律，认为设地摆摊是一种自发的经济现象，不能去禁止，应积极引导，鼓励发展，慢慢壮大。第二年，这个老街越来越热闹，到老街设摊卖布的经营户越来越多，因场地狭小，交通堵塞现象时常发生，绍兴县政府就决定建一个专门的纺织品交易市场，后来就选址在柯桥区公所对面的一块空地上，建了一个棚顶式的纺织产品交易市场。1985 年 7 月 1 日，绍兴县柯桥轻纺产品市场建成开业，当时市场内的经营户有 177 户，包括集体企业和个体工商户。基本上都是本地经营户，外地客商很少。

后来柯桥轻纺产品市场日益兴旺，市场里面的摊位供不应求。在这种情况下，当地政府决定尊重群众进一步发展轻纺市场的意愿，扩大商品流通渠道。先后组织各部门及单位专题研究筹建绍兴轻纺市场，决定在原柯桥火车货运站对面不远的一块空地建造绍兴轻纺市场。1987 年 5 月，绍兴县人大八届一次会议决定：易地建设多功能、封闭式的绍兴轻纺市场，并将其列为当届政府的十大实事之一。1988 年 10 月 1 日，这个新的市场开业了，市场建筑面积 23200 平方米，有营业用房 500 余间。绍兴轻纺市场刚开始，大部分是当地纺织企业入驻设点，因为这个市场的营业房不对外出售，而是买它的 6 年租赁使用权，而租赁价格对当时人的收入来说还是比较高的，大家觉得太贵了。由于开业后生意一般，很多纺织企业把绍兴轻纺市场的营业房作为他们库存布的仓库存放地。

到了 1989 年初，当地政府决定扩大宣传，在 104 国道的大门口两边建立“广告一条街”，宣传轻纺产品。这成为浙江专业市场设立的第一个户外广告群。同时为尽快活跃市场，广开门路，对外招商，重点向温州商人集中招商。温州商人做生意是很有名的，而且是抱团经营。早期柯桥轻纺产品市场发展，就有不少温州商人参与绍兴县纺织品经销。在招商时采取了不少优惠政策，如营业用房分配、税收及管理费用。后来这批外地商人就过来了，在这里设门市部经营。人过来之后，他们销售的不仅仅是我们本地的纺织产品，还带来了全国各地特别是国营集体纺织企业的产品。这就无形中把这个市场搞活了，市场逐渐兴旺起来。

市场兴旺起来以后，对本地纺织产品产生了冲击，因为它销售的大部分是国营集体企业生产的纺织产品，当时国营集体企业的纺织机器比较先进，生产效率高，而且它的产品质量好，价格比较合理。很多外地客商到绍兴轻纺市场来采购纺织品，就专门挑江苏、四川、广东这三个地方国营企业的纺织产品。我们本地的纺织产品虽然价格低，但是质量较差，卖不出去，甚至有些纺织企业因为产品大量积压，陷入了亏损局面。1989 年底，我们当地的一些纺织企业和经营大户，就觉得办这个市场不好，提出要关闭这个市场，因为办这个市场冲击了我们本地产品，本地经营户的生意都做不下去了。政府觉得如果把这个市场关了，我们当地的纺织企业就会安于现状，不思进取，市场更是没有冲劲，没有竞争力。当时，当地政府带了一批纺织企业家到广东去参观考察，去现场看看那里的纺织行业，看看那里的布是怎么做出来，那里的纺织机器设备是什么样子的，去了以后他们大开眼界，认为一定要改变现状。此后，政府引导纺织企业引进先进设备，加强技术改造和经营管理，纺织产品质量也随之越来越好，销量大增。

到了 1995 年，全国纺织行业一度低迷，纺织产品销不出去，很多经营大户因为产品无法外销而大量积压，整个市场布匹积压占用资金近 30 亿元，资金无法周转。当地政府召集了一些管理部门和金融部门，采取优惠政策支持经营户，特别是一些资金紧缺的经营户，为他们解决资金周转的问题。同时，市场管理部门——绍兴县工商行政管理局还通过多种渠道为经营户收集纺织品销售的需求信息，给他们提供参考，鼓励做进口面料的经营户改为经销国产面料，扭转亏损局面。

在市场发展的同时，绍兴县决定推进绍兴轻纺市场的管理体制机制创新。由于市场的建设和管理一直以来都是由政府主导的，市场缺乏持续发展活力。1992 年，政府决定市场要转变体制，实施机制创新。1993 年成立了中国轻纺城发展股份有限公司，建立现代企业法人制度，成为全国第一家以大型批发市场为依托的股份制企业。为提升市场的知名度，进一步推动市场的繁荣，当地政府从 1999 年起举办了中国轻纺城纺织品博览会。对市场进行规范化管理，促进市场健康有序发展。针对纺织品各市场经营品种划分混乱、低价竞争的现象，对轻纺城进行合理规划、划行归市。每个市场都划出了特定的纺织产品种类，进一步促进了市场的良性发展。2006 年，为了更好管理由 20 余个市场组成的中国轻纺城群体市场，成立了中国轻纺城建设管理领导小组，组建中国轻纺城建设管理委员会，统一规范市场的规划、建设、发展和监管。

经商人员的拼搏奋斗助力纺织经济强势头

没有经营户的这种拼搏精神，轻纺市场也不会发展得这么快。因为在轻纺市场建设初期，很多经营户的文化水平不高，但是这些经营户以前都做过小生意，有一定的经营头脑，更重要的是他们不怕辛苦。有个例子，当时，纺织面料企业的产量有限，一些经营户为了准时交货，每天在印染厂跟踪蹲点等货。还有一些经营户到外地采购白坯布，直接连夜押车回来，有时候还要冒着倾盆大雨赶回来。如果没有这种拼搏和吃苦耐劳精神，是不可能把生意做大的。经营户在顺应时代变化的同时，也一直在不断发展，从一开始摆摊卖布到门店卖布，写字楼挂样卖货，再到网上交易市场，他们的经营方法也在与时俱进。一些经营户原来的经营活动主要是做经销，从企业拿货后直接转手卖货，后来慢慢转为自己建厂生产面料或自建印染厂等，甚至后来还开始开设面料设计研究中心。在经营方式方面，从原来现货、现场、现金交易到 POS 机刷卡交易，店铺成堆的布料样品变成了方寸之间的小小布样，生意地点从门市部转到了写字楼，而现场交易逐渐转为网上交易。随着时代发展，品牌意识也在广大经营户经营过程中显现出来，有商家在市场或全国各地设立品牌直销点的，有设品牌纺织超市的，所以说，我们的经营户也是与时俱进的，不仅靠勤劳，也靠智慧。

访谈时间：2021 年 4 月 6 日

访谈地点：浙江工业大学之江学院

访谈整理：郑雅萍　孙俊　付东升

共建共荣　一个布上社区的成长

人物名片

虞建妙，男，1964 年 5 月生，浙江绍兴人，中共党员。现任柯桥街道红建社区居委会红建社区主任、书记。曾任绍兴县红建村村委会主任，第十二届、十三届、十四届绍兴县（柯桥区）人大代表。获浙江省首批社区领军人才荣誉称号。

我是一个土生土长的绍兴柯桥人，1989 年从部队退伍后，就回到红建村，担任原红建村村委会主任，目前我担任红建社区居委会红建社区主任职务，还担任中国轻纺城股份有限公司监事，已经连任 9 个任期。30 多年来，红建社区见证了轻纺城的诞生、发展和繁荣，也见证了一代代布商的成长历程。

见证中国轻纺城三个重要发展阶段

在中国轻纺城从 20 世纪 80 年代初到目前为止整个发展过程中，红建社区见证了中国轻纺城的重要发展阶段。

在绍兴轻纺市场发展初期，以绍兴越城人为主，他们带领一批老经营户，那时候称为布老板，沿河边把布放在长凳上叠起来卖。柯桥一带的交通以水路为主，在浙东古运河的柯桥段水道，因为其纤道分隔，其内外河道又分别叫作里官塘、外官塘。急水弄是与运河相连的一段水道，相当于汽车站一样，是各地船只到柯桥的终点站。各地小船停泊在急水弄一带，河道上穿行着上百条乌篷船。后来，一批戴着乌毡帽摇船的"船头脑"（又称"小船户头"）为买卖双方牵线搭桥，做起迎来送往的客运生意和布生意。他们划着乌篷船到别的地方帮布商推销布匹。这批"小船户头"既有布匹销售的中介性质又有客运的性质。他们对当时布匹市场的繁荣起到了重要的作用，是当时绍兴轻纺市场的一大特色，某种程度上说，他们也是中国轻纺城兴起的一大功臣。这个阶段的市场都是自发形成的，具有流动性大和不稳定等特点。

1983 年到 1987 年，是中国轻纺城市场的形成阶段。

1983 年，柯桥老街有布摊 10 余户，从事绸布买卖，生意颇盛，翌年发展至 200 余户。布贩之间为争摊点屡有摩擦，常出现街道堵塞和交通秩序混乱，市民多有不满。1985 年，在柯桥镇人民政府大力支持下，促成了柯桥自发式摆摊市场向规模集贸市场的重要转变，于镇西建成棚屋式“柯桥轻纺产品市场”，占地3500平方米，场内设77个门市部，89个摊位，年成交金额约2000万元，是中国轻纺城的雏形。1987年，鉴于市场成交量不断扩大，要求入场设摊的布商日渐增多，于是绍兴县政府投资660万元，易地新建占地1.7万平方米的绍兴轻纺市场。

发展到这个阶段，市场已经有了固定的交易区域和市场管理机构与投资主体，但还没有形成一定的规模。这一时期的布商从事纺织品买卖的空间不再是露天的了，开始有了门市，他们的贸易也逐步向外发展。

1989年之后，轻纺城市场规模越来越大，并逐步开始发展对外贸易，进入到了国际化市场。布商的组成已经不单单是说中国话的中国人了，说阿拉伯语、英语、日语、韩语等语种的布商出现了，后来越来越多，纺织业务的辐射面越来越广。中国轻纺城在国内国际的地位也逐步稳固下来。

中国轻纺城的成功离不开绍兴县（柯桥区）历届政府的重视。柯桥是以轻纺为主的城市，政府如果不重视纺织业的发展，它达不到今天这样的成就。在今天这样一个时代里，中国轻纺城既面临着挑战，也迎来了更多的发展机遇，如何抓住机遇，是每个行业内的人都应该思考的问题。

一个由布商组成的社区

如果说柯桥是一个“托在布上的城市”，那么红建社区则是一个“托在布上的社区”。

1992年，因柯桥整体规划建设，我所在的红建村土地被征用，这是绍兴县（柯桥区）第一个被征地并且第一个拆迁的村子。自这年起，我们村与中国轻纺城就坐在了同一条船上。

那时的红建村有200多户人家，仅有的501亩土地被全部征用，农民收入没了，村级集体没有稳定的收入，村子成了一个贫困小村。1993年，红建村利用一块预留地，花费600万元（当时折价500万元，加上100万元现金）购买了中国轻纺城集团原始股600万股，中国轻纺城顺利上市后，红建村成为第六大股东。从此，红建村慢慢富裕了起来。

20世纪90年代初，轻纺市场快速发展。红建村利用紧邻轻纺市场这一地理优势，运用村里4亩多的老厂房拆迁土地换了一块近10亩的土地，用村集体资金在红建村建造了轻纺城北七区市场，这是当时柯桥唯一的一个由村级集体打造的市场区域。

2004年，绍兴县实行“三有一化”改革，红建村撤村建居，红建村股份经济合作社开始每年给全体股民分红，为全体股民缴纳养老保险等，这些股民也就是村里的村民。到了2009年，在各个部门及有关领导的支持帮助下，红建社区对北七区市场实施升级改造。2012年，北七区市场提档升级工程全面竣工，北七区市场升级改造成16层的红建商务楼，建筑面积3.3万平方米，投资超1亿元，成为集营业房和商务楼双重功能于一体的新型现代化市场，经过拍卖、出租共获得资金1.1101亿元。2014年望湖社区、锦湖社区与红建居委会合并，成立了红建社区。

红建社区发展历程中的这些大事，从侧面反映出中国轻纺城的发展历程。短短不到30年的时间，红建社区实现了由一个贫困村到一个富裕社区的转变，其中的原因离不开中国轻纺城的发展。可以说，没有中国轻纺城的发展就没有红建社区的富裕，轻纺城的发展与红建社区居民的利益是息息相关的。

党建引领（党建联盟）+市场融合

红建社区紧邻繁华的中国轻纺城市场，拥有中国轻纺城市场经济实体，东至湖滨路，西至金柯桥大道，南至104国道，北至鉴湖路。社区以“五星达标、和美家园”创建为抓手，围绕“党建引领＋市场融合”这一主题，“安心、暖心、爱心”三心合力，推进红建社区轻纺城市场党建联盟的良性发展。社区与轻纺城市场各商会共融共建，推动资源共享共赢。比如，社区的共建单位乾盛律师事务所，长期为商会及经营户提供法律咨询和法律援助，尤其是《中华人民共和国民法典》颁布以后，该所向经营户和社区居民宣讲《中华人民共和国民法典》的知识和案例，使得市场经营户的法律意识明显增强了。

红建社区是老社区，包括市场、商圈、小区和楼宇，而且80%以上的人口是外来人口，还有不少在轻纺城经商的外籍人士，这给社区的管理带来很多压力。尤其是2020年的新冠疫情防控工作，对我来说是终生难忘的。2020年春节，陆续有来自武汉、温州等地的民众到达柯桥，按照疫情防控要求，要对他们进行隔离，社区工作人员每天两次上门，为他们解决衣、食、住各种问题，安抚他们的情绪，甚至还要帮助调解一些家庭矛盾。当时防疫物资紧缺，我们社区工作人员只能用口罩、雨衣等做简单的防护，从春节一直到5月份，我一天都没有休息过。被隔离的有些民众刚开始有一些情绪，因为我们的服务比较到位，最后解除隔离的时候他们都对我们表示衷心的感谢。有一家温州的商户，隔离到最后那天，问我们社区疫情防控还缺什么，我说缺酒精和口罩，他第二天就想办法高价购买了一大批酒精和口罩，自己只留了很小一部分，剩余的一半给交警，另一半给了社区。当时因为小区封闭管理，有些区域条件有限，没有电，只能用蜡烛照明，加上冷空气来袭，守在门口的志愿者非常辛苦。得知这些情况后，临安商会会长曹天龙立即向社区捐赠了很多军大衣和取暖器。

中国轻纺城市场后来的复工复产，也是令我印象十分深刻的。中国轻纺城北七区市场原来有20多个出口，因为疫情防控的需要，刚开始只能留一个出口，在中国轻纺城建设管理委员会的直接领导下，我们组织市场管理人员在入口处做测温亮码工作，当时各个商会的会长和副会长都到现场做志愿者。为了鼓励商户积极复工，市场采取了给经营户免费供应中餐、开展抽奖活动等措施，在大家的共同努力

原柯桥区委书记沈志江一行在红建社区调研

下，轻纺城在很短的时间内就全面恢复了生产。这场疫情防控战，不仅大大提升了基层社区应急管理能力，拉近了和群众的距离，也为智慧社区建设提供了很好的经验。社区党员和轻纺城党员的先锋模范作用也得以充分发挥。

社区党员、经营户党员在老服装市场和鞋革城关停及北联市场拍租等轻纺城转型升级的大事要事中也发挥了顾大局、保平稳的先锋模范作用。

作为一个与轻纺城息息相关的“布上社区”，红建社区的亲善和睦离不开中国轻纺城市场的欣欣向荣与和谐稳定。在打造红建品牌中，坚持社区建设与市场共建共荣、互促互进，大力发挥市场流动党员的先锋模范作用，积极参与市场维稳治理，为纺城持续繁荣发展保驾护航。

访谈时间：2021 年 3 月 31 日

访谈地点：绍兴红建社区

采访人：郑雅萍　毛如君　周群芳

蓝印时尚小镇　从集聚到强链

人物名片

相江，男，1985年12月生，浙江绍兴人，中共党员。现任绍兴柯桥经济技术开发区管委会办公室主任。历任滨海工业区管委会行政服务中心办公室副主任、马鞍镇综合事业服务中心主任、柯桥经济技术开发区管委会办公室主任。

以系统规划为引领　打开传统印染产业发展新格局

柯桥印染产业集聚升级工程是柯桥区传统产业最大的一次“腾笼换鸟”工程，也是重要的民生工程。我一直认为，印染产业的出现与发展和轻纺城的发展是紧密联系、相辅相成的，“市场＋基地”已经是柯桥区发展的独特模式和主要优势，轻纺城市场对印染产业的影响是巨大的，没有这个市场就没有这个产业，反过来产业也推动着轻纺城的发展，并且通过产业集聚与升级，使轻纺市场高端布的产出，更有利于市场的发展，市场与产业是共生、共赢的模式。当时绍兴县委、县政府考虑到纺织印染产业的快速发展，而原有的粗放式模式越来越不适应现代产业竞争的需求，也带来了环保、安全等各种问题隐患，印染产业集聚可以说是迫在眉睫、势在必行。历经8年，柯桥区原来散布于各乡镇的212家印染企业，经过一期、二期和三期项目的整合集聚和改造提升，最终整合成108家（包括滨海工业区的55家），并于2018年底全部顺利投产。蓝印时尚小镇就是在这个基础上提出来的，对我们柯桥来讲就是一个印染产业集聚升级的过程。当时绍兴县委、县政府首次提出规划，考虑比较超前，可谓是高屋建瓴，思想站位很高，系统思维，规划长远，具有前瞻性。按照“集聚整合、控量提质、节能减排”的总体思路，设定试点路径，提升准入门槛，并努力实现“两个替代、两个集中处理、两个提升”（即国际国内先进的生产设备替代现有传统落后装备，天然气等清洁能源替代燃煤油锅炉；污水集中预处理，污泥集中综合处理；印染布后整理提升，纺织品价值提升），使柯桥印染产业实现“凤凰涅槃”式发展，把印染产业集聚区打造成全国乃至全球的绿色印染产业制造示范区。

2011年柯桥区有印染企业212家，印染年产能在200亿米左右，约占全省总量的50%、全国总量的30%，行业地位在全国举足轻重。2011年、2012年两年时间是集聚前期准备要素保障阶段，碰到的大问题有两个：一个是土地，第二个是资金。

那时候政府很支持，给集聚工程投入了大量支持资金，对新上设备的补贴提高到15%，污水排放也有费用补贴；在土地要素方面，则集全区之力规划约1万亩土地，包括4000亩左右的配套用地，而且土地价格优惠力度很大。同时，基础设施配套建设同步跟进。我们通过实施“三路两桥、六路一泵、七路九桥”等工程，打通印染产业集聚区全部道路，水、电、汽（气）、污水、污泥集中处理等基础配套保障齐全。另一方面审批手续不断简化优化，以前印染审批是我们去省里审批的，后来我们争取到把迁建产能审批权限下发到柯桥区，这使得审批效率大幅提高，也加速了印染集聚的进度。

2016年，根据浙江省特色小镇建设有关精神，蓝印时尚小镇就是在这个基础上提出，围绕“绿色高端、世界领先”发展目标，总规划面积3.5平方公里，实际以印染集聚区12.3平方公里全域建设。小镇的定位是打造以绿色印染为支柱，以时尚文旅为支撑，以产城融合为方向的杭州湾湾区经济带上的时尚产业类特色小镇，连续多年被评为浙江省培育类特色小镇优秀单位，2020年成功列入浙江省创建类特色小镇名单。

以“亮剑”行动为契机 掀起智能化、绿色化发展新变革

我之前一直是在集聚一线，也深刻感受到企业家的“阵痛”。印染产业集聚升级工程要将原来分散在全区14个镇街的共114家印染企业整合成57个项目集聚落户滨海，共分三批实施。2013年第一批印染集聚企业开始迁建，我那时候主要负责的工作是签约企业的落地承接服务。当时第一批集聚搬迁的企业确实困难很多，可以比喻为“第一批吃螃蟹的人”，但绝大部分企业家是很支持的，一方面印染设备更新换代较快，另一方面也是企业发展壮大的需要。但也有一小部分企业家，因为集聚搬迁，真金白银投入较大，又无“前车之鉴”，难免会产生很多担心。如原来印染厂房都是一层，新集聚厂房都是3层以上，对生产工艺心中没底，同时对印染生产配套处理等情况也心中没数，等等。那时候我们全区各乡镇印染企业一家一家沟通，一件一件解答，彻底消除企业家的疑虑，顺利推动一期25家整合集聚，23个项目完成升级。

2014年开始第二批搬迁，因为有了第一批的经验，第二批集聚相对更加顺利，当然随着准入门槛的逐步提高，二期集聚项目由原26家整合为17个项目落户。2015年开始，第三批印染搬迁动员难度相对较大，我们团队人员甚至每天早上7点不到就在企业门口等着老总上班，苦口婆心为他们详细说明集聚政策和情况，同时替企业跑审批、设计图纸等，最终获得了企业家们的认可。但随着环保督察要求越来越高，2015年底柯桥区委区政府以壮士断腕的勇气，全面实施印染产业整治提升“亮剑”行动，加速推进印染产业集聚升级。通过“整合集聚一批、退出淘汰一批、兼并重组一批”，进一步加快印染企业向滨海工业区集聚提升。针对所有印染企业

进行突击检查，对于生产存在严重安全、环保问题的企业进行关停整顿，最终第三批 63 家印染集聚企业整合成 17 个集聚项目落户滨海。同时另有 48 家印染企业兼并重组，以及滨海提升区的 51 家企业实施原地整改提升。截至 2018 年底，全区印染企业从原有的 212 家整合到 108 家，并全部集聚到滨海工业区，柯桥印染产业集聚升级工程全面顺利完成。2018 年，柯桥印染产量达 145.14 亿米，实现加工产值 353.84 亿元，销售 334.74 亿元，占全绍兴工业生产总值的 19%，实现利润 28.74 亿元，占全绍兴工业企业的 26%，实缴税金 23.47 亿元，占全区工业经济的 28%，亩均税收由 2015 年的每亩 13.47 万元，提高到 2018 年的每亩 20.04 万元，单位能耗的增加值由原来的 411.52 元 / 吨标煤，提高到 813.59 元 / 吨标煤。通过集聚全区共淘汰落后印染设备 2023 台（套）以上，国际先进设备比重达到 60% 以上。同时，对全区印染行业大力开展清洁生产现场管理、ERP-MMS 信息化系统、节能减排循环利用改造等方面应用，鼓励企业引进自动化配料系统、智能化管理系统、“机器换人”“无水印染”等高端装备和先进工艺技术。期间，也逐渐涌现如迎丰科技、乐高印染、兴明染整、永利印染等行业标杆企业，2021 年 1 月，迎丰科技在上交所成功上市，意味着柯桥纺织印染装备工艺已全国领先，甚至位于全球前列。

以特色小镇为窗口，打造“三生相宜”融合发展新都市

2020 年，以蓝印时尚小镇印染集聚企业为实施核心的滨海工业园区国家级循环化改造试点建设全面完成并顺利通过国家验收，循环经济产业链关联度达到 85.72%，工业增加值增长 121%，资源产出率提高 113%，四大污染物排放总量下降 62%，我们成功探索出一条集群发展、共建共享、绿色循环的高质量循环化发展道路。同年 5 月，循环化改造的主要做法经验获浙江省有关领导批示后在全省推广，为传统产业转型升级、绿色发展提供了柯桥样板。

蓝印时尚小镇

发达的产业带来了丰厚的红利，近30万新绍兴人在这里创业创新，形成了源源不断的客流量、庞大的刚性消费需求、日益增长的商铺租金回报率和潜在的消费市场。2021年1月，蓝印小镇8万多平方米超级商业综合体成功土拍，将建设集中式购物中心、影院娱乐和城市酒店等业态，城市生活功能不断完善，城市品质不断提升。这之前我们已全面建成小镇客厅、印染文化博物馆，年接待参观人员上万人，同时，依托钱塘江、曹娥江自然生态风光，结合首个青少年环保教育基地和浙能滨海热电“梦幻电厂”中小学生教育实践基地，全力打造将涌潮观光、水上休闲、印染文化和工业体验游融为一体的AAA级旅游景区，积极争创省级创建类特色小镇，力争将蓝印时尚小镇建设成为全国领先、世界一流的印染行业集聚示范区、创新发展引领区、“三生”融合活力区。

未来，在小镇核心区0.8平方公里范围内，我们还将规划布局“产、学、研、居、游”发展平台，不断提升城市孵化器功能，真正从产业集聚走向“三生融合”高质量发展，致力成为杭州湾湾区经济带上绿色、时尚、美丽的新兴城市，把蓝印小镇打造成为柯桥“重要窗口”的亮丽金名片。

访谈时间：2021年4月7日

访谈地点：浙江省绍兴市柯桥区开发委

整理访谈：王玮　王维康　许嘉铭

CHAPTER 2 第二章

商会与协会

中国轻纺城的地方民间商会、协会组织，是 20 世纪 90 年代以后，柯桥地区基本完成了从计划经济向市场经济的转型，并开始向现代市场经济社会过渡之际，兴起和发展起来的。

作为专业市场中协调外地商人和当地政府、市场、企业间关系的重要桥梁，商会与协会凭借民间性、自治性、民主性和服务性的组织优势，依法管理，调控规范轻纺城市场秩序，限制和防范轻纺行业内外的不正当竞争行为，开拓国内外市场，维护民营企业的合法权益，有效促进了柯桥地方经济的发展。

乐清商会是轻纺城成立最早、规模最大的商会。商会成立后，积极帮助乐清商人解决在经营中遇到的困难，提供商业信息的互动资源，调解经营中产生的有关纠纷。商会刚成立的时候，只有不到 20 家会员，现如今会员企业已超 2000 家。乐清人在柯桥的经营项目从单纯的纺织品逐渐拓展到房地产、餐饮娱乐、交通运输、环保科技、教育文化等诸多领域，投资达数百亿元。在商会的带领下，乐清商人还积极参与社会公共事业、公益活动，为柯桥的慈善事业做出了很大贡献，这不仅体现了乐清人的创业精神，也体现了柯桥城市的大气和包容。

乐清商会的发展，是其他商会、协会发展的缩影。目前全区工商联所属商会有 55 家，其中异地商会 25 家，行业商会 14 家，镇街商会 16 家。它们与轻纺城共呼吸，成为柯桥一道靓丽的风景线。而在开拓创新、扎实工作、凝聚力量中，也培养和造就了一批积极履行社会责任、充满竞争活力的会员企业家。

在柯桥建设了第一个国家纺织面料馆（总馆）的中国纺织工程学会理事长伏广伟，带动超过 1000 家柯桥中小企业成功“走出去”的中国轻纺城海外联合商会会长蔡少雄，疫情期间带领商会会员捐资捐力作战 3 个月的乐清商会会长吴建春，带领印染企业跳过层层中间商、直击国际染化料供应商的柯桥区印染工业协会执行会长李传海，把柯桥当作第二故乡的潮汕商会会长许志鸿，在轻纺城招商隆市中立下汗马功劳的临安商会会长曹天龙，运用“互联网+”，开启窗帘营销新模式的窗帘布艺协会会长赵云富，在专注和专业上深耕，为服装行业呼吁的柯桥区服装协会会长顾洁萍，架起轻纺城和筠连桥梁的四川商会会长毋光利……他们带领着商会、协会与中国轻纺城共成长，他们为轻纺城的转型升级做出了历史性贡献，也让越来越多的外地布商体验到了“纺城有家”的真正内涵。

特约撰稿人：黄锡云

结缘柯桥　见证纺织业巨变

人物名片

伏广伟，男，1967 年 7 月生，山东临沂人，中共党员。教授，工学博士，EMBA。组织创建柯桥国家纺织面料馆（总馆）。现任中国纺织工程学会理事长，中国纺织信息中心党委副书记，中国纺织工业联合会检测中心主任，国家纺织面料馆董事长，中纺学产业研究院理事长、院长，中国纺织工业联合会标准化技术委员会副主任等。兼任亚洲纺织学会联盟主席、中国科协先进材料学会联合会副主席、中国科协智能制造学会联合体副秘书长，东华大学、江南大学、武汉纺织大学、大连工业大学、中原工学院、青岛大学客座教授，常熟理工学院纺织服装与设计学院名誉院长、教授。参与多项中国纺织信息化建设项目，主持了多项国家级项目和课题研究及中国纺织行业公共服务示范平台建设。发表学术论文 50 多篇，拥有多项国家发明专利，获省部级科技进步二等奖 3 项、三等奖 2 项。2006 年被评为全国纺织工业先进工作者。

入行数载　见证纺织行业巨变

1991 年刚从大学毕业的我，成为山东科技职业学院的一名专业老师，1993 年考取天津工业大学硕士研究生，完成学业后被分配到中国纺织总会（原纺织工业部）工作。1998 年，国务院机构改革，随着中国纺织总会和国家纺织工业局被撤销，人员和业务并入现在的中国纺织工业联合会，我返回中国纺织信息中心对外合作部工作，自此便一直扎根于纺织行业信息化和公共服务的业务。

2002 年，中纺联检集团创建了第一实验室——中国纺织信息中心实验室，一年后在协会主要领导的支持下，在佛山市南海区西樵镇创建了中国第一个纺织行业公共服务平台，以此为基础，我们把服务平台模式复制到了全国多个重点纺织服装产业集群。到目前为止，中纺联检在全国的主要产业集群分布在北京、广东、上海、浙江、江苏、福建、江西、陕西、山东、内蒙古等地，共有 15 个分中心和 25 个服务网点。

回顾改革开放 40 余年，纺织行业是一个快速巨变的领域，从高性能纤维原料、设备制造水平，到技术工艺创新、应用领域拓展，纺织品应用范围之广让人惊叹。我步入纺织行业也已经 30 年了，在这 30 年里，我参与和见证了中国纺织工业的快速发展，国际竞争优势不断增强，跻身于世界先进制造业前列的全过程。可以毫不夸张地说，中国创造了世界纺织历史的神话。

这一伟大功绩当然离不开柯桥中国轻纺城的贡献，作为全国首家冠名“中国”的纺织类专业市场，当前也是全球规模最大、经营品种最多的纺织品集散中心，中国轻纺城的行业地位和国际影响力也随着大环境的向好而逐渐攀升，与其他纺织产业集群一同谱写了共和国纺织工业蓬勃发展的壮丽篇章！

结缘柯桥　创建纺织服务平台

柯桥区政府深知配套服务体系完善的重要性。在轻纺城市场建设成熟后，柯桥着力汇集来自全国各地的各级各类服务机构，包罗万象，为中国轻纺城发展构筑起坚实的后盾，随着柯桥经济的发展壮大，这些服务机构一部分已经依靠市场的力量发展成为了全国著名的国家级行业公共服务平台，国家纺织面料馆就是其中杰出代表。

2009 年，在绍兴县委、县政府的支持下，我们在柯桥建设了第一个国家纺织面料馆（总馆）。不同于 1997 年我初来柯桥时的待开发局面，这一时期的中国轻纺城已进入快速发展阶段，市场群成交额突破 700 亿元。虽然面料交易品种繁多，但产品品类和质量有些杂乱，没有统一的标准进行约束，市场秩序也较为混乱，这些问题已经严重制约了中国轻纺城的提档升级，成为县领导的心头之痛。

为推动纺织面料标准化、产品高端化，促进上下游资源快速对接，在同绍兴市柯桥区中国轻纺城建设管理委员会商议后，中国纺织信息中心和中国轻纺城集团股份有限公司共同出资建设国家纺织面料馆，并把柯桥馆设定为总馆。回顾 12 年走过的路，我们发现，国家纺织面料馆在中国轻纺城的面料产品分类、供应链上下游资源整合、新产品发布及产品品质保证等方面发挥了重要的作用，为中国轻纺城的转型升级做出了历史性贡献。

现在，国家纺织面料馆已在全国各产业集群建设了 25 个分馆，构建了一个庞大的面料信息采集体系，集行业资源整合和产品标准化推进为一体，为产业链生态可持续发展及数智化提升继续助力。在国外，除了继洛杉矶、吉尔吉斯斯坦，我们计划在欧美等国家和地区开设更多国家纺织面料馆海外馆，继续为中国轻纺城国家化和功能化搭建战略支撑保证体系。

伴随着国家纺织面料馆的建设，一路走来 10 多年风风雨雨，我们参与和见证了中国轻纺城的历史变迁，见证了中国轻纺城新兴国际化专业市场的建设，同时也见证了柯桥这座城市的变化。10 年，柯桥从一个小镇发展成为现代化时尚都市，这不仅要归功于政府政策的正向引导和大力支持，更得益于来自全国各地的创业者们努力奋斗，他们饱含激情，在一块布上倾注梦想，成就了一番事业，创造了一路辉煌。

大爱无我　未来发展无限可期

数十年的奋斗诠释行业情和专业爱。我感受到的是“大爱无我，精彩可期”。受中国纺织工业联合会党委委任，2016 年我担任了中国纺织工程学会常务副理事长，就职后我便开始着手组织创建中国纺织工程学会产业研究体系，率先在盛泽和石狮设立了两个产业研究院。2018 年，中国纺织工程学会又和常熟理工学院合作建设了学会的第一个行业学院，秉持新的人才培养理念，采用 2.5 ＋ 0.5 ＋ 1 的人才培养模式，为不同的企业量身定制人才培育计划并得以落地实施。我们所开展的系列工作也与中国轻纺城的转型升级息息相关，这些新的模式也受益于中国轻纺城，我们的服务也将延伸到全国和全世界。

柯桥已连续举办三届世界布商大会，国际竞争力和行业影响力不断提升。在我看来，新时期中国轻纺城的发展方向在于提档升级，由交易型走向服务型和资源型，充分发挥资源配置优势，实现高效率、高质量发展。而我们推出的系列项目便是中国轻纺城转型升级过程中不可缺失的重要环节，随着国家纺织面料馆、女装研究院、产业研究院的建立与进驻，中国轻纺城的资源整合特色和研发专业优势更加凸显，特别是电子商务的快速发展，让柯桥的数智化发展引领全国。

我个人觉得，柯桥在中国纺织工业中的影响力会随着时间的推移越来越重要，因为从区位优势、产业基础、地方政府的重视程度来看，柯桥都将纺织行业定为经济支柱产业，浙江省委书记袁家军在视察柯桥后的重要讲话中也提到了，浙江发展特色经济，柯桥需将纺织放在第一顺位。在一代又一代企业家的拼搏和奉献下，中国轻纺城的名号已家喻户晓，妇孺皆知。作为重要的生产基地、贸易中心和流行时尚策源地，未来的中国轻纺城也将备受全世界纺织服装行业瞩目。柯桥的变迁是精彩的，柯桥的创业者是美丽的，柯桥的未来是美好的。

我当然会持续关注、关心和支持中国轻纺城的提档升级和转型发展工作，通过国家纺织面料馆等平台的一系列工作，为柯桥的纺织工业发展做力所能及的贡献，最后祝美丽的柯桥更加耀眼，中国轻纺城的春天更加明媚！

访谈时间：2021 年 4 月 25 日

访谈地点：连线北京电话采访

访谈整理：郑雅萍　罗雯慧

伏广伟考察柯桥区纺织面料企业

十万温商在绍兴　其中一半是乐清

人物名片

吴建春，男，1970 年 1 月生，浙江乐清人，中共党员。现任浙江中昆投资发展有限公司董事长、浙江锦昊投资有限公司董事长、中国轻纺城跨境电商产业园董事长；中国轻纺城乐清商会党委书记、会长。柯桥区第一届政协委员；绍兴市柯桥区工商联（总商会）副主席、副会长；温州市雁荡山仁德慈善基金会第二届轮值主席及副理事长。

与轻纺城的因缘际会

我从 1987 年开始做纺织品这一行。刚开始我在甘肃兰州做生意。绍兴轻纺市场 1988 年投入使用，我到柯桥是 1989 年。为什么说乐清人来这里比较早、比较多呢？我们有个老乡叫傅克波，他是乐清人来柯桥经营面料的开创者。他当时把广东佛山的布运到安徽阜阳的时候发现，广东的布比绍兴的布颜色漂亮。当时绍兴布的颜色很单调，只有黑、藏青等几个颜色。他就尝试发了一次广东的布到柯桥来。那时是 1988 年，绍兴市场已经开业了，他的布一来就被抢光，抢光之后他就再发货到柯桥，后来他干脆在柯桥市场里面摆了一个小摊。我们当时在广东，这才发现原来柯桥这边有一个这么大的市场。1989 年我来这里的时候应该是最早的 10 个乐清人之一，然后就是亲带亲故带故，带来了很多家乡人。当时在轻纺城老市场做面料的估计有 1/3 是乐清人，有好几条街都是乐清人的店，一家挨着一家，乐清人把这个市场做大了。当时绍兴县的领导对我们很肯定，说“轻纺城的发展离不开乐清人”。乐清人目前在柯桥从事各行业各业的大约有 5 万人，有人说“十万温州人在绍兴”，其中一半是乐清人。

政府开明才有轻纺城

中国轻纺城的快速发展是有各方面原因的。第一是政府很开明，吸纳了各个行业的人来柯桥发展；第二是柯桥的营商政策特别好。在市场建设初期，我们把布从广东等外地发到柯桥来，路上会有一些状况，有的时候在江西货被扣；有的时候在金华、象山、衢州等地被认为是走私布，也会先把货扣了再说。当时的绍兴市和绍兴县政府很支持我们。我记得有一次，绍兴市主要领导亲自帮助我们协调。历届绍兴市、绍兴县（现为柯桥区）领导对我们的发展都很关心，为我们的发展保驾护航。

吴建春接受媒体采访

1993 年、1994 年是市场发展刚起步的阶段，也是市场发展的关键期。为了维护公共秩序，保证一个良好的营商环境，我记得当时由公安专门组建了一支联合巡逻队开展巡逻，对稳定营商环境起到了很大的作用。

我来柯桥 30 多年，绍兴县（柯桥区）政府有关部门从来没有“吃拿卡要”的现象，都是帮我们解决问题。为什么我们很多老乡选择来这里？因为在柯桥你不需要认识人，只要你好好努力、好好奋斗就可以了。在市场里有问题，你找工商所，全部都是按照规定办事，该怎么样就怎么样。现在推进的“最多跑一次”改革和这个优良作风的传承是有关系的。能办理的就办理，不能办理的讲清楚原因，需要补齐什么东西再来。绍兴县（柯桥区）办事效率非常高，这么多年来一直是这样。无论是办个体营业执照还是公司注册，很快就能搞定。

柯桥的发展，我们是见证者也是参与者。柯桥有今天，不敢说我们乐清人有多大功劳，但是也离不开我们乐清人的勤劳工作、艰苦奋斗。市场的发展离不开当地政府，政府思想开明，市场就会发展；政策封闭的话，商人就是再努力，也是不行的。所以说，开明的政策很重要。另外，绍兴人的勤劳、善良也很重要，是他们共同促进了柯桥的发展。

跨境电商产业园开工建设的时候，区里的领导都来了。当时的区委主要领导说：“我们四套班子来参加一个园区的开工典礼是很少的，你这个园区代表一个行业发展方向，所以我们政府一定要给你们站站台。这个不是因为某个企业，这是代表我们柯桥区一个行业的发展。”所以说，我在柯桥感受最深的就是，人文环境真的在帮助人。有一个好的领导比较容易，难得的是优良作风的传承，30 多年来，柯桥这个优良作风传统一直在传承。

乐清商会很团结

2002 年至 2012 年，我的主要精力放在外省做房地产项目。2012 年，时任浙江省副省长毛光烈提出浙商回归，我自己也很想回来。当时，浙江各地都有很好的项目，最后，我在衢州、桐乡和柯桥三地当中选择了柯桥，回到柯桥做跨境电商产业园。说到底，我还是对柯桥有感情。

2020 年新冠疫情期间，园区和园区的企业都遇到了不少困难。我给公司定了规矩，一不开除员工，二还要加薪。对园区的企业，我们也给出扶持政策，免去一年的停车费，仅这一项我们一年大概减少收入 500 多万元。我认为，我们企业的员工需要养家糊口，我们不能因为疫情把他们从公司里裁掉，这是一个企业的责任，这也能更加激发他们奋发有为、积极进取的精神。

乐清商会有热心社会公益的优良传统。我担任乐清商会会长以后，这个传统没有丢。在汶川大地震、玉树地震、2019 年的利奇马台风灾害的时候，我们都马上行动起来组织捐款捐物，利奇马台风后我们捐赠了 70 万元。2020 年新冠疫情我们第一时间捐赠 100 万元，其中捐给柯桥 50 万元，另外的 50 万元捐给家乡乐清，因为我们老家也是重灾区。新冠疫情前后，乐清商会总共捐了 500 多万元现金。有一件蛮让人动容的事情，乐清商会有一个理事当时在澳大利亚，他直接买了飞机客舱的座位，把口罩运回国内。在抗疫物资极度紧缺的情况下，我们就像蚂蚁搬家一样，一站一站地把物资传到抗疫一线，虽然速度不快，但我们依然坚持在做，像筹款、收集信息、疫情防控等举措，我们坚持了 3 个月。疫情防控期间，我们商会组织成立了线上线下防疫防检小组，成功调解了多起纠纷。疫情防控平稳之后，商会又克服重重困难，响应柯桥区委区政府号召，做好复工复市工作。龙禧中心是柯桥核心地块，出让遇到困难的时候，我们同会员深入谈心，做好思想工作，解决好各种问题，使得龙禧中心成功出让。在这些方面，我可以很自豪地说，我们乐清商会做得非常棒！

访谈时间：2021 年 3 月 29 日

访谈地点：浙江工业大学之江学院

访谈整理：董勇　陈华　郑仁俊　朱健伟

守成开拓　完善纺织产业链

人物名片

蔡少雄，男，1967 年 9 月生，福建晋江人。现任冠南集团董事长；绍兴市柯桥区政协委员、中国轻纺城企业发展促进会会长、中国轻纺城海外联合商会会长。先后荣获绍兴市荣誉市民、绍兴市十大风云越商、绍兴市福建商会创会会长等荣誉称号。

改革开放后，我一直在做纺织业。开始我在广东发展，后来查了有关纺织业的资料，得知纺织业是绍兴县的支柱产业，20 世纪 80 年代末占绍兴县 GDP 的 70% 以上，绍兴县委县政府对纺织业的支持力度也很大。后又通过实地考察，我了解到柯桥的纺织业有着很深厚的历史基础，有着先天的地理优势，具有较好的发展前景。综合考虑后我觉得柯桥比较适合企业发展。于是，1999 年，我来到了柯桥发展我的纺织事业。

刚来柯桥的时候，柯桥当地主要产品是梭织布和化纤，品类比较单一。我们带来了纺织相关的技术和知识及整条生产经营链，包括针织、针织印染、针织研发等，产品有摇粒绒、烫金、亮片，还有蕾丝长巾、蕾丝衬衫等。当时柯桥只有小圆机，加工汗衫不用裁片，一体成型。后来我们带来了大圆机，把台湾、香港地区的人才及设备引进来。我们不仅给柯桥带来了新的面料，更是在这些年里开发了宝龙和金龙工业园区、中国轻纺城创意园（西区），还拥有一个专业市场——柯北轻纺城贸易中心，以及一个轻纺电商平台——布码头，有 5 万平方米规模的超市。布码头致力于发展全球化的线上线下相结合的连锁面料展厅服务，以全新的纺织品展贸模式，帮助纺织品买卖双方提高效率、降低成本、发展优质贸易。

轻纺是柯桥的核心产业之一，在坚持发展传统纺织产业的基础上，创意产业在柯桥轻纺产业转型中显得尤为重要。纺织服装业是时尚产业，创意设计是纺织创新的显著表现。之前纺织企业都是单打独斗，产业竞争优势不强，而随着近年来“时尚柯桥”建设逐渐深入，我们开发建设了中国轻纺城创意园（西区）这个平台，抱团发展，做成产业群，为柯桥纺织业高质量发展贡献力量。

经过多年培育发展，中国轻纺城创意园（西区）企业集聚群从制造走向智造，成为各纺织企业及相关创意公司突破自身发展瓶颈、实现业务倍增与企业飞跃发展的创意基地，助力企业走向更广阔的市场。

筑巢引凤　圆梦初心

柯桥有着亚洲最大的纺织面料交易市场，每年全球1/4的面料都在柯桥成交。柯桥地处以上海为中心的两小时经济圈、杭州一小时生活圈，已融入杭绍一体化发展中。我认为柯桥的纺织品类还需要增加，要消除中间商环节，让柯桥从纺织到服装、到设计一体化，形成完整的纺织流程，而这个流程的形成离不开大批高层次人才的引进和留驻。

以我们中国轻纺城创意园（西区）为例。近年来，中国轻纺城创意园（西区）一直以研发设计、软件开发、工程设计、总部经济、创意企业及创业投资企业、融资担保机构等为招商方向，引进各类企业。目前入驻时尚创意设计、文化创意、高科技研发、电子科技、时尚家居等企业达上千家，其中青年创业创新高层次人才占比80%以上。人才是创意园的灵魂，人才是创意园的发展之本。

栽下梧桐树，引得凤凰来。2017年11月，外国高端人才创新集聚区落户中国轻纺城创意园，国际人才公寓一楼酒庄、茶空间、咖啡馆、便利店等服务配套设施一应俱全，为国外人才提供全面的后勤保障。

经过几年的建设，外国高端人才创新集聚区陆续举办了意大利高端项目对接、海内外博士柯桥行、白俄罗斯专家项目对接等活动，现在几乎每个月都有来自德国、乌克兰、南非、意大利等国的外国专家与本地企业开展面对面交流和项目对接。截至目前，已吸引包括诺贝尔奖获得者康斯坦丁院士在内的50余位外国专家与近300家区内企业对接洽谈。

除了引进高端人才，我们也重视本地人才的培养。我认为人才仅在学校培养还不够，必须让他们去实践，比如给面料让学生设计服装、设计成品。学生在学校学习后，再参加相关专业培训，让学生知道布是怎么来的，纱线是怎么做的，色是怎么染的，服装是怎么设计的，专业机器是做什么的，学生全方位学习。上课的形式、内容可以多变，也可以直接到工厂去培训专业技能。结业后，输送给企业，即学即用。

产城融合　科学发展

城市如果没有产业支撑，即便再漂亮，也是“空城”；产业如果没有城市依托，即便再高端，也只能“空转”。

柯桥区委区政府是开放、包容的，政府的每一个决策都比较理性。2016年企业集中到滨海新区去，城区关了48家工厂，其中包括我的工厂，估计我们一年起码损失了1个亿的利润，两年时间差不多损失了2个亿。虽然当时痛了一下，却值得。现在柯桥纺织一路走在全国乃至全世界的前列，如今回头看，这个决策还是很正确的。如果柯桥没有这么强的印染能力，这个事情也不会发生。柯桥区政府每一步棋都走在纺织行业的前列。

2020 年 7 月 8 日，在绍兴市委及柯桥区委、区政府主要领导的见证下，冠南集团与全球最大规模酒店温德姆集团签约

柯桥区委区政府一直很重视培育服装产业，要把服装新时尚、服装设计师吸引到柯桥来。现在流行的抖音、快手等新媒体是一种很快捷有效的营销手段，我们柯桥是布料的海洋，那些国际、国内设计师，看到这些布料眼睛都会发亮，但是怎么让这些设计师们在柯桥扎根呢？我认为柯桥只要把整个服装产业盘活，打通整个纺织品的上下游，面料由服装厂自己采购，它的附加值就增大了。柯桥也必须有一些专门销售服装的市场，因为柯桥到杭州交通发达，有地铁、高铁、高速公路，到机场也方便，与杭州基本上融通了。

我们在创业过程中也遇到不少挑战，刚来柯桥的时候，人生地不熟，条件比较艰苦。2016 年企业搬到滨海新区，是挑战也是机遇。企业重新整合，产能扩大，生产更节能环保，成本也随之下降。这两年设备智能化的水平提高了，比如像软件配色，印染厂只要把各种颜色配比值输入进去，它就自动把颜色调好，染料也自动称好，进行智能化处理，用人少了，利润增加了。我们引进了高端制造，如经编机、高清电脑印花、高清数码喷绘，还引进各种优秀的纺织品品牌，使其更加多样化，科学做强、做大、做精、做新柯桥纺织业。

近年来，除了交通配套设施不断完善外，我们中国轻纺城创意园（西区）园区周边还汇聚了万达广场、绍兴柯桥宝龙广场两大商业体，全球中高端酒店品牌柯桥华美达酒店已签约落户，还有正在规划的欧美风情商业街，都在全方位完善纺织产业链。

产城融合是大趋势，园区产业、人才集聚后，让这些人才的工作、生活、休闲、学习、娱乐、教育等事务在同区域内实现，这是我们努力的方向。目前中国轻纺城创意园（西区）立足产城融合，把产业升级带动城市升级作为核心，首推国际人才公寓、时代天幕大平层，国际化设计、先进的服务管理、多元化配套设施，致力于打造产城一体、职住一体、旅居共享的活力国际高端社区。

回馈社会　商会应有的责任

我之前是绍兴市福建商会、中国轻纺城福建商会创始人，做了 6 年的会长，后来我给自己规定只做两届。我现在担任中国轻纺城企业发展促进会会长，会员都是各商会会长及曾经的商会会长。

我在做商会会长的时候，每年都开展一些公益活动，为社会奉献温暖，资助优秀学生，帮助他们解决学习过程中的学费问题，使之顺利完成学业；组织学子们去敬老院，给老人做点事情，培养学生的宽广胸怀。我们在菲律宾那边也做过类似的事情，那里有些品学兼优的贫苦学生，我们商会给他们交学费，直到毕业。商会还会捐资捐物、扶助衢州江山等等。回馈社会，这是企业、商会应有的责任。

2020 年，柯桥区委区政府又让我担任中国轻纺城国际联合商会的会长，我们初步考虑有 12 个国家，包括越南、印尼、马来西亚、美国、英国、土耳其、巴西、意大利、菲律宾、缅甸等，各国都有落地的分会长和执行会长，现在我在做准备工作。国际联合商会的作用就是帮政府把进口面料引到柯桥来，然后把中国的面料推向海外，也有可能去国外设点、布展或者长期合作，包括我们想做“一带一路”的产业基地。目前已在“一带一路”沿线国家及南美、非洲地区发展 98 家海外分销商，带动超过 1000 家柯桥中小企业成功“走出去”，未来我们将在全球 20 个以上国家和地区建立 50 余家海内外分馆、体验馆及公共仓。

访谈时间：2021 年 3 月 29 日

访谈地点：浙江工业大学之江学院

访谈整理：胡优新

柯桥印染的昨天、今天和明天

人物名片

李传海，男，1962 年 9 月生，浙江绍兴人，中共党员。现任绍兴海通印染有限公司董事长，浙江省印染行业协会会长、柯桥区印染工业协会执行会长，柯桥区纺织产业转型升级专家咨询委员会委员，绍兴市人民对外友好协会常务理事，绍兴市工商联（总商会）第七届常委，柯桥区工商联（总商会）第一届副主席、总商会副会长，柯桥区环境学会副理事长。荣获浙江省劳动模范、绍兴市劳动模范等荣誉称号。

柯桥的轻纺城市场和印染产业是柯桥最具影响力的两大特色，两者相互促进，共同发展，密不可分，我是这个过程的见证者和亲历者。

市场才开张　从推销营业房到一铺难求

1987 年，我当时在绍兴县钱清区（现分设为钱清、杨汛桥、夏履三个街道）工业办公室工作，担任区工办党支部书记兼办公室副主任。那一年，绍兴县委、县政府开始建设绍兴轻纺市场，在这之前一直是马路市场。1988 年国庆节，绍兴轻纺市场建成开业，当时县委书记陈礼安、浙江省政协主席商景才等都出席了开业典礼，原“绍兴轻纺市场”几个字也是商景才主席题写的。我代表钱清区参加了开业典礼。开业典礼结束后，我接到了县里下达的门市部招商任务，钱清区分到了 16 间营业房的招商任务。我回来后，马上跟区长汇报，区长把这个任务交给我去完成。第二天开始，我骑着自行车，到钱清区下辖的 6 个乡镇，一家家走访纺织企业和印染企业，推销营业房。我一共跑了 3 天，把 16 间营业房都推销出去了。令大家都没有想到的是，几个月后营业房房租就开始涨价了，刚开始市场一间一楼的营业房每一年的房租是 6000 元，第二年就涨了二三十倍，后来甚至涨到了 200 万元一年。轻纺城营业房如此火爆，说明商户有钱赚。轻纺城的营业房从开始的靠推销，到后来的生意火爆，一铺难求，我是有切身体会的。

初级机械化　村村织机响

1992 年，邓小平南方谈话后，我下海到企业，到浙江永通集团的前身钱清染织厂担任副厂长，这个企业是镇办集体企业，当时钱清的印染厂还不是很多。1992 年建成了金柯桥大道旁的新市场，也就是东交易区，有 1000 多间门市部，成为全国最大的纺织品交易市场，那时生意已经开始很好了，要大量招商。轻纺城生意火爆直接带动了绍兴印染企业的发展，全县又兴办了一些印染企业。原来的印染企业都是手工作业为主，新办的企业引入了 O 型机缸、J 型机缸、卧式定型机等设备，比手工作坊进步了不少，但也只是最初级的机械化。为了发展市场，时任县委书记纪根立、县长陈敏尔提出要大力发展纺织市场和纺织企业，提出“村村织机响”的口号。兴办纺织印染企业，很好地解决了绍兴当地一大批劳动力的就业问题；纺织厂的迅速发展，又促进了印染行业及轻纺市场的蓬勃发展。1992 年 6 月，绍兴轻纺市场改名为“中国轻纺城”。

100 万美元的货款收不回来　倒逼企业注重环保和标准

1998 年，亚洲金融危机爆发，因为内销市场不好，轻纺市场不能满足企业生产销售产品的需要。绍兴县委、县政府提出，企业不能光靠国内市场，销路太单一了，要国内国外两个市场一起抓，两个轮子一起转，努力开拓国际市场。我 1996 年开始做外贸。1996 年成立的浙江永通集团，是绍兴县第一家有自营进出口权的外贸公司。当时永通集团董事长万爱法，非常有经营头脑，很有战略眼光，我们的企业有几家分公司，当时我是总经理。1998 年金融危机后，永通集团成立了 18 个外贸部，我们向全国大批招揽人才，包括英语人才和国外有销路的人才，带动了整个柯桥的外贸。我和万爱法董事长一起，打造了全县最大的印染外贸企业，连续 10 年，永通集团在印染行业内的外贸销售额居全县第一，全国第一，2002 年开始，永通集团冲进了中国印染企业 20 强。2004 年底，永通集团被评为全国民营企业 50 强，我参加了在杭州省人民大会堂举办的民营企业峰会，时任浙江省委书记习近平亲自到会做了讲话，大力鼓励民营企业发展，我听了很受鼓舞。

当然，我们在做外贸的过程中也不是一帆风顺的，也有很多心酸事。2002 年我们走非洲单子，后来想打开美国市场，但美国的环保标准要求高，有一次我们把印染的染料搞错了，没达到美国的标准，发生了一笔 100 万美元的货款收不回来的事情，损失很大，当时这个事情引起了全国轰动，新华社、《人民日报》、《浙江日报》等都报道了这个惨痛的教训。现任中共中央宣传部副部长、中央广播电视总台台长慎海雄，时任新华社浙江分社记者，亲自赶到我办公室采访，并采写了相关文章，在《新华每日电讯》、《人民日报》等许多中央媒体上发表，影响很大。中央电视台《新闻联播》也播发了采访我的新闻。

人民日报 HUADONG XINWEN

华东新闻

20

济南户口拆“篱笆”

统一为居民户口，逐步取消因户口性质不同形成的待遇差别

付出“学费”，要有所“得”

——关注绿色壁垒（上）

越过绿色壁垒不能就事论事——产业水平要升级

是挑战更是契机——到达“绿色彼岸”

不仅仅是壁垒

《人民日报》2002 年 5 月 20 日报道了浙江永通集团 100 万美元“绿色壁垒”学费的新闻

这个事情给我们敲了警钟，企业必须讲环保，生产标准要按照国际标准来，同时印染设备都要同步跟进。这是绍兴县轻纺外贸的起步阶段，在这之前，轻纺城市场都是以内销为主，2002—2003 年，在我们企业的带动下，一大批轻纺城外贸公司如雨后春笋般涌现出来，轻纺城外贸也开始了大发展。

产业集聚　绿色印染

轻纺城能发展这么快，主要是因为印染行业发展快，印染和市场是相辅相成的，印染加市场是绍兴县最大的特点。当时绍兴县委、县政府考虑到轻纺市场发展这么快，印染必须走上规范的道路，当时萧山市（今萧山区）及其他地方的印染企业也都发展了，绍兴县（今柯桥区）的印染产能还没有萧山市的大，这个问题引起了县委决策层的关注和重视。时任县委书记徐纪平带我们到萧山市考察，考察以后，认为绍兴县必须自己发展印染产业，所以决定在滨海新城成立滨海工业园区，2002 年下半年开始招商，2003 年落户，这是入驻滨海新城的第一批企业。先把污水处理厂建造好了，解决了环保问题，印染企业才能可持续发展。当时滨海开发区招了 40 多家印染企业落户，绍兴县委、县政府提出："奋战十年，再造一个绍兴县（指的是工业，打个比方原来产值 200 亿元，10 年达到 400 亿元）。" 2003 年开始搬迁到滨海工业区发展的印染企业，档次明显提升，当时引进了韩国的理和、日星定型机，日本东伸印花机，产能大幅度提升。在这个过程中，纺织印染业的发展，伴随着柯桥轻纺市场、柯桥城市的发展，柯桥从原来的一个集镇，变成了一个中等现代化城市，可以说两者是相伴相生的。

2009 年绍兴县里开始抓产业集聚，计划花 5 年时间完成，当时搬迁过程困难重重，结果到 2018 年才真正全部关停，内地的全部印染企业搬迁到了滨海工业园区。搬迁前绍兴县（柯桥区）有 236 家印染企业，2018 年有 108 家印染企业。2018 年，全区印染产量达 145.14 亿米，实现加工产值 353.84 亿元，销售额 334.74 亿元，占全县工业生产总值的 19%；实现利润 28.74 亿元，占全县工业企业的 26%；实缴税金 23.47 亿元，占全区工业经济的 28%；亩均税收由 2015 年的 13.47 万元，提高到 2018 年的 20.04 万元；单位能耗的增加值由原来的 411.52 元 / 吨标煤，提高到 813.59 元 / 吨标煤，成绩不小。所以说集聚后，设备档次提高了，产品附加值也提高了。关于绿色印染，《人民日报》2017 年对我做了报告文学式的专题报道。

行业协会助力柯桥印染行业发展

1991 年 6 月，绍兴县印染行业决定成立行业协会，主要目的是企业要抱团，谋取共同发展。1991 年第一任县印染协会会长是濮匡正，第二届也是他，我是从第三届开始担任副会长，从 2004 年第四届开始换届，当时我提出 5 个执行会长每年轮值，到目前为止我已经担任了 4 届执行会长。从 2008 年开始我还担任了浙江省印

聘请意大利欧洲设计中心荣誉主席、意大利时尚协会荣誉主席马里奥·博塞利先生（左二）为“柯桥时尚面料推广大使”。

染行业协会常务副会长；2018 年起我担任浙江省印染行业协会会长兼任柯桥印染工业协会执行会长。2013 年底，染料价格非理性暴涨，严重扰乱了纺织印染行业市场，为此，我们组织柯桥印染协会会员等 230 多家印染企业，向浙江省价格监督管理部门递交了一份关于要求反垄断的报告。同时组织印染企业抱团参加上海国际染化料展，带领印染企业跳过层层中间商，直接接触国际染化料供应商。在印染协会的努力下，昔日犹如“散沙”的印染行业协会成了“金石”，齐心协力，最终使染料涨价的速度有所减缓。

随着印染低档产品转移步伐显现，柯桥印染产业探索向高质量要效益，积极与意大利等欧美流行元素接轨。为此，我以协会的名义，聘请了意大利欧洲设计中心荣誉主席、意大利时尚协会荣誉主席马里奥·博塞利（Mario Boselli）为“柯桥时尚面料推广大使”，希望通过协会的努力助力柯桥印染行业发展。印染协会还制定了柯桥区印染行业绿色标准，实现行业规范管理。

绿色高端　世界领先

前面讲的都是轻纺城的昨天，今天柯桥印染面临的困难和压力还是巨大的。压力主要来自三个方面：一是上游受原辅材料（染料、助剂）和蒸汽、天然气价格上涨的挤压，内部受居高不下的劳动力成本的钳制，末端受印染加工费难以上涨的限制，企业在夹缝中求生存。二是企业员工素质普遍不高，技术和管理人才匮乏，企业之间相互挖人才的现状难以根本性扭转。三是产能过剩，缺少自主品牌，靠“跑量”来开展价格竞争已成为目前行业的主流。新一轮的白热化竞争已经打响。

因此，柯桥区政府为柯桥印染确立了“绿色高端、世界领先、高质量发展”的发展目标。高质量发展的具体路径是三个“推动”：高新化、智能化、绿色化。

一是推动印染企业高新化发展。什么是高新化？高是高端、高级，新是新技术、新产品、新工艺、新材料，高新化就是要求印染企业运用新技术、新工艺，生产出质量更高、科技含量更高的产品。要从被动接受客户订单价格的状态，争取取得市场话语权和主动权，变“要不要”为“有没有”。从现状来看，要特别处理好“加工转经销”的关系，开拓有效市场，加强与知名品牌公司、知名企业的项目对接、研发合作。同时，鼓励企业申请自主品牌。

二是推动印染企业智能化改造。“数字经济”一号工程，这是浙江省委省政府发出的号令，数字经济带来的爆发力已经被杭州、宁波大量实践证明，我们纺织印染产业要实现新的突破，数字化、智能化发展是必由之路。目前集聚区的部分企业已经在积极探索智能化改造的途径、方式。通过“印染大脑”实施精细化、数字化的管理。区政府也正在规划，通过两三年时间，打造一个国内领先的行业级工业互联网平台，分类推进印染行业的智能化改造。培育一批智能生产线、智能车间、智能工厂等智能制造的典型，加快推进企业车间向数字化、智能化、协同化方向发展。

三是推动印染企业的绿色化发展。绿色发展是永恒的主题。总体来看，从中央到地方，上级对生态环境工作越来越重视，人民群众对环境质量要求越来越高，中央环保督查力度更是空前。特别是人民群众对印染企业的“偏见”依然一定程度存在，而且短期内很难转变，所以，作为企业老总，确实要时刻牢记“绿色环保”四个字，在环保“三废”（废水、废气、固废）治理上舍得投入、愿意投入，真正做到绿色化生产。

只要达到高新化、智能化、绿色化发展，柯桥印染的高质量发展就指日可待。

访谈时间：2021 年 3 月 29 日
访谈地点：浙江工业大学之江学院
访谈整理：周群芳

追梦：从南海之滨到江南水乡

人物名片

许志鸿，男，1971年11月生，广东揭阳人。现任联亚国际发展（控股）有限公司董事长，浙江省广东商会会长，绍兴潮汕商会会长，广东外语外贸大学浙江校友会会长，第九届国际潮商大会荣誉主席，广东省揭阳市第五、六届政协委员，江苏省新沂市第九、十届政协委员，浙江省绍兴市柯桥区第一届政协委员，广东省工商联合会第十二届执行委员，浙江省绍兴市工商联合会第七届常务委员，浙江省绍兴市柯桥区工商联合会副主席。

一块布的美丽缘分把我带到了柯桥

1993年，我毕业于外经贸部属下四所学院之一的广州对外贸易学院（即现在的广东外语外贸大学），那时候我们学院毕业的学生大部分进了广州、北京等大城市的专业外贸公司，而我去了珠海格力集团后没到一年，就停薪留职回到了老家广东揭阳，从事面料生意。其实现在的中国轻纺城和当年我们家乡的流沙镇还是有渊源的，那时我们广东揭阳的普宁流沙镇，是全国进口面料的集散地，很多人从流沙进货，到柯桥轻纺城卖。在轻纺城的发展历史中，这里的第一代布商对这个轻纺市场是起了很大的推动作用的。在20世纪90年代，这些人很多在流沙镇有过经商的经历，那时他们会从流沙镇拿进口面料到柯桥这边销售。当时我有一位客户也是买我的面料到柯桥销售，他问我为什么不到柯桥来看看，那时我还不知道柯桥在哪里。记得第一次来柯桥时，我是先坐飞机到宁波，再打的过来，来了才发现原来这就是一个市场。2001年，进口布料逐渐被国产面料替代，我开始来柯桥寻找面料出口业务，就这样，一块布的美丽缘分终于把我带到了迷人的柯桥。

渐渐地，由于技术发展、管理经验的提升，国内面料开始替代进口面料，柯桥这个迷人的市场也渐渐发展壮大，开始辐射全国，而流沙镇的市场反而慢慢萎缩。刚来柯桥的时候，我只是做面料贸易生意，没有自己的实业，但当时发生的一件事，彻底改变了我的想法。那时候我做贸易，需要向门市部交定金订货，门市部把坯布送到工厂去加工，有一次一个门市部在加工过程中没有把好质量关，布有质量问题，我不接受这批货，但对方不愿意退定金给我，所以从那以后我也不再跟他合作，尽管后来他找我好几次，有再次合作的意向。这件事让我想到，一定要加强自己的技术力量，必须自己有懂技术的团队，这样才能跟对方在合作之前就告诉他们需要注意什么问题，中间有可能会出现什么问题，从而避免发生问题，而不是简单的买卖，否则是很难有竞争力的。在买卖的过程中，只有根据客户的需要，为产品增加价值，然后再卖出去，才能真正成为自己的产品。所以我就开始建立自己的专业技术团队。

这几年，来柯桥的人越来越多，我觉得这里是一个适合我们创业和生活的地方。因为这个城市不但能让我们赚钱，而且文化底蕴深厚，加上环境优美、交通发达，又是鱼米之乡，所以宜商又宜居。我感触特别深的是，这里的政府创造了极好的营商环境。记得刚来时，我是专做出口的，经常需要退税，以前在很多地方，假如在有关部门中没有熟人，退税通常就会比较麻烦，速度也比较慢，而我在这里一直没感觉到有这种麻烦。有一天我突然想到，告诉我的财务人员邀请税务局的工作人员一起吃个饭，邀请后税务局的人笑着说："是啊，这么多年来，我们都还不认识你们老板呢，但是吃饭就不必了，只要你们规范做事就好了，谢谢。"这件事让我充分感觉到在柯桥，只要你认真做人、规范做事，就不会有人让你感觉麻烦，这里不排外而且海纳百川，这也是人文情怀的体现。

如今我公司的纺织品面料进出口大部分基地和工厂都设在绍兴轻纺城，我的家人也在这里，我的两个孩子也在这里上学，我可以在工作之余陪伴和见证他们的成长。现在的中国轻纺城已经成为全世界最大的纺织品集散地，它原来是一个市场，现在已变成了一个城市，而且是一座有活力、有朝气、有前景、有实力且经济发达的城市。

有潮水的地方就有潮商，从南海之滨潮汕追梦至江南水乡绍兴，我们家乡越来越多的潮商已经投身并扎根这座历史文化名城。

满足客户需求　是我们的最终目标

当年我来到柯桥以后，由于没有开门市部，是在写字楼里做生意，写字楼不像门市部那么直观，有好的产品可以直接给人展示，我则是需要根据客户的需求去给他设计和制作，因此我必须和客户有良好的沟通以后，对产品的设计和创新才会是良性的、有效的。

我觉得在贸易过程中的环节一定要增加自己的价值，这个贸易才有意义，我们做一个产品，它是一个生产链，在每个环节中根据不同的需求来呈现它的价值，这不是单纯的买进卖出。我们现在都自己做产品开发，自己买原料、自己设计、自己加工制造和印染，自己进行检验，实行一条龙生产。在我们的创新过程中，根据不同客户不同需求，提供一个让客户最满意的产品，包括我们的产品设计、服务体系和售后服务等各方面，都要求根据客户的需求和反馈来增加他们所需要的价值，这也是贸易过程中的附加值。只有增加我们产品的价值，才能更好地巩

许志鸿会长与泰国前总理
他信·西那瓦合影

固我们的客户群，使他们更愿意和我们合作，我们彼此的黏合度才更高，直至成为长久的合作关系。

当时很多客户都是朋友们因为我的诚信和口碑介绍给我的，后来我有了自己的人脉资源，一传十、十传百，口口相传，所以我有很多客户都是十几年的生意伙伴，在合作过程中，大家慢慢成了朋友，在生意上有什么资源我们都是互相分享。根据客户的需求生产销售面料，一般来说，要有很多工厂的供给才能满足不同客户的需求，一个工厂是满足不了所有需求的。我自己的工厂卖坯布给别人，我也向别的工厂购买坯布，必须跟很多人合作，生意合作伙伴非常重要。

发展过程中让我印象最深的就是人才。柯桥曾经有很多的织布厂和印染厂，我当时招进来的都是真正懂得纺织印染技术而又在这些相关厂里工作过的人。因为布料是个非标产品，需要通过直观的感觉、触摸，用眼睛看这样一些传统的手段来检验，而不能完全靠仪器设备，很多时候就是靠手感，还要根据不同客户的要求，有的需要比较硬挺的布，有的需要比较柔软的布，所以有过这方面从业经验的人才是最迫切的需求。结果专业人才有了，但缺少其他方面的人才，像理单、行政、财务等，因为那时柯桥毕竟还是个小地方，很多专业人才不太愿意过来。

那时我做东南亚地区的贸易，特别需要泰语翻译，但因为泰语是小语种，那时泰语专业的大学生一毕业就供不应求，他们一般也都愿意去一线城市，要么做导游，要么去大使馆，所以那时我招了泰语专业的人，待一两年他们就要走。起初我是一个人来到这里，人生地不熟，那时候每到周末我就会去人才市场招人，甚至还

许志鸿连任绍兴潮汕商会第四届会长

跑去杭州招人，当时不像现在网络这么发达，所以招人的方法也是比较原始的，有时有些人专业并不对口，但我看这个人比较机灵，就招来让他转行，所以那时的人才相对比较多元的，也比较稳定，到现在还跟着我一起发展，我公司十几年的同事就有几十位。

经过这些年的打拼，凭借责任、诚信、团队意识、为客户着想这样的企业精神，我们联亚国际发展（控股）有限公司已经在国际纺织面料市场站稳了脚跟，我们的产品远销全球。因为有责任，我们才会认真对待每一件事情；因为有诚信，我们的客户才会和我们一起开发市场从而一起成长。我们目前已经把“潮商制造、值得信赖”的品牌形象随着联亚国际的业务传播至全球。我想，纺织行业应该是一个永远不会被淘汰的行业，未来我会把这个平台做得更大，让我的员工在这个舞台上更好地展现自己。

既然大家推荐了我　我就义不容辞

我们潮商，都是离家千余公里来到柯桥，柯桥已经成为我们的第二故乡。如今在绍兴柯桥中国轻纺城，从事纺织面料产业运作的潮商已经有几万人，分布于纺织面料的开发、设计、加工、制作、印染、经销、物流、包装、配套的各个产业链，为了编织这份美丽的事业，绍兴潮商互助分享、抱团共进、携手共赢。而远离家乡来绍兴创业发展的“潮人”们，也希望在这里有一个自己的“娘家”，需要一个组织，于是 2008 年绍兴潮汕商会成立。商会作为一个平台，一方面汇聚乡情，另一方面我们大家一起把握商机，让我们潮商得到大家的认可，得到政府的肯定，让绍兴这个美丽的水乡城市能更好地接受我们潮商。

虽然担任商会会长是很辛苦的事情，要花时间、花精力甚至花钱，但对于潮汕商人这个群体，每个潮人都应该尽一份自己的责任和义务。因此 2014 年起，我接棒担任绍兴潮汕商会第三届和第四届会长，既然大家推选了我，我就义不容辞。我们努力把商会打造成一个开放型、知识型、文化型的商会，经常让有经验的商人分享自己成功的经验，我们也会走出去拜访江浙一带各地的潮汕商会，让不同行业的潮汕商人有交流、有碰撞，获得经验。我们会不定期举行一些讲座，培训相关知识，还和当地的浙江工业大学之江学院团委合作，和他们的毕业生进行座谈，吸收年轻人思想的火花，分享我们的从商经验，给大学生们更好的创业指导。我们还很好地传承了潮汕优良的传统文化，如孝道文化和爱心文化，并组织相关活动，让孩子们去养老院送温暖，参与当地的慈善事业，我们对当地和广东来浙读大学的贫困学生进行资助，还对边远和贫困地区进行精准扶贫。2020 年新冠疫情期间，我们商会还捐赠了一辆负压救护车给绍兴柯桥中心医院。

我们商会每个月都要举行理事会例会，去捕捉行业的商机和行情；做好潮商和当地政府的桥梁，对于当地政府的要求及各种政策做好上传下达工作。2020 年我们商会响应柯桥区政府的号召，因应轻纺城的转型升级，抱团招商、抱团隆市，我们又引进了将近 100 个商户落户中国轻纺城国际面料采购中心，同时也带来了新的经营方式，面貌焕然一新，让我们商会那条街成了轻纺城的亮点，也得到了各级政府各位领导的表扬。时任浙江省委书记车俊和其他领导都来调研考察。我们绍兴潮汕商会被评为“中国社会组织 AAAAA”级组织、浙江省规范化建设示范商会、全国“四好”商会等，在 2020 年的抗疫斗争中，绍兴潮汕商会还受到全国工商联的表扬，知名度和美誉度都得到了极大的提升。当然，这些成绩的取得是靠大家，做任何事情，团队很重要。

访谈时间：2021 年 3 月 29 日

访谈地点：浙江工业大学之江学院

访谈整理：陈莉萍　仇丽娟

招商隆市需要远见和魄力

人物名片

曹天龙，男，1964 年 10 月生，浙江天台人。1990 年到浙江临安从事丝绸生意；2000 年到中国轻纺城经营特宽幅窗帘业务。2006 年当选为绍兴县第十三届人大代表，2007 年任临安市第七届政协委员。现任临安商会会长。

走进柯桥　开辟业务新天地

从 1990 年开始，我在临安从事丝绸生意，在做生意的过程中结交了很多朋友。大家在闲谈中说起柯桥将成为全国最大的纺织品市场，我觉得自己应该到更大的市场去拼搏一下。就这样，2000 年我同几个临安的朋友一起来到了柯桥。在柯桥看到了商家林立的市场、琳琅满目的布匹，真是大开眼界，兴奋不已。经过一番考察，我感觉柯桥轻纺城到处都是发展、投资的机会。特别是我们发现当时柯桥的窗帘市场上只有 1.6 米的窄幅窗帘，没有宽幅的窗帘，而我们却有着 2.8 米宽的特宽幅窗帘，这在当时的柯桥市场上可以算是一种新型产品，于是我们决定放弃原来的丝绸业务，在柯桥开始做特宽幅窗帘生意。

其实，我当时在临安的丝绸生意做得也不错，已经有了一定的经营基础，当我跟爱人商量一起到柯桥发展时，她一时还有点接受不了。但是我认为临安市场太小，柯桥市场大，对我来说发展空间也会更大点。于是决定我一人先到柯桥开辟新天地，她继续留在临安。由于我的特宽幅窗帘业务在柯桥一炮打响，生意越来越好，许多临安老乡也陆续来到柯桥经商，在柯桥的临安人越来越多，我的爱人及孩子也一起来到了柯桥。于是我们成了新柯桥人。

虽然在柯桥的临安商人越来越多，但是各自为营，缺乏团队合作的精神，也没有一个能跟政府及有关部门沟通的平台。在大家的共同商议下，我们决定成立临安商会，把所有在柯桥的临安商人团结起来，组成一个大家庭，让大家能相互取暖，相互帮助，更好地为自己、为他人、为社会服务。

2005 年，临安商会正式成立，我担任临安商会会长。在商会里，我将为会员服务作为第一要义，尽心尽力为会员做事，同时协助政府做好或落实各项指示。我一方面忙自己的生意，另一方面做好会长工作，生活过得忙碌而充实。

招商隆市　追求发展新空间

2006年底，中国轻纺城新建的联合市场落成。但由于知名度和推广力度不足等因素，新市场的招商隆市并不顺利。市场开业之初，二楼以上的铺位基本都空着。我看到这些营业房白白空置着，而我们临安商会的许多会员却用高额租金租用北市场的营业房，我心想：为什么不转变思路，把经营户整体转移到新建的联合市场，这样既可以解决我们在北市场门市部租金高而导致经营成本高的问题，也可以把客户引到北联市场从而培育一个新市场？我觉得这个事情如果做好了，既能提升中国轻纺城家纺窗帘市场的知名度，也可以增加临安商会的凝聚力，壮大临安商会。一举多得，何乐而不为？

我马上去市场进行实地调查，觉得这一地段可以形成一个“家纺用品贸易区”。于是，我一方面四处联络临安会员客商，希望大家能携手共创市场；另一方面主动与政府部门、市场管理部门联系协商，争取优惠政策，以我们临安商会为主体，来共同打造一个新的轻纺专业市场。这一想法得到了政府部门的高度认可和支持。

最后由政府主持，市场管理部门与临安商会签订了联合市场四楼回租隆市租赁协议，集体承租了A、B两个区的营业房，同时政府有关部门配套出台了一系列优惠政策，鼓励经营户进场创业。经营户进驻后，我负责现场监督经营户的门面装潢进展，确保每户门面的装潢都配得上“家纺精品”的要求，从气势和形象上提升家纺市场的档次。一个半月后，300多间门面全部开业，整个楼层、每户门面都装饰得富丽堂皇、别具匠心；各式窗帘标新立异，产品丰富多彩，各具特色。同时，为集聚新市场人气，吸引客商前来，商会还自己出资配备了客户接送专车，往返于联合市场和北市场之间，与北市场实现了互动。通过各方的共同努力，市场人气逐渐兴旺，家纺贸易区也已逐步形成，当一批批家纺产品从这里销往全国各地时，我感觉很高兴，一种为市场服务、为商会会员服务的成就感油然而生。

2008年下半年，因租期到期，我设想对家纺市场进行第二次隆市。但由于政府对新建的柯北家纺市场实行免租的优惠政策，联合市场的成本相对就提高了，再加上部分门面的产权已属于小房东所有，很难实现统一规划，所以二次隆市碰到的阻力就很大。面对这种形势，我和轻纺城建管委一起，一户一户做经营户的思想工作，为他们描绘联合市场广阔的前景。功夫不负有心人，经过一段时间苦口婆心地做思想工作，许多经营户被我们说服。终于，联合市场四楼实现了第二次成功隆市，整个楼层无一家门面空置，而且出现租金上涨的局面。

2011年底，我们又对北联窗帘布艺市场进行了隆市，从2012年的正月初八开业至今一直人气兴旺。在整个柯桥轻纺城市场，我们这个专业的窗帘市场隆市最为成功。以前柯桥轻纺市场共有6个窗帘市场，但现在基本上就是我们这个北联窗帘布艺专业市场生意最为红火。

2020 年 1 月 9 日，曹天龙参加柯桥区“两会”

可以说，我们临安商会在中国轻纺城最大的亮点、也是最大的贡献就是隆了两个市场。这给我们轻纺市场的发展带来了好处，也给我们商会带来了以商引商效应。通过隆市，我们把家乡一些在外地经营的人通过“以商引商”的形式吸引了过来，我们商会从开始只有 1000 多人，到现在有 1 万多人，就是通过这种隆市的渠道把大家都集聚到了北联市场，集聚到了柯桥。

通过隆市招商，我们获得了事业发展的新空间！

把住命脉　实现事业新跨越

浙江省有四大市场：义乌小商品市场、柯桥中国轻纺城、海宁中国皮革城和杭州四季青服装市场。每个市场都正经受着新的考验。如四季青市场，以前半夜两三点钟就很热闹，各地客商都来这里批发服装，但现在线上市场发展了，四季青实体市场变得有点冷清了。中国轻纺城市场是最有特色的一个市场，客户采购商还是络绎不绝地来到市场现场采购，选择面料还是得通过轻纺城这个实体市场窗口进行面对面选择。

柯桥轻纺市场的最大优势就是我们这里有完善的配套体系——纺织印染业。我们如果把纺织印染抓牢了，就把纺织市场的总命脉掌握在了手里。因为纺织厂到处都可以办，但纺织印染厂却不可能到处随便办。苏南地区很多纺织企业把它们的纺织产品拿到我们柯桥来印染，同时也在我们轻纺市场进行销售，所以说，我们抓住了纺织印染行业，就抓住了纺织行业的命脉。

基于这一点，我认为我也要为这个领域献出一份力，把握住行业发展的命脉。2016 年，我在钱清买了一个印染厂，打造窗帘行业最好的染厂。买了这个印染厂后，我们就设想往印染行业的高端方向发展。我现在有一个印染厂，规模也比较大，去年产值达到了 12 亿元，员工有 2000 余人。我们要做绿色印染，从节能减排到无污染印染；我们要做有诚信的企业，打造好的口碑，从柯桥走向全国；我们更要做高效企业，向管理要效益，向技术要质量。

在柯桥，我从一个普通的经商者，向做一个实业家的方向发展。只要我们能把握好发展的关键点，脚踏实地地去实践，我们就一定能使自己获得新的发展。

展望未来　迎接人生新挑战

现在，我们正处在柯桥经济发展的关键时刻。我觉得中国轻纺城要实现可持续发展，几个配套产业要进一步完善。

比如纺织，我们必须往更高端方向去发展，以打造纺织行业的核心竞争力。但现在中国轻纺城的纺织制造、设计、创新等方面配套产业尚有缺陷，特别是制造方面的设施设备缺乏、发展空间受限、制造成本偏高等问题已经日益显现出来。我们这些在柯桥打拼和深耕多年的经营者和企业家，不愿再去外地发展，因为距离远，分散精力，如果配套能跟上的话，我们就可以在柯桥设立总部，让我们的产销实现一体化。

政府虽然也一直在大力支持小微企业的发展，我们也在投资进行花样创新及产品保护，包括人才引进，加大产品的开发力度，但我们做得还是不够。我希望柯桥的纺织行业能形成一个完整的产业链，从产品开发到产品营销，从内循环到外循环，使企业有保障，行业有创新，真正实现产业可持续发展，使我们柯桥的纺织产业立于不败之地。

现在政府越来越重视实体产业，我觉得我们做事更轻松了，更有方向了，也更有信心了，在党和政府领导下，为柯桥、为祖国的繁荣兴旺做出更大贡献！

访谈时间：2021 年 4 月 20 日

访谈地点：浙江工业大学之江学院

访谈整理：陈华　罗桂雨　朱健伟

不断创新　做好做强柯桥窗帘品牌

人物名片

赵云富，男，1971年2月生，浙江温岭人，中共党员。现任中国轻纺城温岭商会会长、中国轻纺城窗帘布艺协会会长，绍兴好时光纺织品有限公司董事长、浙江萤火虫会展有限公司董事长，兼任中国轻纺城窗帘布艺墙布商会联合流动党支部书记、温岭市政协委员，绍兴市工商联执委。

我在柯桥从事窗帘布艺生意已20多年，亲身经历和见证了中国轻纺城特别是柯桥窗帘布艺行业的兴起、繁盛、困局和重生。近年来，柯桥纺织市场受电商冲击、“布商二代”后继乏人等因素制约，传统市场人气下滑，因此，我们柯桥布艺人不断摸索产业破局转型的途径，形成窗帘布艺业发展的新思路、新模式、新天地。

势在必行　成立“窗帘布艺协会”

中国轻纺城窗帘布艺协会于2018年8月2日成立。为什么要成立这个协会呢？作为全国最大的窗帘布艺产销基地，中国轻纺城是窗帘布艺行业从业者交流与合作的重要平台。但一直以来，从业者之间因为“同行是冤家”的落后思想，闭门造车，导致轻纺城窗帘布艺业发展缓慢。随着物流、信息越来越便捷，各地展会兴起，原先的模式制约了企业乃至整个轻纺城的发展，其中也存在着沟通交流不畅、服务标准不规范、质量不达标、创新动力不足、维权艰难、恶性竞争和缺乏行业引导等诸多问题。中国轻纺城窗帘布艺协会是在杭绍嘉布艺群的基础上成立的，来自全国各地、在柯桥做生意、一些开厂的人士成立了一个布艺群，大家在沟通的过程中感受到了企业的转型和经营方式创新的迫切需求，必须要互动、合作，这样才能引领大家共同发展，促进柯桥整个布艺行业发展，因此规范窗帘布艺行业势在必行。于是中国轻纺城窗帘布艺协会成立了，除了柯桥本土企业，来自萧山、诸暨、金华等柯桥周边地区的窗帘布艺企业也纷纷加入。

行业自律　打响“柯桥窗帘”行业品牌

在窗帘布艺行业，全国各地采购商把我们柯桥市场定位为低端产品、低端市场。为什么会有这种刻板认识？就是因为我们柯桥窗帘布艺缺少知名度，缺少品牌

2018 年 8 月 2 日，中国轻纺城窗帘布艺协会成立

化。8 年前，整个柯桥纺织市场都是人，流量很大，那时有些客户一年会来 5 次、8 次，后来一年就来一两次，慢慢少下来了。是什么原因？就是因为我们柯桥窗帘布艺市场没有品牌化。没有品牌，生意越来越差，而且销售模式不断改变，大家的日子都很难过。

我们窗帘布艺协会成立之后，就引领大家创品牌，提升自身产品品质，形成了行业规范。2016 年起，我们每年举办窗帘布艺展览会，已举办了 5 年，培育了很多本地品牌，虽然品牌不一定都是很“高大上”，但它们都在提升。这几年找回了我们的市场影响力，至少提升了一部分的影响力，能够明显感觉出来。今年展会的效果比往年都要好，因为有些客户每届都来，参展的产品价格便宜，性价比也高，就一点点把市场份额给抢回来了。现在我们柯桥窗帘布艺行业不断提升，做好我们柯桥窗帘布艺在业界的品牌，几年下来，我们逐渐有了一些话语权。俗话说，大河有水小河满，大河无水小河干。成立行业协会来推动行业的发展，我认为这是很有必要的。

行业发展需要有一个懂市场、做实事的公司。最近中国轻纺城集团股份有限公司提出“5 + 2”模式，即“数字市场建设、重大项目启动、市场繁荣提升、网络平台改革和资本对外拓展五项工作和管理体制、考核机制两项改革”，具体来说，市场要智能化，仓储物流要升级改造，市场不均衡的状况要打破，要激活。内部改革要打破吃大锅饭的现象。这些观念、做法的创新，让我们看到轻纺城以后的发展前景。市场兴旺了，整个柯桥就兴旺了。

柯桥区委区政府领导特别关心我们窗帘布艺协会，2021 年 3 月 27 日春季展览会期间，柯桥区委赵如浪书记在上午来调研我们这个展区，他鼓励我们窗帘布艺行业一年比一年好，政府会继续引导支持，希望大家共同努力。我想打响窗帘布艺品牌，我们是有信心的，也是有期待的。

2018 年春季窗帘布艺展会上领导巡馆

恨布不成帘　整合资源做好成品窗帘

不少人说，柯桥是“依托在一块布上”的城市，大家一直讲“恨布不成衣”。但遗憾的是，我们柯桥的布是老大，成衣没有大品牌，产业链尚未形成，还要继续努力。我们窗帘行业也在想这个问题，恨布不成帘，现在一块布还不行，一定要做一副帘。一副帘是什么概念？窗帘就像一件衣服一样，消费理念都成品化了。

这几年我们一直在做成品窗帘，成品窗帘的发展一定要以后面的链条连接为支撑，很多加工辅料和设计，我们柯桥都具备，只是我们还没把它整合好。我们一定不能再失去这个帘子，我们要做成品帘，这个产业链是我们柯桥窗帘业的重中之重。后续的竞争中产品有很多很多，所以我们很有危机感。

柯桥窗帘布艺市场是全国规模最大、销量最大、也是亚洲最大的一个市场，怎么去巩固这个老大的地位，这是我们协会要努力去做的事情。

成品帘要从模式上解决窗帘终端渠道痛点；经营上，全国加盟连锁，统一管理，保证品牌形象输出的标准化。提供售前、售中、售后一条龙服务体系，品牌、培训、客服连锁式的管家服务模式。只要跟窗帘有关的东西我们协会都有，从纱线开始，到售后安装，整个产业链我们都有合作伙伴，我们要把所有能想到的链条都连接起来，既方便企业，又方便消费者。

运用“互联网 + ”　开启营销新模式

2010 年以后，互联网飞速发展，网络已成为现代社会人们的一种基本生活方式，网上商品买卖越发火爆。在电商冲击下，市场门市房价值下滑，柯桥纺织市场包括窗帘市场的实体店呈现不景气态势。经销商把商品放在自己仓库里，搞直播、搞展示厅，市场人气就没有了，变得越来越冷清，这是一种趋势，国内外都这样。电商使人们的消费方式、生活习惯逐渐发生了改变。特别是 2020 年疫情期间，大家不得不宅在家里，传统市场人潮涌动的场景不再重现，电商、直播带货越发红火。

线上线下融合发展，成为窗帘布艺行业产业破局转型的一大新亮点。窗帘布艺人对于传统渠道转型升级及新渠道创新格外关注，借力展会与“互联网＋”线上线下融合发展，打造 O2O 生态圈平台，赋能产业变革，为产业带来了新气象、新活力。比如在展会上，设置触摸机虚拟展示系统，可通过立式触摸互动，自助操作选择面料，观看成品窗帘的效果。再如 2020 年疫情期间，我们协会组织了几次云直播，现场直播，效果挺好，那么我们就请老师做直播培训。我们柯桥做外贸的人特别多，我们协会想着要带领这些企业做跨境电商。行业协会就是要在引领商户方面与时俱进。

穷则变，变则通。中国轻纺城窗帘布艺协会充分发挥好协会企业与政府之间桥梁和纽带的作用，规范化、有序化地组织会员企业出去考察交流、培训学习，进行资源对接，资源共享、经验分享，开展行业自律，提高轻纺城窗帘布艺企业的品牌意识，帮助会员企业打造强势品牌，真正做到“品牌走出去，客商引进来”，推动柯桥窗帘布艺产业朝着时尚、个性、高端、绿色方向转型升级。

访谈时间：2021 年 3 月 29 日
访谈地点：浙江工业大学之江学院
访谈整理：付东升　邹丽英

在专注和专业上深耕

人物名片

顾洁萍，女，1974 年 11 月生，浙江绍兴人。现任浙江华港染织集团有限公司副董事长、总经理，浙江朗莎尔实业股份有限公司董事长。绍兴市柯桥区服装工业协会会长、浙江省女企业家协会常务副会长、浙江省服装协会副会长，绍兴市柯桥区人大常委会常委。曾获得全国三八红旗手、中国杰出创业女性、全国巾帼建功标兵、中国民营企业新一代二十大领军人物、长三角十大新锐青商、浙江省“151 人才工程”第三层培养人员、浙江省五四青年奖章、第二届魅力女浙商、绍兴市十大杰出青年和十大青年创业明星、绍兴县劳动模范等荣誉称号。

企业接棒　在传承和超越中成长

我是土生土长的柯桥华舍人，算是二代接班的企业家一族，我接的是母亲的班。浙江华港集团有限公司前身是 1965 年成立的管墅乡针织厂，当时是生产袜子的，我妈妈是第一代企业家，她是 1968 年进厂的。20 世纪 80 年代，企业开始做印染，是绍兴最早的一批印染企业。1996 年开始做服装。我 1997 年从浙江大学工业外贸专业本科毕业，一开始在杭州工作，世纪之交正值企业转制，我妈妈身边缺少人才，尤其是外贸人才，于是 2001 年我辞职回来成了她的助手。

我原来在杭州也不是做外贸的，回来后边学习边实践，组建了自己的外贸团队。那时市场刚刚起步，外语人才十分紧缺，外贸相对来说比较好做，人家到柯桥来找布，就是为了捡便宜货。后来，慢慢地顾客越来越追求企业的产品设计能力、综合能力，一个企业靠价格竞争，肯定是活不长的，企业没有效益，何谈生存发展呢？经过了初期的粗放经营后，企业逐步地进入了正轨，尤其是 2008 年全球金融危机以后，竞争特别明显。因为 2006 年之前出口美国的纺织品都是要配额的，2008 年配额取消了，这个过程还是比较困难的，当时我们的生产计划是根据全面开放来做的，后来又加回了这个配额，对生产销售影响很大。欧洲也是在 2006—2007 年取消配额的。原来我们对外商处于一种信任的状态，当时我们与欧盟打官司，学会了外贸要讲国际规则，有些东西野蛮生长是不行的。当时国有大型外贸公司不再具备竞争优势了，大家都敞开竞争，就看谁家的综合能力强，尤其是品质方面。我始终坚持做产品研发、打造自主品牌，经过了数年的积累和沉淀，我们公司的面料

顾洁萍接受中央电视台记者采访

和服装外销势头越来越好，产品主要出口南美、中东等国家和地区。我一手创办的“朗莎尔”，从无到强，很快进入全国百强服装企业行列。我的生意越做越大，胆子却越来越小，考虑的东西越来越多，这也是一个不断地成长和超越的过程。

沙里淘“金” 在专注和专业上深耕

我们服装品牌专做男装。男装的款式变化少，主要是花型、颜色上的变化，柯桥轻纺城有得天独厚的优势，比起别的企业，我能以最快的速度拿到最时尚、最新的面料，这是男装企业在柯桥的最大优势。外国客商来了，他们很喜欢逛市场，有些人不愿意带客户逛市场，怕自己的成本让人家知道了。我很坦诚，愿意把这些信息跟客人分享。我带着客人看面料，看花型，让他看到我背后有这么大一个市场，我的设计开发有这么一个市场在支撑。现在看来，价格其实不是最敏感的方面，客户可能更关注企业的设计能力、研发能力。我有自己的设计团队，2020 年因为疫情不能去广交会，我们企业还是开发了几千个花型。

在第二届世界布商大会产品发布会上，我派了年轻的小伙子小姑娘去做发布。国内著名服装设计师吴海燕老师看到我们的产品，很喜欢，问：“这是谁家做的？”因为小伙子不善言辞，没有经验，没有向吴老师介绍产品，会后，吴老师到处问这个产品是谁家的。正巧有一次开年会，我跟吴老师说有空到我们企业去看看，她问我是做什么的，产品先给她看看，看看能否做直播。我说，我的产品比较个性化，不知道国内市场能不能接受这种产品。然后，我从朋友圈里找到了一段视频给她看。她一看，可把她乐的，说：“我一直在找这家公司，一直在问这个产品是谁做的。”她说她很喜欢。我们的男装给客人的感觉像是有无数个款，实际上是一样的款式和版型，不一样的花型和颜色。吴老师一看到我的东西很兴奋，立马跟我们公司谈好，要给我们公司推一波直播。我担心产品卖不出去，她说不可能，一定卖得出

顾洁萍代表柯桥区服装工业协会向吴海燕老师颁发特别顾问证书

去。结果销售确实很火爆，这还得感谢吴海燕老师。

我的公司现有 2000 多名员工，以印染为主。2020 年疫情期间，企业的印染生意还是不错的，坚持做单品类，专注度高，做得非常好，还接受了中央电视台的采访。疫情期间外国人在家时间多，家纺类产品的需求暴增，我们做的牛奶丝印花抱枕，柔软度好，很舒适，别人做不出这个柔软度和颜色的亮度，所以我们 2020 年做得非常好。我觉得一个企业一定要努力做单打冠军，做单品类冠军，做到这个产品别人只能来找你要的程度。做服装，我们也讲究专注度，以休闲男装为主，生产现在基本上外包了，主要精力用于做产品设计。

背后有这么一个轻纺城对我来说是一个很大的优势，代表我的设计可以很快落地，有这么大一个智慧的团队在后面支撑，所以我觉得发展离不开轻纺城。有些人会在意轻纺市场档次高低，其实所有的产品都是有高低的，市场有高低也是正常的，怎么样在沙子里面发现金子，需要各种层次的产品来满足市场需求。

浙江华港染织（集团）有限公司，我和我弟弟是主要的股东。2006 年，随着规模的扩大，我弟弟的公司从华舍搬到了柯桥城西，现在那边有个标准工业小区，我的公司是 2008 年从华舍搬到柯桥城北的。为了响应政府产能升级、腾笼换鸟和产业集聚的号召，我的公司从 2014 年起搬迁到滨海工业园区，2018 年完成全部搬迁。腾笼换鸟以后，公司原来的厂房变成了壹迦科技园。科技园取名为壹迦，也是与服装有关，“壹”是衣服的谐音，“迦”是代表过去、现在、将来，说明是一个有故事的地方，我们公司的标识是“1 +”。科技园目前占地 92 亩，建筑面积 15 万平方米，以前公司的员工主要来自宁波纺织服装职业技术学院、浙江理工大学等高校，他们心态好，工作比较稳定，经过十几年的培养，很多已经锻炼成了中层干部。

现在壹迦科技产业加速器园区集高科技、高智能、高人才、新产业于一体，对人才的需求就不一样了，要求更高了，目前有二三十家企业入驻，有不少博士教授团队，涉及 3D 打印、激光高科技、大纺织、生物医药、精密仪器等。

接任会长　扛起满满的责任与担当

2019 年底，柯桥区服装工业协会换届，我开始接任服装工业协会会长，之前我是常务副会长。绍兴这里大的服装企业不多，有一家博雅服饰，算是当地最大的服装企业，服装定制做得非常好。虽然服装在我公司整个板块里份额不是特别大，但既然大家推选我来担任会长，那我就本着为大家服务的初衷接受了这份工作。

当了会长后，加上我还担任柯桥区人大代表、人大常委，我就寻思着为会员企业争取一些红利。原来服装工业主要靠人口红利，整个行业在柯桥的地位不是特别高，现在柯桥的很多服装企业都聘请外地的设计师过来，往服装设计、研发高端产品方向发展。2020 年 1 月的柯桥区人大会议上，我提了个提案，主要内容是：希望绍兴本土服装企业在时尚柯桥系列活动中能享受到更多红利，比如设计师的培训、沙龙讲座、时尚发布秀上各种各样的舞台等，都能让更多的企业参与到其中来。非常幸运的是，我的这一提案被柯桥区人大列为十大督办提案之一，提案很快得到了落实，相关部门出台的政策非常符合服装行业的需要。

目前吴海燕老师是我们协会的特别顾问，她的工作室也是协会的办公室，我们也为她配备了专门的高学历秘书。秘书处强大了，协会就能做更多的事情。

相信在大家的共同努力下，中国轻纺城服装品牌也会逐渐突显出来，让我们为柯桥打造“国际纺织之都”做出服装业的贡献吧！

访谈时间：2021 年 3 月 30 日

访谈地点：浙江工业大学之江学院

访谈整理：周群芳

领军物流业　架起连心桥

人物名片

母光利，男，1969 年 1 月生，四川宜宾人。现任浙江龙城物流有限公司董事长，中国轻纺城四川商会会长，筠连县政协第十三、十四届委员，绍兴市工商联（总商会）第十届执委会执委，浙江省物流业领军人物，被首届浙江川商大会评为浙江省十大川商。在浙江经视特别策划中，母光利被选入“2017 浙江川商标杆展播”。

为什么选择做轻纺城物流

我出生在四川宜宾筠连，扎根在浙江，17 岁初中毕业便出来闯荡，想法很简单，就是要自食其力。期间也摆过地摊、做过批发，最后，来到了浙江柯桥。在这里，我从布匹批发开始做起，后来转到了物流行业。

1985 年，我和父亲在县内搞货运，几年的时间里，我在父亲的教导下，不仅学会了开车，也学会了为人处世的准则。这对我之后做企业有很大的帮助。

1989 年，就像我的很多筠连前辈一样，我开始外出经商，先后在云南、浙江、湖北、北京等地做过布匹经营，从摆地摊再到门市店，做零售和批发。

1995 年我开始做布匹批发。柯桥是全国有名的生产布匹的地方，吸引了全国各地的客商来这里进货，日复一日的繁忙货运，我感觉有商机。我就有了做托运的想法，开始和几个朋友做起了行包托运的生意。经过 3 年多的公路托运经营，我从中

2012 年 4 月 21 日，陪同时任四川省宜宾市市长徐进（左二）考察中国轻纺城市场

积累了一些经验，于是就产生了一个大胆的想法，同几个人合股，创办泰和铁路行包专列快运有限责任公司。

在柯桥创业之初，我每天都会和我的伙计们四处奔波揽件，不管是刮风还是下雨，只要客户一个电话，我就马上和伙计们上门取货。就这样，我们以柯桥布匹为中心，向四周拓展服务。在那个信息闭塞的年代，为了保证每一车货物的安全，我都是亲自押运货物到目的地。2010 年，我创建的浙江龙城物流有限公司有业务部、后勤部、客户部、仓储部、信息部、保安部、装卸部、车队等 11 个内设机构，外设杭州、宁波、义乌、石家庄、北京 5 个办事处，是与全国 14 家托运公司保持经常业务关系的大型托运企业，经营着两条火车行包专列、9 条汽车货运线路、4 个航空专柜。企业越做越大，我也在竞争非常激烈的托运市场站稳了脚跟，在浙江一带的托运行业中逐渐有了信誉。所以这么多年下来给我最大的收获，就是"诚信"二字。

开辟华东第一列个人行包专列

1998 年，铁道部正在全国各地招承包商，我们也参与到竞标当中，在几十家承包商中，我们成功竞标到上海、杭州至成都、重庆，上海、杭州至北京、石家庄两列专列，经营柯桥经郑州、西安至成都、重庆的 K26 次火车货运行包专列，这也是华东第一列、全国第二列火车行包专列。随后我又经营由柯桥、义乌经石家庄开往北京的 K34 次铁路行包专列，将浙江一带的轻工、小百货产品源源不断地运到华北地区。时至今日，我们的物流货物直线到达城市 300 多个。

2000 年，我又同他人创办了广通铁路行包专列快运有限责任公司，我在经营汽车、火车托运业务的同时，注意到了航空运输的潜在优势，也布局过航空托运业务，经营由上海、杭州机场发到成都、重庆、昆明、西安班机上的航空专柜，由广

2018 年参加四川商会第三届五次理事会

通公司向航空总局承包经营，在航空领域开辟了自己的通道。

22 年过去了，我一直认为，之所以我会在物流行业取得了一些不错的成绩，在我看来，主要是得益于当时的改革开放。做托运现金流很大，而那时候每天都是银行上门来提款。1998 年做的铁路行包专列，在当时华东地区，私人包火车是第一列，开业的时候浙江省的领导也都来视察，很受重视。

跟铁道部合作到今天，彼此间也已达成了互相信任。我也深知，物流行业是国民经济重要的组成部分，它不仅带动了产业的发展，也解决了更多就业问题，是我们现代社会不可替代的产业。所以即使现在行业竞争激烈，企业利润有所下滑，但我们依然继续做着这件事，要担起社会责任。

这些年给我印象深刻的事，就是在经营铁路行包专列、向铁道部包租火车作为托运工具时，每天发一趟专列共十几节车厢，不管货物多少，都必须支付铁道部门的租金。我们每天必须保证有 250 吨货物以上才能够维持基本费用。我们就是靠着之前累积的丰富经验、良好的信誉和优质的服务，每天都能保持火车基本装足货物，将柯桥一带的纺织产品运往大西南地区。

架起轻纺城和筠连的桥梁

事业上了轨道之后，2006 年，我在筠连县城南新区投资修建了一座浙商大酒店，大酒店占地 50 亩，集休闲、娱乐、购物、住宿、小区于一体，到现在也是当地唯一的星级酒店，为筠连县城增添了一道亮丽风景线。在浙经商这么多年，我已经是一个新柯桥人，但是还想为家乡做点事。别人也总会问我为什么不投资柯桥。如果投资在柯桥回报会更好，但我还是想回家乡投资。酒店取名叫浙商，是因为我现在也是浙江户口了。公司也在致力于回报社会，2019 年，我们举行了德阳—阿坝生态经济产业园区在蓉项目集中签约仪式，这也是贯彻落实了习总书记提出的东西部合作、精准扶贫的要求，同时也是得益于川浙两省战略合作，做一个负责任、有担当的企业是我们的目标。

我是 2010 年担任商会会长的，商会下面的理事和会员加起来有 700 多人。现在商会的成员，也有很大一部分是年轻的 80 后、90 后，他们继承了老一辈人的传统，子承父业，为商会注入了新鲜的血液。

访谈时间：2021 年 3 月 23 日

访谈地点：浙江工业大学之江学院

访谈整理：郑旭阳　邵凯强

话乡音　谋未来　与轻纺城共成长

人物名片

王昌云，男，1979年1月生，浙江台州人，中国民主建设会会员。现任绍兴柯桥昌鑫纺织品有限公司总经理，绍兴市柯桥区政协常委，台州市椒江区政协委员，柯桥区工商联（总商会）常委，中国轻纺城台州商会会长。被评为柯桥区第五届优秀中国特色社会主义事业建设者。

坚持把服务会员做深

我于2014年担任台州商会会长。那时市场营商环境没有像现在这样井然有序，商户之间的小吵小闹常见，这个时候商会的作用就显现出来了，我们商会去调解商户之间的问题，帮助他们把问题协商处理好。之前有一位台州的商户在外面出了车祸，对方纠缠不清，使这位商户整天提心吊胆，甚至不想留在柯桥了。商会了解情况后，就出面帮他去协调，最后把这件事情妥善处理好，让这位商户继续安心做生意。

因此，这个商会不是一个冷冰冰的组织，更像是我们外乡人在柯桥的另一个家。我们一群老乡可以在绍兴找到一个依靠，共享一些信息，互相交流，互相帮助，共同发展。我们在华宇路上建起了一幢28层高的商会总部大厦，是集办公、餐饮、住宿、商贸、会议为一体的商会大厦。

我们商会致力于搭建话乡音、凝心力、谈规划、谋未来的平台，并且通过有益的活动来增进商会乡亲氛围。我们每年组织会员外出考察学习，增长见识，一起学习新的经营理念。我们不仅做到“走出去”开眼界，还做到“请进来”添文化。2019年5月，我们邀请了台州市老年书画研究会的众多知名书画家前来商会开展联谊活动，为商会传艺送墨宝。我们也非常关心会员的健康，每年都会组织会员做健康检查，在疫情期间商会还给每位会员分发护目镜等防疫物资。

坚持把创新发展做强

中国轻纺城台州商会自2005年11月17日成立至今，事业有了长足发展，在绍兴的台州商人经济规模不断扩大。2007年6月29日，商会建立了党支部，创新了“商会+党组织”工作模式和“双联双帮”活动方式，打造商会的品牌形象，受到了上级部门的高度评价。现如今，商会共有会员企业260多家，遍布于柯桥区各镇（街道）及绍兴市袍江开发区等，涉足房地产、针织、纺织、家纺、印染、服装、机械、家具、餐饮、交通运输等多个领域。商会始终坚持“服务立会，凝聚乡情，和谐发展”的宗旨，建立健全商会的有关规章制度，认真履行商会基本职能，充分发挥商会的桥梁和纽带作用，积极开展各项活动，全面推进商会工作。

在 2019 年中国轻纺城台州商会迎春晚会“感恩之夜”发言

近几年来，商会让我印象比较深刻的就是创新。这几年国家提倡创新，怎样才能做到创新，这是值得我们去深入思考的一个问题。作为商会的会长，我想了很多方法带领商会班子成员一起创新办会模式。我自己身为柯桥区政协常委、台州椒江区政协委员，积极向柯桥区领导、区级各部门建言献策。我曾在柯桥区政协会议上，区法院、检察院两院重点工作专题协商会议上提了几点建议，这些建议都得到了充分认可与肯定。我们还多次参加柯桥区政府举办的经营户恳谈会、世界布商主题大会等高层次会议。我们商会也经常组织一些会议，深入商会会员企业内部去做一些调研，帮助他们分析企业发展过程中出现的一些问题。我们也非常支持“回归”事业，支持我们的会员企业回乡发展，鼓励我们的会员企业返乡投资再兴业。这几年，我们组织会员理事外出考察了台州椒江银泰城、路桥星光耀广场、大陈岛、天台、江苏吴江盛泽、海宁经编工业园区、江苏盛泽东方纺织城及太湖、常熟、临安、无锡、湖州等知名企业。

坚持把公益事业做大

我们台州商会除了给会员提供服务之外，做公益是我们商会长期以来形成的光荣传统。2015 年，我们得知台州三门有患白血病的儿童需要帮助时，立刻号召会员为白血病患儿募捐，最后一共筹到 3.4 万元，通过台州市椒江区的慈善总会转给了患者家庭。2019 年 8 月，台州遭受百年一遇的“利奇马”台风，我们连夜召开紧急会议，商讨赈灾方案，并向会员们发出为家乡救灾募捐的倡议书，短短两天时间就募集资金购买了 1000 袋大米、4000 条毛毯、1000 箱矿泉水，满满 6 大卡车赈灾物资由我们 10 多位会长亲自护送到仙居下各镇与淡竹乡人民政府。2020 年初，新冠疫情突发，我们得知柯桥防疫急缺的一些物品：第一个是口罩，第二个是防护服，第三个是消毒水。这些物品在当时是非常难采购的，我们只能尽我们所能凑到了一些，送到柯桥防疫的各个点。还有一种物品在当时也非常需要，那就是取暖器。当时每个村庄、每个高速路口都设有进出检测体温的关卡口，临时搭的一个帐篷，非常寒冷。我们知道这个消息后，立马托人去帮忙买，我们买了两三百台取暖器，送到各个防疫的关卡，尽一份绵薄之力。在疫情得到控制后，为了帮助中小学复课，我们捐赠给轻纺城小学新校区电子测温门一台；2020 年 5 月，为浙江工业大学之江学院捐赠口罩 1 万只。

除了在突发性的自然灾害中出力之外，我们还经常开展扶贫、敬老、助残、助学等活动。比如近两年临近春节时，我们携带大米、食用油、棉被、毛毯、食品等生活必需品和慰问金分别赴柯桥区王坛镇慰问了 11 户贫困家庭，赴新昌大市聚镇慰问了 17 户贫困户。我们还在 2020 年重阳节开展敬老活动，商会的理事会、党支部、妇委会携带毛毯、食品等价值 2 万余元的 55 份慰问品前往湖塘街道社会福利中心看望老人；党支部开展助残活动，携带慰问品前往柯桥区雅博残疾人庇护中心，慰问残疾人。妇委会每年腊八节在轻纺城市场或城区商场门口开展“送粥献爱心”活动。

坚持把纽带作用发挥好

商会在增加凝聚力、共谋发展、奉献社会的基础上，做好政府与企业之间沟通的纽带和桥梁作用，商会努力使服务会员企业有成效、联系会员有方法、参与区域经济发展有力度、对接政府部门有作为。在 2020 年疫情期间，由于台州部分县市属于中高风险地区，柯桥区政府要求商会跟踪摸排会员的行踪情况，每天 3 点及时上报，接到通知后我立即建群成立了防疫指挥群，有 10 多名会长分片区联系摸排会员行踪，然后汇总上报给工商联。看似简单的几个数据，其背后的工作量相当大，每天都要忙到深夜。我还在市场开业之际，冒着被感染的风险积极参加志愿者活动，并且向全体会员发出倡议书，要求会员们积极配合政府部门防控疫情工作。

商会作为一种中介组织，它的地位和作用都是别的组织无法代替的。我们商会可以承接一些政府做不到、做不好或不便去做的事，能办成许多单个民营企业想办而难以办成的事，对民营经济的发展起着代言、协调、自律、服务、监督、维权、整合、引导等特殊作用。

访谈时间：2021 年 3 月 31 日

访谈地点：浙江工业大学之江学院

访谈整理：毛如君　魏娇

唯有实干+爱心　才能不负“众”望

人物名片

邹胜平，男，1971年7月生，江西人，知联会会员。现任绍兴立桐布业有限公司董事长，绍兴市江西商会会长，中国轻纺城江西商会会长。绍兴文理学院兼职教授，硕士生导师，2017年被评为中国软装行业“十大新锐人物”，获2020年度杰出人物奖，获2019年度风云人物奖。

做事业首先应抢抓机遇

我毕业于中国纺织大学（现东华大学）和同济大学，获得双学位。在中国纺织大学时主修机械制造工艺及设备机电一体化专业，主要深入研究如何利用机器自动生产纺织品。而后我到同济大学继续深造，主修建筑管理专业，更加系统全面地学习了有关管理知识。毕业时我被分配到国家事业单位，那时生活很安逸。

1993年，周边接触的都是做布料生意的人，渐渐地我也萌生了纺织面料方面的“创业梦”，想与安逸的生活搏一搏。那时候，绍兴县政府决定扩建轻纺市场，中、北两大交易区已经落成，有了“轻纺城”这样的说法。当时只要是市面上有的面料，我们轻纺城都有，就这样吸引了全国大批采购商到柯桥来买布。当时绍兴还有一个原料市场，可以说纺织产业的配套十分完善。我决定抓住这样的机遇，投身于纺织行业，从事时装面料生产与销售。

最初的时候，我利用自身所学专业优势，解决了纺织品生产制造工艺流程上的问题，其中包括纺纱、织布、印染、后处理等，这些我在大学都有接触，所以并没有什么困难。但是普通的面料很难在市场上脱颖而出，为了追求与众不同，那个时候我花费一个多月的时间，与源头工厂的师傅们沟通交流，日日夜夜钻研打磨，最终研发生产出“皮膜”，并且在柯桥轻纺城市场卖出了300万米。这一直是我的骄傲。这是一种涂层工艺，要打底做两道PA，再两道哑光，再加上PU，这属于一种刮涂的工艺。说得容易，做着难。那个时候有很多问题需要解决，不仅是经济上的压力，还有产品的色差等问题。根据以往纺织行业的经验，我们使用了验布机进行验布，同时我们也是第一家用验布机验布的企业，这极大地提高了运作效率。

借着柯桥区大力发展纺织业的东风，通过对产品不断地研发和探索，我在2007年创立了“立桐布业”，将其作为我一生的事业。

做品牌需要创新

我认为，就目前的事业而言，“雅诗澜”这个品牌的创立及推出是自己做得最对、最成功的一件事。品牌是产品的魂，在市场同质化严重的情况下，树立一个自己的品牌，注入自身的企业灵魂是很有必要的。品牌代表一种责任，一种付出，也代表一种信任，而推出一个能够占据市场的品牌，那就需要创新。

2011 年，恰逢我家里需要装修，我偶然接触到进口墙布这种新型墙面装饰产品。在拿到这些产品时，我开始以消费者的角度去探索钻研，这种新兴墙面装饰材料虽然美观，但是布料后附着的是纸，这样的产品在南方根本起不到防潮的作用。我觉得推出一种既美观又防潮防水并且没有缝隙的新型墙面装饰产品，一定能够占据市场。光有产品是不够的，需要铸魂，所以同年我就推出了“雅诗澜”这个品牌的新型墙面装饰材料。

当时可以说是从零开始，全部靠我们自身不断尝试、探索和坚持。墙布产品的成品率要求极高，有的无缝墙布可能会达到几十平方米，在制作过程中不能出现一点点瑕疵。

我们从产品原料开始进行钻研，将特种纱、大杜纱等原料进行组合，通过创新，把墙布的肌理和质感做得与众不同。利用所学的纺织专业知识，我们研发出了国内独一无二的彩泡工艺，通过 PIC 控制，用电子导轨精确定位，做出来的东西在一个板面上不断层叠，使产品的立体感非常强，它的颜色非常丰富，可以做到无限色。说到这里我感到非常骄傲，我们企业的自主创新，我也是全程亲身投入的。

我们品牌始终秉承“永远要为这个行业尽心尽力，做好自己的产品，做好自己的服务，让更多的消费者能够得到健康、环保、美观的无缝墙布”的原则，所以我们在追求经济效益的同时，也在追求社会效益和生态效益。我们的墙布都是采用食品级的胶水，原料来自土豆粉，这让消费者用得安心。并且在 2018 年，我们跟着

邹胜平参加世界墙纸墙布大会

二次装修的潮流，研发出了更适合二次装修的环保墙板，就是将墙布先贴在一块中空的高分子材料板上面，可以隔音、防水、防霉、阻燃。

就这样，我们在创新驱动的同时，以打造健康绿色产品为核心，凭着对技术的革新，对产品不断地更新研发，在拥有自己的生产链和掌握核心工艺的同时，将品牌越做越大，越做越响。

做人不能忘本

我认为，中国轻纺城之所以能成为中国最大的纺织市场，是因为它的发展集天时、地利、人和的优势于一体。天时是当时我国的经济正突飞猛进，并且对纺织需求非常大；地利是绍兴周边都是纺织相关企业，包括印染、制造原料的企业；人和是天南海北的人看到这里的商机就纷纷汇聚于此，这个市场越兴旺，人就越多。中国轻纺城的吸引力在于其规模足够大，体量足够大，产品足够丰富。

30 余年来，我看着中国轻纺城借着改革开放的春风，历经不断的转型升级，现在的轻纺城不仅是中国的轻纺城，更是世界的轻纺城。我在 2020 年被任命为中国轻纺城江西商会会长和绍兴市江西商会会长，深感荣幸的同时，我也深知责任重大。我们中国轻纺城江西商会，是江西在浙江成立的第一个商会。商会是实现政府与商人、商人与商人、商会与社会之间互相联系的重要纽带。服务会员是商会的立会初心，商会是一个信息交流的平台，是为了解决信息不对称，资源不平等的问题。现在轻纺城江西商会有 560 多个会员，商会聘请了 3 名法律顾问，每月 18 号是商会的法律维权接待日，专门接待商会会员，把会员们遇到的困难和诉求收集起来，能够利用法律途径帮助解决的就利用法律途径解决，需要其他帮助的，商会内部会集中讨论解决。我们通过设立维稳接待日这种形式，商会矛盾纠纷有了明显的减少，同比下降达 35%，为会员挽回资金损失达 1200 余万元。我们在商会内还开展法治、德治、自治，学习“枫桥经验”，打造商会样本，2019 年 7 月，《学习“枫桥经验”，破解商会难题》一文被《中华工商时报》作为经验向全国推广。

商会积极为老乡做实事。当老乡有困难或者生病时，商会会员积极发起自愿捐助，以绵薄之力帮助会员共渡难关。2020 年 7 月，商会有个会员查出肝癌晚期，在浙江省肿瘤医院做了肝切除手术，接下来还需要不间断地接受化疗、放疗、用药治疗等等。他已把所有的家底都付给了医院，还欠下了沉重的债务。夫妇俩上有老下有小，家庭因病致贫，负债累累，经商会帮扶部商议发动会员捐款帮助，在短短几天内，广大会员纷纷伸出援助之手，共计捐款 93500 元，这也是商会成立以来数额最大的一次捐款。2020 年 3 月 5 日，柯桥区待驾桥花园一名 14 月龄江西籍男宝宝被高空坠落的砖块砸中头部不治身亡，社会广泛关注，商会立即启动紧急募捐救助活动，在短短一天半时间内，商会总共筹得善款 38700 元，交到孩子父母手上，为家属送去爱和温暖。2020 年，面对突如其来的新冠肺炎疫情，商会第一时间向全体会员发出捐款捐物倡议书，及时募集到善款30万余元、医用口罩3.2万只用于一线医护人员抗击疫情，商会被柯桥区工商联授予“热心公益献爱心、防疫抗疫显担当”金牌。近几年来，我们在柯桥区委、区政府的正确领导和区工商联的高度重视、关心指导下，严格按照“四好商会”标准，牢牢把握“两个健康”工作主题，充分发挥“强信心、聚民心、暖人心、筑同心”的作用，各项工作稳中向好，全面提质提效，2018年被国家民政部中国社会组织评估为“AAAAA级商会”、2017年被评为浙江省“四好商会”，同时，连续五年被绍兴市柯桥区工商联评为“五星级商会”。

我一直坚信“唯有实干才能不负众望”，牢记习总书记的那句话——“不忘初心，牢记使命”。创业的初心使我在轻纺城扎根。柯桥是一个在布上发展的城市，从表面意义上来看，轻纺城所做的纺织、服装等生意都是传统工业，似乎没有高精尖的科技含量，但实质上轻纺城已形成了市场、物流、金融、电商“四轮驱动”的发展格局，轻纺城的发展关系到柯桥城市的发展，关系到中国纺织的发展。我们要做的就是将传统意义上的纺织业推向“双循环”的新发展格局，打造完整的生态链，做到贴合市场，线上线下双作业，打造一张由中国构造的“全球纺织网”。

访谈时间：2021年4月8日

访谈地点：柯桥区九岩工业园

访谈整理：陈华　丁陈颖　凌佳怡

以商会友 以友促商

人物名片

王志坚，男，1967 年 6 月生，浙江绍兴人，中共党员。现任柯桥区商贸服饰协会会长，浙江富旺达服装发展有限公司总经理，2010 年以来连续三届担任柯桥区商贸服饰协会会长，兼任柯桥区商贸服饰协会党支部书记。

我老家离绍兴柯桥大概只有 10 公里远，是个土生土长的绍兴人。我的父母是供销系统的老职工，姐妹是做服装生意的，全家都在这一行里面工作。1987 年我高中毕业后，到萧山当地一家羊毛衫厂跑供销，那时候，我们当地的服装企业不多，需求量也没这么大，主要把生产出来的服装卖到外省市，像武汉、成都。1995 年 10 月中国轻纺城服装市场建成开业，我自己独立创业，办了个羊毛衫厂。第二年在服装市场最好的地段租了两间门面房，卖羊毛衫，萧山和柯桥两边都在卖，从此就走上了服装销售这条路，与服装结下不解之缘。2006 年，我创立绍兴雷霆服饰有限公司，2011 年成立浙江富旺达服装发展有限公司，任总经理至今。

2006 年，我加入中国共产党，现为柯桥区商贸服饰协会党支部书记，连续多年被柯桥区市场监督管理局党委评为优秀共产党员。2010 年 4 月，柯桥区商贸服饰协会成立后，我当选为会长。我性格沉稳，正派热心，乐意帮助协会会员发展事业，今年改选，大家信任，仍选我担任会长。

柯桥商贸服饰协会由一批活跃在绍兴商贸服饰行业的精英人士组成，旨在通过"以商会友，以友促商"，打造政府与企业、企业与企业之间沟通的桥梁。协会致力于为柯桥商贸服饰同行建立一个"信息互通、资源共享、利益共享、团结互助、共谋发展"的平台。目前会员单位大约 60 多个，占整个柯桥服饰单位总数 95% 以上，协会旗下拥有众多国内外知名品牌及 10 多个绍兴本土原创服饰品牌。

扎根柯桥：倾力服装销售行业

柯桥第一代服装商户是柯桥服装行业的开拓者。他们在这个领域敢于尝试，敢于探索，敢于突破，做披荆斩棘的拓荒牛。

陈兴炎总经理，1976 年生，柯桥人，协会副会长，协会创始人之一。他从一个叫"布衣坊"的小作坊开始，一步一步壮大，做成全国连锁，全国现有 100 多家连锁店，自创著名女装品牌"布达佩斯"，担任董事长。

沈伟总2007年来柯桥，逐步在轻纺城发展，引进国内知名品牌10多个，发展多元化的商业品牌。优秀的企业、优秀的品牌被他引进来之后，带动了柯桥女装面料、花型的创新。

郑华林，1963年生，从轻纺城服装市场第一代商户，发展到“特步”品牌区域总代理，再到轻纺城大户，现在是轻纺城电商园区的大户。

周国海，1961年生，在中国轻纺城综合市场服装市场创立千家汇服装商场。

单金龙，著名童装品牌“三木小町”的商标持有人。

郑希俊，温州人，1977年生，1997年来柯桥，从轻纺城一家鞋店开始，成为鹿角巷、糕忆、良品铺子、WOW COLOUR、TOPTOY等知名品牌的合作商，自持直营门店及网点200多家，他还是名创优品的核心大客户之一，在全国有100来家名创优品门店，并在全国的万达广场、银泰城、吾悦广场、龙湖天街、宝龙广场等各大购物中心不断拓展门店。

我也和绍兴其他经营户一样，走过了一条从沿街摆摊，到门店经营，再到公司化经营的发展壮大之路。我是1996年进入市场的。2000年左右，在华能商城建起来的时候买了店面，开始代理雅戈尔品牌，搞总经销，代理时间很长，把雅戈尔业务做得很大，在柯桥开了4家旗舰店。万商路店的一楼、二楼各有上千平方米。1997年，因业绩突出，我还受到雅戈尔公司奖励到香港旅游。

服装商贸对柯桥发展起到了一定的作用，因为那时候市场还是比较新兴的，还没有大的专业市场。我们当时租的店面，在服装市场最中间的位置，那时外面过来的人很多，主要有两种，一是采购杭州当地的服装，二是自产自销。市场人气高，很多个体老板靠着一两个店面，就这样干出来了。

我们第一代商户大都是从中国轻纺城服装市场起步的，到今天，在服装圈子里面打拼也有20多年时间了。

成立协会：信息互通　抱团取暖

服装商贸这种商业模式，在中国轻纺城优势不强，毕竟柯桥是以面料为主。2010年，时任绍兴县工商局局长寿志平说：“你们做得这么好，服装行业朋友这么多，可以考虑成立一个协会。协会作用很大，可以共同探讨一些事情，难事可以由协会出面处理。”我们几个做服装的同行同意搞起来。之后就把所有的方案定了，确定了协会宗旨——“以商会友，以友促商”，最终目的是促进我们的生意蓬勃发展。协会于2010年4月正式成立。

光靠柯桥的本土商业，是没有新鲜东西的。购物中心是多种零售店铺、服务设施的综合体，在一个建筑物内，包含了超市、专业店、专卖店、饮食店、杂品店及娱乐健身休闲场所等。银泰、万达进来的时候，开始我们还不看好，尤其是万达，原来那里周边都没有人，我们协会会员去看的时候，大家说不行，这做不了，因为大家一直都在服装市场或者沿街商铺做，店要开在人流量大的地方，对于购物中心还不太了解。

实际上万达购物中心在浙江除了宁波的宁州万达之外，柯桥是第二家。柯桥是四五线小城市，我们协会感觉在万达做不了生意，后来柯桥商务局牵头给我们做动员，条件可以谈。万达带协会商户去了上海周浦万达，周浦在上海的郊区很偏的地方，大家说我们就要看这种偏的地方。看完后我们对新兴购物中心有了一点了解，店铺可以开在街区，也可以开在购物中心。

回来之后，我们跟万达多次接触。万达是国内著名企业，他们放下身段，带我们商户去考察了解上海、宁波万达，这是协会团队的作用。最后我们协会和万达达成战略合作协议，统一价格，再由商户和万达分别谈判、签约，抱团发展。整个万达也就开起来了，当时进入万达的服装商户大约有 10 多家共几十个品牌，有力推动了万达的开业，保证了万达服装品牌的档次，维护了大多数商户的利益。

柯桥没有大的商业，万达进来，对当地是促进，所以政府努力撮合这个事情，我们也得到了一定的回报。从那时开始，协会很多成员，逐渐由原来的个体户做法变为品牌连锁，因为万达是一个连锁体系，它们连锁规划，相应的也让服装商户在其他地区做了连锁店，同时，我们本土品牌也可以向全国辐射。

我们是 2011 年入驻蓝天商业中心的。开始这里是一片空白，银泰、天虹都还没有建设。2010 年 11 月，我们开始了艰苦的谈判，至 2011 年 5 月 1 日开业，总共有 30 多家品牌经销商入驻。蓝天商业中心街区式、开放式的服装销售模式还是首次在柯桥出现。蓝天商业中心服装专卖一条街，让协会成员更上了一个台阶。一方面品牌的名气提高了，加盟的品牌商也认可了，给商户在柯桥这个地方做品牌代理。二是原来仅开一家小店的，现在开了 100 ～ 200 平方米的店，管理得到了规范化，不再像小店那样讨价还价。

万达和蓝天商业中心这两个地方是协会抱团发展的典型例子，我们协会还有很多类似案例，协会在外面抱团，取得了很好的双赢效果。现在柯桥 95% 以上的商户都加入了商贸服饰协会，副会长单位有 10 多个。

柯桥区商贸服饰协会具有很强的凝聚力、亲和力、吸引力。我们把做好会员教育、引导工作，强化对会员的各项服务作为协会的立会之本。作为一个经

柯桥商贸服饰协会组织会员单位参加各种各样会展活动，拓宽会员视野

柯桥商贸服饰协会会员单位目前主要代理和自创的品牌

济群体，协会及时了解会员需求，掌握动态，联系并配合各有关方面为会员提供切实有效的服务。

自创品牌：倒逼“恨布不成衣”

服装店铺、公司属于小企业。在整个柯桥，服装业加起来有 300 ～ 400 家店，平均每家店年收入按 150 万～ 200 万元计算，年产值只有五六个亿。

柯桥有句话叫“恨布不成衣”。有这么强的面料优势，为什么不在当地生产成服装之后再卖出去？我们有第一手的信息，第一手的资料，有客户要的款式、面料的趋势方面第一手的信息。

考虑到代理品牌随时都可能被收回，我们就开始创立自己的品牌。这是我们协会会员悟出来的最深刻的道理。哪怕做了 20 年代理商，品牌方想收回代理权就能收回，主动权在品牌方手上，即使签订了合同，大不了给点补偿。协会会员坐在一起商量这个问题，决定创立自己的品牌。我们注册了商标，已经在运营的品牌中我自己就有两个，我们协会副会长单位有 10 多个自创品牌。目前有几个品牌做得很成功。“三木小町”品牌开了几十家旗舰店，是童装品牌中的佼佼者。我的童装品牌叫“巴得伊舍”，源自奥地利一个小镇的名字，风格定位于时尚路线。

我们协会会员单位创立的自主品牌大多以女装为主，部分是童装，因为柯桥女装面料、印花、化纤、针织是强项，我们不上男装，因为柯桥没有麻纺基地。

为什么要做品牌？针对加盟的品牌，我们看得到当地市场行情，知道面料多少钱，加工费多少钱，但品牌附加值加上之后，价格就很高，如果我们能把面料做成自己的品牌，再加上我们有当地面料优势，我们的市场竞争优势就会很明显。

柯桥一直没有把品牌服装做起来，可能需要时间沉淀。像杭州四季青批发市场，沉淀时间长，有三四十年了。中国轻纺城 2009 年建设了一个新的服装市场，目前还没有完全发展起来，就是时间还不够。

作为一个产业链来说，我觉得服装可以反哺面料。我们做订单，可以跟面料商去谈，面料商就会知道现在市场上流行什么样的面料。服装制造大市广州，经常有服装生产商来柯桥采购、打样，我们可以得到市场最前沿的信息，让面料商开发出更优质的产品，扩大市场。

自主品牌还可以抵御电商对品牌产品的冲击。电商对便宜的东西有影响，对品牌影响不是很大。天猫、京东卖廉价的东西比较多，卖的品牌产品，可能也是过季的。同时，品牌产品渠道主要在购物中心、百货、线下实体，不在线上。原创品牌都要求面料、做工、时尚度更好。

强化党建：让协会真正成为一个“大家庭”

在商场上，服装商贸企业的老总们叱咤风云，敢为天下先，但我们明白，企业、协会能有今天的发展，要感谢党和政府的好政策，我们一定要坚定不移跟党走。强化党建，提升协会文化，坚守诚信本心，以诚信示范带动会员企业，用诚信打造发展文化，鼓励会员勇担社会责任，用公益彰显发展担当。

协会近年来成立了党支部，我们会员党员和积极分子每年都去扶贫，参与社会公益活动。我们的扶贫点在柯桥区稽东尉村。多年来我们一直对这个村进行帮扶，2021 年 1 月还去慰问过，帮助当地贫困户脱贫。另外有几个家庭条件特别差的，我们和他们的孩子一对一进行帮扶，并给他们提供到 18 岁之前所有的服装。

商贸服饰协会“以商会友，以友促商”的宗旨始终不变。我们今年 5 月 9 日开展了去成都商业考察及红色之旅活动，参观泸定桥，考察成都商业。成都的商业这几年做得很好，我们一些副会长单位有意向外面拓展。这次活动有 20 人左右，都是有意愿去外面投资的。向外拓展市场这个思路从 2015 年开始就有了。从盈利角度来说，店面扩大了，规模也做大了，品牌知名度也打出去了。他们自创服装品牌都是绍兴轻纺城品牌、柯桥品牌，现在逐渐成为浙江品牌，直至全国乃至国际品牌。这几年服装零售行业做得比较艰辛，市场比较艰难，电商对线下实体店有一定影响。但实体零售、传统的渠道毕竟还存在，还是要走出去的。商贸零售有它自己的优点和长处。购物中心是生活中心，也是体验中心，只有进入这些地方，你才会有生活的感觉，才会体味到烟火的味道。

访谈时间：2021 年 3 月 29 日

访谈地点：浙江工业大学之江学院

访谈整理：张增祥　雷珍燕

无缝墙布　纺织新贡献

人物名片

马列钢，男，1985年7月生，浙江绍兴人。现任红旗布业总经理，中国室内装饰协会墙纸墙布分会副会长，中国建筑材料装饰协会墙纸墙布分会执行会长，中国无缝墙布产业基地负责人。其公司连续数年被评为中国墙布行业十大品牌、最具影响力品牌；获评浙江省小微企业之星和浙江省科技创新企业；荣获中国无缝墙布行业标准起草单位、中国建筑材料装饰协会墙纸墙布分会执行会长单位、浙江省信用管理示范企业、三十年纺织老字号等荣誉。

大学创业　无意中发现了墙布

我是土生土长的绍兴人，华舍街道蜀阜村的，“日出华舍万丈绸”说的就是我老家这个地方。华舍是一个人杰地灵的地方。我们村乡贤比较多，如纺织行业首富、宁波申洲集团董事长马建荣。作为新一代企业家，我为什么选择纺织行业呢？其实这饱含着我对家乡的一份情怀。华舍的企业家现在还在做纺织行业的已经很少了，但是我觉得我们绍兴人需要坚持把这块布做上去。原来绍兴一直有“恨布不成衣”的遗憾，作为年轻一代，我想把这块布做成一件衣，而这个衣在我看来就是品牌。我在打造属于绍兴的纺织品牌，这个布叫墙布，把纺织面料从“身上穿”拓展到了“墙上贴”，也是对绍兴纺织产业的新贡献。2008年，我们发明了无缝墙布，虽然时间比较短，但是开启了墙面装饰材料新浪潮，现在墙布已经是墙面装修方面的主力军了。

红旗布业的前身是一家创办于1971年的柯桥乡镇企业，原先叫绍兴县红旗丝绸厂，1991年乡镇企业转制，由于针织时代来临，我们企业也开始做梭织。2005年左右，梭织慢慢开始淡出，针织行业重新洗牌，企业经营也遇到了困难，面临转型和突破。当时我还在重庆上大学，2006年就开始创业了。企业该如何转型，创业又该做些什么？因为当时纺织行业的竞争已经非常激烈，做服装也很吃力，我就想选择另外一条路来走，无意之中就发现了一个新项目。当时我的一个同学在做零售，他卖的墙布是意大利进口的，我发现其实这个墙布就是柯桥生产的布，复合一下就可以往墙上贴了。于是我和父亲商量，他也非常认同墙布作为装修材料是极具市场潜力的，在父亲的支持下，我们开始做墙布。

当时柯桥没有生产墙布的企业，柯桥生产的布都是被拿去外地复合以后，再回到轻纺市场销售。我们是柯桥最早开始生产墙布的企业，后来发现布的门幅不够，就把窗帘布用卷帘的工艺往墙上贴，一面墙横着贴，把房子围一圈，并将其命名为无缝墙布，这就是无缝墙布的由来。

创立品牌　做出这块“布”的附加值

创始阶段我们也是用传统的模式在经营，通过一买一卖、货币转换，就变成了利润，当时利润是蛮高的。后来我们发现墙布的起步门槛很低，在轻纺城里只要是个柯桥人，家家户户都有能力去做，几乎没有技术壁垒。因为销量还没起来，搞科研或者开发功能性墙布暂时也不现实。因此，我们企业就转变思路，在把布做成成衣上面下功夫，去打造一个自有品牌。所以 2013 年创立了“轩尼诗”这个品牌，靠品牌来增加布的附加值。布在柯桥是没有秘密的，而品牌需要塑造、需要时间的积累。到目前为止，我们的布应该是轻纺城里最贵的布，当然不是说真的贵，而是贵在它的附加值。

产业是很容易被转移走的，以前 Zara、H&M 这种品牌的产品都是中国制造，现在都是产自孟加拉、马来西亚、泰国这些地方了。为什么？因为那里的人力成本更低，中国已经从世界工厂转变成为世界市场。其实我们这一代布商还是想做市场的，只有把品牌抓住了，我们的税收、品牌知名度才会留在柯桥。我们企业的愿景是，让全世界都了解我们的墙布。现在我们品牌专卖店在全国布局，已经有 400 多家了，在红星美凯龙、居然之家建材市场都有，从中国版图北面的黑龙江加格达奇到南面的海南，西边的西藏到东边的浙江舟山，都有经销商跟专卖店的分布，在未来 3 年，我们计划要布局到 1500 家左右，我们的目标是要让全国的门店都能享受和体验到纺织墙布升级的新鲜感。未来我们计划打造一个家居店，以柯桥纺织为中心，渗透到窗帘、家纺、起居服等产业，通过延伸纺织的产业链，把门店再升级，带入绍兴的黄酒、日铸茶这些快消品，同时也可以做一个文化的体验，在时尚感里面融入一些文创元素。如果我们的店像 Zara、无印良品那样开的话，就可以打开全球化的市场。如果仅仅是卖一块布出去，比如到欧美、东亚，其实还是传统的外贸。我们以后做的是直接成品输出、品牌输出，就像在泰国酒店的购物广场里或在米兰的街上，可以直接体验我们的纺织品，这就是我们的终极目标。

团结起来　为墙布这两个字成为墙面装饰的 NO.1 一起努力

2020 年世界布商大会，我们的墙布成为柯桥纺织新贡献、产业新价值的标杆。在纺织传统市场已经饱和的情况下，如何去打开更多的新市场呢？在市场化运营过程中，虽然墙布的发展只有 10 多年时间，但其实全国 95% 以上的无缝墙布企业都扎根在柯桥。我们也有 IPO 计划，希望未来有更多的柯桥墙布企业让国民知道，让

2020 年，马列钢代表柯桥区墙布商会接受牌匾

柯桥墙布能够成为装饰行业的一枝独秀。2020 年，在柯桥区政府的牵头下，我们成立了柯桥墙布商会。柯桥纺织产业很集中，细分领域比较难突围，抱团成立商会的原因就是希望得到政府的一些支持和推动，把这块墙布打造成柯桥的“第二块布”。借助柯桥的纺织优势、产业优势来带动各方的力量，让墙布企业团结起来，为墙布这两个字成为墙面装饰的 NO.1 一起努力，这就是成立商会的初衷。

以前我们去欧洲或国内的一些展会，参展和访谈都轮不到我们，一提到柯桥人，他们就充满防备、嫌弃，觉得我们是去抄他们的花型，抄他们的原创。柯桥给人的感觉就是做低端货的，人家卖 10 元 1 米，你卖 7 元 1 米就够了。我们墙布产业做起来后，他们渐渐地发现了我们的优点，发现柯桥人在从事墙布事业的过程中还是很投入的。经过了几年的奋斗，现在我们去展会都是主咖、C 位。商会希望未来的纺织创业者都能够做好产品，让产品有属于我们自己的烙印，有柯桥的烙印。浙江省市场监督管理局倡导的“浙货好”，就是浙江这里的货很好的意思，浙江人还是有做出好东西的骨气的。

成立商会的另一个目的是努力营造好营商环境，为柯桥发展吸引人才、留住人才。现在企业发展过程中人才的竞争是很激烈的，柯桥区委组织部也很重视人才引入，我觉得除了引进高层次人才外，柯桥还要重视中坚力量的培养，也就是要想办法留住年收入在 20 万～ 50 万元的这批中坚力量。企业如果离开了这批人，尤其是中层，没有良好的基础，再高的楼也要倒。像杭州世纪城、滨江的创业公司能起来，就是鼓励有梦想的年轻人创业。马云当时也是抓住了一批中小型企业发展的机遇才起来的，所以我觉得，多给小微企业一些期许，是很重要的。

墙布行业的发展也带动了更多外来人口落户绍兴，2020 年柯桥人口已经突破百万了。我创业之初的一些客户、经销商也来柯桥创业，成了新柯桥人。我们要为新柯桥人提供家的感觉，为孩子落户读书等创造有利条件。新柯桥人进来，才会带动新的经济命运共同体生成，像柯桥引入的第一所大学——浙江工业大学之江学院，如果该校有 10% 的毕业生留在柯桥创业的话，就会给柯桥注入新的活力，这样对柯桥的发展是十分有利的。

我始终认为员工是企业发展的基石。2020 年遭遇疫情，从一开始我们企业就转变思路，所以做得比较稳，一是没有贷款，二是企业运营得比较好，三是我们员工凝聚力很强。疫情期间在家办公时，我们尝试用数字化的市场手段发展新零售，比如直播等，用新的方式去做，逆势而行，最终平稳地度过，还微有增长。企业复工时我们也是派车去接员工上下班。2020 年，每个员工收入都有 10% ～ 30% 的增长，员工也都很满意。

严格优选　金牌品质　铸就辉煌

我们红旗布业现有 100 个左右员工，把重心放在品牌运营上。做品牌之后就把原来的生产切掉了，厂房都改成仓库，将生产外包，把最好的东西放到自己这里。一般做品牌的都不开工厂，像苹果没有工厂，Zara、Gucci 也没有工厂，我们把这个叫严格优选。举个例子来说，我这里一层楼全部需要做卫生，要是给阿姨做一个月 5000 元，角角落落隐蔽的地方都不一定能搞干净；如果包给大楼里某个阿姨，5000 元有人干，4000 元同样也有人干，4000 元干得不好，我还可以不要她干。这就是为什么舍去生产的原因：我自己没有时间管理，可能还管不好，但是我如果优选的话，就可以选择最好的生产厂家，可以比较。品牌都是这样，我去过 Zara、Gucci 总部，拿的是最核心、最高端的税源营业额，其他所有东西都外包，哪边便宜，哪里做得好就找谁做。

我们还是很重视产品设计的，和全球顶级的设计师都在合作，欧美的、日韩的，每年光买设计稿件投入的资金就在 100 万～ 200 万元。我们也会去看一些设计展，像荷兰阿姆斯特丹、比利时布鲁塞尔、德国法兰克福的设计展我们都去看过。这两年流行素雅风，注重从颜色肌理上来体现，所以我们购买花型设计比以往少了一点。我们的目标是要把高端的产品卖出中端的价格，然后走出低端的量。

红旗布业轩尼斯的设计师团队

品牌就像个小孩，现在你养他，等他大了就会养你，还可以传承，我们品牌运营每年有几千万元的投入，基本上是把大部分的利润都投进去了。2020 年，我们邀请了跳水奥运冠军田亮做我们的品牌形象代言人，拉开了二次创业的序幕。因为我本身喜欢体育，田亮是奥运冠军，代表国家形象。田亮在体育界和娱乐圈可以说是双栖的，夫妻俩都是明星，家庭观念也比较强，还参加过一些亲子综艺，比如《爸爸去哪儿》。我想奥运冠军跟我们企业的品牌理念也比较贴近，经过一路拼搏成为冠军，而我们的广告语是“金牌品质铸就冠军家庭”，就是千锤百炼的品质铸就一个冠军家庭的意思。2020 年我们企业的销量是 1 亿多元，我有信心，我们未来的销量可以达到 10 亿元、20 亿元、30 亿元，我也有信心我们可以在产业内做到冠军。

访谈时间：2021 年 4 月 8 日

访谈地点：红旗布业

访谈整理：周群芳　胡优新　张一虹

学会归零　不断超越

人物名片

周国军，男，1971 年 1 月生，浙江绍兴人，中共党员，工程师。现任绍兴柯桥区归零纺织品有限公司、浙江天下绣仓科技股份有限公司、绍兴纺绣供应链管理有限公司董事长，绍兴柯桥区纺织绣花商会会长。1990 年获评为绍兴柯岩街道优秀青年，2011 年获得绍兴优秀残疾人创业者提名。

我从事纺织行业已 30 年，先后在秋湖染厂工作 2 年，光明丝织厂工作 7 年，浙江华海机械工作 5 年，绣花创业 16 年。我在纺织厂工作，从最基础的勤杂工做起，通过勤奋努力，逐步成长为机修工、班组长、车间主任。2004—2005 年，纺织业形势不好，我决定自己创业，先后成立了 3 家公司。2020 年受新冠疫情冲击，纺织绣花行业也受到影响，围绕技术提升与创新，加强合作与交流，为推动柯桥区纺织绣花产业良性发展，在绍兴市、柯桥区领导的支持下，我牵头成立绍兴柯桥纺织绣花商会。在中国轻纺城的兴盛、困局、转型过程中，纺织行业从业者不应该墨守成规，更重要的是，无论顺境还是逆境，无论是对待人生还是事业，应该学会归零，这样，才能不被时代淘汰，才能不断挑战自我，不断追求卓越。

丝绸之乡子弟　纺织工作从基层做起

我出生在柯桥区柯岩风景区旁边的一个村子——秋湖村，曾就读于原来的柯桥中学，它的河对岸是最开始的轻纺城老市场、现在的国际纺织面料交易中心一带，所以我对中国轻纺城的发展历程还是比较了解的。

柯桥是个有 2000 年历史的古镇，最早可追溯到汉代，现在的柯亭和千秋亭就是那时候留下的，也是现代柯桥城市及中国轻纺城的发祥地，我们读书时的上市头和下市头就是现在的步行街和柯桥古镇中心地段。那时候，过了柯东桥（2004 年改建成柯东廊桥）以北全部都是农田，我们经常去农田边跑步或者游泳渡河到老市场一带玩耍。柯桥从明清时候就是全国纺织名镇，有句话叫“日出华舍万丈绸”，以前每个村基本都有一到两个纺织厂，以村办企业和校办企业为主，1983 年前后，柯桥老街一带慢慢就形成一个自然的百米卖布集市。

1985 年 7 月，柯桥轻纺产品市场成立。1988 年 10 月 1 日，浙江省最大的室内专业市场绍兴轻纺市场建成开业。1992 年 1 月 18 日，东交易区建成开业。随

20 世纪 90 年代柯桥纺织厂的车间

后，绍兴轻纺市场更名为“中国轻纺城”，成为全国首个冠名“中国”的专业市场。1994 年 4 月 28 日，浙江省绍兴市柯桥经济开发区举行成立仪式，中国轻纺城北市场开业。1997 年“轻纺城”在上海证交所上市。2011 年网上轻纺城启动建设，探索“市场＋互联网”模式。2018 年 6 月绍兴中纺 CBD 开业。可以说绍兴县柯桥区每一任的书记、县长，对轻纺城的发展都做出了不可磨灭的贡献，我也是近距离见证了轻纺城的成长。

我高二暑假的时候贪玩从楼上跳下来，面部受伤，辍学就医，没有参加高考。高中毕业之后进入了纺织行业，在秋湖染厂做机缸和配色 2 年，先后在光明丝织厂做机修班长、车间主任 7 年，在浙江华海集团任纺织机械工程师 5 年。我很热爱纺织机器，也很愿意钻研，在华海公司时，因设备调试，我跑遍全国各地工厂及各大展会，接触了很多创业者，这让我很受触动。2005 年，天圣控股公司孙永根董事长邀我去齐贤管理分厂，那年华海公司喷水织机销售形势不佳，打算自己成立喷水织机车间，让我任厂长。华海公司蔡华骏董事长说：“除非你自己创业，否则你还只是换个工作，不要辞职。”于是，我干脆决定自己创业。

创业，应该做纺织行业中的哪个方面？ 2005 年正是轻纺城的升级转型期，众所周知，绍兴是靠纺织起家的，但是后来因为环保问题，很多纺织印染企业都搬到滨海集聚了，而绣花行业因为没有污染问题，最终在柯桥生根发芽成长起来。那时候我还经常参加展会，觉得绣花是个新兴产业，所以我与调试纺织机器时认识的志同道合的千岛湖天鹰纺织老板李献锋及钱清做原料生意的朱加江联合成立了绍兴县花展（FLOWER SHOW）绣品有限公司。那时候我资金有限，是小股东，占 18% 的股份。刚投入陌生的行业，我们经验不足，第一年效益欠佳。他们觉得绣花太难，第二年就把股份转让给我了，同时也感谢他们的信任，让我经济宽裕了再把钱还他们。那一年我负债 80 万元，幸亏得到高中同学陈宇鸣（原新得丝纺织、现红绿蓝纺织印染老板）资金和订单上的帮助。我工作时候交的很多好友都给我借款或做担保，让我 2 年内还清借款，后来我稳扎稳打，逐步发展。

虽然我起步比较晚，但是我觉得要么不做，做就要高起点。于是我积极主动去参加绣花行业相关的展会，也去一些做得比较好的绣花厂参观学习，去看别人先进的产品和设备，慢慢摸清了绣花的门道，积累了一定的经验。在这个过程中，我发现任何一个产品都有周期性：从起步、研发、爆发、平稳发展再到慢慢滑坡。由于我一直对机械和产品比较感兴趣，也比较重视研发创新，所以我对产品及其周期性掌握得还是比较好的。

像三合一盘带绣和6色毛巾绣，我是最早做的那一批；2012年进口激光绣（用激光在PU皮等面料上雕花）也是我第一批引进的。那时候在全国及欧美这款产品卖爆了，简直就是奢侈品。很多绣花企业都一哄而上加入激光绣花流水线，我一看，觉得这个产品以后肯定会竞争越来越激烈，然后我就想：有没有新的产品、新的工艺？我的红绿蓝纺织印染的同学是做数码印花的，所以我就把绣花跟印花结合，及时开发上马绣花加定位印花设备，做出来的产品又爆了，直到目前为止还是挺火爆的，但是做的人多了，这个产品的附加值也在慢慢降低。

现在绍兴县花展绣品有限公司已于2015年注销，我将“花展”注册为绣花商标；绍兴柯桥区归零纺织品有限公司成立于2014年。我在2018年成立绍兴市级企业研发中心，我们又第一批引进珠管绣，大批量开发新产品，积极开拓婚纱礼服面料市场，现在年产值约2000多万元，并积极申报成为浙江省科技型中小企业。我把公司取名为“归零”，是为了时时提醒自己：人生，难免有成功与失败，有顺境与逆境。顺境时，适时把自己归零，可以戒骄戒躁，不把成功和顺境当包袱背起来；逆境时会失去很多，此时，勇于归零，才能重新面对自己，从头开始，积极奋斗。学会归零，是一种积极面向未来的意识和心态，可以让坏的不影响未来，让好的不迷惑现在。

纺织绣花商会 凝心聚力共创辉煌

做企业的，不光是我们，其他同行也一样，都碰到过很多问题。比如说，刚开始创业的时候没有经验，对法律法规也不熟悉，被税务罚过，出现过用工、买卖合同等的不规范，并且以前绣花产业的上下游产业链也比较分散。因此，我想成立一个组织，可以把这些问题和我们绣花行业的上下游产业链整合起来，以帮助这个行业更加健康地发展下去。但是，当时自己资历不够，也没有这个实力，也不知道该如何去办，所以，我只能自己先成立了绍兴纺绣供应链管理有限公司，就是想解决

2020年11月27日，中国轻纺城纺织绣花商会成立合影

如何把纺织和绣花相结合，如何去整合行业中相关的辅料、新设备、新工艺及上下游产业链，如何去和同行探讨、交流行业中的一些相关问题。出于这些方面的考虑，我们在柯桥长发商业中心搞了个占地面积为1500平方米的线上和线下相结合的文化与纺织产业平台，绍兴市委书记马卫光、柯桥区委书记沈志江及街道领导们来参观的时候都称赞："你这个做得很好呀！"

2020年初新冠肺炎疫情暴发，对我们绣花产业有一些冲击。比如，土耳其那边用得比较多的金片绣，因为疫情比较严重，所以我们的一些金片绣厂家受冲击就比较大。而像我自己的企业，因为我们的产品比较新颖，所以影响没有那么大。疫情期间，我在家思考成立商会的事情，给一些绣花厂同行打了电话，得到了他们的热烈响应，可以说是一呼百应，大家都说，这个想法很好！在解除封闭之后，我去找绣花厂的企业主一个一个签字，虽然大家呼声很高，但是没有经验的我们也不知道该去哪里办理相关手续。这时，正好马卫光书记和沈志江书记分别到我们这里考察，我就跟他们说起这个事情，他们原本对绣花行业不甚了解，经过我们的介绍，领导们对这个事情很重视，说："这个行业协会我们要支持！"然后马上和相关的领导说了这个事情。随后，我们就一步步地做，先去我们的主管单位区工商联备案、办理相关手续，再到民政局审批，最后，在2020年11月27日召开了成立大会，柯桥区统战部部长王静静及很多领导、各院校、各商会代表都莅临了绣花商会的成立仪式。

目前，纺织绣花商会已经有了230多家会员单位，每个月最后一周我们都要开会长会议，在会上讨论会员单位碰到的问题和困难。例如：如何对接公检法、税务部门；给会员单位做相关的培训；如何规范用工合同、销售合同；如何规范经营、守法经营；企业如何公司化；如何制订现代企业制度；会员单位需要融资的时候，商会提供银企对接等。商会成立以后，我们还成立了一个投资公司，整合了纺绣供应链。我们现在还在和一些原本都是单打独斗的设计公司对接，培养并发掘绣花制版、绣花设计方面的人才，带动了绣花企业的开发设计。以前大家看到好的产品会一拥而上，现在大家更注重创新和个性化生产，这样有效地避免了恶性竞争。同时，商会也在做国际方面的拓展，我们入驻了阿里巴巴国际站，以后如果做成品的话，我们也会入驻亚马逊等平台。

如今轻纺城转型升级，我们绣花商会也要与时俱进，积极拥抱数字化技术。我们打算打造一个好的产业园，成立一个纺织绣花创新服务综合体，更好地服务会员，以后有实力了甚至可以建一个绣花博物馆，收集和展出古代服饰和民族服饰、蜀绣、苏绣、湘绣、粤绣等非物质文化遗产及相关的资料。我们可以用实物，比如汉服、礼服等，来展现从手绣到机器绣，从中国四大绣到现代的金片绣、激光绣、珠绣等工艺，全方位地呈现绣花产业的发展史。而且，绣花商会还和高校，像浙江工业大学之江学院合作，共同培养绣花方面的人才。另外，绣花商会也会继续规范会员的经营行为及产品定价，制定行业标准，促进产业转型升级和行业创新，让我们绣花行业更加健康、有序、可持续地发展。

“回顾所来径，苍苍横翠微。”对于我个人来说，自己勤奋好学、积极进取，加上家人、同学、朋友和政府的关怀、帮助，才能从基层纺织工人到后来创办纺织绣花公司，再和大家一起成立纺织绣花商会，推动柯桥传统纺织绣花行业改革创新，实现智能化、高效化、品质化生产。工作中的每一次转型升级实际上都是在危机中寻找破局之策，归根到底是人生的潮起潮落培养了我的归零心态。

访谈时间：2021 年 3 月 29 日

访谈地点：浙江工业大学之江学院

访谈整理：倪皓　钱心怡

在纺城里沐浴党辉

人物名片

林龙卿，男，1972年8月生，福建漳州人，中共党员。中国轻纺城福建商会党支部书记，浙江帅龙针织有限公司、浙江帅龙针织有限公司网上轻纺城分公司法人代表、董事长。

付出多才会收获多

我2002年来到柯桥，到现在已经有19个年头了。那时候我其实是以一个打工的技术员身份到柯桥来的。这么多年过去了，我见证了中国轻纺城的发展，也跟随着轻纺城的成长而成长。2000年流行罗纹布的时候，这个行业才刚刚起步，很多外省的老板到福建石狮去采购针织摇粒绒布料，通过接触，我们发现它的集散地在柯桥，而且十分好卖，当时的场面是货车没停下来布就被抢光了，正是这样一个商机吸引我们来到柯桥，我也从打工仔转型做小生意了。我们福建人个性比较豪爽好强，深知爱拼才会赢。在基础条件略微具备的情况下，我们就想让自己成为老板，这种性格是我们福建人基因里特有的。

中国轻纺城的市场发展有一个专业性的导向。这个导向围绕印染、纱线和布匹，以这个为核心点，在每一个细分领域慢慢地发展，造就了很多这方面的行业人才。这么多年来，给我一个最大的感触就是轻纺城的商机非常多。这个商机的产生，首先是政府部门引导得好，政府的一些政策吸引了四面八方的人才在这里聚集。只要肯吃苦、勤奋，来这边经商的人都赚到了钱，都成功了，成为各种各样、或大或小的老板或者企业家。所以说，我也是把握住了这个契机。2008年底我开始筹备成立自己的公司，2009年3月正式成立公司。12年来，我跟一个本地人合伙创业，从开始两个人有3台织机，发展到现在我一个人拥有100台罗纹大圆机。我们福建人的勤奋，绍兴人的包容，再加上敢拼敢做的性格，给我带来了很多机会。无论是教育还是营商环境，中国轻纺城都给我留下了非常深刻的印象。我的两个儿子都是从幼儿园开始在这里接受教育，一个从柯桥中学毕业，一个从鲁迅中学毕业，他们俩现在一个在悉尼大学读研究生，一个在国内985大学读书。柯桥的营商环境也非常好，给予商户很多政策支持，不排外，很包容，日常生活工作的接触，都让我有积极向组织靠拢的念头。2007年我在台资企业当总经理的时候，这种想法

中国轻纺城党工委副书记钱苗娣在福建商会调研党建工作

更加强烈了。2008 年，有一天我独自一人跑到柯桥经济开发区管理委员会下属的党支部办公室，满怀渴望地向支部书记递交了入党申请书。

党建强就是商会强

递交入党申请书后，经过组织的培养，2009 年我成为一名预备党员，2010 年 3 月 5 日转为一名正式党员，这是我终生难忘的事。我当时入党的想法很朴素，因为身边台资企业的人对我们的人文营商环境不甚了解，甚至有个别人有不同的曲解。我想以一名党员的身份给身边的台胞讲一讲党的政策，让他们更加全面地了解祖国的情况，去影响他们、团结他们。我做到了，这一点我感到很自豪，也很荣幸。我们轻纺城福建商会是 2007 年 7 月 1 日成立的，同年 12 月就成立了党支部。到 2011 年，我们老书记就让我把组织关系迁到商会来，让我担任宣传委员。当了一届宣传委员，经过组织培养，通过选举，我成为党支部书记。这几年，党建工作的学习和实践，锻炼了我的组织能力和管理水平，我对工作更有激情了，这种激情同时还能转化到企业经营中来。比如，通过开展党建活动，我们更加愿意帮助一些弱势群体，企业家群体之间往来也更加频繁。我经常在党支部生活会上说，我们党员自己要有初心，只有把工作做好，把周围人带好、服务好，才能达到双赢，甚至多赢。在中国轻纺城建管委党委领导下，我们支部也很努力，一方面坚持做社会微公益，如带领育才学校（特殊教育学校）的小朋友到东方山水乐园做游园活动；组织党员（会员）无偿献血已经 4 年了。另一方面坚持支部主题党日活动，我们不仅仅在办公室里开展党建学习活动，还把组织生活会开到党员、积极分子的企业里，相互分享企业经营经验。在这个团队里，让一些党员通过参与党建活动，学习组织上的一些先进理念，然后把好的理念带到自己的企业去，实现良性循环。

支部既是我们商会的一个重要窗口，也是我们商会的一个重要部门。能够以积极分子、党员带动大家，覆盖整个商会，形成一股积极向上的风气，一直是我的愿望。我认为先把党建工作做好，把自己的初心坚守好，自然而然就会发展好。所以说，党建强就是发展强，发展强就是经济强，经济强就是商会强。

大家好才是真正好

当时我做罗纹布确实是受到了中国轻纺城市场的启发，这一块面料在服装业占比较小。我通过在市场上捕捉信息、走访、学习当中发现了这个冷门的亮点。我在“纺城有家”一系列党建活动中接触到韩国和我国台湾地区的客商，他们对纺织的研究非常有见解，不仅专业性强，而且非常敬业，值得我们学习。有人说“针织界无博士”，学习永远都是无底洞，在针纺织市场面前，我们永远都是学生。术业有专攻，我认为要走精细化之路，不断创新，才会越走越远。在“纺城有家”中，我们不定期举办专业沙龙，讨论交流，目的就是为了共享共赢。

在推动转型创新方面，柯桥区政府的引导也比较好。我在经商实践中，一直感到信誉体系还可以引导得更好。一方面要坚持细分创新，引导转型；另一方面还是加大守诺兜底，在经商中更加重视信用口碑的引导和管理。我认为买卖双方互惠互利，互帮互助，轻纺城市场才能做得好，大家好才是真正的好。中国轻纺城是一张金名片，是因为轻纺城的企业家有创新意识，产品比较新颖，产业链比较完善。

在中国共产党建党百年之际，我们要始终不忘初心，更加坚定理想信念，牢记使命，带动党员提升服务的积极性，引领企业发展的积极性，真正成为“纺城有家”的引导者，这是我们党支部的职责所在，也是我们党员的责任所在。

采访时间：2021 年 4 月 6 日
采访地点：柯桥创意大厦
采访整理：郑雅萍　俞钰炯　王维康

CHAPTER 3 第三章

企业与产业

他们是谁？从哪里来，要到哪里去？

他们是柯桥纺织界民营企业的创始人和引路人，他们来自乡野和田间，他们是柯桥改革开放的历史见证者和创造者。他们的名字镌刻进柯桥的昨天、今天和明天，成为中国轻纺城发展的中流砥柱。

他们有一个共同的名字：柯桥民营企业家。

柯桥，自古日出万丈绸，轻纺产业基础十分深厚。早在 20 世纪七八十年代，柯桥还是一个只有 1.7 平方公里的水乡小镇，时空似乎安静地停留在小桥流水人家之间。然而历史的洪流已浩浩荡荡地汹涌而来，不断有乌篷船从古镇河廊边划过，留下潺潺的水声和欸乃桨声。

乌篷船是当时柯桥最通行的水上交通工具之一，有“水上的士”之称，一个个头戴乌毡帽的船老大载着客人从这条河划向另一条河，河与河之间连着乡镇与乡镇、村庄与村庄。乌篷船载着西装革履的外地客商，穿梭于当时刚刚起步的各乡村企业，留下一块样布、一笔定金，匆匆开往下一家企业。而那些耸立在村口田间的乡办、村办企业正由头脑活络的领头人买织机、办染坊，开发出一批又一批的新颖纺织品，吸引着五湖四海的客户争相来到柯桥，柯桥的布价廉物美、花样翻新又快，很快就闻名全国。正是这些乌篷船、采购商、供销员和工厂，日后让柯桥迅速兴起一个轻纺市场，继而成为亚洲最大的轻纺交易市场，一座中国轻纺城崛地而起。

柯桥最早的纺织企业大多涌现在华舍、柯桥、齐贤、安昌一带，最初也许是为了解决家人的温饱，也许是为了村里人能过上好日子，而那些领头人有的是乡村教师，有的是木匠、泥水匠或缝纫师傅出身，他们虽然文化水平不高，却因为走南闯北、吃苦耐劳，早在 20 世纪八九十年代就开创出纺织行业的一片新天地，后人从他们身上总结出了柯桥的“四千精神”。马仕秀、徐美灿、虞德水、蒋张水、钱国春、杨来荣等一大批企业家崭露头角，他们从小业务员或者印染车间的技术工人做起，吃的是快餐，睡的是地铺，坐的是绿皮火车的硬座，凭着一股执着、进取、开拓、创新的韧劲，借着转制、改制和一轮轮纺织印染技术改造的东风，企业从无到有、从小到大，成为浙江民营经济发展的前沿阵地和风向标。还有像周冬梅、余金方、潘永兴、马建新等人，直接从轻纺市场的一间间小门面生意做起，发展成为工贸一体化的大公司，面料销往世界各地，在轻纺市场被称为“四大花王”，差不多和当年香港歌坛的“四大天王”齐名。更有后来者居上的迎丰科技、恒元纺织、越新印染、东进新材料、宝纺印染等众多企业走上绿色、环保、国际化的道路，以高科技改造传统产业，以数字化把握发展先机，更以时尚引领轻纺城未来。

时代的潮流轰轰烈烈，到了今天，第二代甚至第三代企业家从父辈手中接过接力棒，他们或受过国内高等教育，或从海外留洋归来，一代又一代的柯桥纺织界企业家正沿着改革开放 40 多年的道路，传承创新，让美丽家乡绽放自己独特的光彩。

2020 年，柯桥主城区面积已达 72 平方公里，而柯桥古镇得以修葺一新，古桥廊沿、枕河人家依旧婉约可人。谁不说家乡好？尽管换了岁月、流逝了时光，但是轻纺城和托起这座城的企业家们的故事还将延续下去……

特约撰稿人：王征宇

富有之谓大业　日新之谓盛德

人物名片

马仕秀，男，1944 年 3 月生，浙江绍兴人，中共党员。现任浙江华天实业有限公司董事长。第七至第十四届绍兴县人大常委会委员，第六至第八届浙江省人大代表。曾荣获全国劳动模范、浙江省劳动模范及浙江省、绍兴市、绍兴县优秀共产党员等荣誉称号。多次被评为全国优秀乡镇企业家、浙江省优秀企业家。

筚路蓝缕　玉汝于成

要谈我的创业史，那真的可以追溯到 50 多年前了。这段经历可以说是真正深入浅出、生动形象地诠释了“四千精神”的形成、实践和发展。

我 15 岁初中毕业后就参加工作，做了两年民办老师后，又在生产队务农，当了一段时间的会计。20 世纪 60 年代初村里面是非常支持我们办厂的，当时的华舍街道已经有华舍纺织厂和华舍绸缎厂这两个办厂成功案例，紧接着 10 多个村子陆陆续续开始兴办起了纺织工厂。1972 年，我光荣地加入了中国共产党，并在同年被任命为红卫纺织厂（后更名为绍兴县第二纺织厂）的厂长。那个时候的红卫纺织厂，其实只有 16 台脚踏手拉铁木机和一个破庵堂，所用的原材料都是我们千方百计从国有工厂淘到的剩余废丝下脚料。通过整理，好一点的拿去做被面，差的做锦旗，甚至做劳保用品。由于经营得好、产品适销对路，红卫纺织厂当年就实现产值 10 万元。1976 年，绍兴县第二纺织厂依靠一批手艺精湛的老工人，已经是当地非常有名气的工厂了，生意涉及全国好多省市。当时的萧山都还没有纺织厂，是我去开了先河，帮助创办了萧山第一家梅西公社知青纺织厂，经过大家的努力，第一年就有了不错的效益。20 世纪 70 年代还是计划经济的年代，国家购置面料是需要布票的，绍兴县第二纺织厂的成功，让村里的老百姓一个月已经可以赚 10 ～ 20 元，当时来说这可是相当大的一笔收入了。1977 年创利 10 万元，到 1978 年，厂里已经有 60 台自制的铁木机，实现利润 15 万元，企业固定资产增加到 18.1 万元，职工年均收入 487 元。1979 年，企业净利润迅速增长到了 45 万元，成为改革开放之初绍兴县内的奇迹。1991 年，绍兴县第二纺织厂已发展成拥有职工 1300 多人、厂房面积 4 万多平方米、固定资产 1080 万元、年产各类化纤织物 600 多万米的省级先进企业。同年，我也被评为全国乡镇优秀企业家。

1985 年 1 月 25 日，浙江省委省政府召开 1984 年度省乡镇企业产值首次超亿元乡镇、超千万元村的代表座谈会。时任中共浙江省委副书记陈法文（前排左四）与马仕秀等参会代表合影。

创业不易，守业更不易。如果要我把做企业成功的原因做个归纳，那就是三个“自我”，即“自我开拓、自我积累、自我约束”。而要保持企业健康、平稳地发展，我认为继续保持“自我开拓”的创新精神尤为关键，企业经营过程中要不断开拓新产品，并用新产品去开拓市场。1989 年，我从各地市场的信息反馈中察觉到纺织面料市场疲软态势已经越来越明显，厚型织物由于成本高、售价高，市场必定受到冲击，于是决定转产薄型衬衫面料，用“舒爽纱”“华美缎”等新产品去开拓市场，并一举取得了成功。这种薄型的衬衫面料销往上海、北京几个大的衬衫厂，做出来的衬衫在这些大城市里非常受欢迎。随着产品供不应求，为了保证产能，我当时决定将自己企业中的织机全部投入生产，还组织了 200 多台织机搞外加工。直到 1991 年下半年，虽然薄型衬衫面料在市场上依然保持着十分火爆的销售态势，但我认为成功的企业不能永远只做一种产品，产品单一化是有风险的，于是又及时组织企业转产强捻打线的新产品，而这项产品也一直保持着供销两旺的势态。1989 年到 1991 年的这 3 年间，我们企业先后开发新产品 120 余项，其中通过省级鉴定的就有 15 项，每年开发新产品的产值和利润均占全厂产值、利润的 70% 以上，其中“华美缎”更是获得了纺织部“七五”期间优秀新产品二等奖。

老骥伏枥　志在千里

1982 年，正当纺织厂规模不断扩大、效益不断提高之际，我联合 4 家单位创办了与纺织配套的华舍福利印染厂，1991 年我又联合 9 家企业，创办了为轻纺业配套的华舍涤纶厂，使纺织、印染开始一条龙并驾齐驱，产业链日渐完善。1994 年，凭借着改革开放和社会主义市场经济体制改革的强劲东风，我又创建了浙江华天实业有限公司。我始终坚信“做生意无信不立”，企业秉承“质量第一、信誉至上”的理念，要以优良的产品质量和良好的售后服务赢得客户的好评。公司先后获

地方国营绍兴县第二纺织厂

得了浙江省科技型企业、绍兴市高新技术企业、浙江省规模效益 50 强、绍兴市规模以上工业企业 20 强、自营出口及纳税 20 强企业等荣誉。截至 2011 年，企业总资产已达 35.3 亿元，固定资产 13.5 亿元，2011 年实现销售收入 21.3 亿元，实交税金 7360 万元。

企业要做大做强，多元化发展也是重要途径之一。进入 20 世纪 90 年代，我开始了二次创业。伴随着中国轻纺城的迅速崛起，柯桥的生产型企业发展迅速，企业用热量激增，逐渐出现热源缺乏的状况。于是我们果断投资了 1.6 亿元创办华舍热电有限责任公司，装备了 3.6 万千瓦的机组，极大地缓解了用热荒。1997 年，我们又投资近 3 亿元，在柯桥开发区创建了华翔纺织有限公司，引进 404 台剑杆和喷气织机，再次获得成功。21 世纪初，国家大力扶持发展战略型新兴产业，我看准时机，于 2002 年创办了绍兴翔宇绿色包装有限公司，项目总投资 15 亿元，占地 300 亩，6 条德国进口的 BOPET 薄膜生产线可以年产 15 万吨 BOPET 薄膜，成为国内大型的 BOPET 生产和研发基地，效益在同行业中居于领先地位。

我 67 岁那一年，很多人开始劝我别那么拼了，也该颐养天年，尽享天伦之乐了，超负荷的工作量让我的身体变得越来越不堪重负，退休的想法也不是没出现过。但一想到要离开热爱的纺织行业、离开奋斗了一辈子的企业，我还是不甘心，我还想在经济领域中继续开拓奋进。视力模糊了，那就戴上眼镜嘛；腰酸背痛了，那就多做运动嘛。67 岁的人，愣是使出了 27 岁的劲。做企业，不就是得靠一股冲劲么？

与人为善　达则兼济天下

我经常和身边的人说：“善是人类的天性，慈善不是某一群人、某一个阶层的专利，而应该是全社会共同参与的一种生活方式。”我的为人理念就是“对自己节俭，对他人慷慨”。1994 年，我做出了一个决定：每年都由我拿出一笔钱，用于绍兴县华舍街道蜀阜村的老年福利事业。村里凡是满 55 周岁的女性、满 60 周岁的男性老人都能从我这里领到养老生活费。到了年底，生活困难的老人们还能领到一定数额的慰问金。贫困家庭中如果有人患病得不到医治，也可以来告诉我，我都愿意为他们提供适当的经济补助。这一制度，至今已经坚持了整整 25 年。渐渐地，当地别的企业家在我的带动下，也开始投身到慈善公益事业中去。除了针对老年人的相关资助，2004 年我也开始资助贫困山区的孩子们，为他们筹足上学期间的相关费用，并尽自己最大的力量帮助他们毕业后落实工作。2008 年，我也因此被浙江省人民教育基金会、浙江省教育厅授予“绿叶奖”称号。同年汶川大地震发生后，我也在第一时间捐款 100 万元，这都是我们这些曾经享受过政府红利的企业家应该做的。2020 年初新冠疫情发生后，公司向柯桥区慈善总会捐赠 1000 万元，并与其他两家柯桥区企业共同发起设立“重大疫情防控爱心基金”，用于持续支持柯桥区新冠肺炎等重大疫情防控工作，促进区域公共卫生事业发展。慈善公益事业是一项有起点、没有终点的事业，我会一直做下去，直到不能做为止。

访谈时间：2021 年 4 月 21 日

访谈地点：浙江华天实业有限公司

访谈整理：宋汉卫　王维康　金梁英

绍兴“第一印染”：转型升级再出发

人物名片

徐美灿，男，1948年3月生，浙江绍兴人，中共党员，高级工程师、高级政工师、浙江省经营管理大师。现任浙江大和纺织印染（集团）有限公司党委书记、董事长。曾任全国印染行业协会副理事长，浙江省印染行业协会副理事长，浙江省、绍兴市、绍兴县党代表，绍兴市（县）人大代表、绍兴县政协常委等职，曾获全国优秀科技工作者、省市县优秀企业家等荣誉称号。

见证历史　诉说纺城发展之路

我今年70多岁，从十几岁开始接触印染行业，已经快60年了，可以说，我是看着绍兴轻纺行业、看着中国轻纺城一点一点发展起来的，轻纺城也培养了一代又一代企业家。“金柯桥”这个名字其实最早在清末民初就有了，那个时候柯桥就已经是商贾云集、十分繁华的地方。自古以来柯桥既产稻谷，又有相当发达的工业基础，早在唐代就有“日出华舍万丈绸”的说法，纺织印染等传统行业从那个时候起，就已经有相当大的规模了。但经过“文化大革命”十年动乱期，柯桥的轻纺行业遭受毁灭性打击，老百姓为了解决温饱问题，只好靠种田为生。到20世纪80年代初，绍兴县只有三家印染厂：一家就是我们绍兴第一印染厂，始建于1948年，主要做纺织品印染和后整理；第二家是专做染色的绍兴联合染织厂，是在1958年创建的；还有一家就是创建于1962年的国有绍兴市印花厂，只做丝绸印花。由于设备陈旧，大多以手工操作为主，当时三家印染企业一年的产量不到100万匹，产量真的很低。当时的绍兴县县长是陈礼安，陈县长之前是在东湖农场做书记的，时任县委书记王咸波，是从丽水地区的组织部调来的，加上另外几位副县长，共同组成了当时绍兴县委、县政府领导班子。他们意识到绍兴县如果一直按农业县的定位发展下去，富裕不起来，农民很难解决温饱问题。在党的十一届三中全会精神指引下，他们便开始着手发展乡镇企业。

随着改革开放的深入，并且在当地政府的支持下，绍兴县越来越多的老百姓重拾纺织旧行当，很多人到上海、江苏一些大的国营纺织厂里买来旧的织机，在家门口开起了纺织厂。华舍、柯桥的村办纺织厂、镇办纺织厂遍地开花，纺织产业逐渐成为绍兴县的支柱产业。同时，在柯桥老街沿河销售布料的摊位也越来越多，老街变成了布街，也吸引了很多其他省份的商户来买布、卖布。做生意的人多起来了，场地不够用了，布街向 104 国道旁发展，运河边也摆起了摊位。这个时候县政府就开始计划要将民间这些分散的摊位都聚集起来，形成一个稳定的市场。这就开始有了最原始的轻纺市场。到 20 世纪 80 年代后期，轻纺市场的成交量不断扩大，省内外越来越多的商户入驻经营。随后建立起了绍兴轻纺市场，绍兴县的纺织产业也从这个时候开始走上了快速发展的道路。直到 1992 年，绍兴轻纺市场变成了“中国轻纺城”。

现在的柯桥区是撤县改区而来，地域范围也比原来的绍兴县缩小了。但中国轻纺城没有变小，并且还在进一步规划、发展中，竞争依旧十分激烈。不管全国其他地方怎么来复制我们的轻纺城，中国轻纺城仍然是整个亚洲最大的轻纺市场。

企业改制　焕发新一轮活力

我从小就跟着父母在染缸里摸爬滚打，我的父亲从 1935 年开始就在日本人那里学习印染技术，到 1948 年，父亲开始自己办印染作坊。可以说，绍兴的印染行业就是在我家起步的。新中国成立以后，国家搞起了公私合营，走共同富裕道路，我们的企业也转制成为了镇办企业。1992 年党的十四大召开，同年邓小平同志发表了南方谈话，这两件重大的历史事件，促使改革开放和现代化建设驶入了快车道。我们公司也是从这个时候开始改制，到 1999 年改制完成。

我认为，企业要发展，必须在市场竞争中发展壮大，只有坚持创业创新才能保持企业活力，才能提高生产效率。通过改制，我们公司再次焕发了新的活力。到 2006 年，公司已拥有 3 家印染企业和 1 家集针织、染色、印花、摇粒绒一条龙开发生产的大型企业集团，企业内部还建立了印染技术研究所。除此之外，我们更是拥有了被列入全国电子信息系统推广计划的“染整生产线 CAD 一体化自动控制系统”，运用数码技术突破印染“瓶颈”，使印染后整理工艺流程变得更合理、更先进，自动化程度也明显提高了，同时也实现了印花面料质的飞跃，克服了各类纹样的接版问题。在染色方面利用 CAD 测、配色技术，避免了左中右色差，基本消除了缸差，从整体上提升了我们产品的档次，为企业创造了可观的经济效益和社会效益。

我对企业发展的另外一个感受就是，企业要想走得更远，必须淘汰落后产能。2017 年，我们将年产量从 3 亿米降为 500 万米，逐渐淘汰人造棉、棉麻布、灯芯绒等中低档面料，开始做针织等高档面料，虽然年产量大幅减少，但创造的附加值却不可估量，也在一定程度上提升了中国轻纺城纺织印染产品的档次和技术含量。很多印染企业的技术含量不高，就是因缺乏高附加值的特色产品。企业要想不断发展壮大，就必须走资源消耗低、环境污染少、产品附加值高、技术创新度高的道路。我们公司目前大力发展“互联网+”，利用网络平台，彻底削掉中间商差价，给客户带去最实惠的价格，这是我们企业快速、高效、健康发展的又一个创新举措。

浙江大和纺织印染（集团）有限公司厂区

二次创业　转型升级再出发

我经常说，思路就是出路。企业运作思路不应被动地跟着市场走，而是要主动地领着市场跑。

20世纪90年代，工业发展速度很快，随着越来越多的机械化设备投入生产，很多地区都出现了用电荒的现象，时不时这里限电、那里拉闸，极大地影响了企业的生产。1995年，在做强做优传统纺织印染产业的同时，我们对新的产业进行布局，进行了行业结构和产业结构的调整，创办了振亚热电厂。热电厂的建立，不仅极大地缓解了用电荒的局面，也给我们企业带来了巨大的经济利益。它的成功，让包括我在内的企业高层看到了企业跨行业发展的可能性。

印染行业的上游，是各种染料、助剂的研发与生产。与其从别的化工企业里高价采购，我们是不是可以自己来做呢？基于这个设想，2005年我们开始涉足化工类项目，并将其作为产业链拓展的试探性举措。到2009年底，企业的化工产值已上升到集团总产值的50%。那个时候我们又了解到精细化工领域的高级加密标准（AES）项目有更好的市场前景，这种以椰子壳为原料提取物的洗涤剂中间体，由于不含磷、苯等有害物质，非常符合洗涤剂行业绿色健康的发展趋势。我们就开始积极引进专业人才，用两年时间突破其中的关键技术，仅这一项目产值就可达到4亿元。当年这个项目还在试生产阶段时，传化、纳爱斯等国内著名化工企业就上门来签订合作协议。这充分说明，产业链的完善与延伸是整个纺织印染行业发展的趋势，我们尝到了甜头。

现在，我年纪大了，也总有人劝我退休，享受晚年幸福生活，放手让年轻人去干吧。但我总是想，企业创新发展、追求卓越、服务社会还有很多事要做，只要我还有一口气，我就要为企业出力，为员工谋福利，为社会做贡献，让企业在中国轻纺城的发展进程中永远保有一席之地。

访谈时间：2021年4月7日

访谈地点：绍兴第一印染有限公司

访谈整理：宋汉卫　金梁英　金雨婷

如鱼得水　与轻纺城共生共荣

人物名片

虞德水，男，1944 年 8 月生，浙江绍兴人，中共党员。曾任绍兴鱼得水实业集团总公司总经理，兼任内蒙古自治区包头市东河通顺商业城董事长，1985 年以来，先后被绍兴市政府、浙江省政府授予“优秀企业家”“优秀乡镇企业家”等荣誉称号。

挑重担　白手起家创基业

我生长于上海，1969 年退伍后回到绍兴柯桥，进了生产队，因为我在城市长大，干不了农活，但当过兵、读过书，被推选为村主任、村团支书，我在村里办起了手套处理厂，两年赚了好几万元，村民们也都受了益。当时的双梅乡党委书记沈松法发现我有潜力，便调我到乡里担任纺织厂厂长。当时，工厂还在建设，日夜赶工，刚砌好四周的墙，屋顶还没盖好，我向我叔叔借来两台机器，就开始生产。有两三个月时间，我们是边盖厂，边生产。

刚开始，厂里很艰难，大家都不愿意来厂里干活，那时还没改革，我向绍兴县工商局申请营业执照，跑了多次才拿到手。我们生产出来的产品很畅销，1975 年左右，工厂规模逐渐扩大，工人们年底都有分红，渐渐地吸引了很多人来工厂工作。因为经营有方，媒体常来采访我，经过宣传报道，我就逐渐有了些名气。1979 年，工厂年终实现的利润是乡政府下达指标的 2 倍，我给工人们的年终分红也比寻常高很多，工人们高兴，工作也更加积极。

出奇招　积压布料全销出

丝织品和其他产品一样，销量也是有畅必有滞。1984 年，工厂年产值已达 1000 多万元。但在 1986 年，产品卖得特别不好，我带领一支队伍到西安参加全国纺织产品展，头几天销售情况不好，看的人倒是有，却没有一个人买布料。当时同去的人员很着急，但也没有什么头绪。我让他们放宽心，不要太急。皇天不负有心人，在一顿饭后，我提议去看电影放松，于是集体去一家电影院看正在上映的《西安事变》，当我们正看得入神时，忽然听到旁边有姑娘说：“你看你看，张学良穿的衣服多帅，等散场我陪你去买一套。”我一下回过神来，当时就想，《西安事变》在西安放映一定会带来男子穿黄色将军服的热潮。我很兴奋，没等电影结束就跑出去，想求证我想得是不是正确。我到了好几家商店，都没看见黄色将军服，一问销售员，才知道不是没进货，而是脱销，偶尔看到一两家商店有货，也都很快卖完了。我立马回到住所，给厂里的负责人打电话，要求他们立刻把仓库里所有的布料染成黄色，并在最短的期限内把布料运到西安。果然，我让工厂加急运过来的黄色布料，在西安展销会上销售一空，不仅没亏，还赚了几十万元。当时的决策真的很果断，可以说是一个好点子救活了一盘棋。

建宾馆　办商场　与轻纺城共生共荣

1986 年的柯桥在我看来已经具有足够的发展潜力，交通相对便捷，虽然还不算太繁华，但是开发的速度很快。我听说柯桥镇已在着手规划改造柯桥小集镇，于是我决定在柯桥盖宾馆。1987 年 11 月，鱼得水宾馆正式开业，那时周围都是农田，宾馆门前的马路是在开业前才急匆匆修好的，连火车站都离得很远，当时宾馆建设饱受争议。1987 年正式开业后，那时以经营布匹为主的中国轻纺城还没有建成，来往的客商不多，宾馆入住率不高，头两年亏了 100 多万元。但我一门心思仍扑在如何经营好鱼得水宾馆上。从第三年开始，鱼得水宾馆盈利了。随着轻纺市场的兴旺发展，鱼得水宾馆经营规模已远不能满足日益增多的商务客人对吃住、娱乐方面的需求，有时甚至到了一房难求的地步，简直是供不应求。这让我们看到了酒店业的无限商机，于是果断把鱼得水宾馆改建成鱼得水大酒店，1992 年开始动工建设，1995 年开始营业。

鱼得水大酒店奠基仪式

当时的鱼得水大酒店是柯桥镇第一幢高楼，也是首家集吃、住、娱、购、商务于一体的综合性酒店。后来生意越做越大，1997 年 6 月被浙江省旅游局正式评定为三星级旅游饭店。随着轻纺市场需求量的不断增长，酒店利用身处市场周边的有利环境，及时转换经营思路，抓住商机，提高资源利用率，形成酒店与市场相结合的管理模式。

20 世纪 90 年代中后期，第三产业发展势头迅猛，前景广阔，当时的纺织业却面临更多的挑战和市场需求转变，而双梅丝织厂正面临纺织机械设备落后、亟须升级换代、产品更新缓慢等状况，极大制约了企业的发展。此时，抓住第三产业发展前景、及时转营被提上了鱼得水大酒店领导层的议事日程。1998 年 10 月，鱼得水美食广场正式对外营业，而双梅丝织厂也完成了它的历史使命。2005 年，我们将美食广场改建为配套于纺织市场的鱼得水商业广场，于 2008 年正式对外出租营业，完成了华丽转身。

我从 1978 年背负 7 万元的债务到 1995 年鱼得水大酒店开业，一直到现在 20 多年时间里，资产从负 7 万元到现在的 5 亿多元，我们伴随着轻纺城的发展而发展，我们是轻纺市场的受益者。

今天我最大感触是“穷则思变”。因为家里经济条件不好，所以我就想着法子找路子，加上当过兵，胆子大，又有点经营能力。最主要是党的改革开放政策好，我们能够解放思想、大胆创新，同时绍兴县委、县政府对我们的帮助也非常大，在我们困难的时候一直都支持我们，现在回想起来是很感激的。

采访时间：2021 年 4 月 21 日

采访地点：鱼得水大酒店董事长办公室

采访人：郑雅萍　邵燕燕　俞啸　游若菲

管理为本　金蝉蜕变

人物名片

杨来荣，男，1955年1月生，浙江绍兴人，中共党员。现任浙江金蝉布艺股份有限公司董事长。曾任绍兴市政协委员、绍兴市工商联执委、中国家纺协会理事、绍兴县家纺协会副会长、绍兴县经编协会副会长。

回顾创业历程　责任就是方向

我1978年开始创业，那时还是人民公社阶段，国家刚刚实行改革开放，自办工厂叫社办企业，后来变为乡镇企业，最后变为民营企业，一步步发展至今。

在发展历程中，由社办企业变为乡镇企业无疑是提升了一个档次。对于我个人而言，从生产队的农民进入社办企业，的确少了许多风吹日晒。当时因为我还是一个小年轻，所以企业把我送到别的地方培训了3个月，回来后就担任生产技术副厂长。1983年，绍兴县南钱清乡政府把我调到乡工业公司任副经理，1986年从乡工业公司调到乡农工商公司担任经理。在当时，每个乡镇都有两家公司——农工商公司和工业公司。农工商公司主要负责各个村农业的指导及做一些贸易生意；工业公司则管理乡村两级的企业和原料采购，主要也是做轻纺原料的贸易生意。

1981年，国家政策逐步放开，每个乡镇都有乡办企业，而这些企业的原料都要靠工业公司去采购。当时作为负责人，我身上也有极大的压力，作为乡办企业，政府不投入一分钱，全部资金都需要自筹，并且在每年年底还要上缴一部分资金给乡政府。那时候，我奔波于全国各地，跟一些省级公司还有市级公司打交道，因为它们拥有国家分配的一些资源及一些进口原料。后来我的生意有了一定的起色，得到了乡政府的一致肯定。1986年，我从工业公司调到农工商公司以后，工业公司却面临困境，过了两年就面临危机，乡里就决定将两家公司合并为农工商联合总公司，任命我为总经理。

1988年，因为农工商联合总公司已有了一定的经济基础，同时有着原材料采购上的优势，创办了兴兴纺织厂。在当时那个年代，轻纺城还没有完全形成，生产出来的产品只是在马路边上进行展示，通过到火车站拉客的方式进行销售。此后也有一些热心温州人将我们的布拿到全国各地去销售，我们自己也到全国各地开设门市部进行销售，期间也遇到一些波折。但是厂里等着资金周转，所以所有产品我们是能卖就尽量都卖掉。后来我们在产品研发上大胆创新，在当时比较时尚的“华达呢”上，由原来的一根300D低弹丝，改成一根150D高弹丝拼网而成，织出来的“精纺华达呢”，通过高温染色后，布面特别蓬松，手感极佳，投放市场后，销量大增，有很多在柯桥做生意的湖南、湖北和浙江温州人都拿着现金到我们厂里排队订购。1991年公司注册了“金蝉”商标，后经过改制和升级，发展成为浙江金蝉布艺股份有限公司。

忍痛烧布　及时止损

1992年，我发现厂里的员工品质意识不强，素质也参差不齐，产品老是出现质量问题。后来我将厂里的员工召集到一起开质量现场会，将卖不掉的残次布烧掉，这也是我因对品质的严格要求所采取的措施。

事情是这样的，1992年初秋，绍兴县钱清镇委决定，镇里另外两家亏损企业由兴兴纺织厂兼并。我面对工厂扩大、资金设备不足、产品质量差、销路少的现状，深感责任重大。提高质量是最难走的棋，资金可以借，设备可以买，人才可以招，而质量、信誉无处可买。只有真抓实干，彻底改变员工的质量意识，才能做出好的产品。于是我不惜代价，果断把库存数十万元的残次布搬到场地上当着全厂员工的面烧毁，作为提高员工质量意识和深化产品质量管控的突破口，同时对几名有关责任人进行严肃处理。这件事在全厂引起了不小的轰动，不少人流下了羞愧的泪水。烧的是布，而痛的是全厂员工的心。这一把火烧醒了全厂员工的质量意识，烧热了全厂员工关心质量的心，也烧起了全厂抓质量的热潮。从此，管理人员内外把关，生产工人一丝不苟，检验员认真负责，不让一米次品漏网。坚持每个生产环节、每道生产工序都严把质量关，产品出厂优等品率达到100%，客户满意率达到100%，并且连续几年生产销售率达到100%。这不仅提高了“金蝉”的知名度，同时也让金蝉“知了”声叫响国内外。打那以后，产品质量全面提高，设备完好率、利用率均达到100%，全年产品一等品率一直保持在99.5%以上。烧布的绝招果然奏效，烧毁了往日以次代好、产品滞销、经济低效的混乱状况，得来了优质产品、广开销路、众多客户和良好效益。职工们有的说，厂长已经把疵布烧掉了，今后还有什么理由再织疵布？有的说，烧疵布值得。工程技术人员也闲不住了，一心扑在机器保养和新产品开发上。紧接着，我们因势利导，给各车间班组实施了一套动真碰硬的质量管理措施，组织开展以“比质量、比贡献”为内容的劳动竞赛，企业出现产销两旺的好势头。

化外在压力为内在动力

到1994年，绍兴县（现柯桥区）实行体制改革，乡镇企业压力逐步增大，亏损的企业因为存在管理不当的问题，所以开始进行改制试点。钱清有3家试点企

绍兴市市长盛阅春到浙江金蝉布艺股份有限公司调研

业，通过改制盘点，将两家企业的亏损弥补掉，还清银行贷款，还剩230多万元的净资产，这是集体企业的积累，改制后要全部上交镇政府。我在此时接手了这家亏损企业，由于需要流动资金，我将自己的两套房屋进行出售，搬到厂里吃住，同时背负着370万元的债务，从零开始，重新创业。在当时，我想着这辈子能将这370万元全部还清就是我最大的目标。后来，我缩小了工厂规模，勉强维持企业生存。在这样的形势下，我当年就亏损了40多万元，好在我原先在做轻纺原料生意，从原料中赚的钱正好弥补了厂里的亏损，但这天大的压力让我寝食难安。和普通家庭一样，我们家里也是上有老下有小，母亲年事已高，身体也不好，所以我不能跟家人倾诉。这是我人生中最艰难的一年。以前经营管理老厂，每年都是盈利的，现在接手新厂，第一年就亏损，使我受到了前所未有的压力。每当晚上夜深人静，我就悄悄地哭泣，眼泪流出来，就抓过枕头上的枕巾擦掉。有一次，我注意到枕巾上的图案是有颜色的，有黄色的花蕊，有红花有绿叶，这些丰富的颜色不是织进去的，也不是染上去的，那这枕巾上的红花绿叶是怎么来的呢？我想到提花经编窗纱产品都是纯色的，色彩很单一，如果我们厂生产的窗纱产品也能像枕巾一样有艳丽的色彩，那产品一定会漂亮得多啊！我就开始一门心思地研究起枕巾上的图案是通过怎样的工艺生产出来的。我受到了枕巾的启发，想到用若干在不同位置镂空的刻花模板，将模板覆盖在纯色经编织物上，然后喷上某种颜色，这样模板上镂空的位置就喷上了预定的颜色，然后再换一个模板，喷上另一种颜色，如此多次反复，经编提花织物上的花卉就像枕巾那样出现了红花绿叶黄蕊。我开创的这种喷花工艺，是纯人工制作，看似简单，但对原本色彩单一的经编窗纱产品却是跨越式的创新。喷上了各种漂亮花色的窗纱新产品一经问世便大受欢迎。我们对1994年、1995年的积压库存产品都进行了重新加工，改成了色彩丰富的新产品。对色彩具有天生喜好的人们非常喜欢这种新颖的窗纱产品，积压的产品经过改造很快销售一空。加工成本每米 0.5 元，新产品在市场上每米就可以比普通产品多卖 2 元，而且这样的产品还供不应求。通过这一年的发展，厂里获得了 100 万元的收益。这样一个动作，不仅拯救了我的产品，更是拯救了我的企业，销售量激增的同时，每年收益也成倍增长，企业重回正轨。由于效益可观，绍兴本地很多企业竞相模仿。

2000 年前后，轻纺城的规模也逐步扩大，正是从这年开始，我做起了出口贸易业务。前期出口量较少，而且只能由外贸公司专营，并且产品出口受配额的管控，只有符合配额分配才可以出口。同时由于受配额的限制，产品价格偏高，不利于出口贸易。在中国加入 WTO 以后，我国的外贸政策逐步放开。2000 年，全国仅有 20 家民营企业拿到自营出口权的执照批文，在当时看来我公司是完全不可能拿到这个执照批文的。但随着第二期自营出口权执照批文的放开，我公司也拿到了自营出口权的执照批文。有了执照批文，我们还缺乏相应的外贸人才，所以我们就到广交会寻找翻译，这样市场逐步拓展开来。

在公司逐渐平稳运行以后，我们也将目光转向了电商行业，利用电商这个平台进行贸易。我儿子在电商行业上的目光是非常明确且长远的。因此，我也全力支持他带动企业在电商方面发展壮大。我们最先发展的是跨境电商业务，利用亚马逊这个跨境电商平台，进行自营出口贸易。由于都是零售贸易，我们也进行了一定的投资，进行仓库的建设及合理配货工作，满足平台上的订单需求。同时，国内也拥有巨大的市场，我们拥有几百个加盟商，遍布全国各地；我们还在淘宝、天猫、京东、唯品会等电商龙头平台进行销售。线上线下的同步发展，扩大了我们的销售规模，提高了产品销售量，也大大提升了“金蝉”的知名度。

2020 年，跨境电商贸易在企业贸易中仍然占据很大的比重。同时我们在销售策略上也进行了一定的改变，通过生产后自我检验，减少进口商、批发商、零售商这些中间商，我们的产品在价格和质量上都拥有极大的优势。

随着年龄的增长、孩子的成年，我也更加注重对下一代的培养。我对儿子一直较为严厉。我的儿子作为一个“创二代”，从小就背负着与其他同龄人相比更大的压力。作为父亲，我也是尽自己所能，给他传授更多的经验，让他将来在处理公司事情时更为得心应手。因此，我也希望他能在挫折中不断成长，为中国轻纺城发展做出更大的贡献！

访谈时间：2021 年 4 月 14 日
访谈地点：浙江金蝉布艺股份有限公司
访谈整理：唐根年　赵越

纺织“零”起点的教授级高工

人物名片

胡克勤，男，1957年5月生，浙江绍兴人，民建会员，教授级高级工程师。现任浙江省现代纺织技术与装备创新平台理事长，曾任绍兴县纺织业生产力促进中心主任，兼任中国印染行业协会副理事长，浙江省纺织工程学会副理事长，浙江省印染行业协会理事长等职。

从纺织零起点到“所长”的蝶变之路

我的纺织行业成长经历是从零开始的。1974年高中毕业后因为父亲突然去世，家里又有弟妹，生活窘迫，我无法继续上学。受父亲和祖辈的影响，我在高中毕业后靠画画来谋生，持续将近10年，期间我还自学了土木工程设计全部课程。在那个年代，知识青年比较少，我凭着高中毕业文凭有幸被招录到柯桥工业品贸易中心担任总经理助理，负责企业经营，办公地点位于轻纺城市场中心地段。在这段时间，我目睹了纺织行业的萌芽和发展的过程。

其实柯桥纺织行业的发展是有船老大一份功劳的。当时柯桥已经有一些低端化纤布生产作坊，由于交通很不方便，加上绍兴水系发达，乌篷船是主要交通工具，那些船老大们经常会遇到商贩们来买化纤布料，便收集了各种布料挂在船上供商贩们选择，并根据商贩们的意向将其带去相应的作坊（工厂）。时间久了，船老大们嗅到了商机，便弃船上岸，大家聚集在马路两边摆起摊子，摆放收集来的各种面料吸引商贩，这应该算是轻纺城市场的雏形。由于当时马路较窄，集聚的人多了极易引起交通拥堵，政府看这样不行，先建造了柯桥轻纺产品市场，后又在东升路上建造了2万多平方米的纺织面料交易市场，这也标志着柯桥轻纺城市场正式建立。

我比较爱学习，爱琢磨，凭借之前的画画专长，加上后来专门自学了纺织工程技术，便开始着手做纺织面料设计。当时柯桥纺织业尚在起步阶段，产品十分单一，于是我就专注于面料设计开发。我是当时第一个将计算机辅助设计系统应用到纺织品设计开发的人，在当时引起了不小的轰动。

柯桥面料市场形成初期，面料品种单一，市场上几乎只有平纹、斜纹两款布。由于涤纶丝生产设备、生产技术都比较落后，一些化纤厂经常有等级品原料积压，我利用这些原料粗细不均、色泽不匀的特点，顺其自然设计出了一款仿亚麻面料。

胡克勤（右一）在“最美浙江人”之“最美科技人”颁奖现场

这种面料质感粗，但其悬垂性好，吸湿导湿快，仿麻风格突出。刚开始的时候，所有认识我的人都说我是“疯子”，认为这样的东西肯定没有市场。意想不到的是，这种面料投放市场后竟一夜爆红，成本每米 8 ～ 9 元的布可以卖到每米 30 元，终端市场可以卖到每米 70 ～ 80 元，利润非常高(当时常规面料的利润只有几毛钱一米)，羡煞我的同行们。由于当时生产能力有限（一天出产 80 ～ 90 匹布），一些商户为了拿到这款面料，从凌晨 3 点开始在我的经营档口排队，我们只能限量销售且非熟客不给货。我记得有一块 1.5 米左右的残次品仿亚麻面料，随便放在店里，结果被商人发现了，硬是正价买走。亚麻面料的成功不仅让我积累了人生第一桶金，也使我名气大增。更为重要的是，仿亚麻面料的成功对柯桥纺织业影响也非常大，在当时算得上是一件具有里程碑意义的事。正是我无意间的一次尝试，引起了企业对产品开发的重视，从此柯桥纺织企业主动创新求变，并伴随着技术更新和设计力量增强，面料的花样、种类越来越多，纺织面料市场更加繁荣。

我的人生中第二件引以为傲的事是 1998 年我对织造设备的一次成功改造。当时机缘巧合，我结识了一位台商，他们在台湾地区经营纺织企业多年，拥有先进的生产线，技术力量雄厚。一次交流中他们给我推荐了一款最新生产的弹性梭织面料，那个年代加弹针织面料非常少，且市场价格非常高，一般都是知名大牌才会选用此类面料，弹性梭织面料在大陆更是鲜见。生产弹性梭织面料必须用氨纶包覆丝，当时在大陆没有生产包覆纱设备，台商的包覆纱设备是从意大利进口的，一台要 150 万元，当时我们要进口如此昂贵的设备几乎是不可能的。怎么办？我自己改造！我从纱线结构分析开始，通过对普通网络并线机喷嘴进行改造，增加喷嘴压力，实现纺织氨纶包覆丝，虽然包覆性不好，纱线张力比不稳定且强力不够，但第一步算是成功了。接下来就是要解决氨纶丝的标准退介比例问题，核心是让氨纶丝在拉伸 3.5 倍的状态下和涤纶丝包覆，如果退介比例稳定，那么纱线张力就解决了，强力也随之解决了。此时我想到了用变速齿轮控制罗拉来被动退介氨纶丝，这样最大限度保证了氨纶丝在牵伸状态下实现涤纶丝之间的包覆。经过反复尝试，成功生产出弹性比可调、强度高、性能稳定的氨纶包覆丝。全部设备改造费用仅为 5 万元，经我改造的设备其生产效率是意大利设备的 2 倍，此举打破了意大利对包覆丝机的垄断，填补了国内空白。这项设备改造技术的推广应用，不仅为国家节约了大量外汇，也有效促进了我国纺织面料的“弹性革命”，带动了国内纺织面料的全面升级，取得了十分可观的经济效益和社会效益。这在当时就是一个奇迹！

创造民营企业主导省级平台建设的神话

21 世纪初，随着轻纺城平台日渐壮大和纺织产业的蓬勃发展，纺织业已成为地方经济发展支柱产业，对柯桥区域经济发展的支撑作用日益凸显，为纺织企业提供技术、人力和智力支持、提供第三方服务尤为重要。鉴于此，2006 年浙江省政府拟筹划融合行业主管部门、高校和企业及社会力量成立浙江省现代纺织技术及装备创新服务平台。我有幸参与了前期筹备工作。由于柯桥纺织产业集聚，又有全球最大的轻纺城市场，最终浙江省政府经综合权衡选址柯桥，建设浙江省现代纺织技术及装备创新服务平台，并指定由我负责起草具体建设方案。

那个时候，国内还没有这类省级生产力促进平台，平台建设还处在初期探索阶段，我们实现了两个不可能：一是建设地设在省会城市以外，二是由民营企业牵头建设。我经过几个月的市场调研及与行业领导、高校专家、企业负责人的多方论证，最后提交的建设方案在省政府常务会议上顺利通过。2006 年 10 月，浙江省现代纺织技术及装备创新服务平台成立，并组建浙江省现代纺织工业研究院作为实施主体。经过多年探索、发展，当前“浙纺院”已组建起纺织新材料、纺织服装工程、染整技术、纺织装备、信息技术、纺织经济管理、缝制机械自动化等研究机构，建有纺织新材料、纺织面料和纺织装备等相应的中试基地，提供花样艺术设计、流行面料设计、现代艺术设计、纺织品分析与检测、纺织技术推广应用、小样制作、数码印花等各类服务。10 多年来，我们本着“和谐、创新、奉献、共赢”的服务理念，累计服务企业近万家，提供纺织产品设计、分析、试样、检测和咨询服务 10 万余人次，为企业培训各类纺织技术人才 4470 人次，组织开展学术报告、技术推广、信息交流活动 65 场次，创新服务面已涵盖省内 2/3 的纺织企业，辐射江苏、山东、福建、广东等 10 多个省市，并成功进入东南亚及欧美市场，在整个纺织行业均产生极大的带动力和影响力，收获国家中小企业公共服务示范平台等众多荣誉，受到各级党委政府的重视与支持，2008 年，习近平同志来柯桥参观考察时，我有幸就浙江省现代纺织技术及装备创新服务平台建设情况等向习近平同志做了汇报并得到了充分的肯定。

第二梦想——打造纺织创意产业

当下，我们纺织制造过程都是高科技、智能化的，纺织的产业链比较完整。我们的纺织企业正从“仿制”向“原创”跨越，中国轻纺城主流市场也从传统中低端产品向高端时尚、高附加值产品蝶变。当今社会人人追求时尚，追求穿着的艺术，这样的市场环境正在呼唤、体现设计之价值。

鉴于此，我开始践行人生的第二个梦想——搭建一家接轨国际水平的设计公司花样艺术设计中心，旨在培育纺织产品设计师，培育好从事纺织品设计的种子选手，并培育、发展柯桥的纺织品设计产业。在更多有志于推进纺织品设计开发领导者的共同参与下，柯桥已经有上百家纺织品设计公司，规模化的纺织品专业团队正在推动设计产业链健康发展，这对中国纺织产业的升级提质具有划时代里程碑意义。2020 年，我向柯桥区政府提议建立纺织品设计产权保护机制，成立产权保护中心。这不仅培育了设计师，也培育了设计产业，推动本土创意产业蓬勃发展。将纺织创意设计带进区域纺织企业，构建了中国轻纺城创意设计产业，为区域纺织集群营造了浓厚的原创设计氛围，有效促进了纺织产品附加值的提升。

纺织产业是民生产业，未来还有很长的路要走，我愿意继续发挥力量，也期待更多的年轻人共同参与，接续奋斗，我们一定会从纺织大国走向纺织强国，柯桥定会成为未来纺织时尚之都！

访谈时间：2021 年 4 月 6 日

访谈地点：绍兴柯桥金地咖啡馆

访谈整理：汪俊东　蒋昂委　欧婷婷

开设首家布店的农民个体户

人物名片

缪华水，男，1955 年 11 月生，浙江绍兴人。1973 年高中毕业后参加工作，1985 年至 2000 年在中国轻纺城经营轻纺面料生意；2000 年至今从事汽车销售行业，现任绍兴华泽丰田汽车销售服务有限公司董事长。

1978 年党的十一届三中全会以来，我国开始改革开放，在这个过程中，我做过泥水工，经营过纺织面料，到现在从事汽车销售，是改革开放浪潮里成长起来的一个普通商人。

无梭织机推动轻纺市场发展

我是柯桥华舍人，是地道的农民。家里兄妹 5 人，母亲在我十几岁的时候就过世了。我挺早就放弃了学业，跟着人家做泥水工。1985 年，我感觉纺织行业前景比较好，想出去闯一闯，就开始做纺织面料。那年年初，我便在柯桥镇上开店，成为柯桥镇开设首家布店的农民个体户，一干就是 15 年。我开始做纺织的时候，轻纺城还没有建起来，1988 年才有了第一个市场——绍兴轻纺市场，之后有了东市场、北市场等等。我成为第一个从农民走上街头的布商，掘到了第一桶金。期间，我的兄弟姐妹也都跟着做纺织品生意，赚到了钱。后来，我们村里的许多农民都成为轻纺城的纺织老板，这些都要感谢党的好政策。

那时一个村有一个纺织企业，厂里有七八十台织布机，都是需要人工操作的有梭织机。对于轻纺城市场的发展，温州人是做出了很大贡献的，他们一直在外面闯荡，对纺织行业的发展比我们要看得远。我们大部分绍兴人在本地做生意，而温州人经常在外面走。1993—1994 年，有温州人把高档面料拿到轻纺城市场来卖，把我们本地生产的布比下去了。我们用的是有梭织机，温州人来卖的面料是用自动的无梭织机织出来的，两者质量差距很大。当时，有梭织机织出的布每米卖 10 元钱，温州人用无梭织机织的布能够卖每米 15 元甚至 20 元，因为布的质量好，老百姓还是非常乐意去买无梭织机织出来的布。这对我们本地纺织行业触动非常大，意识到设备创新的重要性，后来我们就大力发展无梭织机。因此我认为，温州人对轻纺城纺织业的发展贡献是很大的。

销售汽车仍然关注着轻纺城的发展

2000 年，一个偶然的机会，在朋友的介绍下，我转做了汽车行业，开了柯桥第一家汽车 4S 店。那时候柯桥还没有汽车 4S 店，连 4S 的概念都没有，大家买车都是到杭州、宁波去。柯桥的第一个车展是我办的，那时做汽车业务和做纺织一样，都要到杭州、宁波去招商。

创业总是有难度的，但柯桥创业环境很好。第一，从政府层面来说，给予经营活动提供有力政策支持；第二，机会比较多，柯桥经济比较发达，但汽车行业还是空白。

轻纺城能在柯桥搞活，主要还是靠政府扶持和政策方面的优待。随着市场的发展和繁荣，会带来一些问题，但政府都能及时发现及时解决，如解决外地商人子女入学问题，尽管是小事，但能够让外地商人安心地留在这里经商。市场从发展到壮大，不仅需要本地人的参与，也需要外地人的助力，不仅需要政府的支持，更需要方方面面的参与。柯桥这个城市是很包容的，使得全国各地甚至外商能够留在这里经商，中国轻纺城发展越来越好了，我们也得益了。

从全国轻纺产业来说，其他地方都替代不了柯桥。比如印染，柯桥在污水处理、产销体系、产业链等方面都形成了一定的优势，随着形势发展，还在不断地改进和提高质量。

随着印染企业的集聚，集中供热、集中处理污水，柯桥蓝天白云多了，河水也清澈了，“五水共治”“五气合治”取得了明显的成效。在此过程中，政府投入了大量的资金，尤其是近 10 年，不仅环境美了，我们的温情也更浓了。

披星戴月　用勤劳拓一方轻纺天地

我们是柯桥轻纺行业经商的第一代人，在柯桥，以前也是以纺织业为主的，零零散散卖布的很早就有了，做袜子、织布等等。1985 年前后，柯桥的路还都是石板路，只有零星的几家纺织厂、印染厂，那时，我们搞销售的，都是在柯桥老街那边搬个床，床上面放几匹布，就这样发展起来的。

柯桥人是非常勤劳、善良、苦干的，诚实和勤劳是柯桥人丢不掉的本性，外地人有时候说：“你们柯桥人都这么有钱了，还这么拼命做什么呢？”以前我们做布生意的时候，晚上都是不回家的。那时本钱少，到纺织厂拿了布，就到印染厂去染，必须在当天晚上染好，第二天就可以拿去卖，卖掉的钱作为本钱再去拿布。如果人不在印染厂，就会被其他客户挤走，布就染不出来，一天的时间就全被浪费掉，所以我们晚上就睡在印染厂，日复一日周而复始，就这样不断地循环。

中国轻纺城汽车市场

我是柯桥第一个从农民走上街头成为个体户的人，虽有酸甜苦辣，但更多的是有一种成就感。感谢党的好政策，感谢政府的支持，我们是不会忘本的。无论在哪个行业做生意，我都愿意为中国轻纺城添砖加瓦，贡献一份力！

访谈时间：2021 年 5 月 5 日

访谈地点：绍兴华泽丰田汽车销售服务有限公司董事长办公室

访谈整理：凌佳怡　朱健伟

傲雪冬梅别样红

人物名片

周冬梅，女，1948 年 11 月生，浙江绍兴人。现任东美纺织有限公司董事长。曾任绍兴市第四、第五、第六届妇女代表大会代表，绍兴女企业界协会副主任，中国轻纺城妇女委员会副主任，绍兴市关心下一代帮困助学理事会副理事长。曾获 2007 年中国十大经济女性年度人物“中国经济女性成就奖”，全国、省、市、县“巾帼文明岗”“百名巾帼创业带头人”“中国轻纺城十大影响力布商”“绍兴县十佳创业女性”等荣誉称号，是柯桥“四大花王”中唯一的女性。

穷人家的孩子早当家

1948 年 11 月 10 日，我出生在绍兴梅山乡洋渎村，父母给我取名叫周冬梅，希望我像冬天的梅花一样，不畏严寒，俏立枝头，艳丽绽放。我家是贫雇农出身，父母亲都是地道的农民。家里只有一间 50 ～ 60 平方米的破房，下雨天漏得一塌糊涂。我的父亲做卖鱼虾的小生意，母亲在家带孩子做家务，全家八口人艰难地度日，过着吃不饱、穿不暖的生活。

我的母亲在日本人的迫害下眼睛失明了，因此我比一般的孩子多了一份苦难和艰辛，稍大一点我就成了母亲的拐杖，小小年纪就学会了烧饭和操持家务，9 岁时上小学，读了两年半书，12 岁时为了吃饭，我只能休学参加生产队里的劳动，白天跟着大人下田拔草、摘豆摘瓜，参加副业队的劳动，晚上跟着本家堂嫂学习挑花赚钱养家，这样一直持续到 18 岁出嫁。

1971 年，正当我们夫妻俩携手共同建设家庭、抚养儿女成长的时候，一场大火烧毁了家园。在亲戚朋友的帮助下，家是重新建立起来了，但已负债累累。为了解决困境，我们夫妻俩一商量，卖掉了结婚时的金戒指和三张大床，又向亲戚借了 50 元钱，买了两台爆米花机、一台补鞋机，丈夫北上去了内蒙古，投靠远嫁到内蒙古的二姐，但事业并没有什么起色。

远走他乡　被生活压弯了腰

1973 年，丈夫带我来到了内蒙古，亲戚托人给我们夫妻俩介绍了两份工作，但分隔两地，我去食堂烧饭，丈夫在朋友开的建筑队做小工。在内蒙古打工非常非常苦，当地气候条件和生存环境对于我们这对南方夫妻来说，实在是太难适应了。当时没有自来水，吃的、用的水都要去河里挑回来，食堂到河边的路面坑坑洼洼，一担水挑到食堂只剩下半担了。由于粮食紧张，吃的东西特别少，为了减轻工作强度，我主动与几个知青搞好关系，知青们就每天帮我挑几担水，这样我的工作就相对轻松一点。后来，由于生活过于艰苦，亲戚又联系了种树、浇水的活儿，让我们夫妻俩每天在水库内忙活。但我们已经很满足了，因为我们能够在一起干活了，虽然辛苦，赚的钱也比以前多了，过了一年，回到绍兴，还清了债务，一家人团团圆圆地过起了日子。

1975 年，丈夫不甘心田里劳动的那一点收入，带我来到了云南昆明，第一个去的地方是煤矿。那是一个很大的矿区，方圆有百十里，里面有个小村庄，住着几百户人家，我们夫妻俩每天都在村子里卖爆米花。开始的时候，夫妻协作，每到一个地方，丈夫爆米花，我打下手。突然有一天丈夫对我说，他要去其他地方考察一下，就把爆米花的事情交给了我，说走就走了。说实话，我虽然每天跟着他摆摊，但没有实际操作过，一声爆响，出来的爆米花全是黑炭。就这样我一个人开始卖爆米花。卖爆米花很苦，走街串户，常常一个人爆到晚上 12 点，回到住的地方，骨头像散了架一样。我的心里当时有个朦胧的念头：苦，我不怕，但我一定要挣一份像样的产业，我一定要过上比村里其他人好一点的日子。

苦尽甘来　赚得第一桶金

虽然日子过得比以前稍微好一点了，但我始终没有放弃赚钱的念头。要实现自己的理想，要做大生意，靠卖爆米花是不行的，一定得再换个行业，于是决定回到家乡绍兴柯桥。当时，正是绍兴乡镇企业兴起的时候，附近有个袜厂，厂里正在生产一种尼龙袜子以取代传统的棉线袜子，我与小姐妹商量，去袜厂赊了 500 双袜子，我们拿着 500 双袜子乘火车去了昆明，经过俩人的努力，把 500 双袜子全部卖完，这次的成功让我信心倍增。

回绍兴后，我拿上袜子就再次坐上了去昆明的火车，到了晚上也不敢睡，生怕袜子被偷，三天三夜后火车终于到了昆明，脚已经肿到走不了路，但我咬牙硬扛着把四大箱袜子运到老乡的亲戚家中。我来不及休息，就背了一大袋袜子去堂子巷卖袜子，顾客把我围住了，一下子卖掉了 200 双，第一天就卖出了两整箱，我很高兴。最终，我带去昆明的 2000 双袜子全部卖出。

货是出手了，怎样把钱带回绍兴，我着实动了一番脑筋。因为当时人民币面额较小，又都是现金交易，我用了一件长的棉毛衫把钱缝在上面，系在腰上，用一条肥大的裤子围住，上车后我就后悔了，因为气透不出来，我只能隔一段时间去厕所里透一下气。又经过三天三夜，终于回到了绍兴，去厂里付清了货款。我一下子成了名人，厂里上上下下都知道了我卖袜子的事情。但是我也没有骄傲自满，又马不停蹄地

周冬梅（左）陪同原绍兴市政协主席沈云姑视察并介绍新型面料花型

往返在昆明与绍兴之间，成天与火车打交道，货去钱回，一天到晚奔波在路上。我开始从沿街叫卖往批发的方向发展，随着生意一天天地扩大，袜子的品种也在不断地增加，进货的渠道也在不断地扩大。随着技术的进步，销货款可以通过邮局汇给厂里，结束了背钱回家的时代。

轻纺城创业虽艰辛但也有收获

1990 年，得知家乡绍兴有个轻纺市场生意比较兴隆，我将目光放到了轻纺城。我回来考察后，认为该市场发展潜力较大，于是和丈夫把在昆明积累的资本拿了出来，一起入股在小女儿的门市部里，我在柯桥的事业就这样开始了。

那时由于资金少，又想把生意做大，进货的资金常常是赊欠的，为了信誉，公司说什么时候付款就什么时候付，从不食言，把资金调度得恰到好处，受到了许多厂家的好评。经过一段时间的经营，我感到市场发展前景很好，于是举家到了柯桥发展，也在市场内租了门市部，做起了生意。1992 年，政府在市场东面建造了新的东交易区，我就出钱买了两间门市部，成立了绍兴东美布业有限公司，随着经营业务的不断扩大，我在原来染色的基础上开辟了印花业务。

我负责绍兴的一块业务，生意十分兴隆。因为生意好，所需要的资金量也很大，我只好去红光绸厂碰运气。当我说明来意后，钱厂长说："你需要多少坯布我就给你多少坯布。"我高兴极了，将红光绸厂仓库里的坯布全部拉到了漓渚新星印染厂，厂长朱建敏赤着膊亲自组织卸货，日夜染色，拉回门市部后全部销光，我立即送去货款，以感谢钱厂长对我的信任。

就这样，我与许多家企业建立了长期的合作关系，成了他们的供销商。当时因为生意比较红火，印花布的市场需求量较大，只要有货，卖出去并不难，所以我就不分昼夜地去印染厂跟单。在印染厂跟单是件非常辛苦的事，由于交通不发达，出行的主要交通工具是自行车和拖拉机。我每天骑着一辆破自行车在各个印染厂之间奔波，其中的辛苦只有自己才能体会到。

由于印花订单剧增，印染业务再次扩大，当时安昌新办了一家亚太印染厂，厂长邀请我去他的厂里印花。为了及时排上生产线，我吃住都在印染厂，时刻待命，不敢懈怠，曾 6 天 6 夜不休息。有一次我从绍兴丝织厂采购了 100 万米坯布去印花，价值千万元，当时亚太印染厂刚刚建厂，技术不过关，染出来的布不断出现问题，我心急如焚。我与厂长、技术员一直探讨，后来经过反复试验，到第六次终于发现是因为碱水未除尽，出现了手感硬、有白斑的现象。到早上厂长巡厂的时候，我把发现的问题跟他详细探讨了一下，厂长当即通知生产工人解决问题。

在与厂长的几年交往中，我们建立了深厚的友谊。厂长为人很好，当时有 100 万米布染成了次品，为了弥补我的损失，厂长千方百计，想尽一切办法从印染质量、印染数量、印染时间上做了弥补，我心里很是感激。后来亚太印染厂因业务发展需要增加机器设备，我也毫不犹豫地出资，支持扩大再生产。这份情谊一直延续至现在。

政府扶持　回馈社会

由于政府对轻纺市场的重视，轻纺市场发展越来越快，市场也得到了扩大，个体经营的环境也越来越好，我们做生意的劲头也越来越高。随着业务的不断扩大，我们也得到了政府有关部门的大力支持，市场内的经营户对我们评价也很高，我与潘永兴、余金方、马建新等四个经营户被誉为“四大花王”。同时，轻纺城的知名度越来越高，我们的生意也越来越好，我们被确定为重点经营户，享受着政府部门给予的优质服务。我们多次参加由绍兴县委书记、县长主持召开的座谈会，他们倾听我们经营户的呼声，共同商讨市场发展大计，参加县里组织的各种考察活动，我们在政治上有了一定的地位。我常想，我一个农村妇女，为了生计，为了养儿育女，走南闯北地做生意，做出了一点成绩，政府如此看重我，我一定要正正规规地做生意，以对得起政府、对得起支持我的人。

1992 年，政府投资建造了北交易区，并将整个市场更名为中国轻纺城。市场开业后，有 2000 多间营业房要招租，市场公司总经理召集“四大花王”，动员我们去北交易区经营，以此带动整个市场的繁荣。我们都有自己的经营场地，去北市场会增加经营成本，心里有点不想去，后来我认为政府花了那么多的资金和精力，想把整个轻纺市场搞上去，做大做强市场，我们应该支持政府，为繁荣北交易区出力，于是我们四家经营户全都来到了北交易区买房经营。经过我们大户的带动，一年后北交易区就兴旺起来了。

我在轻纺城的合法经营也得到了政府及有关部门的认可，历年来被评为“重合同守信用单位”，被多家银行评为企业信用 AAA 等级等。我在轻纺城的经营获得了一定的成功，但我的成功离不开党的富民政策，离不开社会各界的支持。为回报社会，我积极提供就业岗位 1000 余个，并出资捐助建造了新昌县回山镇东美希望小学一所，积极为贫困学生、受灾农民、防洪工程、修桥铺路等捐钱捐物。

我的儿子还积极参与浙江支援新疆的项目，在省政府援疆办公室的帮助下，在新疆阿拉尔市建立了兴美达有限公司和东美针织有限公司，在儿子和孙子的共同努力下，公司已开业投产，为援疆工作做出了贡献。

我这一生能取得这样的成就，一方面是靠自己的打拼，靠丈夫和儿女们、孙辈们的共同努力；另一方面也离不开党的好政策，及各级政府的支持和亲朋好友的帮助。我将继续用一颗赤诚之心回报社会，也希望我培养出来的子孙后代能感恩党和政府的帮助，继续回报社会，做对社会有意义的事情。

访谈时间：2021 年 4 月 14 日

访谈地点：东美纺织有限公司二楼会议室

访谈整理：汪志娟　郑雅萍　寿霜霜

实干　闯出一片新天地

人物名片

余金方，男，1955 年 1 月生，浙江绍兴人，中共党员。现任绍兴金汇纺服有限公司董事长、绍兴市柯桥区第一届人大代表、柯桥区齐贤街道乡贤会会长，曾任绍兴柯桥经济技术开发区商会会长。曾获全国关心下一代先进工作者、中国市场优秀商户、浙江省民营企业参与新农村建设贡献奖、浙江省光彩事业先进工作者、绍兴市关心下一代先进个人、绍兴市帮困助学模范、绍兴县慈善之星、绍兴县优秀共产党员、绍兴县劳动模范、绍兴市优秀中国特色社会主义事业建设者等荣誉。中国轻纺城"四大花王"之一。

实干：闯出一片新天地

我是一个土生土长的农民，年轻时什么苦活累活都干过。从 19 岁那年起，我就与纺织结下了不解之缘。20 世纪 80 年代初，我在当时的绍兴县第十纺织厂跑供销，足迹遍布云南、贵州、四川、江苏、上海等地，为公司接回了 80% 的业务，而多年南征北战的供销生涯，为我积累了广泛的人际网。20 世纪 90 年代初，邓小平同志发表南方谈话后，中国的经济发展驶入了快车道。我察觉到个体民营经济的发展将迎来前所未有的大好时机，于是主动辞职，在中国轻纺城买下几间门市部，开始做起布料生意，随后，创建了绍兴县金鑫纺织品有限公司。诚信至上的经营理念和勇于创新的生产机制，很快为金鑫打开了市场，产品销售一路畅通。同时，因为我起步比较早，在业内有着良好的声誉和威望，业内人士将我与其他三位企业家并称为中国轻纺城的"四大花王"。

然而我也深深感到在激烈竞争的市场经济中，企业没有自主开发、生产能力就掌握不了主动权。经过多方市场调研，我于 2001 年 10 月投资 2.5 亿元创办了自己的纺织厂——绍兴金汇纺服有限公司，从项目立项、筹建到正式投产，前后只用了 5 个月时间，一家占地 125 亩、建筑面积 12 万平方米、主附进口设备 700 余台套、职工 900 余名的纺织实体，以超乎常规的速度屹立在柯北开发区。公司专攻薄型化纤面料生产，以一等的品质迅速占领市场，赢得了众多国内外商家、客户的青睐。

2004 年 3 月，尽管全国纺织行业低迷不景气，我还是决定再引进 196 台日本进口喷水织机，扩大生产能力。然而业内其他人士对此很不理解，也曾再三劝阻，但我还是坚持自己的看法。果然，当年9月份市场风云突变，服装面料的销售呈井喷之势，积存如山的产品转瞬间销售一空，外商订单纷纷涌来。反观其他许多企业，却因生产能力有限而无能为力。正是因为我们金汇公司新进了196台进口织机，年生产能力猛增到4000万米，公司的销售收入和利税都翻了一番，又一次实现了跨越。如今，金汇公司取得了骄人的成绩：公司日产量超过10万米，70%的产品远销欧洲、美洲、中东等国外市场，上缴税收1000万元，自营出口近千万美元，为地方经济发展做出了应有的贡献。我们公司先后被评为“中国市场优秀商户”“AAA级信用企业”“自营出口二十强”。中国国际贸促会和法国科技质量监测中心还将我公司产品认证为“向欧盟推荐产品”。

拓展：迈上一个新台阶

发展是硬道理。我认为只有走发展之路，企业才能再上新台阶，实现新跨越。集团公司现有的轻纺产品研发能力和销售能力，已远远大于生产能力，必须有强烈的扩张意识，以实现跨越式发展。因此，我于2006年初斥资2000万元在中国轻纺城国际贸易区购买写字楼，成立绍兴金绚进出口有限公司，现该公司主导产品有高档的薄型弹力化纤面料等，产品远销欧美、中东、东南亚及中国香港等60多个国家和地区。

除了专注纺织业，我也涉足房地产行业。2004年7月在柯北工业园区征地53.4亩，投资6000万元建造标准厂房，总建筑面积达58000平方米的金成创业园区于2006年底竣工，按照国际理念设计，国际模式管理，享受外商优惠政策，配套完善，环境优美，公司主要以引进刺绣、服装、经编、针纺织品深加工及外贸办公等高档次项目为主，目前加盟金成创业园区的企业达20家。2006年7月，又投资6亿元，在湖州拍地245亩建造高档住宅小区，项目的销售形势月月创新高，房地产企业资质在短短一年时间破格由三级升为二级。2007年1月又斥资1.5亿元参股萧山楼盘开发，之后在德清、绍兴多地开发房地产项目，实现企业多元化、跨越式发展。

奉献：做一个“有心人”

我认为，企业家是一种责任，人大代表更是一种责任。在我心目中，当上“人大代表”是我人生历程的一个新的起点。作为绍兴市柯桥区第一届人大代表，我认为，应当尽职尽力地当好老百姓的公仆，不辜负选民的信任，关心和支持人大事业的发展，认真履行代表职责，提出一些造福老百姓的提案，如完善社会保险体系、提倡因人教育、培育公共交通等。

2003年6月，我看到《浙江日报》刊登部分学生由于家庭经济困难而无法圆大学梦的消息，马上与报社联系，与两位特困生签订了结对助学协议，资助他们完成

绍兴金汇纺服有限公司生产车间

四年的大学学业。2008 年 7 月，一位来自河南的女职工因车祸伤势严重，我立即赶往医院看望，并当即决定由企业承担近 3 万元的全部医疗费用，使这位普通外来职工被及时抢救，获得新生。50 岁的管湖沿村村民陆秀芬，由于丈夫身患疾病，失去经济来源，我马上派人把 1500 元资助金送到她的手中。自 2005 年起，我每年向绍兴县齐贤镇官湖沿村的 20 余位贫困户、低保户和残疾人送去人均千元以上的慰问金。公司还招收残疾人 20 余人，通过广纳残疾人员，较好地解决了当地的残疾人就业困难问题。

羊山风景区是绍兴县齐贤镇一处历史悠久的旅游胜地，在我们的共同努力下，目前羊山风景区的规划评审方案已经县政府审议通过，以“不冠名、不收费、不计资产”的方式，捐赠 2000 万元对该项目进行扩建改造。

从 2006 年开始，我每年出资 15 万元用于齐贤镇官湖沿村基础设施建设；为印度洋海啸灾难捐款 10 万元、绍兴市环城河改造捐款 30 万元、绍兴县古运河改造捐款 30 万元、绍兴市关心下一代基金捐款 20 万元、公安基金捐款 10 万元、绍兴县慈善冠名基金 200 万元等。

“吃水不忘挖井人”，金汇企业在高速、健康发展的同时，也积极落实绍兴县委、县政府（柯桥区委区政府）《关于全面推进社会主义新农村建设的意见》的要求，通过结对共建，充分发挥企业优势，从财力、物力、智力上支持齐贤街道官湖沿村的发展，加快推进结对村干部湖沿村的新农村建设步伐，并且制定了详细的《金汇公司与官湖沿村帮扶规划协议书》，走村企共同发展道路。金汇公司优先安排当地村民就业，预计全村 1/3 人员在金汇企业就业。金汇企业给官湖沿村创造了挡车、环卫、装卸工、营业人员等不同岗位的就业机会，截至目前，金汇企业累计给官湖沿村创造了至少 350 个就业机会，人均年收入在 2.8 万元以上。

而今，经过 10 多年的快速发展，金汇公司前进的步伐已日趋稳健，综合竞争能力迅速提高，主营业务规模不断增长，经营业绩得到了提升，主导产品市场占有率稳步提高，公司整体运行质量显著提高，由一个门市部小作坊发展成为拥有多家控股子公司、生产经营与资本运作相得益彰的规范化企业。

与时俱进、开拓创新、跨越发展是金汇人永恒的追求。未来的金汇人将继续秉承“以人为本、以诚为信”的经营理念，积极推进现代企业制度，拓展国际市场，整合国内外资源，实施全球经营战略，打造国际品牌，建设具有强大综合竞争力的现代化企业集团。

访谈时间：2021 年 4 月 14 日

访谈地点：绍兴金汇纺服有限公司

访谈整理：郑雅萍　邵燕燕　俞啸　常有梅

秉承“四千精神” 勇立潮头

人物名片

潘永兴，男，1962 年 7 月生，浙江绍兴人。曾任绍兴柯桥永丰布业有限公司董事长。1989 年前在云南昆明创办永丰商场，后在绍兴创办永丰布业有限公司，中国轻纺城“四大花王”之一。曾获得“全国个体劳模”市县“劳动模范”等荣誉称号。公司被评为“青年文明号”“守合同重信用单位”。

披荆斩棘 成就花王

我一直赞成用“走遍千山万水、说尽千言万语、想尽千方百计、尝遍千辛万苦”的“四千精神”，来总结绍兴人的创业精神。我背井离乡，去云南省昆明市做生意，中间经历了各种磨砺。1989 年，我离开云南重返绍兴后，便从事纺织产品的经营，1997 年，由做贸易转向布料加工生产。

为什么叫我“花王”呢？当时我回绍兴后，发现当地花布不仅品种少，产量也不大，原因是绍兴当地传统的花布生产基本只做半年，就是从元旦做到端午节左右，下半年就不做花布了。我来绍兴后，与其他几家企业一起逐步改变了这种传统。花布生产时间不再只做半年了，而是做一整年。这样做，不仅商品数量多了，花样也多了，相应地，市场的产业链也延长了。我在经营花布生意时，秉着“先做人品，再做产品”的理念，十分重视产品质量，只要客户发现质量有问题，均可退换货。

1997 年，永丰布业公司针对客户反映印花面料克重低、面料质感及垂感不好的问题，投资开发新产品取得成功，开拓了销售市场。2000 年投资兴建针织印染厂，在绍兴率先走出工贸联营的路子。此后，我们永丰布业公司注重增强企业的自主创新能力，专门设立花样设计部和新产品研发中心，每年投入巨资进行新产品研发。公司在秋冬季针织面料中使用莫代尔纤维，研发新型针织时装面料，后来这些针织面料成为企业利润的主要来源。为扩大出口，公司还在中东、中亚、越南设立窗口。到 2005 年，公司实现外贸出口 1000 万美元。2008 年，公司的“永丰”针织布被认定为首批“中国轻纺城知名商品”。2012 年，公司出口东南亚、中亚市场的纺织产品占其出口总额的 60%。公司先后被评为浙江省“青年文明号”“守合同重信用单位”。

潘永兴参加绍兴·越城对话韩国企业暨重点项目推介会

饮水思源　感谢政府

在从事纺织加工贸易的30多年中，我始终感谢国家改革开放的英明政策和地方政府及相关部门的积极引导。我认为，我和我的公司能取得今天这个成就，始终是与国家、绍兴市和柯桥区的发展密不可分的，当然也是和中国轻纺城的发展休戚相关。发展过程中大概可以分为三个阶段：首先，改革开放初期，国家经济政策放开搞活，因此，地方政府也积极放开手脚，让经营者大胆去尝试。其次，最初的轻纺城原来是个老街道，但是随着商户的增加和市场的繁荣，过去老街道已经不适应时代发展的需要，地方政府部门从现实出发，狠抓经营环境硬件，逐步改造过去的老街道，建成了现在的轻纺城。最后，中国加入WTO后，国际市场的扩大也为我公司发展提供了广阔的平台。2001年前，公司主要以国内贸易为主；2001年后，公司国内外贸易并重。同时，地方政府为了提高企业对外贸易的水平和能力，有计划地组织培训相关业务，比如外语培训、如何实施外贸制造等。

兼蓄包容　关爱社会

我认为，中国轻纺城能发展为全国规模最大纺织品集散中心、亚洲最大的轻纺专业市场，和绍兴人的性格有很大关系。绍兴人做事风格低调，不张扬，不排外，具有很强的包容性。现在不仅有绍兴以外的人在这里做生意，而且有很多外国人也在这里做生意，大家在这里相互学习，相互借鉴，共同进步。就现在的发展趋势来看，中国轻纺城有可能发展成为世界最大的专业市场。另外，纺织业虽是个传统行业，但是发展很有朝气，更加适合年轻人参与其中，为这个传统行业注入新鲜血液。现在，我已经退休了，更愿意看到年轻人能更快地成长起来。

企业把服务社会作为分内之事。比如公司较早成立的关工委基金，帮扶困难员工解决子女的读书学费。正是有了良好的企业文化，企业员工才能一直保持良好的稳定性。

访谈时间：2021年4月15日

访谈地点：绍兴柯桥永丰布业有限公司

访谈整理：张杰　何琳　刘程军　唐根年

创新扮靓彩虹装

人物名片

马建新，男，1965年7月生，浙江绍兴人。与妻子共同创立中国轻纺城彩虹庄布行、绍兴县彩虹庄布业有限公司、绍兴彩虹庄针纺有限公司、浙江彩虹庄印染有限公司等企业。中国轻纺城“四大花王”之一。

引领时尚潮流 创新是硬核

我是从1992年4月开始在轻纺城创业，在这之前有过3年服装零售和在纺织厂工作的经历，也正是这些经历，让我对织布和服装消费者有了了解，为自主研发新产品打好了基础，今天有幸接受采访，回忆整个创业史，我们一直在做的就是“创新”二字，可以说是产品创新、模式创新，也可以是细分行业中的创新。

第一，在产品创新上，因有织布厂工作经历，懂生产工艺，我可以自己开生产工艺单，根据市场产品需求，应用化纤原料的性能和组织纹理的变化开发产品。在20世纪90年代初，每年会有几只印花坯布打入市场，印象较深的是当年开发雪纺类产品时，用75D48F涤纶长丝，用起绉机起绉，印花布成品门幅达114厘米，能卖到每米30多元，得到了众多国内知名女装品牌的认可和采购。此外，我们开发的烂花俏，织物用黏胶长丝＋涤纶，局部烂花＋印花工艺，为首届中国流行面料入围产品，在中国流行面料评选中连续20多届入围，并多次获评中国纺织行业产品开发最高奖——中国纺织品开发贡献奖。公司每年开发的产品和图案花型不计其数。

第二，我们在模式创新上的尝试。1994—1995年，印花坯布普遍缺乏，品质低，价格不稳定，品质较好的印花坯布是稀缺资源，我们在湖州、吴江盛泽分别找了一些稍好的工厂，按我们统一工艺、统一标准，适当高于市场的价格，委托几个中间贸易商管理生产，这样有了质量稳定、货源稳定的坯布资源，也为我们印花布的品质打好了基础。1996—1997年，技术和管理较好的印花工厂寥寥无几，我组建了一支专业技术团队，承包了江苏一家国有上市企业分厂的全部产量，使我们生产的产品品质与韩国基本同质，在产品开发上与韩国基本同季供应，能为国内女装品牌企业提供优质而时尚的面料。同时我们创建了一支销售团队，改坐商为行商，一是带样上门拜访客户；二是每年一到两次在上海、北京、深圳、武汉四个城市进行新品发布；三是到各纺织展览会中去参展。我们是德国法兰克福进入中国20年中为数不多的连续参展18年的企业。

我认为要做好一块印花布，要在坯布的开发、图案花型的设计开发、品质的基础保障、印花新工艺的不断研发上下苦功夫，正是因为有这么多维度的研发，才有了各种成绩。

从贸易到工厂　以归零思维重新审视纺织产业

2002年绍兴县滨海工业区成立，我们以归零思维，分析未来纺织服装业的趋势，决定建设一家集织造、染色、印花、制衣为一体的时尚针织面料工厂。彩虹庄花巨资引进了世界最先进的设备。印花分厂采用德国、瑞士、日本、意大利产国际最新机型的平网、圆网印花机及先进的电脑分色、制网系统，成套的染整设备、韩国丰光面料丝光机等；染整分厂采用香港立信染缸和门富士定型机及意大利拉发磨毛机、预缩机等各种先进机型，并配置了全电脑自动配色系统；针纺厂拥有目前国际上最先进的德国迈耶西·德乐，台湾地区生产的单、双面提花机等针织大圆机；服装厂有先进的电脑缝制服装设备；为提高产品质量，建造了软水处理设备。彩虹庄的产品定位主要是面向欧美市场的高档时尚针织面料，主要有棉、人棉莫代尔、天丝等以短纤维原料为主的产品，人棉拉架面料是我们主力产品，在欧美市场畅销了很多年，公司也得到了应有的利润和发展。

产业链延伸　未来可期

彩虹庄通过外销市场的锻炼，不断自我提升，从而建立起织造、染整、印花、设计、成衣、渠道等一整条产业链，与此同时，在客户资源上，公司十分注重对优质高端客户的维护。尽管彩虹庄的主要业务集中在纺织业上游，但是对下游——服装企业的运营模式，我也有自己的见解。国际服装巨头的“快时尚”理念、现代化的企业运行方法让我推崇备至，也成为我经常向公司研发、管理人员灌输的经营理念。同时，要让国外的消费者感受到来自中国的时尚力量，不仅要寻求今天的订单，更要看到与客户明天的合作。在目前彩虹庄的纺织面料产品中，有70%的产量直接或间接销往欧美市场。彩虹庄没有进行大规模的产业扩张，而是通过不断提升产品品质、加强内部管理，对品牌进行升级。在我看来，欧美客户对纺织品的质量较为挑剔，这也迫使企业不断创新研发，采用新技术、新设备，使生产出来的产品与国际高品质面料接近，避开低水平竞争，转向高端领域。我看中的不是简单的服装加工生产，而是面料研发与服装的产业链结合。

近年来彩虹庄依靠打造自有设计师团队，从面料生产到打造女装品牌，试探性地进入下游产业。这并不意味着我们要涉足简单的服装加工生产，相反，我更加看重这种上下游贯通后，面料研发与时装设计的紧密结合。彩虹庄每年都会迎来一批艺术院校的在校生前来实习。因为教学与市场不够贴近，不懂面料已成为当前很多

2019 年上海国际面料展彩虹庄展位

毕业生的软肋。所以我也会派专人安排他们到印染、织造、加工的环节去实习，从社会责任感的角度，希望他们走向工作岗位时，能够适应市场的要求。

我们彩虹庄的定位是：不求规模多大，力求精细生产，品位高雅，时尚前卫。真正的时尚要以品质为起点，彩虹庄之所以转型做企业，就是要从品质做起，走一条扎扎实实的“二次创业”之路，在质量、时尚、信誉上给客户以安全感。让客户感到你的产品有安全感，企业才能持续发展。

访谈时间：2021 年 4 月 14 日

访谈地点：绍兴彩虹庄针纺有限公司

访谈整理：郑雅萍　邵燕燕　俞啸　常有梅

专注“一块布” 深耕纺织印染行业

人物名片

傅双利，男，1975 年 4 月生，浙江绍兴人，民建会员。现任浙江迎丰科技股份有限公司董事长，兼任浙江省印染协会副会长、绍兴市柯桥区印染协会执行会长、绍兴市国际商会会长、绍兴市柯桥区人大代表等职务，曾获绍兴市柯桥区劳动模范、绍兴市柯桥区经济发展功臣、绍兴市经济发展新锐奖等荣誉称号。

不忘初心 立志做好一块布

我是土生土长的柯桥华舍人，在我很小的时候村里就有很多人做布生意，受此影响，1991 年初中毕业才 16 岁的我，就进入轻纺市场卖布，从此与“布”结下不解之缘。如今整整 30 年过去了，我也从一个懵懂少年成长为近 2000 人规模的企业掌舵人。

我的人生经历可以概括为卖布、织布、染布三部曲，始终执着于“做更好的一块布”，真正与中国轻纺城共成长、共荣耀。由于我生来就不安分守己，凭着 3 个月左右的短暂卖布经历学到的皮毛纺织面料知识，我慢慢开始单枪匹马闯天涯。创业之时并不顺利，但我从不轻言放弃，在经历市场风风雨雨后，“年少老成”的我喝到了轻纺市场的头口水，成了个小老板。“初生牛犊不怕虎”，我怎么会满足于小富即安、满足于个体户式的小打小闹呢？我有着更高的目标和更远大的理想，我要开拓国际市场，和外国人做生意，不断壮大自己，创办属于自己的纺织印染企业。

多年的市场打拼，我积累了较为广泛的人脉资源，学到了丰富的纺织印染专业知识，依仗轻纺城得天独厚的商业环境，我逐渐做大做强了布生意，2005 年我创办了自己第一家公司——绍兴浙宇纺织贸易有限公司（这也是中国轻纺城成立较早的贸易公司之一）。公司创立后，我刻苦钻研、悉心经营，加上我的独特眼光和经营智慧，生意做得风生水起，2006—2008 年公司出口贸易额连续 3 年排名柯桥街道第一，成为柯桥明星贸易公司。有了这些积累，我又着手创办了自己的纺织企业——绍兴铭园纺织有限公司，把产业链前移到了织造这一环节。2011—2013 年，铭园纺织有限公司的产品接连在欧洲和北美市场取得突破，公司出口创汇业绩又是连续 3 年位列当时绍兴县纺织贸易企业前茅。可以说我不仅赶上了改革开放的好时代，还抓住了好时代里的大好机遇。

随着企业实力的不断增强，同时响应政府关于印染产业集聚升级的号召，2012年我决定创办绍兴县迎丰纺织有限公司（浙江迎丰科技股份有限公司的前身），将产业链扩大到附加值更高的印染端。2013年，当时绍兴县第一批在滨海工业区集聚落户的迎丰科技公司正式投产，我实现了从单纯卖布到材料研发、面料织造、印染、贸易，建立起较为完整的产、销、研一条龙企业。在此期间，我始终不离柯桥本土，专注于“一块布”，深耕于纺织印染行业，建构了企业的核心竞争力，产值规模、创新能力、管理水平、质量效益实现了质的飞跃。

抓住机遇　赢得发展先机

在绍兴纺织印染行业，人们都称我是一匹奔跑在行业前沿的骏马，没有人认为我是半路杀出的“黑马”。我始终以灵敏的嗅觉、旺盛的斗志、执着的干劲、抢抓机遇的激情，驰骋于纺织印染行业广阔天地间。七八年前，当时的绍兴县委、县政府为提升传统纺织产业，推动工业经济转型升级，按照“控量提质、集聚升级、节能减排”的总目标，做出了实施印染产业集聚升级工程的战略决策，要求通过“整合集聚一批、退出淘汰一批、兼并重组一批”的原则，加快印染企业向滨海工业区集聚提升。我意识到只有抓住机遇，才能赢得发展先机。于是我带头响应、顺势而为、谋定而动，将公司搬迁到滨海印染业集聚区，并升格为浙江迎丰科技股份有限公司。此次搬迁对我和企业来说可谓脱胎换骨、涅槃重生。我总共投入10多亿元，先是上马年产梭织物印染量6620万米、针织物印染4.16万吨的技术改造升级项目，淘汰落后设备，从德国、韩国及中国台湾地区引进先进的染整设备；随后又实施年产梭织物印染量7800万米、针织物2.5万吨的二期印染技术改造升级项目。这两个重点技术改造项目的实施，打造了绍兴印染行业的标杆企业，使企业规模进一步壮大，企业核心竞争力不断攀升，成功实现了迎丰科技公司由传统型工厂向智慧型工厂转型、由高耗能高污染企业向绿色制造企业提升、由粗放式管理向精细化管理转变，实现了华丽跨越。

傅双利参加技术论证会

坚持环保升级　引领绿色发展

近年来，在绿色环保、推动企业智能化上，我不惜血本、巨资投入。迎丰科技公司与浙江理工大学、浙江工业大学、传化智联股份有限公司、立信染整机械有限公司共同组成联合体，实施的“纺织品印染全流程绿色制造关键技术开发与系统集成”项目，通过了国家工信部的验收，同时被列为国家循环化改造示范试点项目，仅此一项就投入7000万元。同时，为保证清洁化生产、资源的节约集约利用，公司投资9000万元建设了日处理污水2万吨的污水预处理及中水回用系统，使污水的回用率达到60%以上；投资4000万元建设定型机废气和有机废气的收集处理系统，使废气的收集率达到95%以上，排放浓度远远低于绍兴地方标准。智能化的先进设备，使企业向智慧型转型；绿色环保的先进工艺和精细管理，使企业向绿色制造提升；而研发的投入、市场的拓展，同样是我们公司的成功秘诀。这么多年来，我们每月都有新产品研发投产，每年都有1～2只引导市场的“爆款”新品，每年投入的研发资金超过3000万元。在公司陈列室里，陈列着一块畅销国内外市场的高档面料，它是由普通的罗马白坯布制造而来，经过先进工艺染整，它的色泽、手感、质感、舒适度大幅度提升，成为多款知名品牌服装用料，附加值由原来的每米8.5元增加到17元，撬动了一个大市场。每年，我都会与研发和销售人员一起参加上海国际面料展、法国国际面料展。这两个面料展，代表了国际面料的最高水准，蕴藏着国际面料市场的最新信息，“以销售、市场带动生产，而不是以生产寻找销售、市场”的经营模式，启发也来自于此。

经过多年打拼，我们有了非常好的企业基础，我和全体迎丰人又开始做一个新的、更大的梦——上市。我们迎丰人运筹帷幄，主动作为，积极启动IPO计划，不惜花巨资对公司进行规范调整，努力推进企业上市进程。功夫不负有心人，经过4年半的准备，2020年9月迎丰股份顺利通过证监会审核，2021年1月29日迎丰股份在上海证交所成功上市。回望过往，迎丰人不畏艰难、敢想敢拼、迎风搏击，用8年时间，创造了中国印染史上的传奇。

现在，我们浙江迎丰科技股份有限公司已经是国家高新技术企业、浙江省绿色企业、浙江省“两化”深度融合国家综合性示范区试点企业，是绍兴市唯一一家被列为“浙江省印染行业领跑企业”培育对象的印染企业，也是绍兴唯一一家印染上市企业。

雄关漫道真如铁，而今迈步从头越。面对市场竞争激烈、国际贸易摩擦加剧、人力成本上升、环境压力加大、智能技术日新月异的新形势，今天的我正在实施我的“智能工厂”战略，向着“绿色高端、世界领先”目标继续前进！

访谈时间：2021年4月7日

访谈地点：浙江工业大学之江学院

访谈整理：汪俊东　王雨舟　朱丹阳　蒋昂委

坚毅勤奋恒久远

人物名片

茅元根，男，1965 年 4 月生，浙江绍兴人。1985 年 8 月参加工作，2002 年 6 月初创立绍兴柯桥恒元纺织有限公司并任总经理。曾先后创建 6 家公司，涉及纺织品织造、国际贸易、机械制造等行业，企业先后被评为绍兴市、柯桥区"诚信企业"和"劳动关系和谐企业"、柯桥区"重点示范工业企业""纳税 100 强企业""亩均税收、销售示范工业企业""自营出口十强企业"；个人曾荣获"湖塘街道经济建设功臣"、省慈善总会"慈善爱心奖"和绍兴市、柯桥区劳动模范等荣誉称号；还曾担任柯桥区政协委员和人大代表等。

吃苦耐劳　敢打敢拼

我家中兄弟姐妹众多，我排行第八。在少年时代，物质匮乏，又因"文革"影响，艰苦的生活经历造就了我坚毅的性格，培育了我艰苦创业的精神。我经历了租柜卖布、租房办厂、征地建公司的过程，一步一个脚印，一年一个台阶，确立了以"明思路、强管理、重规范、提素质、促发展、优服务"为恒元精神，抓外贸促生产，实现生产、销售、外贸一条龙发展，使公司业绩不断增长。

1985 年，我初中毕业后进入绍兴县阮社丝织厂做销售员，天南地北，风餐露宿，艰辛的工作经历，磨砺了我永不服输的意志。1990 年，年仅 25 岁的我怀揣借来的 3 万元钱，只身到中国轻纺城租门面做布匹生意，凭着好学、热情、诚信的品格，从接单、购坯到加工，风里来雨里去，皇天不负苦心人，我终于挖到了人生第一桶金，也开始为后来规模化发展积累了创业资本。

2001 年底，我国加入世贸组织，绍兴的纺织品有了一个世界性舞台，我敏锐地感觉到机会来了，再也不甘心囿于门市部里小打小闹。2002 年 8 月，我在湖塘工业园区征地 52 亩，创建了绍兴县恒元纺织有限公司。有了立足之地后我信心自然更足，以 TR 布、罗缎为主导产品，把梭织布生意做到美洲、欧洲。2006 年开始把目光投向针织布行业，购置 500 多台针织大圆机，100 多吨的日生产量，一度称雄柯桥针织布市场。在土地指标紧缺的情况下，2009 年我大胆决策，向空中求发展，把 1 万余平方米的标准厂房拆平翻建成四层楼，相当于节约土地 50 余亩。在 52 亩土地上，恒元纺织公司 2011 年创造了年销售额 11.9 亿元、税收 2000 余万元、创汇

6922 万美元的成绩，实现单亩土地纳税最大化，得到上级部门充分肯定，多次被评为绍兴县百强纳税企业及亩均税收销售示范企业。

我虽不是纺织科班出身，但一块布料到了我手上，我能正确分析出其原料成分、工艺要求。我非常重视相关信息，各种布样的市场信息、原材料信息，我都了如指掌。在外贸实践中，我总结出质量取胜、恪守信誉、优质服务三大经验。我积极倡导“恒元八诚”原则，每月亲自给外贸销售员进行一次培训；对产品质量进行跟踪服务，凡是用户反馈质量问题，我都派人第一时间去现场检验处理；如果确定是公司造成的质量问题，我坚持包退、包赔，甚至与客户一起承担亏损订单。正是由于诚心待人，我的人格魅力深深地吸引了每一个客户，公司的业务量连年提升，协作单位不断增多，淡季不淡，旺季更旺。

开拓创新　横向拓展

如果说创立恒元纺织是我事业的起步，那么进军纺织机械就是我事业的腾飞。在日积月累的纺织品生产与贸易工作中，我深深地体会到纺织面料要走向高端、提高产品附加值，面料后整理设备至关重要。2011 年 11 月，我在湖塘工业园区宾舍村新购土地 23 亩，建厂立项，创建恒元机械制造有限公司，引进韩国先进布料后整理设备，经过几年的发展，公司已经拥有自主知识产权的全自动连续烘干设备、松式烘干设备、气流柔软设备等，已被多家国内大型纺织公司、印染企业、服装公司认可，产品远销印度、越南、马来西亚等新兴国家，2018 年公司被认定为省级“高新技术企业”“浙江省高成长科技型中小企业”“浙江省优秀民营企业”等。初战告捷，公司于 2019 年在滨海新城征地 102 亩作为一期工程，引进具有百年历史的世界品牌德国克兰茨定型机制造技术和商标使用权，与韩国日星合资创建浙江恒杰克兰茨机械有限公司，主攻定型机的研发制造。经过紧张的设计施工，生产车间已于 2020 年底投入使用，由于品牌知名度高，技术成熟，价格低廉，一经投入市场，很受客户欢迎。

注重管理　不惜投入

我非常重视企业的经营管理，亲自主持制订公司的 5 年发展规划，提出发展目标。2009 年，因织物生产时飞入较多的异纤影响了产品质量，我大胆创新，不同工艺机台用玻璃隔离分间生产，犹如一个个包厢，方法虽土，但很实用，原料从仓库拆装到筐，进行工艺、原料对号入座，送入生产车间，大提花条线机分别对不同色纱进行尼龙隔层，产品质量得到了有效提升。我还实行原料坯布的分类、批号、出仓电脑条码管理，杜绝了坯布、原料混批号现象，提高了产品质量。我推行销售、车间、个人三级成本核算，把成本指标逐层分解到每个车间、机台，做到人人身上有指标，产量与质量、原料消耗挂钩，销售与指标、库存与资金回收挂钩，使员工个个身上有压力，进一步降低了成本。为保证与市场新品同步，我逐步淘汰市场大众化单面机，新增国内高档提花圆机，产品有各种高档条线、提花、罗纹、双面、混纺织物近百余种，恒元纺织仿佛成了针织布的博物馆，各种规格，各种品种应有尽有。

关爱员工　凝聚力量

“我是恒元的老总，但更多的是我要为社会、为广大员工谋利益。”我始终认为员工是财富的创造者，因此为员工付出，毫不吝啬。我坚持以科技为先，配齐硬件设施，公司每天近300吨的原材料、半成品、成品原来用人工装卸，2010年开始全部改用输送机及铲车操作，大大减轻了员工的体力劳动强度。我坚持以人为本，绝不拖欠员工工资，员工来去自由，若要留人，必先留心！我深知员工的艰辛，恪守“人人为我、我为人人”的做人准则。我常告诫自己：“要让员工揣着钱回家。”想员工所想，做员工所做。2008年开始，我投入巨资，在各生产车间内安装中央空调，解决了夏天车间温度高的问题，改善了员工的工作条件。我坚持每年春、夏两季为员工发放公司统一订制的工作服和T恤衫，还给每位员工定做了羽绒衣。我重视员工食堂，保证员工每次就餐至少有“一荤一素一汤”，并实行严格的食品卫生监督制度，要求食堂的米、油等主副食一律用优质品牌。我重视员工住宿，按星级宾馆标准配备员工宿舍设施，室内空调、网络、电视、电热杯、沐浴器、衣柜等一应俱全；为夫妻员工安排夫妻房。我重视员工子女教育，帮助解决好“小候鸟”学习问题，每年暑假期间，安排专职人员为员工子女举办学生暑假班，解决员工的后顾之忧。我重视员工业余生活，对工作满一年的员工每年安排

党建引领企业发展，公司党支部赴江西井冈山接受红色教育

一次旅游，每年组织员工进行“恒元杯”才艺大赛及元旦歌舞表演，对参赛优胜者给予物质奖励；年终举办抽奖晚宴、给留守外地员工发放红包及准备年夜饭等，使广大员工在公司有了家的感觉。

感恩社会　真情回报

我深深地懂得：自己的成功，离不开党的富民政策，离不开党和政府及社会各界人士的支持帮助。我认为，回馈社会、回报桑梓，是每一个人的社会责任，尤其是自己先富起来了，理应帮扶弱势群体。我从卖布经商的那一天起，凡遇捐款、资助贫困活动，总是积极响应。我每年为湖塘街道慈善机构及湖塘敬老院捐款；为湖塘敬老院、柯岩街道茶浜村 70 岁以上老人定做价值 300 多元的羽绒衣，给老人们送去温暖。我坚持在儿童节、春节为贫困学生送上慰问金，资助退休老师旅游等。几年来，我先后与庆元县左溪乡、隆宫乡、柯桥区富盛镇、孙端镇、湖塘街道陌坞村、湖中村、湖塘村等 7 名贫困生结对，每年向结帮对象送上慰问金。我还多次提供修桥铺路资金、为外来打工的白血病患者捐款。在 2008 年汶川大地震后，我带头捐款 21.5 万元，奉献自己的一片爱心。平时，只要有生活困难的人向我求助，我都会伸出援助之手，慷慨解囊。

时代担当成脊梁，乐于奉献报社会，这就是辛勤耕耘在纺织这个传统行业大半辈子的我。

访谈地点：2021 年 4 月 13 日

访谈地点：湖塘街道恒元纺织公司总部

访谈整理：刘程军　张杰　徐敬　唐根年

务实拓展根为魂

人物名片

王明煜，男，1964 年 8 月生，浙江绍兴人，中共党员。现任浙江新乐纺织化纤有限公司、浙江新舒纺织有限公司董事长。2011 年被评为浙江省中小企业优秀企业家，2012 年当选为绍兴市党代表，2013 年获柯桥区区长奖。新乐纺织为中国国际商会绍兴商会副会长单位、绍兴市纺织行业协会副会长单位，曾获国家工商行政管理总局认定的中国驰名商标、国家高新技术企业、国家大提花衬衫面料产品开发基地、省级高新技术企业研究开发中心、绍兴市百强企业、绍兴市企业技术中心、绍兴市“五星双强”两新组织、柯桥区政府质量奖提名奖、柯桥区学习型企业等荣誉。

全球视野　一块面料做到底

在我的企业发展过程中，能提及的故事并不多。我是一个务实的人，在我看来，一个人在一生当中，能将一件事做好就已经非常了不起了。踏踏实实地做好我的衬衫面料，让我们公司的产品享誉国内外市场是我最大的目标。

从 2000 年起，我就经常前往欧洲。在当时，前往欧洲并不是一件容易的事情，申请签证需要得到当地人的担保，而我并不熟悉意大利的公司。最后通过国家纺织工业部信息中心，联络了意大利的一个设计公司，对方发出邀请函，我才成功赴欧洲。意大利的设计行业享誉全球，这也是我去意大利的目的——寻求面料、学习创新，以此来驱动我公司纺织面料的提升。意大利传统企业大多具有工匠精神，拥有

王明煜和意大利设计师在米兰交流后合影

悠久的历史，代代相承。每次赴欧洲，对我的触动都比较大，企业如何根据自身特点专注做好一件事特别重要。为此，我下决心，要努力做好公司的纺织制造。

目前我们企业在绍兴滨海新城进行了投资，滨海新城相对充裕的土地十分有利于工厂规模的扩大，半小时都市圈拉近了与老厂的距离，较为便利。

平稳推进　产业适逢及时雨

在2013—2015年，我到滨海新城去投资，以完善公司的产业链，这三年我确实有挺大的压力。在国家宏观调控的大背景下，面临着投资不能很快产生效益的问题，我十分迷茫，是继续投下去，还是选择不投？这样的抉择对于我来说是比较艰难的。但是我始终相信，“人只有坚持才能看到希望，而不是看到希望才选择坚持”。

我的公司得到了省、市政府的支持，在滨海新城征用了230亩地，用于扩大生产，完善了产业链，提升了产品质量，产品销售市场从国内走向国外。

通过几年的努力，市场得到了较大的拓展，投资也有了回报，产能也得到了提升。产能的提升引发了产品的销售问题，刚好国家出台了“一带一路”倡议，公司到东南亚开设了销售基地，扩大了产品营销市场。东南亚市场有两大特点：一是东南亚国家与中国的关系不存在太多的摩擦与碰撞，较为友好，利于开展贸易往来；二是东南亚国家高端面料的纺织品比较依赖从中国进口，倾向于中国的高品质产品。

谆谆教诲　塑造全球胜任力

我的儿子是一个非常热爱祖国的人，他本科是在杭州读的，后到美国加州大学攻读硕士学位，学习美国先进的管理制度。在他研究生毕业时，我和我的夫人专程前往美国，参加他的毕业典礼。当时，我问儿子：你是想留在美国还是回到中国？我儿子回答说：“首先，我尊重父亲的意见，家里这么大的产业，如果父亲需要，我

王明煜和客户商谈合作事宜

必定责无旁贷回国打理公司事务。其次，我的根在中国，国家培养了我这么多年，我才得以到美国深造。我来美国的目的就是学习先进的企业管理经验，回来报效祖国。”目前我儿子已经在公司工作，我也在着力培养他，希望他子承父业，共同为中国轻纺城纺织业发展贡献力量！

抚今追昔　继往开来育人才

我的企业是从 1994 年开始一步步成长起来的。随着产品档次不断提升，设备也在不断进行技术改造，根据市场需求，我们引进了国际先进设备，用最先进的理念、最先进的设备，来做最好的产品。从跟着市场走到领着市场跑，这样一个角色转换，是我们公司实力提升的重要体现。我们公司的创新设计能力在国内是数一数二的，同时公司面料是浙江省唯一由国家工商总局认定的中国驰名商标，是国家高新技术企业，拥有国家级的产品研发中心。

公司是绍兴第一家在 2000 年引进博士生的传统纺织企业，当时的绍兴市委书记专门开会表示肯定与支持。公司目前拥有本科生、硕士生、博士生等一大批高学历高素质人才。创新成果的诞生离不开坚实的人才基石和完备的知识体系，我们不仅注重智力资本组织化，同时，还积极拓展创新网络，利用产学研用的创新价值链，与各大纺织类高等院校保持着紧密联系。

相信通过人才的培养，我们公司会和中国轻纺城一样，明天一定会更好！

访谈时间：2021 年 4 月 9 日

访谈地点：浙江新乐纺织化纤有限公司

访谈整理：唐根年　赵越　刘程军

数字化让染厂更聪明

人物名片

濮坚锋，男，1973 年 1 月生，浙江绍兴人。原绍兴第一印染厂厂长，于 2002 年创办浙江振越染整砂洗有限公司，现任浙江越新印染有限公司董事长。曾任绍兴县印染工业协会第四届理事会会员、柯桥区安昌镇第五届商会副会长、柯桥区企业协会会员、柯桥区人大代表、安昌镇人大代表等。

拳头捏紧　打出去的力量更大

1991 年，我与香港越新实业有限公司共同组建了一家企业，经过一段时间的经验积累，2002 年创建了浙江振越染整砂洗有限公司，我们建了 6000 吨膜处理加生化处理污水和 4000 吨中水回用设施，可以说是当时整个绍兴地区印染企业在绿色印染方面做得相对突出的。2011 年，我们收购了破产倒闭的梅荣集团，成立了浙江越新印染有限公司。2016 年，我们积极响应政府号召，启动了印染企业集聚搬迁工程，2018 年初顺利搬到了滨海。集聚过程中我们也收购了一些别的企业，规模进一步扩大。到如今，经过 3 年的集聚，我们企业根据不同的产品，已经发展为 5 个分厂。

20 年来，企业一直专注于印染，整个过程还是比较顺利的，每个节点都把握得比较好，特别是印染企业集聚，虽然在搬迁过程中迎来了不少挑战，但最终还是成功落地了。作为第三批集聚企业，有一定的起点要求，排污指标要在 1 万吨以上。在投资方面很多企业也很有压力。而企业做大了，在管理层面、技术层面的需求也会更多，有些企业慢慢无法支撑了。一部分企业因为没有资金，没有创新性、前沿性的产品，就只能选择退而求其次，开始将自己的厂房车间对外租赁、承包。与此同时，产业集聚对企业员工稳定也带来一些挑战。以前我们工厂分散在各个乡镇、街道，员工的工作生活相对独立、稳定；集聚之后，还出现过企业之间相互挖人，员工不稳定的状况。

印染产业集聚，短期内肯定是有挑战性的，但我很看好这个产业，集聚后，我们的区位优势更加明显。我常常说，拳头捏紧了，打出去的力量就更大。在集聚区，一些真正能把印染做好的企业，发展的机会在增加，硬件设备可以大规模地更新，管理模式也可以做一些创新。虽然短期来看，效果不是特别明显，但是从长远看，集聚肯定是一项非常正确的举措，它将给整个柯桥区的印染行业带来翻天覆地的变化。

数字化改造　提升企业抗风险能力

产业集聚并不是简单地将所有印染企业安置在一起，还要在数字化改造、科技创新方面进行提升。2020 年突如其来的新冠疫情对各行各业的影响都比较大。越新也是，企业 2020 年营收同比下降了 23%，这对企业是一个相当大的考验。面对疫情，一个企业有没有韧性，有没有足够的抗风险能力，就显得十分重要。我认为，要积极应对突发事件和经济波动，不仅要从市场、管理等方面入手，关注市场调整，寻找新的突破口，深化内部管理，增加运营能力，更应该以“数字产业化、产业数字化”为主线，积极推动我们印染企业的数字化提升。所以从 2020 年 10 月开始，我们就开展了一系列数字化改造，并入选为柯桥区开展数字化管理改造的试点企业之一。我们改造的目的是改变传统产业的传统管理模式，用新的科技、数字化的管理手段来充实传统产业，通过收集企业的信息，精准地补漏洞、补缺陷，同时通过自动化、连续化生产线的应用，加快推进覆盖研发、印染、仓储、物流等各个环节的智能工厂构建，促进企业运营能力和核心竞争力的全面提升。

虽然 2020 年我们营收下降了，但我们通过精细化管理，最终整体效益与 2019 年相比下降幅度并不算很大。目前我们数字化改造进行得比较顺利，正在积极地跟第三方合作，逐步引进管理和技术方面的新元素。为了能更好地完成数字化转型，我们聘请了专业公司“数制科技”为企业量身打造“数字大脑”。目前一期工程已经完工，初步实现了智能监控、智能排产、质量分析等功能，染色一次成功率提高了 10% ～ 20%。二期工程也在 2021 年春节复工后启动，计划在一期的基础上深化各个平台的数据融合，加强与上下游企业的联动，推动供应链平台建设。

2021 年 3 月 25 日，绍兴市委书记马卫光、柯桥区委书记赵如浪来公司调研印染产业转型升级工作

做一家有爱并懂得感恩的企业

企业家其实是个要承受高压的职业，这种压力不是一般人能体会的。但我又觉得自己有能力去挑战，还能贡献出一点力量，还会选择孜孜不倦地去努力。我每天都穿着工作服，一来企业就一头扎进车间里，我不在乎赚多少钱，但不甘心这个企业停留在平庸的状态。就像学生考试一样，考了前几名，就希望能一直保持在这个水平，做企业也是。科技的发展日新月异，你在原地踏步，人家都在进步，这就是我们常说的不进则退。

最近几年，不论是国家还是社会都比较关心和重视企业家，政府也给了企业和我个人很多的荣誉，这也是我们一直走下去的动力。作为一家企业，我们也要有社会责任感，懂得回馈社会，以不辜负这份信任。评价一个企业好不好，不能光看经济效益，还要看有没有承担社会责任。我经常说，我们每年都要捐点钱，做点公益。2020 年发生新冠疫情，我第一反应就是：我们能做什么？我们能做的就是捐点钱，因此我们当机立断为抗击新冠疫情捐赠了 50 万元。我希望我们的企业是个充满爱的企业，是有社会责任感并懂得感恩的企业。我们楼下的马鞍青年驿站，就是为到这儿找工作、没有落脚点的年轻人设立的，可以免费入住，同时我们也在驿站中发布相关的就业信息，帮助他们早日实现就业。

作为柯桥区人大代表，我积极向政府献言献策，在印染产业集聚、搬迁后闲置土地的利用开发及教育资源配置等方面，都提出过自己的看法和建议。这也是一种社会使命感吧！

中国轻纺城是柯桥的金名片。如果没有中国轻纺城，柯桥就是一个没有特色的小城镇。我从原来的国有企业下海，走到现在，一直坚定地认为我这条路选对了。我深刻体会到了国家的经济发展给我们带来的好处。从我自身角度讲，我感恩社会、感恩国家，没有国家这么多年的经济高速增长，就成就不了我们这家企业，更成就不了我。我们是幸运的一代，中国轻纺城这 30 多年的成长，我们是受益者。

访谈时间：2021 年 4 月 7 日

访谈地点：浙江越新印染有限公司

访谈整理：宋汉卫　金梁英　金雨婷

深耕家纺领域　做行业标杆

人物名片

魏中华，男，1966 年 11 月生，浙江绍兴人，民建会员，高级经济师，现任浙江众华家纺集团有限公司董事长。绍兴市柯桥区人大代表、中国家纺协会副会长、中国纺织企业家联合会副会长、浙江省民营经济研究中心副主任、民建柯桥区基层委员会建中支部副主委、绍兴市柯桥区家纺协会会长。曾任绍兴县第十二届、第十三届人大代表，绍兴市柯桥区第一届人大代表；中国家纺协会布艺专业委员会执行主任、浙江省民营经济研究会副理事长、浙江省国际公共关系协会副会长、绍兴市柯桥区家纺协会会长。先后被评为“中国轻纺城优秀经营户”“浙江省杰出青年企业家”“绍兴市文明青年”“绍兴县劳动模范”“中国最受关注的企业家”“全国优秀纺织企业家”“改革开放 40 年家纺行业突出贡献人物”等。

重视研发创新　开创家纺窗帘行业从无到有

中国是一个纺织大国，中国的纺织在世界上占有重要地位。我所创立的浙江众华家纺集团是专门生产家用纺织品、窗帘布、窗纱等产品的集团公司，我们有从研发、制造到后整理为一体的完整产业链，是集纺织、刺绣、印染、投资等于一体的综合性企业。我们的主业是生产家用纺织品，以前看重的是内销加出口两个渠道，现在是多元化平台，线上加线下两条腿走路。在家纺窗帘这个行业，我们是一个具有代表性的企业。

中国的家纺行业，传统产品是床上用品、沙发布、被套等等，窗帘所占比例很小。以前人们只能讲究吃饱穿暖，没有多少人去关注窗帘。到了 20 世纪 90 年代初期，窗帘才真正开始流行起来，当时只有经编布、丝绒布等产品，随着人民生活水平的提高和消费观念的改变，有了窗帘的厚布和窗纱之分。我们企业是窗纱行业的开拓者，刚开始用经编布做窗纱，后来创新用薄布来做窗纱，开创了中国窗纱基地。

早期开发的窗帘布只有 1.5 米的门幅，这个宽度有很大的局限性，特别是农村的房子开间一般为 3.6 米、3.8 米，大小不一，参差不齐。在 20 世纪 90 年代初我们开始尝试开发门幅为 3 米的窗帘，那时候 3 米及以上的纺织机基本都是生产服装面料，没有生产宽幅窗帘布的，我就尝试如何把两幅做成一幅。布生产出来以后，又遇到了问题——当时国内定型机没那么宽。为了解决这个问题，我专程去国外考察学习，经过反复研究和深入调查，进口了3.2米及以上的特宽幅定型机，解决了门幅尺寸受局限的问题，成功研制出3米、3.3米等多种尺寸窗帘。

深耕家纺领域　带动轻纺市场品牌从弱到强

1992年，我在中国轻纺城市场主要做家纺产品，当时市场上窗纱基本只有经编布，我那时考虑能不能在轻纺城市场经营薄窗纱这个产品。时任中国轻纺城工商所濮耀胜所长，他对这个家纺市场很重视，也非常有魄力，鼓励我们大胆去尝试建立一个专业的家纺市场。我们是第一批到北市场开拓经营窗帘布的经营户，当时市场公司在北区3楼拿出两个区域来开发经营窗帘。我是第一批入驻的窗帘经营户，并带了30多个经营户在北区三楼做起了窗帘布生意。刚开始主要以经编布、丝绒布及海宁的提花厚布、金丝绒、印花布、广东的印花布等为主要经营品种，轻纺市场窗帘生意就这样慢慢起来了。

我们是最早经营家纺绣花窗帘产品的，当时生产绣花产品，只有像上海、山东、江苏的一些国企才有刺绣机。他们的产品除了放到大商场代售以外，主要做配额销往国外市场。当时国内还没有专业生产多头多色的刺绣机工厂，进口刺绣机又比较昂贵，大机要几百万元一台，小机少则也要几十万元、多则上百万元一台。我最早做刺绣窗帘是到上海这些国企中加工成品，然后在轻纺市场销向全国各地。随着生意慢慢做大，客户的需求不同，碰到的一个最大瓶颈是当时这些刺绣企业生产的窗帘都是成品，门幅又都是1.5米的，而家庭窗户宽度基本都是3.05米、3.3米、3.6米，高度又有2.5米、2.7米、2.8米，都不统一。两幅窗帘如果不拼基本不够，如果拼缝的话又不美观。为了解决这个问题，我们又开始研发宽门幅的窗帘和能连幅绣的刺绣机，宽幅的布我们用原进口宽幅的纺织机，我们把两幅做成3米门幅的窗帘布；没有连幅绣的多头多色绣花机，我们就和当时生产少头单色的刺绣机企业合作，经过2年多时间共同研发，终于生产出了15个机头、6个色系的多头多色刺绣机连幅绣，解决了当时窗帘门幅窄、刺绣不能连幅的瓶颈。这样一来，窗帘就可以横过来挂，门幅3米作为高度，长度可以无限制，既美观又实用，就这样窗帘市场迅速发展起来了。

1995—2000年，窗帘厂家如雨后春笋般地发展起来，行业进入鼎盛时期，柯桥轻纺城北区市场从三楼发展到二楼又到一楼，最后一到三楼全部都是窗帘经营户，从几十家发展到上百上千家。

浙江众华家纺集团有限公司纺织车间

当时市场主体是个体经营户，除了绍兴柯桥当地人，还有四川、安徽、湖北、浙江乐清等全国各地的个体经营户都来柯桥做生意。

我们在轻纺市场最早注册“众华”牌商标、最早被认定为浙江省著名商标，也是最早认定的家纺窗帘行业中国驰名商标。

构建行业标准　促进现代窗帘生产从繁到简

发展这么多年以来，企业一直非常重视产品的研发和创新。我们企业的目标是让中国悠久的纺织装饰品发扬光大。以前我们提倡要做到“人无我有”“人有我精”，后来我提出要做到“人有我创”，与世界同“布”，企业要引导消费、创造消费、激发消费。这些理念促使我们一直在行业内引领时尚，做行业的标杆。

中国的窗纱研发基地在我们企业，2012 年我们参与制定了窗纱行业标准，2019 年我们参与制定了成品窗帘标准体系，随着成品窗帘行业标准制定实施，现在行业成品窗帘生意成倍地增长。近些年来，消费群体在改变，消费方式也在改变，以前买窗帘直接到窗帘布市场，而现在基本都是网上购买。在网上销售窗帘，如何减少双方理解的不一致，如何减少购买后的纠纷呢？降低网上购买成品窗帘投诉率，成了我们要解决的主要问题。

为了制订成品窗帘标准，由中国家纺协会牵头、会同阿里巴巴窗帘部，由阿里巴巴提供 90 后、00 后年轻人 2018 年以前在网上购买窗帘的数据，以及国外或北京、上海等城市购买定做窗帘的数据做统计分析，会同行业内的一些企业，经过一年多研究，我们起草、制订、发布了成品窗帘标准，最终汇编成行业标准，使成品窗帘得以快速发展，也为市场更加规范、健康地发展奠定了基础。现在窗帘销售只要消费者给个尺寸，48 小时就能做出来，然后送到消费者手上。

在企业发展道路上，我们根据市场变化和企业自身发展的情况不断调整内销及出口比例，做好国外国内双循环这篇文章，努力从中国制造发展为中国创造，使中国的家纺行业健康持续发展。

一个城市的发展靠人才，活力靠创新。如何让本地年轻人留下来，让外地年轻人来柯桥创业，我认为这是当下我们政府和企业值得思考和研究的问题。现在是全球经济一体化时代，我们作为家纺行业的企业，也要为行业发展和地方经济腾飞不懈努力，创出更大的业绩！

访谈时间：2021 年 4 月 7 日

访谈地点：浙江众华家纺集团有限公司

访谈整理：王玮　王维康　许嘉铭

学习创新　纺织女工的华丽转身

人物名片

盛国娟，女，1965 年 6 月生，浙江绍兴人，中共党员。现任浙江时盛控股集团董事长。先后获得全国十大经济女性、全国巾帼建功标兵、全国妇女双学双比能手、全国五好文明家庭、浙商女杰、浙江省三八红旗手、绍兴县首届十大杰出女性企业家、绍兴市抗疫先锋、绍兴县县长奖、绍兴县十大杰出青年、柯桥区风华奖等荣誉称号。曾通过海选担任绍兴县女企业家协会首届会长，连续四届当选为绍兴县（柯桥区）人大代表。现担任柯桥区女企业家协会名誉会长、绍兴市及浙江省女企业家协会副会长。

引进设备推动企业与国际接轨

我从纺织企业财务人员转到管理岗位，今年刚好是第 26 个年头。1995 年开始做企业的时候，我以空杯的心态学习纺织技术，期间我看了很多纺织专业的书，包括技术设备的更新和纺织工艺的更新等，在纺织工业领域一边做一边学。

当时，纺织企业的设备是普通的铁木有梭织机，全部依靠人工操作。那时候一个人最多只能看两台织机，还是非常累的，而且传统的有梭织机生产的产品档次低、产量低，质量得不到保证。为了改变这种状况，我开始慢慢接触、了解、学习国外先进设备和技术，我认识到企业要持续发展，首先应该从设备的技术改造开始。于是，我们开始将有梭织机换成国产无梭织机。技术改造非常难。我找了很多信息，最后了解到上海有家公司，他们开发出了不用梭子的织机，我委托上海外经贸局的领导，花了一年时间，最终购置了 60 台无梭织机。尝到了新设备生产的甜头后，我又把视野放到国际市场，开始引进意大利的先进机器，从原来只能生产门幅 1.8 米的布，后来发展到能生产门幅 2.2 米的布。

我们通过不断地引进新设备，与国际接轨，现在我们的设备已经处于领先地位。我从来没放弃过纺织这个行业，纺织产品是柯桥区工业的核心产品，目前我还经营着两家纺织厂。轻纺城大部分企业都是从纺织慢慢起家，我也是从一名普通的纺织工成长为一名成功的民营企业家。目前，我管理的企业拥有整套国际先进纺织生产线。我先后投资创办房地产企业，引进国内外知名品牌，开办了绍兴县第一家大型商场，公司发展为集纺织、商贸、房地产于一体的现代化集团公司。我最深刻的体会就是要不断地学习，不断地创新，只有这样，才能始终处于不败之地。

产品创新扬帆轻纺海洋

我们要时刻不忘创新。要做硬件的创新、原材料的创新、销售方式的创新。1995 年是我做厂长第一年，7 月 5 日走马上任，当时我接手的时候公司还是处于负债阶段，我们的外贸业务还没开始，到后面经过我们的努力创新，扭亏为盈。1997 年，上级主管部门把 3 个要倒闭的下属企业划给我们，要消化、解决员工安置问题。我们很好地迎接了这个挑战，2000 年改制时上交给主管部门净利 900 多万元。

那几年，我们主要以轻纺市场内销为主，淡旺季相当明显。当旺季的时候企业能做得很好，但淡季就不一样了。确保产销平衡是经营者必须考虑的问题，有时候想得我晚上睡不着觉，既要考虑产品销售问题又要考虑资金问题。我们是民营企业，所有技术改造及流动资金没有政府支持，都要企业自筹，一旦产品积压，就会遇到资金短缺问题，工人的工资、机器设备的正常运转就会受影响。我那时候就在想市场需要什么，我们就生产什么。后来我觉得新产品可以有更好的市场，就让技术人员开始用新的原料开发新的产品。1996 年 6 月是销售淡季，我突发奇想，利用库存的原材料加上新材料融合在一起，经过技术功关，推出独一无二的新产品。但是，试产出的第一批布效果不好，质地有点硬。研究之后我发现是后处理的问题，于是让染厂的工人根据我提供的新材料进行工艺改造，经过不断的努力终于生产出了一种新产品。让我记忆犹新的是 1996 年 6 月 14 日，我去上海拿第二批中纺厂的织机，路上我一直在惦记：这个产品试制出来的效果怎样？如何推向市场？当我从上海赶回来后，看到研制出来的新产品非常成功，于是我立马捧了三块布，坐三轮车到轻纺市场，让商家帮我挂一下样品，没过多久就收到了很多需求订单，确定价格后，马上扩大生产。因为别人没有我的融合样品，仿不出来，而刚好这两个多月是销售淡季，但我厂的产品却供不应求，真正做到淡季不淡。因为新产品创造了较好的经济效益，也正是这批布奠定了我今日的成就。

有领导说，民营企业都是石头缝里钻出来的，确实如此。柯桥很多企业都有自己的独到之处，我们的先天条件不是很好，只有经过不懈的努力，打造出了自己的品牌，才能使企业发展壮大。在中国轻纺城这个现代化的城市里，我们要坚持终身学习，不断创新，只有这样才不会落后于时代。

访谈时间：2021 年 4 月 9 日

访谈地点：绍兴柯桥悦宴餐厅四楼

访谈整理：潘家涵 郑仁俊 朱健伟

盛国娟参加柯桥区人大会议

并购重组　国企离职后的人生跨越

人物名片

梅兆林，男，1966 年 10 月生，毕业于浙江大学高分子化工专业，中共党员，高级工程师。1989 年 7 月，分配至当时全国最大的纺织企业中国石化仪征化纤股份有限公司，从事聚酯工艺方面的技术工作。1999 年 9 月入职浙江恒逸集团有限公司。现任浙江恒逸聚合物有限公司总经理兼总工程师、杭州逸通新材料有限公司总经理、绍兴柯桥恒鸣化纤有限公司总经理。曾获中国纺织工业协会 2005 年科技进步一等奖、2007 年度石油和化工自动化行业科学技术一等奖、2006 年国务院颁发的科技进步个人二等奖、萧山区第三届十佳优秀科技人才、杭州市劳动模范等荣誉。

缘起轻纺城　一生化纤情

中国轻纺城是在 20 世纪 90 年代初正式发展起来的，那个时候，我刚大学毕业，还在江苏仪征化纤有限公司工作。仪征化纤是当时全国最大的化纤企业，是一家知名的国企，生产的化纤属于轻纺市场最前端原材料，所以在 20 世纪 90 年代初，我经常来柯桥为我们的客户提供相关的技术服务，这也是我跟中国轻纺城最初的缘分。

我记得当时看到的柯桥，普遍以传统市场经营为主，很多人摆个摊位、租个门市部就开始做生意，当然在政府的支持下，也有部分经营户开始创办生产型企业，纺织厂、印染厂越来越多。作为轻纺产业的上游端，我们主要生产的是聚酯化纤，聚酯化纤的性价比高，在人造纤维中占的比例非常高。随着全国各地特别是中国轻纺城轻纺行业的快速发展，聚酯化纤产业也逐渐发展到了高峰期。在萧绍地区，浙江化纤联合集团有限公司是浙江最早的聚酯化纤生产企业。那个时候的民营企业也想从下游织布端往上游发展，但非常艰难。化纤产业是一项化工产业，需要相当大的资金投入，同时对技术的要求也非常高。纺纱织布是一个物理过程，而纺丝是一个化学反应过程，这中间有一个相当大的技术跨越。

1999 年，对我本人来说迎来了一个大跨越——我从仪征离职，加入了恒逸集团。当时企业来找我，我也是很纠结的。毕竟在那个年代，大众对民企的认知是有局限的、对民企的未来还是很有顾虑的。我在国企待了 10 年，正处于最好的黄金时期，也做出了一些名气。在国企的日子相对比较安逸，也讲究论资排辈，到了一定的年龄就会给予相应的职位，没有什么太大的压力。当恒逸来找我时，我心里没底，一开始拒绝了。但老板一次次地找我谈，我想老板这么诚信，话都说到这份儿上了，就答应回去再考虑一下。那个时候我的思想斗争很激烈，甚至几个晚上都睡不好。但换个角度想，我是搞技术的，搞技术的在国企虽然有上升空间，但没有在民企空间那么大。当时也挺想出来闯一闯，多做点儿事。抱着这种心态，我最后还是接受了恒逸的邀请。

20 世纪 90 年代末，民营化纤企业起来后，市场竞争也愈发激烈。我刚来的时候轻纺城已经形成几个代表，第一是远东化纤，第二是赐富化纤，第三是纵横化纤。柯桥地区的化纤产业已经逐渐形成了一定的规模。2000 年到 2002 年间，企业效益比较好，但是 2002 年之后，市场急转直下，这后面的三年时间可以说非常残酷。产能的扩充造成产能过剩，企业只能打价格战，利润越来越薄，直至亏损。纵横化纤最先破产，被萧山的荣盛收购。远东化纤在合并了其他化纤企业后经营也日渐困难，不得不破产重组，最终于 2018 年被恒逸集团收购，改名绍兴柯桥恒鸣化纤有限公司。随着恒鸣的重生，我被集团任命为恒鸣化纤的总经理，正式落户中国轻纺城。

充分发挥区位优势　实施并购重组战略

恒鸣化纤也经历了一段十分困难的时期。我们对收购企业的老装置首先进行改造优化，前前后后花了将近 7 个亿。有一些生产线装置不行了，我们就淘汰，有的拆掉重做。这项升级工作，我们计划到 2021 年底完成，目前已经完成过半了。全面的升级改造之后，就能把原有的 80 万吨产能全部释放出来，同时能提升这个产品的内在质量。刚收购远东化纤的时候，产品出售要比市场价便宜 50 ～ 130 元，现在经过改造升级，产品质量完全达到市场水平，甚至还做出了我们自身的一些特色，特别是我们在改造过程中还做一些高附加值的差异化纤维产品。接下来这块差异化产品对企业的效益贡献将比较大。在新装置方面，我们即将投入 9 个亿启动恒

2020 年 6 月 18 日，柯桥区四套班子领导莅临绍兴柯桥恒鸣化纤有限公司指导调研

2020年10月20日，绍兴市副市长邵全卯等领导莅临绍兴柯桥恒鸣化纤有限公司调研指导

鸣二期，新上一个大锅炉，这又将新增60万吨的年产能。

到2021年底，包括原来远东化纤的产能复产以及新上的二期项目，我们恒鸣的产能规模将达到140万吨。而这个“140万吨功能性纤维智能生产线”已入选绍兴“市县长项目”，同时作为柯桥区第一个百亿级功能纤维项目，也是柯桥区正在实施的“四个100亿”战略之一。我们还要积极筹备三期项目，三期规模会有80万吨。待三期项目落地，220万吨的产能规模在整个化纤行业都是十分罕见的，这也是恒鸣化纤经过一轮兼并重组“大洗牌”之后推出的一系列重大项目，将对柯桥区产业链全、聚集度高、竞争力强的现代纺织生态发挥十分重要的作用。

恒鸣化纤短期内有这样的发展，得益于中国轻纺城的区位优势。所谓区位优势，就是整个萧绍地区，特别是中国轻纺城，它的织造、印染行业特别发达。印染的上游就是织造，织造的上游是我们纤维原材料。从纤维原材料到织造，从印染到面料一条龙，我们与客户的距离比较近，跟客户的沟通以及售后服务都可以做得比别人更便捷。另外距离近了，运费更有优势了，成本也会降下来，最终将使我们的企业更加具有竞争力。所以我们要发挥好这个区位优势，服务好轻纺城或周边下游企业，使得未来可以实现共赢。

善于抓住主要矛盾和矛盾的主要方面

我们在企业运营过程中，做了很多具有开拓性的事情，这种突破的过程必定会带来一定的技术风险。要让我们企业在后续能够平稳发展，管理很重要。

我认为企业管理中，人的管理是最关键的。我们的管理层有专业化的管理思路，统筹管理、分区块管理、责任到家、层层落实。只有科学化的管理，才能带动全体员工共同努力。同时，我们也极力保持管理层队伍的稳定性。大家做事都能够上心、不应付，把企业的事情当作家里的事情，营造出一个积极向上的氛围。对于员工层，管理的难度相对大一点，恒鸣的员工目前已快接近 3000 人，现在人的思想跟 20 世纪八九十年代时的思想很不一样了。因为有了父辈的原始积累，员工家里条件都有所改善，相对来说吃苦耐劳的精神有所欠缺，都希望工作轻松一点，钱多拿一点。这样对于企业有一定的压力，我们必须尽可能从设备工艺角度做好优化升级，提升设备自动化水平，一定程度上减轻员工的工作量。另外一点就是薪资待遇。我们必须保证员工薪资时刻紧跟市场水平，才能减少员工的流失。所以说企业中对人的管理是很不简单的。

不管是做管理还是做技术，我认为最重要的是要讲究思维方式。我们肉眼看到的东西都只是现象，无论是管理还是技术，是否能突破这些现象抓到事物的本质才是关键，本质抓到了，你就能掌握规律，做任何事情都不会那么累。我们的中层管理人员，往往一遇到突发情况就不知道怎么去解决，或者说对企业的现状不知道怎么去提升。我们的矛盾可能有好几个，其中一两个是主要矛盾，其他都是次要矛盾。而我们的管理人员抓不住主要矛盾，只抓了次要矛盾，以为解决了这些次要矛盾就算完成工作了，但其实效果并不好。事实上解决问题也是一个认识问题的过程，只有全面认识工作问题，通过你的思维方式来分析破解，那才能抓住主要矛盾。主要矛盾解决了，次要矛盾也就容易解决了。我希望通过我们管理思维的改变、技术创新的提高，生产出附加值更高的产品，使我们的产品为中国轻纺城添上浓墨重彩的一笔。

访谈时间：2021 年 4 月 7 日
访谈地点：绍兴柯桥恒鸣化纤有限公司
访谈整理：宋汉卫　金梁英　金雨婷

走进 G20 峰会的勇气和底气

人物名片

季国苗，男，1969 年 9 月生，浙江绍兴人，中共党员，高级经济师。现任浙江吉麻良丝新材料股份有限公司董事长，绍兴市第八届人大代表，麻纺织行业协会汉麻专业委员会主任委员、浙江省企业家协会副会长、浙江省企业权利保护协会副会长、绍兴市柯桥区北京商会副会长、绍兴市柯桥区上海商会副会长、浙江省职业经理人协会副会长等。曾获浙江省优秀企业家、浙江省十大杰出职业经理人、浙商年度创新人物、浙江省科技厅科技小巨人、中国麻纺织行业改革开放 40 年杰出人物等荣誉称号。

锐气：从供销社里突破的“十年一个台阶”

我 1987 年从财会学校毕业后进入绍兴县海涂供销社工作，一待就是 10 年。1997 年，全国供销社系统体制改革，我就有了自己创业的打算，经领导同意，承包了供销社的棉花收购站。这个重要的时间节点，我至今记忆犹新。那是 1997 年 7 月 1 日，正好是我参加工作 10 年的日子，于是我给自己定下了每 10 年上一个台阶的发展目标。

从 1997 年 7 月收购棉花业务开始，到 2007 年开办棉纺厂，可以说是经历了另一番风风雨雨。因为棉花收购机构是贸易公司，不是实体企业，我觉得还是要有实体才能稳定发展，于是我认真思考，对纺织业的发展之路进行了梳理。从欧洲国家 50 年走过的纺织之路看，在我们中国可能只能走 20 年，20 年以后纺织产业势必将转移到其他劳动力更廉价的东南亚国家去，然后又将转移到非洲去。这是产业发展的一个大趋势，现在已经有这个势头，很多国内企业已经在非洲开设纺织工厂。

开办棉纺厂的道路并不一帆风顺，我最初的设想是不做普通的产品。那个时候，市场上普遍以白坯纱为主，白坯纱在 2007 年还是有市场竞争力的，短期而言确实能获利，但是我感觉市场竞争会越来越激烈，很快就会进入功能性纱线的时代。于是，我比轻纺城其他企业更早一步研究色纺纱。相比白坯纱，色纺纱的技术含量更高，我们主打小批量、多品种、个性化的色纺纱，以期获得更高的利润。几年的市场探索，让我深刻认识到，如果企业没有差异化的产品，就很难在竞争激烈的市场中生存下去。我就顺着这个思路进行更大的布局，去研究开发市场需要的功能性产品。机缘巧合，那时部队也刚好开始研究大麻纺织品用于军需装备，大麻产品逐渐兴起，我们就主动寻求突破，开始了功能性的大麻产品研发。

这几年，公司还设立了院士工作站，与高等院校、科研机构合作，成立技术研发中心，加强技术攻关、新产品研发，已形成 16 大汉麻系列产品。

勇气：300 万元奖金“挑战”纺织同行

随着人们生活品质的不断提高，纺织品的市场需求也日新月异，服装服饰、家居用品的个性化、功能化需求日益凸显。由于大麻材料具有天然抑菌性，我想如果以此做文章、抓卖点，开发功能性纺织品，一定会有市场潜力。于是，我们专门做了市场调研，根据需求信息，以大麻材料为核心，充分利用其高达 92% 以上的天然抑菌性，几年来先后开发了 16 大类系列产品，包括墙布、地毯、窗帘、床上用品、卫浴系列、毛巾袜子、校服、童装等。随着研发投入的增加，我们的产品覆盖面不断扩大，也相继推出尿不湿、卫生巾等高附加值产品，品牌的市场知名度、影响力不断提升。

这期间有一个有趣的故事。2015 年，我们向纺织业界发出了一封价值 300 万元人民币的挑战书，挑战涉及天然抑菌功能纺织品的几个关键性指标，即对大肠杆菌、金黄色葡萄球菌、白色念珠菌的抑菌性能，如果挑战者的产品在三个天然抑菌指标上同时超过我们“吉麻良丝”抑菌指标，那我们就直接奖励挑战者 300 万元人民币。向同行业发出这样的挑战，我是有底气的，当然我也希望真的有企业来应战，可以帮助我看到差距，向更新更高的目标迈进，但直到现在还没有企业来应战。这也说明，我们“吉麻良丝”在大麻功能性纺织品设计研发的道路上，比别人走得更早、更快、更远。

好的产品、好的企业，总是主动迎合市场，踏准市场节拍，但也需要企业更多付出。从普通材料到功能性材料，再到功能性产品开发，我们都是顺应市场变化而发展的，一步一个脚印走过来，当然也离不开方方面面的支持和帮助。当年，棉纺厂要直接生产色纺纱线，必须先进行纤维染色，但无论是棉还是麻，都存在染色难题，始终不能克服。由于当时绍兴没有纤维染色厂，完成纤维染色这个工序必须到宁波去，整个过程消耗的人力、物力、财力都很大，被“卡脖子”的无力感特别强烈。这个情况在轻纺城市场这个产品流、信息流大汇集的平台集中呈现出来，政府有关部门也主动对接我们企业。得益于轻纺城这个大平台，得益于政府的支持，我们很快在柯桥建立了配套印染厂，从源头的棉纤维、麻纤维，到半成品、终端产品，整个产业链有了印染配套的有力支撑，同时也克服了色牢度难题。这是一个非常了不起的过程，我们在家门口实现了产业链配套，使企业和产品更有市场竞争力。

在纺织产业发展进程中，便捷的市场是支撑行业发展的另一个关键因素。没有专业的、成规模的市场，我们是很难生存的。轻纺城市场平台确实给予了我们极大的支持，产业链集中配套，市场价格优势明显，企业竞争力凸显，我们柯桥的纺织印染行业因轻纺城而兴，借此获得了大量的发展机会。轻纺城把我们全产业链和一大批企业带活了、壮大了、变强了。如果没有轻纺城市场，绍兴的纺织印染产业不可能这么强大，一大批纺织印染企业将退出市场。当然，我们企业发展壮大了，也反哺了轻纺城的发展，支撑起轻纺城平台，让轻纺城更具活力、更有影响力，冲出亚洲，走向世界。

底气：重文化 懂感恩 善回馈

我们企业的发展壮大，离不开政府的帮助、社会的支持，所以，企业除了多创造就业、多创造税收，还应该积极回馈社会，担当起社会责任。我们企业有员工1000多名，设立了企业内部的爱心帮助站，从多方面关爱员工。企业创办至今，缴纳税收也不错，最多的一年纳税5000多万元，我觉得这是我们企业的使命和责任。

我是一名党员，也是一名人大代表，我特别看重企业及企业家对社会的感恩与回报，在发展公益慈善事业上的责任担当。我感恩这个美好的时代，希望自己能在一些领域多贡献力量，在关怀职工、积极纳税的基础上，每年拿出10%的利润去参与国家扶贫事业，光是2020年捐赠就超过400多万元。2021年，这个捐赠数字还会提升，主要是帮扶柯桥区对口帮扶的四川、新疆一些贫困地区。

这些年随着企业的发展壮大，我也获得了很多荣誉，其中有很多奖不是所有的纺织印染企业都能拿到的。这是社会各界及各级政府和领导对我们的肯定。我们的产品曾参与到杭州G20峰会、博鳌亚洲论坛等具有世界影响力的大事件当中，与中国女排进行合作，在企业品牌建树、企业文化建设方面，我们是走在前列的。现在，我们很注重企业文化、产品文化，我觉得要把我们的理念、价值观，融入企业发展、产品创新上，使之成为一种文化。

我们“吉麻良丝”作为柯桥及轻纺城纺织印染传统行业转型升级、科技型纺织企业的代表之一，引起了浙江省委、省政府领导及其他各级领导的关注，大家到企业里来视察调研，给我们提出了更高的要求。当前中国轻纺城也面临着转型升级，未来将更注重致力于带动企业技术提升，形成高端产业链。对于未来，我充满信心。

访谈时间：2021年4月13日

访谈地点：浙江工业大学之江学院

访谈整理：许晓桐 朱丹杨

2018“中国轻纺城－吉麻良丝杯”中国大学生摄影模特大赛

深化产学研　专注差异化

人物名片

沈国光，男，1966 年 10 月生，浙江绍兴人。现任浙江古道股份有限公司董事长、总经理。曾任绍兴县江市涤纶厂副厂长、绍兴宏达轻纺原料有限公司经理、绍兴县古纤道化纤有限公司副总经理。公司获得发明专利 4 项，实用新型专利 14 项，省级优秀工业新产品 15 项。参与行业标准制定发布实施 17 次，2019 年复合新型超细纤维及其纺织品关键技术研发与产业化获得中国纺织工业联合会科学技术进步一等奖。

人无我有　专注“差异化”主业

我们浙江古纤道股份有限公司于 1991 年成立，一开始就是专注于做差异化纤维，迄今也没有涉足其他产业。30 年的发展历程中，公司也经历了较大的起伏。这不是一个波段或者两个波段那种，而是经历了五六个比较具有典型性的阶段。根据市场发展的变化，每一个阶段都不一样，有时起伏较大，有时波动小。最大的起伏就是 2008 年金融危机前后。当然，2020 年的新冠疫情对公司也有一定的消极影响，小的影响因素更是数不胜数。我们公司从 1991 年的乡镇企业，到 2004 年股份制改造，再到 2015 年在“新三板”挂牌上市，我们一步一个脚印，从原始积累到发展壮大，从以前的几个车间到现在的规模生产，逐步发展积累。

我们做的是差异化产品，这么多年下来，我们在产品数量和规模上并没有太大的扩张。虽然我们的产品是小众的，但我们的客户全国各地都有。因为我们不是终端产品，而是半成品、中间产品。这个产品要通过国内厂家后续加工才能出口，所以 90% 左右的产能都在国内销售。

现在企业学习模仿水平都很高。如果我们的某种产品被模仿了，我们就会在短期内放弃生产该产品。市场变化太快了，人家做了，我们就放弃。我们就这样设计一批，生产一批，淘汰一批，预备一批，循环往复。

我们公司始终把“科技创新树品牌，优质服务誉顾客”作为企业经营理念，根据市场信息和纺织产品不断更新换代的要求，一直致力于“应用型涤、锦、黏差别化涤纶丝”的开发和研制。经过 10 多年的努力探索、不断创新，先后成功地开发了“乐丽丝”“彩丽丝”“麻丽丝”“佳丽丝”“海岛复合丝”等 10 大系列 600 余种产品，其中“麻丽丝”“佳丽丝”系列产品通过了国家级和省级新产品鉴定，公司“多重加工变形丝”产品获国家级应用推广一等奖，并被浙江省工业产品检测中心推选为质量好、信誉好“双好”产品，“海岛复合丝”“差别化涤纶丝”被认定为绍兴市名牌产品。“古纤道”注册商标获中国驰名商标称号，公司通过ISO9001:2015标准质量管理体系、GRS认证、能源管理体系认证。

区域合作 “两步走”紧扣市场需求

我们公司是国家高新技术企业，是国家地方联合工程实验室新型纤维材料产学研示范基地。我们的产品立足于轻纺城市场的区域优势和高校深化合作的市场开发优势，分两步走：一是与地方高校合作，共同设计研发；二是与轻纺城市场融合起来，便于把握市场信息，充分利用轻纺市场的区位优势。我们主要与浙江理工大学合作，在研发上进行新产品开发，同时公司也是浙江理工大学材料学院的实践基地。我们还与其他高校开展相关合作。我们与高校这种紧密联系，不仅有利于我们产品的研发，也有利于我们后备人才的培养。就与轻纺城市场融合来看，由于是应用型企业，我们可以根据市场状况，在研发、生产和销售等方面快速响应，以适应客户的需求。我们公司依托轻纺城市场的区位优势，建立了市场信息感知和互动。我们能够快速获知新兴原料或者新兴产品的市场信息，能够快速掌握市场需求，及时更新产品。再加上轻纺城比较完善的产业链配套，可以在本地解决一半采购。我们公司本地采购份额占比大约为50%。

现在轻纺城的数字化转型成效已经显现，数字化转型可以很好地与国内外市场接轨。电子商务平台使市场变得更广泛、更加透明。我们不需要像以前那样到老街的门市部去考察，因此，数字化极大地降低了交易成本。

浙江古纤道股份有限公司

推陈出新　研发高附加值新产品

我们每年都在更新产品和机械设备，如果你停滞不前，不更新不发展，肯定会被这个市场淘汰，所以说纺织相关的工艺和产品每年都在调整。我们会从一个品种结构上面去调整，形成多品种小批量高附加值产品，而不是大批量同质化的产品。当然，开发的成本很高，我们一年要投入几百万元。我们有 100 多个产品，只要有两三个成功就可以了。如果产品实在不行，市场反响不好，我们就放弃，再继续研发。根据市场发展趋势，我们持续改进材料的性能，再开发出自己设计生产的产品，等我们生产出来以后，这个产品定价权就在我们这边。

面对市场的新趋势，我们一直在争取领跑。一些传统材料，比如透气、透水、保暖、抗菌、抗紫外线等基础性功能型纤维很早就有了，这已经不是我们公司研发的重点。我们现在偏向于可再生材料，而且外国客户也有大量需求。我们现在逐步增加可再生产品的比重，到目前为止，这种产品大约占了公司产能的 1/3。可再生材料是一个大的趋势。

另外，我们一直力求做大结构性功能材料，像阻燃材料的窗帘等产品业务。随着社会和个人安全意识和环保意识的增强，这种类型的产品需求正在逐渐增多。

我们企业比较注重产品质量控制，一直抓得很严。我们按照自己的产品标准来做，有些已经超过行业标准。

访谈时间：2021 年 4 月 14 日

访谈地点：浙江古纤道股份有限公司董事长办公室

访谈整理：刘程军　张杰　徐敬

坚持高端智造　驰骋国际市场

人物名片

钱国春，男，1962 年 8 月生，浙江绍兴人，中共党员，高级经济师。现任浙江梅盛新材料有限公司董事长。近年来，申请发明专利近 30 项，已获授权 20 项，荣获中国专利奖1次，浙江省专利奖1次，中国纺织工业联合会科技进步奖 5 次，其中一等奖1次，浙江省科技进步奖 5 次，其中二等奖 2 次。

依托地区优势　协作联合　双轮驱动

我于 1984 年参加工作，因为我们钱清镇都是做纺织品生意，受大环境影响，我也选择了这个行业。1985 年钱清地区仅纺织企业就有上百家，纺织原料供不应求，钱清纺织原料市场应运而生。到 1998 年，钱清中国轻纺原料市场已成为国内轻纺原料最大集散地。经过多年发展，到 21 世纪初钱清镇纺织产业已涵盖化纤、织造、染整、服装家纺等纺织全产业链。

我们企业从 1994 年开始做家纺、沙发面料。我们始终重视企业研发投入，基本上每年都会有产品更新、设备更新。1997 年开始我们涉足外销，并逐渐自营出口。由于我们产品质量好，开发更新快，外销做得比较好，每年外贸销售额都在 3000 万～4000 万美元，一直是绍兴县外贸十强企业，处于行业领跑地位。后来随着经济进一步发展，银行融资开始向中小微企业及个人倾斜，我们有不少业务员选择自己单干，大家团结在一起形成企业联合体，内外销并举、双轮驱动，效益非常好，每年上交国家税收都是数千万元，现在回想起来还是挺骄傲的。

2007 年，专业市场打破了有形市场的束缚，钱清中国轻纺原料城网上交易市场正式上线。钱清中国轻纺原料市场从一个设施简陋的村办马路市场发展成为实体市场和电子商务相结合的现代化大市场，被称为“亚洲最大的轻纺原料集散地”。

节能减排　走开拓国际市场之路

2008 年，公司年销售收入突破 3 亿元。为了做好节能减排，我们搞了个“两节一治”：一是节水。以前企业全部使用自来水，后来通过上马污水处理设备，实现废水循环利用，一个月水费节省 10 万元。二是节煤。通过安装颗粒分离装置和添加助燃剂，促进煤充分燃烧，一个月节约燃煤成本 2 万多元。三是治理废气，上马循环利用装置，也产生了一定效益。这些年，我们在节能减排方面投入了 1500 多万元，下一步还要投资500万元建设日处理污水5000吨的中水回用装置，这样在不增加污水排放的前提下，产能可以扩大一倍，实现经济效益和社会效益双提升。国外客商也特别注重环保因素，加强节能减排对我们进一步开拓国际市场十分有利。

集聚升级　走多元发展之路

2017年，为了响应柯桥区委统一部署，实现产业集聚升级，我们把钱清老厂的印染车间搬迁至滨海新区。新厂严格按照国家绿色工厂创建要求，从设备、工艺、产品、管理等环节切实发挥节能、环保、创新的示范引领作用。

现在企业又转型升级从事汽车零部件、内饰件等的生产和销售。涉足汽车内饰产品，我们从发现机遇、选择转型到上马新项目并实现产业化，已经有6年时间了。由于产品跨度大，起步阶段我们还是遇到了很多困难，除了产品质量要过关，客户群也完全不一样。凭着梅盛人的坚韧和执着，我们在较短的时间里建立了自己的客户群，目前我们的高端客户有上汽荣威、林肯和蔚来汽车等。

我在创业过程中也遇到过一些挑战，纺织类企业的生产安全和消防安全是头等大事，我们就遇到过设备着火损毁问题，事后我深刻反思，感觉到企业仅有停留在纸面上的安全制度是不够的，后来我们通过全员培训并建立全员安全责任体系，人人签订安全责任状，人人都是安全员和消防员，有效防止了这两方面的隐患。

创立品牌　走“人无我有、人有我优”的特色之路

1998我决定生产麂皮绒面料，并致力于通过创立自己的品牌，提高产品知名度和附加值。回望过去，这条路走得十分艰辛，当时正处于亚洲金融危机后的市场恢复期，国内市场疲软，外贸成为绍兴纺织企业生存的机会。公司开始生产麂皮绒面料，这个在当时虽然是新型面料，由于技术相似，产品附加值不高，同类企业只会用更低的价格来拓展市场，价格战十分惨烈。我们报价每米80元，马上有其他企业报价每米75元。于是我们补短板、调整战略，致力于品质建设，走人无我有、人有我优的发展道路。

当初公司刚起步，很多配套工序无法自主完成，需要委托加工，质量控制就成为最大难题。为了保证质量，我几乎跑遍了江浙所有印染厂。期间，公司一批出口产品因印染工序不符合要求遭外方退货，仅此一单就损失200多万元。后来，正是因为长期对产品品质的执着追求，加上在技术人才引进和关键设备等方面大手笔投入，我们产品质量不断提升，逐渐被

超细纤维绒面革

水性超细纤维贴面革

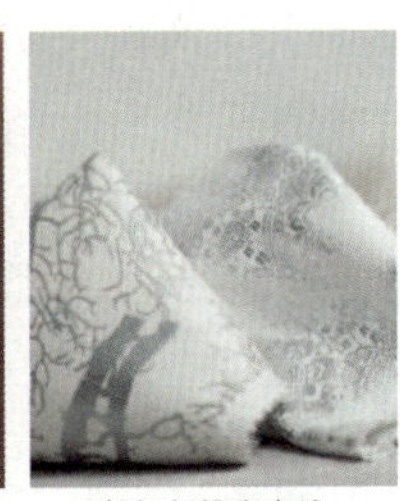
超细纤维麂皮绒

浙江梅盛新材料有限公司研发的超细纤维产品

时任绍兴市委书记彭佳学在浙江梅盛新材料有限公司调研

业界认可，并在国际市场上有了一定知名度。正所谓“金杯银杯不如口碑”，优质的产品质量才是企业的立足根本，我们成功实现了“人有我优”的目标。2005年我跟美国采购商洽谈时，十分有底气：“不管订购多少，就是‘一口价’，我的产品就是比同行产品贵。”现在我不怕别人和我打价格战，因为我有比别人更高的产品质量和品牌价值。

2003年，我到韩国考察时，发现一种超细纤维麂皮绒面料市场前景广阔，但由于投资大，技术含量高，国内几乎没有企业做这个产品。我投资1.3亿元引进技术和设备，并花费600万元聘请3名韩国工程师从事技术开发和管理，解决了设备和技术两大制约发展的瓶颈。新开发的超细纤维麂皮绒附加值高，在国际市场单价可以达到每米10～13美元，是一般产品价格的10倍左右。2012年公司正式组建了中国第一个超纤新材料研发实验室，汇聚海内外专家学者，获评浙江省企业技术中心、浙江省外国专家工作站、浙江省级博士后工作站，公司核心产品——超纤产品荣获浙江省科技进步二等奖。

正因为我们掌握了核心技术，产品有了核心竞争力，所以我不担心当前国外种种针对纺织品出口的限制措施。我国正在由制造大国向制造强国迈进，推进我国纺织产业转型升级势在必行，我们企业愿意率先出发。

用工匠精神　走高端智能化发展道路

我们企业向来不以数量取胜，而是一直专注于高质量、高附加值产品的研发、生产、销售。纺织行业向来是劳动密集型产业，但与同行相比，我们企业自动化程度是比较高的。按我们当前企业规模和产能，一般企业需要600个技术工人才能运转，而我们仅有300多人。今后我还要进一步提升生产自动化程度，引进工业互联网和人工智能，机器换人，减少用工，走高端智能化发展道路。

回望来路，我和我的企业一直在追求自身产品全产业链的高端化、精品化，并脚踏实地在面料质量领域不断创新，用“大国工匠”精神培育自己的品牌。为了产品质量提升，我愿为之付出更大的努力，并为之奋斗一辈子！

访谈时间：2021年4月13日

访谈地点：浙江梅盛新材料有限公司

访谈整理：王雨舟　麻一虹

“小船户头”撑出来的超级工厂

个人名片

陈明贤，男，1968 年 3 月生，浙江绍兴人。现任九三学社柯桥区四支社委员，浙江东进新材料有限公司董事长，兼任绍兴市检察院、绍兴市司法局市级人民监督员、绍兴市柯桥区政协委员、绍兴市人民对外友好协会第六届理事会理事。获中纺联全国优秀企业家称号。

放弃铁饭碗　“下海”去卖布

我 1988 年从师范大学毕业，被分配到柯桥当地的一所中学教化学。在教书的这几年里，柯桥轻纺城发生了很大的变化，逐渐成为国内规模最大、经营品种最多的纺织品集散中心。看到周边发生这么大的变化，我内心是很激动的，也受到村子里其他人的影响，1992 年放弃了教师这个“铁饭碗”，“下海”卖布去了。一开始是帮人看门市部，后来有了自己的店面，也逐渐摸索到生意怎么做才能做得好，有了属于自己的一套生意经。1992 年这一年很有意义，改革开放之后，中国从体制内转向体制外下海经商的这批人都叫“九二厂”，我也是其中之一。

当时我是学校第一个选择创业的。周围人一开始不能理解，认为我做了教育系统的“逃兵”。但是我不这么想，当时正处于改革开放的大好时机，中国轻纺城市场也处于起步阶段，大有可为。我作为一个受过高等教育的人，有思想、有远见、有技术，看到了中国轻纺城的蓬勃生机，于是我义无反顾地离开教育行业，踏上了自主创业之路。

余渚“船老大”　撑起轻纺城

我们村在柯岩余渚，这个村子在绍兴范围内都是有名的。有一种说法，轻纺城就是这个村撑起来的。村里几乎每户人家都是划乌篷船的。在 20 世纪 80 年代，柯桥的公路交通没现在这么发达，但柯桥水系比较发达。在绍兴柯桥，星罗棋布地分布着各种各样的织布厂和染坊厂，柯桥的布价廉物美，买布的人也越来越多。但外地人来柯桥人生地不熟，两眼一抹黑，这个时候乌篷船就起到作用了。

乌篷船一开始的功能是“水上出租车”，不管是走亲访友还是旅游经商，都得走水路。因为当时陆路不通，即便有路，也没有车子。当外地人来柯桥采购时，船老大会根据客人的要求划着乌篷船辗转各个纺织厂。船老大在多次辗转之后，集中收集纺织厂的各类信息和数据，如厂家质量、产量及行业口碑，对纺织行业的了解更专业了。这时候的船老大就具备了第二个功能——中介。船老大体现出很强的服务意识，如果客人采购面料不成功，船费免费，有时候还倒贴住宿的费用。船老大划着乌篷船将五湖四海的客人送往纺织厂交易面料，也将柯桥面料推向了世界各地。所以说，这些划着乌篷船推销面料的余渚人，就是柯桥最早的“小船户头”，是中国轻纺城兴起的一支重要力量。

不以价格竞争　敢以品质竞争

在拥有了自己的店面之后，我发现凡是做得好的门市部都有一个秘诀，那就是对面料品质的严格把关，这激发了我做好面料的决心。2005 年，为了生产出高品质的面料，解决货源供应的质量问题，我找到精通面料生产工艺的孙立新合作办厂，为此，我们在周围一片质疑声中引进了价格昂贵的喷气织机。但当我们的面料生产出来时，质量明显高于其他普通面料，产品的利润也大大高于其他普通面料，我们产品高品质的名声在业界就慢慢传播开来。

2008 年金融危机爆发后，国内的纺织业面临着转型升级的挑战。我当时查阅了大量的资料，了解到当下欧美国家纺织行业的现状，意识到只有寻求产业升级，企

公司进口织机生产车间

业才能长久地发展。2009 年，我发现了一款多功能复合面料。这种复合面料是纺织行业里最高端的，具有一定的科技含量，普通企业模仿不了。于是我们企业引进了生产这款面料的设备，生产出的复合面料满足了国际大牌的需求。在与国际客户的接触中提升了公司的水平，这款多功能复合面料使我们公司成了国内的行业领头羊。

市场沉浮，唯实力取胜，我们根据市场行情不断调整公司生产经营战略，一边主动出击，一边开拓与自己产品定位相符合的市场。加快原料、织造、印染、后整理全产业链布局，打造“超级工厂”。所谓的“超级工厂”，不在于生产环节规模有多大，而是要整合与自己从事的主业紧密相关的生产环节，提高产品质量，同时使产品研发也更加精准、及时，最终提升企业自身的整体竞争力。在这种理念引导下，纤维差异化和面料功能化是东进始终如一的定位，也是其对外的“金名片”。

环保领航 拥抱全球化

党的十八大提出建设“美丽中国”，环保受到政府和民众前所未有的关注和重视。而能耗高、污染大，是我们传统印染行业的通病。近几年柯桥印染企业为打造“绿色印染”，想尽办法，各出奇招。我们在 2019 年底开始安装太阳能板。这次改造，不仅节能降耗，还引得国际知名运动品牌纷纷向我们抛来橄榄枝。

安装太阳能板的想法源于跟国外一个知名运动品牌巴塔哥尼亚（Patagonia）的合作洽谈。Patagonia 有高端、环保的品牌定位，要求供应商也具备这样的理念。当供应商采取与环保有关的各种措施时，他们也对此表示支持和赞扬，认为这是一个有责任的、合格的供应商，因此愿意跟我们开展合作。印染企业做到绿色环保，一方面可以彰显社会责任，另一方面又能获得品牌商的青睐。大环境趋势下，环保将是印染企业未来转型升级的重要导向。

我一直坚持初心，严把面料质量关。近年来“东进新材料”通过了瑞士“蓝标”认证，这是针对纺织品极为严格的环保认证标志，目前国内能够达到蓝标认证的企业非常少。接下来，东进新材料将目光瞄准乐斯菲斯（The North Face）、耐克（Nike）、露露乐蒙（Lululemon）、加拿大鹅（Canada Googes）等国际知名户外运动品牌，希望在将来能有更大的突破，做到社会效益与经济效益齐头并进。

访谈时间：2021 年 4 月 13 日

访谈地点：浙江东进新材料有限公司

访谈整理：许晓桐　麻一虹

水刺无纺布的起承转合

人物名片

徐寿明，男，1966 年 12 月生，浙江绍兴人，中共党员。现任浙江宝仁和中科技有限公司常务副总经理、上海长三角非织造材料工业协会副会长。曾任浙江和中非织造股份有限公司总经理、中国产业用纺织品行业协会水刺分会副会长；曾获 2012 年度中国产业用纺织品行业推动贡献奖、2012 年上海市科学技术二等奖、2016 年浙江省科学技术进步奖二等奖、2021 年上海长三角非织造材料工业协会卓越贡献奖。

水刺无纺布　小小分支大大市场

无纺布行业对于柯桥来讲，稍微有点特殊，因为柯桥主要是以传统纺织为主，无纺布产业属于纺织大类里面一个小小的分支。我们宝仁和中公司 2020 年无纺布销售额大概有 5 亿元，属于龙头企业。企业创办于 2003 年。水刺无纺布是无纺布大家庭里的一员，它通过很细很细的高压水流穿刺事先梳理好的棉网，来达到缠结加固的目的，所以叫水刺无纺布。我国无纺布的产能占全球无纺布产量的 40% 以上，全球第一。目前全国无纺布产量有 700 万吨左右，其中水刺无纺布约有 120 万吨。国内中低端产品我们都能自主生产，但是，部分高端产品仍需从发达国家进口。

2006 年我们这里只有一条生产线，现在已经有 6 条生产线，马上第 7 条生产线设备也要安装了。我们的产品面向卫生材料市场，主要用于医用敷料、面膜、干湿擦巾、纸尿裤等领域。2003 年，水刺无纺布有两大类产品——基布和卫生材料。那时我们主要是从事基布的生产，后来逐步退出基布市场，开始转到卫生材料。现在水刺做基布的很少了，80% 都是做卫生材料的。

针对国际市场的发展，2008—2010 年期间，我们的产品主要销往韩国，后来我们又开拓了日本市场。公司出口差不多占 50%，其中日、韩占了总出口的 90%。

开拓日韩国际市场，对企业提升有很大帮助。无纺布是个非标产品，2008—2010 年期间，有些指标比较模糊，客户的要求也各有不同，当时没有特别的规范标准，主要靠客户认可。现在就完全不一样了，客户的要求高了，不同的客户关注的侧重点也不一样，要想得到每个客户的认可难度就比较大，我们的压力也就增大了。当然，不管是韩国还是日本的客户，他们在理念和经验方面确实都比我们超前一些。我们通过韩国市场，首先在管理和质量方面得到了提升，后来通过日本市场，在管理水平和产品质量方面得到了进一步提升，所以直到现在，日本市场还是公司主要的外销市场，保证了我们的利润。

可冲散无纺布　风雨之后见彩虹

2015 年我们上了一条 6 号生产线，但这条线上马后碰到了一些困难，主要是产品达不到要求，市场难以打开，订单难以为继。这条生产线生产的是可冲散无纺布。可冲散无纺布就是指在湿态下使用不破损，用后能像纸巾一样放入抽水马桶冲散降解，既清洁又环保。理想很丰满，现实很残酷。这个想法相当好，但因为涉及可冲散标准、市政排水、污水处理工程等，市场和客户接受也有个过程，这条 6 号线上马后，产品销路一直有些难度。

直到 2020 年，这方面的产品市场才逐步好转，现在销路基本上没问题了。我们这个产品是按照订单来做的，没有固定规格，每个客户的产品克重、厚度、原料比例、幅宽等可能都不一样，没有订单也不能备货。这条线要 30 个人左右，没有订单时压力还是挺大的。那个时候我们没有放弃，天天跑国内市场，让大家了解我们的产品，一直这样坚持着，终于在 2019 年下半年有了转机，订单越来越多，现在很稳定，利润也比较可观。

规划选址搬迁　提升企业核心竞争力

我们注重公司文化建设，每年“五一”国际劳动节前都会举办一场趣味运动会，举行拔河、乒乓球、篮球、象棋比赛等等。有时候我们还和生产实践结合起来，开展一些技术技能比赛。比如通过目测或触感，判断无纺布的克重、厚度、白度、原料配比等数据。这既能让员工玩得开心，又能让他们学到新的东西。为方便员工就餐，公司建了员工餐厅。

公司还非常注重员工的培养，对于技能型人才，首先要求有一定的学历基础，其次要有“特别能吃苦，特别能战斗、特别能奉献”的精神，最后要热爱这份工作。像我们胡厂长，他大学毕业后来到我们公司，能沉下心来工作，又有上进心，所以公司就培养他从车间主任、生产厂长一直到现在成为公司主要领导。

此外，为了公司更好地发展，我们进行了战略规划，准备选址搬迁，扩大规模，给员工一个更好的工作环境，让员工发挥出更大的才能，提升我们的核心竞争力。

访谈时间：2021 年 4 月 14 日

访谈地点：浙江宝仁和中科技有限公司

访谈整理：刘程军　吴国军　王文婷　胡佳欢

CHAPTER 4 第四章

布商与布市

20 世纪 80 年代，一波关于改革和突破、青春和热血的浪潮开始了。你在变，我在变，他在变，无数普通人身上，演绎着波澜起伏的故事，一个伟大的时代由此诞生。

唧唧复唧唧，木兰当户织，那个“日出万丈绸”的江南小镇沸腾了，那条“乌篷听雨眠”的河流沸腾了，那些“把酒话桑麻”的人们沸腾了。从河边布街开始，一代又一代的逐梦人，踏上了他们的奋斗征程。

他们中，有的是船夫，有的是农民，有的是纺织厂的机修工，有的是来自四面八方的小商贩，有的是子承父业的纺二代，有的是“初生牛犊不怕虎”的年轻创业者……

他们，有一个共同的名字：中国轻纺城商户。

在他们身上，你可以看到“敏锐”的智慧。敏锐地感知时代的变迁，敏锐地抓住潮流涌动的商机，敏锐地把握成功路上的一切可能。摆地摊、搞批发、做生产，一步一步，时代的弄潮儿，纺织的造风人，他们说：“要想改变命运，唯有搏一把。”

在他们身上，你可以看到“拼搏”的勇气。腰上绑着巨额现金彻夜不眠不休的忐忑，既当老板又当员工汗流浃背赶货的艰辛，从酷暑到寒冬，风雨无阻地早出晚归，吃的苦，流的汗，洒的泪，最后只一个云淡风轻的微笑，他们说：“创业路上哪有一帆风顺，披荆斩棘才是常态。”

在他们身上，你可以看到“坚持”的毅力。“金融危机”“非典”“新冠疫情”，产品质量、融资艰难、同行竞争……每一个都可能成为事业的“滑铁卢”，甚至濒临破产。人非草木，他们哭过，痛过，迷茫过，但最终擦干眼泪，站直了身子，他们说：“人的一生都会遇到各种困难，如果没有恒心和毅力，就不会有今天。”

在他们身上，你可以看到“创新”的可贵。没有一个人故步自封，没有一个人安于现状，哪怕早已站稳了脚跟，哪怕早已积累了足够的财富，他们依然说：“不创新，一定会被淘汰”，“我们要紧跟时代潮流，多向年轻人学习，否则怎么生产出高品质的面料呢”！

在他们身上，你可以看到“君子”的商道。无论是白手起家的穷人家孩子，还是顺利接棒的年轻纺二代，他们迫切地希望积累财富，但他们说：“君子爱财取之有道”，“做生意最重要的是诚信”，“做生意，首先是做人，良心很重要”。

在他们身上，你可以看到“反哺”的温暖。成功后的他们，常挂在嘴边的两个字是“感恩”，常做的一件事是力所能及地回馈社会，他们觉得这是“责任和光荣”。他们说：“每次一发工资，工厂周边的餐饮生意就会好起来，突然觉得肩上沉甸甸的”，“我们是改革开放最受益的一代人，在轻纺城的这些年，看到了政府为百姓办实事，现在我有钱了，也要回馈给柯桥，回报社会”。

燃情岁月，无问西东。是纺城造就了他们，还是他们造就了纺城，早已不重要，重要的是，那些可爱可贵的精神会一直闪闪发光。

特约撰稿人：陈月芳

从船夫到布商的角色转换

人物名片

吴张友，男，1953 年 4 月生，浙江绍兴人。绍兴市怡浩纺织品有限公司创始人。1989 年成为中国轻纺城东升路老市场首批经营户，现在两代人共同管理 3 家商铺、数千平方米仓库，见证了中国轻纺城蓬勃发展的 30 年。

水上布行　萌生商机

我是地地道道的柯桥人，父亲靠卖柴为生，他做买卖有自己的一套生意经：卖柴要看季节，看天气，按照不同情况定价格，同时，要保证柴的品质，打好自己的招牌。我自小就跟随父亲学习生意经，平时也爱琢磨如何做买卖。

从船夫到布商，从看别人做买卖到自己经营，我的一生都在与布打交道。刚参加工作那会儿，104 国道还没有开通，水路是做布匹生意的主要交通方式，摇乌篷船是一个好饭碗。因此，我当时就在“百米布街”做船夫，接送商贩，运送货物。

在我撑船的两年时间里，我接触了很多商贩，见过不少布匹交易，学会了一些卖布技能。渐渐地，我从一无所知到精通辨布、量码、裁布、卖布、还价等布匹经商之道，也慢慢积累了布商圈中的人脉，积攒了丰富的经验。那时，我坚信布匹行业具有较大的发展前景，布匹经营的创业梦也慢慢萌发了。

1985 年，在绍兴县政府的大力支持下，柯桥轻纺产品市场建立，水上布行的时代渐渐消逝，柯桥的纺织业正式开启。1988 年，东升路老市场开业，政府出台政策大力扶持，鼓励大家进驻发展。我抓住时机，成了老市场第一批经营户。

艰辛创业　先苦后甜

1988 年，物流行业还未兴起，进货送货都要靠人力。我记忆最清晰的是创业初期去江苏进货的艰辛过程。我每天凌晨 5 点出发，走 104 国道，坐去杭州的招手车先到杭州东站，第二天早上 9 点左右到达江苏，路上只能睡两三个小时。进货、搭车运回柯桥、卸货，是一项超负荷的工作。加之布匹需要一尺尺人工量，过程漫长，耗费很大精力。

进货过程中货款的存取是一件伤脑筋的事情。那时全程都是现金交易，治安也没有现在这么好。1993 年，我带着十几万元钱去嘉兴进货。那时候的十几万元是巨款了，生怕被抢，我把钱绑在腰间，小小个头的我明显胖了一大圈。在经过一个热闹街口时，我感觉有人碰到我，一看腰间钱包，已经有一道被划开的口子了。因为包装严实，才没有造成损失。

随着生意渐火，我进货次数逐渐增加，进货的压力越来越大。作为一名商人，我认为，如果产品质量是商人的利剑，那送货时效就是铠甲。因此，即便订单数量剧增，需要连续跑货，我也是亲自奔波，把好质量关，确保时效。这为我的生意留下了一大批固定客源。经常起早贪黑、事无巨细地奔波于进货送货工作，大约五六年后，我的身体明显吃不消了，迫不得已停止营业。

暂离布料行业的两年里，我始终未忘却当年的创业梦，于是重新开始了布料批发生意。当时，柯桥轻纺生意已进入白热化发展阶段，老市场商铺价格开始高涨。由于轻纺城北区为新市场，客源更加旺盛，我就将原先老市场的店铺租了出去，转到北区经营了两年。在这两年里面，我与时俱进，引进新产品，靠着之前的口碑及过硬的产品品质，留住了一大批回头客，稳定了客源，生意也做得越来越顺利。之后几年，老市场行情逐渐回温，我再次返回老市场。

如今，国家的帮扶政策，让我们这些商户享受到了更多的红利，也让我们的业务流程搭上了科技化、现代化的快车。现在，我们的交易走网络，送货走托运，省时省力。此外，我在资金短缺的时候能及时得到低息的银行贷款，帮助我摆脱困境，实现了跨越式发展。

女承父业　创新发展

我们现在卖的布料以高档里料为主，也卖面料，主要是内销，外销也有但还不多。我有两个女儿，如今她们都在轻纺城做布料生意，接手了我的公司事务。大女儿负责做内销，小女儿负责做电商，她们的生意是一条龙的。

2003 年，我们的销售模式简单方便，厂商直接发货，生意基本稳定，当时我大女儿大学刚毕业，考虑到自己的身体和店铺的后续发展，我把大女儿拉进了布料行业。起初，她不太习惯在店铺起早贪黑的工作状态。慢慢地，她熟悉了摸布、看色、清点货物、推销等技能后，一头扎进了这个行业。我拿出家中几乎所有的资金给她作为启动资金，让她自己闯荡，积累经验，以便未来接上我的班。

布料生意，我大女儿干了近 20 年，经验丰富；二女儿进入这个行业没多久，在慢慢成长。自从两个女儿接手之后，我们这个家族性质的公司不断发展，规模逐年增大，现已拥有自己的布料储存仓库，雇员也增加了很多。此外，公司的营销产品、经营模式等也发生了巨大变化。之前我们以线下销售为主，主要针对布料散户进行内销。现在，我们开始利用网络销售平台，进行线上销售，吸引了部分外商，业务开始拓展到了海外。原先的单一里料变成了里料及面料同时销售，面料的档次也慢慢提高了，客户群不断扩大。

2020年初的新冠疫情对我们影响比较大。店铺无法营业，物流中止，生意链冻结。那段时间，公司的收入为零，还需要支付店铺、仓库的正常开销和员工工资，辛亏国家及时出台相应的减税免税政策，减少了我们的损失。

但这次疫情也促使我们加快了创新发展的脚步。在居家隔离、生意暂停的日子里，我的两个女儿了解到了更多优质的布料产品，学习了好的营销策略，拓展了销售渠道。我的小女儿英语达到专业八级水平，她正计划利用自己的语言优势拓展海外市场。

我的女儿们接手我的布料生意后，做得比我好，我相信她们能在新时代广阔的平台上创造更大的辉煌。

访谈时间：2021年4月7日

访谈地点：柯桥轻纺城东市场四楼会议室

访谈整理：李芳娟　付东升　殷茂稼　周俊宁

绣花市场乾坤大

人物名片

严小珍，女，1969 年 7 月生，浙江绍兴人。现任绍兴绣帛纺织品公司法人代表。公司多次被评为“重合同守信用”“消费者信得过单位”“优秀经营户”“守法经营示范户”等称号。

勇立潮头　敢为人先

我先生陈建兴在 1984 年的时候，靠着 1500 元投资款进了东浦镇一家印染厂做操作工，1986 年的时候开始给厂里跑业务。由于在外接触社会的机会比较多，信息比厂里职工要灵通一点，积累了一些市场经验。1987 年我们就开始在轻纺市场卖布。最早的时候，柯桥 5 路汽车终点站有很多摊位，摊位上面都是卖布的，来买布的都是比较小的商贩，买 10 米、20 米布，再到乡下去转卖。1987 年轻纺市场开起来的时候，我在轻纺市场二楼花了 5000 块钱投资了一间商铺，就这样开始经营起来了。1988 年 10 月 1 日，轻纺市场正式开业，记得当时人山人海，非常热闹。在场的都是绍兴本地客商，我们是绍兴轻纺市场第一批商户。

其实，某种程度上可以说，轻纺市场最早是发端于柯桥原 5 路汽车终点站旁边，当时有几十户商户，他们摆一排桌子，每张桌子上放着五六匹布，就开始做布匹零售和批发生意了。我们当时没有多少钱，也没有汽车，只有自行车，我先生每天要骑几十公里，到纺织厂去买布。有的工厂把批量布卖给了大公司，我们去的时候，让工厂把剩下的小批量布便宜一点卖给我们，就这样我们一步一步地做起来了。到了 1990 年的时候，感觉绍兴本地布匹的量不够销售，经常拿不到货，我先生就到嘉兴去进货。那时候嘉兴一带每家每户都开纺织厂，有两三台纺车的，也有五六台纺车的，每天一台纺车能产 50 ～ 60 米布。我先生到那边去收布，早上骑车到农村里，在硬纸板上写着“收布”二字挂在路口，并在村里租用一套农家房子，用来放置收购来的布匹。当时收布门口排了很长的队，很多人家将布送过来。我们一幅一幅地看，把好质量关。布收到中午 12 点就停了下来，每天大约收 1 万米左右的布。收好之后，再把这些布捆好，拉到 104 国道旁边，在树上挂块牌子，上面写着“带货到绍兴”的字样，返回绍兴的空车看到后就会停下来，把我们的货带回来。这样一直做了好几年，慢慢积累起了一定的经济实力。

我们在老市场做了10年左右，老市场改造以后就到东市场里来了。一开始柯桥也没有这么多市场，经过不断的建设和改造，市场越来越多，后来有了东市场、北市场、联合市场等等，柯桥轻纺行业也发展得小有规模，成遍地开花之势，全国各地客户都到这里来进货。得益于柯桥这个得天独厚的优势，我先生敏锐地抓住了机遇，顺势而为，2000年的时候，我们夫妻俩在联合市场开了分店，在各交易区设立了多个门面，累积了大量客户。

迎合时代　顺势而为

没有轻纺城，就没有柯桥的繁荣。轻纺城给柯桥带来了很多财富。生产出来的布只要放到轻纺城市场就可以，客户都知道轻纺城，都会到这里来买布。轻纺城的发展把柯桥相关行业都带动起来了。

与所有企业一样，发展到一定阶段，难免会遇到这样那样的瓶颈。由于一开始我们是以经销为主，找工厂去进货，然后卖出去，作为中间商，因为产品本身不是我们自己生产的，所以在产品质量、颜色等方面有的时候无法有效把控，时常被一些客户投诉，令我们非常头痛。有时产品紧俏，货源却不能得到有效保证，我们就会遇到进不到货的情况。一开始，我们经销的里布都是素色的，没什么色彩，后来根据市场需求，改做印花的了，这个印花里布在市场上就变得比较畅销起来。

当时外贸刚兴起来的时候，杭州的几个朋友跟我们讲，刺绣产品内销和外贸销售情况都很好，我先生就到杭州一家做刺绣的企业去看。他的设备有两层楼高，约有7米、长度有15米，花型在电脑上设计好之后，产品就能直接生产出来，自动化程度很高。这个机器做出来的花型很漂亮，女孩子特别喜欢。看了之后，我们夫妻俩商量，决定开个刺绣厂。那个时候做纺织的厂家已经很多了，做刺绣还是个冷门，在绍兴几乎没有。我们从杭州这家企业了解到，刺绣产品利润很高，而且供不应求，生产出来多少就能卖多少。于是，2000年我们在柯桥买了45亩地，开始建设厂房，2003年从瑞士购买了6台每台价值300万元的苏拉飞梭刺绣机，开始有了自己的工厂。我记得当时是先买设备后招人，设备买回来后，从广东一家台资企业挖来技术工人，又招了一个打版师傅和一批其他工种的工人，送他们去苏拉公司上海分公司学习，2004年正式开始生产。

2003年的时候，整个市场范围内开绣花厂的不多，都才刚刚起步，生产出来的产品量也不大，但要的客户比较多，我们算是准确地把握住了这个商机。我们的第一批生意是从轻纺城转过来的，有的是代加工，有的客户是直接购买产品。从广州来的客商比较多，因为广州有中大市场；上海、常熟等地服装厂的客商、杭州四季青服装批发市场的客商也很多；后来我们也开始做外贸，宁波的客商到我们这边来订货，他们通过宁波港将货物出口到其他国家和地区。我们主动到全国各地设立分公司，了解那里的客户需求，企业因此也得到了新的发展。

公司从瑞士引进的价值 300 万元的苏拉飞梭刺绣机，机械化程度高

宽严并济　创立大业

我们公司现有 100 多名职工，实行厂长管理制。生产厂长、销售科长、财务科长、设计科长等人员组成了企业管理层。

在生产管理方面，企业通过合理组织生产过程，有效利用生产资源，以达到预期的生产目标。高效、低耗、灵活、准时地生产合格产品，为客户提供满意服务是企业的宗旨，为了能满足用户需要，企业需要快速适应市场变化，能生产不同品种的产品，并不断开发新品种，以保证在用户需要的时间，按用户需要的数量，提供用户需要的产品和服务。

在组织生产过程中，企业对职工有严格的要求。产品的疵点不能超过一定的范围。14 米 ×14 米布幅的刺绣，里面最多允许 5 个疵点，少了奖励，多了处罚。如果发现有疵点，由后道工序把疵点找出来，再用绣花缝纫机重新修补好。由于设备本身很高，对操作工人的身高有一定的要求；设备自动化程度很高，对职工的文化素质要求也很高，对于员工的责任心更有要求，如果不安心工作，产品次品率就会很高。因此，厂里每天都要对员工进行安全和质量方面的教育。早上领班给员工开会，总结前一天的产量和质量，进行奖罚；同时强调在生产过程中，机器在动，人不能离开，车间里面不允许接打电话等。公司也狠抓安全教育，经常给职工讲授逃生知识，在关键部位配置灭火器，规定不允许电动车在车间充电。

公司的业务员知识面较广，有敏锐的市场洞察力，有胆识和责任感，不仅了解市场，掌握市场行情，还有分析和判断市场发展趋势的能力，能提前为客户提供有价值的建议，为客户谋取利益。我们这个市场一般做的都是反季节产品，下半年的产品上半年就已经做好了。业务员每天早上一到厂里，先看看自己联系的业务现在落实到哪一步了，自己心里有个底，客户问起来也可以告诉他们。维护客户的利益，讲究诚信，对于企业来说很重要。

花型设计师也是企业的宝贵财富。他们负责定位各类产品的整体花型风格，负责各类产品的花型设计，完成公司相关销售计划，与客户建立良好的联系，熟悉及挖掘客户需求，最大限度地提高客户满意度。有些国外的客户把自己的样品带进来，我们按他们的样品去做就好了。即使是这样，我们也主动提高自己的设计能力，我们深知，靠加工人家的花型没有太大发展空间。

我们公司对待员工就像对待自己的家人一样，我们给每个员工提供包吃包住福利，夫妻宿舍还可以做饭。到年底，不回老家过年的职工，年三十晚上会请他们吃年夜饭，给他们发红包，让他们有种在家的感觉。

我们公司一直紧跟世界刺绣潮流，多次参加国内外的各种展会，多渠道考察新产品、新工艺，还与全国知名纺织研究所合作，开发独特原材料，改进前后道的加工方式。公司持续不断地创新，不仅吸引了更多的客户，也为我们公司创造了更高的效益。

访谈时间：2021 年 4 月 7 日

访谈地点：中国轻纺城东市场四楼会议室

访谈整理：张增祥　王建　黄毓秀　王文莉

辗转三千公里　柯桥安了家

人物名片

钱雪芬，女，1970 年 10 月生，浙江温州人。现任吉达纺织销售有限公司总经理。

跟着商机走的“游民”定居柯桥

我出生在温州乐清，现在一提起温州，大家都联想到富有、浙商，其实 20 世纪 80 年代我们那边是农村，很多村民去新疆做木工和油漆工，经济状况并不好。我哥当时就是在新疆做木工的，待的日子久了，他发现做服装也许能赚到钱，于是我跟着哥哥姐姐去新疆做服装生意，算是迈出了创业的第一步。我们在新疆开了第一家店，做的是布料加工。后来我们又去北京做服装生意，过了两年，听说兰州有商机，就辗转去了兰州，没想到这一走改变了我的命运。在兰州，我们开了个小商铺卖衣服，后来发现兰州的面料很大一部分是从柯桥批发的，又心痒痒想去柯桥做面料生意。那时我也年轻，可以说当时我心思比较活络吧，风风火火地就转战到柯桥做生意了。

柯桥很早就有人开始做布生意，只是那个时候还没有像现在那么繁华、那么有规模，市场很老旧，西市场甚至只是个菜市场。我们兄妹三个住在老市场三楼，店就开在一楼，做生意、过生活都是在这个市场里。我记得那时夏天很热，几个人围着个很小的电风扇吹，门市部对面一排都是铁皮棚子，棚子被太阳晒得滚烫，水倒在上面还发出“滋滋”的可怕响声。有时候晚上太热，我们都睡不着觉，就索性把钢丝床搬出房间，在外头睡觉，反正早上 6 点就来生意了。那时的很多客户连夜坐长途汽车过来，凌晨三四点到柯桥后就到我们这里进货。

尽管现在看来，之前的创业条件谈不上好，但我们赶上了好时候。1988 年，也就是我来绍兴的那年，“绍兴轻纺市场”正式成立，我住的这个老旧市场成了专业市场。自此，柯桥布市场发展得很快。做布生意之后，我们特别发愁的就是交通运输，因为交通不方便，进货的客户就堵在门口，都耽搁不起，我只能紧赶慢赶去开店。1990 年绍兴县政府决定打“官渡战役”，1994 年建成轻纺大桥，运河南北两岸连成一体，我们之前发愁的交通问题在短短几年内就解决了。我这个跟着商机走的“游民”就这样定居在了柯桥。

夯实国内市场　开拓国际市场

随着轻纺城市场的专业化，越来越多的人看到了商机，跑来柯桥投身到纺织品行业的经营中，我们的生意也受到了冲击。最早的时候，我们从西桥进布料，如果觉得这个布不是很好卖，只要在小黑板上写“便宜2块钱，清仓大处理”马上就有很多客户过来买，可以很快清掉大部分库存。现在就不一样了，商户变多意味着货也变多，大家可以选择的面广了，年轻人的眼光也在不断地提升。特别是消费水平提高之后，便宜多少钱已经失去了吸引力，大家都喜欢好看质量又好的面料，这对我们来说也是不小的挑战。

面对挑战和冲击，我们在创新面料、拓宽市场上下了不少功夫，后来又赶上政府鼓励商户转型升级，开始打造具有国际竞争力的现代纺织印染强县。政府一方面引导企业重视国际贸易，另一方面积极争取进出口经营权、许可证，并出台各类奖励政策，很快，整个纺织业形成了“无外不荣”的观念。我们迎着改革大潮，在夯实国内市场的基础上，试着开拓海外市场，生意也越做越大。

一家人做成一条产业链

为了在竞争中脱颖而出，我们坚持创新，不墨守成规，这份用心逐渐地被客户们看到了，我们的名气也打响了。大家都知道我家做的不是大路货，我做的面料品种和样式市场上不太多见，有些甚至是独家，是我们自己开发的布料样式。这样一来，我慢慢就不跑客户了，基本都是客户主动上门。

在创建国家级产品质量提升示范区的过程中，柯桥区政府进一步提升产业的层次和质量水平，提高产品竞争力。我们一家人都是政策的忠实响应者、实践者。说来也挺骄傲，我们一家子做成了一条小产业链：我姐夫在滨海管理染料厂，哥哥开纺织厂，我在市场负责销售，大家各司其职，自家人实现了“一条龙”服务，这样我们的优势也就稳步建立了。我们自己有纺织厂，布都是自己开发的，还能自己出设计，省去了找货源、调货、订单排队等种种费时的环节。如果急的话，甚至今天接单，明天就可以出货，短短几天完成交货。效率上去了，生意也就红火起来了，毕竟时间也是不小的成本。我们这些年积累了许多国内外新老客户，市场上的店铺在我们家拿货的也不少，业务员有想要的花色、样式的也会到我这里下单。2020年的新冠疫情对我们来说是个挑战，国内外市场都受到了不同程度的冲击，庆幸之前的踏实和创新，我们的生意还是展现出“负重回升、积极向好”的态势。这两年来，我们经受住了考验、锤炼了筋骨，对以后的生意我还是抱着积极乐观的态度。

现在我们这个从3000多公里外赶着来做布生意的大家庭定居在柯桥，下一代也在这里扎根，孩子在柯桥念书，连户口都转过来了。我们是新柯桥人，也是见证柯桥轻纺城发展的老柯桥人。如果说柯桥是浙江发展的大浪潮，我们一家人算是柯桥经济腾飞的一滴水。

访谈时间：2021年4月7日

访谈地点：中国轻纺城东市场四楼会议室

访谈整理：司马伊莎　高颖　方韵翔

关于赊账和诚信那些事儿

人物名片

金国祥，男，1965 年 10 月生，浙江绍兴人。现任绍兴金叶迷彩纺织品有限公司总经理。

骑车进货 风雨无阻

我年轻时在武汉做纺织面料生意，直到 1990 年，随着绍兴纺织行业的日渐兴起，我看到了家乡广阔的纺织发展前景，便毅然选择回到柯桥来创办纺织面料公司。创业的初期是艰辛的。我还记得，在那个还是以自行车为主要交通工具的年代，为了争抢紧缺的坯布货源，我得快骑几个小时自行车赶往纺织厂，大汗淋漓；为了染出独特的花色，我载着布匹，骑行十几公里，赶往印染厂。那时候最心累的是汗流浃背赶到纺织厂，却买不到坯布；最着急的是费了九牛二虎之力将坯布运到印染厂，却做不出理想中的成品。那段时间，我的日程排得非常紧凑。清晨开店营业，管理商铺生意；晚上前往工厂看布料，检查布料尺寸、成色及质量。日复一日，起早贪黑，无论风雨，我不是在看布的路上，就是在卖布的途中。

最初我们跟市场上大多数经营户一样，也只是作为纺织面料的一个贸易中间商，但当我看到中国轻纺城的轻纺产业已然形成了从上游原材料到中游织造印染、再到下游服装服饰这样一条完整的产业链时，不甘心只拘泥于这条产业链中的某一个小环节，因此我利用市场的前沿信息，积极整合资源，逐步走现代化企业的经营模式，最终创建了由设计研发、织造、营销等环节组成的金叶迷彩纺织品有限公司。经过这十几年的经营，我逐渐有了稳定的客源，企业的规模也日益壮大。

诚信为本 积极应对“欠账生意”

我认为做生意，诚信经营永远是第一位的。

20 世纪 90 年代，网络没有完全普及，线下选购、现金交易仍是主流。当时轻纺城的人流量比较大，客户资源也比较多，一手交钱、一手交货的生意做得比较顺利。但 1997 年之后，通信业逐渐发达，市场上出现了赊账现象。如何解决客户的赊账行为对我而言是一个极大的挑战，钱款何时到账无法预估，赊账更可能是一个无底洞。为了尽快追回欠款，又不伤害与客户之间的情谊，我积极与客户沟通交流，反复权衡，最终允许他们在能力范围内每年以固定的金额进行分期还款。这一方法不仅让我在2016年收回了所有的欠款，更是让我赢得了客户的信任。处理好了赊账问题，不但没有让我们失去客源，更加速了企业的良性循环，有利于公司的经营。

面料买卖是建立在信任基础上的。我们不仅要在产品的质量上下足功夫，保证客户的利益，更要完善商品的售后服务。因此，在平时的生意往来中，一旦客户在收到货后遇到布匹质量问题，我们会立马联系客户赔礼道歉，有时更会通过降价优惠来让利，在将损失降到最低的情况下保证客户的利益。做生意这么多年，我印象最深刻的还是2003年。那一年，出现非典疫情，我的面料生意非但没有受到太多影响，反而十分兴旺。当时我经营的迷彩面料很受外商们的喜爱，我记得有一位阿富汗客户，订货量基本都是以万匹计，并且还在外商圈中主动帮我做宣传，一传十、十传百，我的生意做得越来越好。我毫不谦虚地将此归功于我们过硬的面料质量及完善的售后服务。20多年来，我与这些客户的生意联系从来没有间断过。正是这种诚信的经营理念和长年积淀的口碑，我才会赢得量大而稳定的客源，才会有工厂布匹加急的“优先”特权。

紧跟市场主流　转换经营模式

经营公司就像是在打一场持久战，要想保持稳健发展，离不开在行业领域的持续创新与深入探索。在公司里我经常会跟大家强调创新的重要性，开发面料新产品，不仅要拥有捕捉热点的能力，更要拥有敏锐的市场观察力。1997年，在大部分纺织公司都在用一种花色和面料的情况下，我主动站在客户的角度，了解客户需求，紧抓商业机遇，设计研发出一款性价比较高的迷彩面料，一经推出就获得了可观的收益。

对于公司未来的发展，我十分看好线下与线上双渠道融合的发展模式。我们以往一家一家去调研、去推销的经营模式已经落后了。现在，我们要顺应数字化大潮流，充分利用互联网技术，提高经商效率。我们将所有色号、样式通过数字图片的形式向客户展示，客户选好色号及样式后，我们联系仓库，通过合作的物流商及时将货品寄送给客户。此外，我十分感谢政府和轻纺城建管委为我们广大经营户们创建了“网上轻纺城”这么好的一个数字化平台，让我们的实体市场和网上虚拟市场做到了无缝结合，我们可以在这个平台中捕捉到更多纺织行业中的重要信息，也极大地拓宽了产品的销路。当然，我觉得做企业也不能一直闷在办公室和车间里，还要走出去。在政府的支持下，如今轻纺城经常会举办各种纺织面料博览会，我公司都会积极参加，这是我们展示企业实力和形象的一种十分有效的途径，通过与现场新老客户的互动交流，了解和掌握当前面料的流行趋势和市场走向，从而能更迅速地抢占市场商机。还有参加政府组织的一些外出考察活动，通过前往其他地区的纺织面料市场进行交流和对接，了解他们的行情、学习他们的创新和独特之处。

绍兴金叶迷彩纺织品有限公司门市部

行百里者半九十，纺织面料的创新是没有终点的。我们做企业更是只有不断创新观念、创新管理、创新经营，才能在新的市场格局下得以生存和发展。

访谈时间：2021 年 4 月 8 日

访谈地点：中国轻纺城北市场四楼会议室

访谈整理：金梁英　冯志红　谢佳颖

培养好下一代　助轻纺城永葆青春活力

人物名片

戚贤生，1969 年 7 月生，浙江萧山人。现任绍兴市柯桥区达达布业有限公司总经理。公司多次被授予中国轻纺城“知名商号”“守合同重信用企业”“中国柯桥纺织指数采集点”“浙江省工商企业 AA 级”等称号。

回首创业路　不忘来时心

1988 年我是乡镇企业的工人，1993 年才开始进入纺织行业创业。刚开始的时候是白手起家，没有资本，一个门市部有很多户人家合作，小规模经营，没有进货和出货渠道，一切从零开始。那时主要的交通工具是自行车，骑自行车从家到市场需要一个小时，每天上下班至少要骑两个小时。有时去工厂进白坯布，还需要把色样送到染厂，忙时一天骑自行车五六个小时，却很开心，因为有生意做才能赚到钱。创业之初，为了控制成本，什么事都亲力亲为，因为长时间骑自行车，裤子经常会磨出洞。白天到门市部与客人谈生意，晚上到染厂管质量，夏天的晚上蚊子多，有时实在困了就到未定型的布堆里眯一会，蚊子把我咬得全身是包。而冬天的晚上天气寒冷，手脚都会被冻僵。1995 年我买了辆摩托车，1997 年买了辆桑塔纳汽车，这时工作条件才渐渐好起来。

门市部从好多人共用一间店，变成自己租半间，再后来自己租一间，1996 年我租了 4 间门市部。1997 年 6 月以后，由于东市场（现东交易区）进行改建，迁至天汇广场，我投资 40 多万元买下了一个大店面，有了属于自己的门市部。2005 年我成立绍兴县达达布业有限公司，经营管理规范了，人员也多了，年交易额达到 3000 万元。创业之初只有我和爱人两个人，成立公司后员工有十几个人，到 2013 年的时候，我又创立了新的贸易公司，总共有员工 30 多人，年产值超过 6000 万元。2013 年中国轻纺城建管委对市场进行了划行规市，将市场细分，经营品种更专业化，我们所在的天汇广场属于窗帘专业市场，所以除工装面料外，又增加了窗帘布经营。经营范围扩大了，客商也更多了。公司有了专业的生产工厂，还设置了 2000 平方米的仓储基地。

要说我成功的经验，我觉得老一辈布商的“四千精神”总结得非常到位，吃苦耐劳，起早贪黑，勤勤恳恳。有的时候有客户的货车或者集装箱过来装面料，如果同事忙不过来的话，我会自己带头干，身体力行。有一年的夏天非常炎热，公司接到 100 万米面料的合同，量大而且交货期紧，我们连续奋战 40 多天，按时把优质的面料交到客户手上。之前有北方来的客人看到了，都很吃惊：南方的老板为什么这么卖命干事！但我们的确就是这样一步步发展起来的，也许就是因为我们这样的态度、这样的干劲，最后才做出了一些成绩。

诚信、质量是企业的命根子

做生意，一是要讲诚信，二是要讲质量，这两条是企业的命根子，没有这两条的话，企业是生存不下去的。三是专注和专业，不能今天卖衬衫布，明天做裤子料，后天做窗帘。一生只做一件事，肯定能成功。市场上有做羽绒服面料的，有做里子面料的，做大做强就一定是“专”的。我们后来改做窗帘布，重点在窗帘、床垫、抱枕等品种、颜色上不断翻新，不是一个花型做到底。我们选择合作的工厂是非常慎重的，并不是今天在这个工厂，明天再换一家工厂，这样品质不能保证。我们的合作工厂是固定的，工厂固定了，他们就知道了我们的产品质量要求，就会按照要求去做产品。我们的客户对品质的要求较高，对价格不太敏感。一分价钱一分货，质量好了，他们也能卖出好价格。10 年前我们一个缎子布产品每平方米质量是 500 克，市场上有的同类产品品质早已经下降，每平方米质量变成了 450、400 克，甚至做到了每平方米 350 克，他们每米卖 7 块钱，我们现在每米还是卖 9、10 块钱。品质上我们不变，原来是什么样现在还是什么样，价格上也是这样，没有变化。有几个和我们经营理念一样的客户，他们非常认可我们的品牌。只要质量好一点，价格贵一点没有关系。我们的产品质量是稳定的，客户拿回去做成成品销售的时候，市场是认可的。他们经常来问有没有新的产品，要是有新产品，客户会帮你去宣传。

把控好经营中的风险

你拿了我的货，付给我钱，那叫带款提货。欠账生意，就是熟人之间相互非常信任，打个电话，先把货发过去，要多少发多少。在我们这个圈子里，一般一个月结算一次。这种方式存在很大风险。如果碰到人品不好的，就会出现赖账、跑路。有一段时间市场内出现了这种现象。因不规范的付款方式而出问题最多的是在 2005 年之后，特别是在 2008 年金融危机时期，出现了很多的三角债问题。任何欠债方，对其他方的影响都是致命的。一方跑路，逼着另一方也跑路，受害的企业最终会破产倒闭。这种经营方式，在企业从银行贷款担保方面表现得最为明显。2013 年左右，国家专门清理相互担保过程中出现的不规范问题。贸易公司到银行贷款的比较少，主要是生产企业贷款的比较多，本身抵押物就这么多。相互担保在多家银行贷款，很容易出问题。

经过清理后，关系理顺了，但这仍是生意中风险最大项，我们也在努力控制。比如一年有 200 多万元业务量，平均一个月 20 万元，我们相互信任度高一点的话，可以欠 50 万元，信任度差一点的允许欠 20 万元，把风险控制在我的可承受范围之内，不会欠全年的货款。我们在 20 多年的经营中，这种事情时有发生，对于生意遇到困难的，是可以谅解的。

走国际化道路　减少国内竞争给自己带来的压力

欧美国家很早就推行的反光服，近几年来在我国得到了重视和推广。这是一个巨大的市场。现在，国家硬性要求，出于安全需要，每辆新购汽车里面至少要放置一件反光衣服，用于出现故障修车时穿上。我们是一家专业从事反光服装及各类安全户外休闲运动制品销售的公司，产品适合道路工作人员、交通路政部门、道路指挥人员、警察、清洁工等使用，其高反光能起到警示醒目作用，保护人员的安全。我的客户中，金华有家 100 多人的工厂，全部做这种产品，产品销往欧美国家。

我们现在总的生意量 30% 在国内，70% 为国外市场提供原材料。我们之所以把目光瞄准国外市场，是因为外贸生意的量会更大一点。目前，国内做布料生意的人很多，大家都有渠道，分散了产品的销售。中国轻纺城是国内最大的专业市场，规模大，品种全，是一级批发市场。很多以前在浙江打工的人，把技术和资金带到自己的家乡，开办了纺织印染厂和销售公司，当地政府也很支持。也有绍兴人到外地去开纺织印染厂的，因此竞争更激烈，所以量是分散的。为避免恶性竞争，我们将目标放在欧美国家的市场上。

我们通过南京的一家外贸公司一直在做美国保安公司保安服装业务，时间长达 20 多年，他们对保安制服的品质要求是固定的。20 年前是这个料子，现在还是这个料子。我们给这家公司每个月发 2 万～3 万米的面料，一年 30 万米左右，产值 200 多万元。我们提供的面料质量优良，价格便宜，深得美国公司的青睐。

培养下一代　助力轻纺城永葆青春

我和我爱人在中国轻纺城已经做了 20 多年业务，我们对儿子从小就是按照接班人的目标来培养的，现在我和我爱人也把家庭事业的传承事情提到了议事日程上来了。

我们现在已经 50 多岁了，如果到了退休年龄还不退下来，没有培养好下一代，是不利于轻纺城更好地发展的。2020 年受到疫情影响，我们的生意受到冲击。我们这一代经营户很少有人精通网络、懂外语，所以迫切希望培养好下一代来接班。

对于孩子的培养，我觉得首先要把基础打得牢一点。我们把他送到英国纽卡斯尔商学院读了三年本科，学的是市场营销和工商管理。儿子学习了语言、网络和营销理论方面的知识，但把书本上的东西变成实践，这一块要加强。我的圈子里面开外贸公司的人很多，我们送他到大的外贸公司去学习，至少要锻炼一两年，把整个流程熟悉了。外销与内销有着不一样的流程。我也把他放到工厂里面锻炼了几个月，同时，还要在门市部学习怎么接待客人。应该说，我们对孩子的培养是花了很多心血的，希望下一代为轻纺城的发展做出更大的贡献。

我们对孩子的教育很严格，目的是让他了解和学习与商业有关的实际知识。除了上面所讲的，在自身素质上进行磨炼和提高外，我们还教育他要维护有意义的社交关系，朋友在精而不在多。其次要向有经验的“导师”型的人物学习。我们把他送到层次高、规模大的企业进行学习和实践，选择跟有经验的企业家一起工作，就是这个目的。我们希望他做能有所积累的工作，而不是表面看上去光鲜的工作。商业工作在起步时都很辛苦，需要经历一个很长的学习曲线，在这个过程里，才能积累下日后对他至关重要的知识和人脉。此外，不仅仅要积攒资本和资历，也要积攒自己的声誉。因为企业家都是靠谱的、品行良好的、工作努力的人才能达到的高度。

我们是改革开放受益的一代人。在中国轻纺城的这些年，我看到了柯桥区政府为老百姓办实事，而且具有极高的办事效率、极好的政策服务。我也很关心员工，为他们按时交纳养老保险，提高员工的福利待遇。同时把公司普通员工尽力尽心培养好，让他们成为下一批优秀的企业家。2013 年我成立的第二家公司中，现在已有 1 个主管、4 个业务员离职后创业成了老板。把他们都培养成功了，我很开心，很幸福。

访谈时间：2021 年 4 月 8 日

访谈地点：中国轻纺城北市场四楼会议室

访谈整理：张增祥　冯志红　杨雨思　王文莉

纺织厂里走出来的老板娘

人物名片

方卡佳，女，1962 年 8 月生，浙江绍兴人。现任浙江昌富纺织有限公司营销负责人。

从靠天吃饭到创办企业

年轻时我的家里条件很苦，欠债是常有的事情。最开始我为了减轻家里的负担，试着进入纺织厂工作，农忙时便回家帮忙干农活。纺织厂的工资对那时的我而言是一笔不菲的收入，但即便是这样两头忙，还债的速度还是赶不上欠债的速度，看着只增不减的债务，我逐渐意识到是时候找个更赚钱的路子了。我的二姐夫在当时的“轻纺城新区”有一家卖布匹的小商铺，听说每个月的收入都还不错，这让在绝境中的我看到了一线生机，脑筋也开始活络起来。我当时想，别人都能靠卖布赚钱，我又不比别人笨，加之有在纺织厂工作的经历，为什么不能试试看？经营布生意的想法就在我脑子里长成了大树。起初我的想法真的很简单：不指望做大生意、挣大钱，只要比务农、打工挣得多，能改善一下家里的条件就心满意足了。

有了做生意的想法后，我和丈夫两个人便在轻纺城租了一间商铺，学别人卖布。起初我们的客户不多，为了多赚点，我还在纺织厂里上班。后来生意日渐好起来了，我感觉如果兼顾纺织厂的工作和店铺的生意，工作负担会太重，也不利于店铺往后的经营发展。于是在 1995 年，我正式从纺织厂离职，开始全力经营店铺。我和丈夫两人分工明确，我负责店面生意，他负责进货、监督厂家染布等。那个时候，轻纺城只有百来号商铺，货品种类也少。我利用自己在纺织厂学到的知识和技术，开始了生产销售一条龙的经营模式：从坯布商那里进来未加工的布料，自己设计、染色、印花，再售卖。经营模式的转变给我们带来了可观的经济效益。

随着改革开放政策的不断推行，轻纺城的发展也越来越好，这也间接开拓了我们产品的销路，许多客户慕名而来，生意也越做越红火了。我们建立起了自己的品牌，1999 年成立了昌富纺织有限公司。就这样，我从一个普普通通的纺织女工变成了轻纺城经营布匹的小老板，从原本的靠天吃饭到自己创办了企业。

从担惊受怕到安心创业

20世纪80年代的轻纺城市场还未成气候，管理模式也比较落后。在我经营生意的初期，市场治安远比不上现在。有件事让我记忆犹新。1988年，我的店铺还在58号，店铺不大，我们就将布匹放置在店铺旁的楼梯口。有一天开店后，我想去清点一下流水，刚走到放钱的抽屉边，余光就瞥见楼梯口有人影晃过。我当即意识到有人在偷布，我和丈夫还有弟弟三人连店面也顾不上了，追着小偷跑了大半个市场，才把4匹布追了回来。现在想起来，还是心有余悸，1匹布有二三十米，要是真被偷走了，那该有多心痛啊。好在同年，轻纺市场正式开业，县里还成立了轻纺市场工商行政管理所，轻纺城慢慢变成了一个专业市场。1995年，轻纺城被浙江省工商行政管理局授予了第一批“浙江省规范化市场”的称号。

从原先的担惊受怕，到后来能安心创业，其实也只有短短五六年时间。现在的轻纺城，整体规划合理，店铺面积足够大，还有仓库便于储存。此外，市场的治安措施也十分严密。除了有保安定点定期巡逻，在各个市场主要进出口也安装了摄像头，保证了商户的人身财产安全。

从一部公用电话到一张全球信息网

20世纪90年代初，移动电话还没有普及，如果碰上长途生意，我们依靠的只有一部公用电话，这大大限制了我们和客户之间的交流沟通。后来有了手机，信息交流也开始方便起来，但美中不足的是对于一些产品的描述，光在电话里说还是很难解释清楚。为了配合客户的时间，我天还没亮就从钱清骑车赶到轻纺城，无论酷暑还是寒冬。还有部分客户千里迢迢跑过来就只是为了打个样，这一来二去浪费了很多时间，对我们发展客户很不利。现在时代不同了，业务沟通都在微信上，效率非常高，在电话里没办法描述清楚的色号，只要在微信上发一张色卡就够了，客户的要求反馈也更为准确。通信的方便还让我们的市场拓展到了国外。一开始怕语言不通，有国外的客户过来我们还不太敢去沟通，生怕出错。现在英语普及了，年轻一代都会说英语，和外商交流起来也方便了不少。接下来我们也要加强外语学习，毕竟现在来柯桥的外商越来越多，这是大势所趋。

信息沟通的便利让我们意识到了知识产权保护的重要性。以前，商户之间因为有相似的印花而产生矛盾是常有的事，这不仅破坏了商户间的情谊，还不利于轻纺城整体的经商氛围，大家彼此都心存戒备，也不愿意有过多的沟通交流。如今我们只要有了新的产品设计，就会立即注册商标，一方面是利用法律保护自己的权益，另一方面也有利于激活创新，形成良性竞争环境。从一部公用电话到现在的全球信息网铺开，做生意跟上了时代的步伐，这要感谢我们国家的大环境，感谢党和政府的好政策！

浙江昌富纺织有限公司门市部

中国轻纺城市场的成长见证了我的蜕变，反过来我也见证了中国轻纺城从小市场到国际纺织交易市场的辉煌发展。30 年间，我与轻纺城共同成长，我的奋斗经历也书写了我和轻纺城的不解之缘。如今我的品牌已成为老字号，未来我还是会和轻纺城同呼吸共命运，期盼更多年轻商户的成长。

访谈时间：2021 年 4 月 7 日

访谈地点：中国轻纺城东市场四楼会议室

访谈整理：司马伊莎　王建　王文莉　黄毓秀

我们的目标是有自己的品牌

人物名片

叶素芳，女，1971年5月生，浙江台州人。现任绍兴市柯桥区忠财纺织贸易有限公司高层管理人员，大学毕业后在广州工作了两年，后来到柯桥从事纺织贸易工作。

初到纺城见证市场发展变迁

1995年，正值改革开放的黄金时期，我们台州温岭有很多人开始外出打拼。当时我大学毕业没多久，在广州做着一份稳定的工作，我有几个亲戚已经在柯桥做起了纺织面料生意。我从他们那里了解到，柯桥有个中国轻纺城，是纺织产业链的源头，不管是郑州的轻纺市场还是东北的轻纺市场，面料都是从中国轻纺城这里出去的。广州虽然也有纺织面料生产基地，但规模根本不能跟中国轻纺城比。他们问我是否有兴趣加入他们的行业和他们一起经营，由于我本身对纺织行业也有一定的兴趣，初步了解他们的经营情况后，我便来到柯桥，加入了他们的行列。

初来柯桥，虽然当时中国轻纺城东、西、北、中交易市场都已经逐步建设起来了，轻纺大桥也通车了，但它还不能称得上是一座现代化的城市。没有耸立的高楼大厦，也没有四通八达的宽阔道路。老市场的门市部前只有一条可以容纳几个人通行的小道，车辆想进来拉货都十分困难。1997年，随着轻纺城北市场的进一步招商隆市，我们将门市搬进了北市场。这20多年来，北市场经过一次次升级改造，一次次管理提升，已然在新市场不断涌现、竞争日益激烈的大环境下奠定了稳固的地位。中国轻纺城为了给我们这些北区经营户打造一个稳定的贸易平台，不仅对市场内的各类广告进行提档升级，优化了商业氛围，更是不断创新管理和服务理念，2016年，推出了“经营户诚信文明经营积分管理办法”，这套管理体制对我们经营户来说其实是双重考核，既是压力也是动力，在敦促我们自觉文明经营、规范经营的同时，更激励我们共同参与到市场的管理中去。管理体制运行一段时间以后，市场的卫生、停车、餐饮等方面都得到了显著的改善，有序的市场环境吸引了更多的客户前来洽谈合作，我们的公司也得益于此，生意一直保持着兴旺的态势。

市场升级后“忠财纺织”内墙广告牌

抓住商机　抢占羽绒服面料风口

做生意之初，我们只做单一化的风衣里布及内衬，没有自己的工厂，需要拿着坯布去找印染厂进行染色和后整理，加上没有丰富的实践经验，一度生意做得十分困难。幸运的是，我们遇到了许多在纺织行业阅历丰富的老前辈们，我们在生产过程中遇到困难时，他们总是热心地为我们解答。就这样，在老前辈们的指导下，我们慢慢摸索，一步一个脚印，面料生意也渐渐做出了一定的规模。

随着中国轻纺城的迅速发展，全国各地来这里的经营户数量也在急剧增加，原先生产的单一布料在当时的市场竞争中逐渐没有了优势，我们意识到了转型升级的紧迫性。纵观整个市场的行情，我们发现当时市场上还没有大规模生产羽绒服面料的商户，更没有在羽绒服生产方面有着丰富经验的厂家。我们迅速抓住了这个机会，转型成为绍兴第一家生产销售羽绒服面料的公司，并迅速打开了市场。我们的面料被用来生产风衣、夹克、棉袄、羽绒服等等，主要销往杭州的女装市场。此后的一段时间内，市场上羽绒服面料生产厂家如雨后春笋般涌现出来，羽绒服面料的销售竞争也愈演愈烈。由于我们生产经营时间久、品牌认可度高，在激烈的市场竞争中站稳了脚跟。在早些年生产厂家少的时候，我们公司 15 吨的货车刚刚在市场停车场停下，客户们便蜂拥而上，爬到货车上去卸货，原是属于我们的卸货任务一度被客户包揽了，原因就是客户们都怕买不到货。有时候有的客户甚至亲自到我们的工厂盯着，布料做出一卷，他们就收走一卷。就这样，靠抓准时机，敢于突破，我们在中国轻纺城有了一席之地。

加速产品开发　打造服装面料新品牌

随着中国轻纺城规模和体量的逐步壮大，我们切身感受到来自市场的竞争压力。感触最大的就是现在市场上的纺织面料种类越来越多，面料更新换代的速度也越来越快。以前我们开发出一款产品，销售可以从年头做到年尾，现在这几乎是不可能的了。产品的平均“生存期”不到半个月，若是产品正好迎合了市场的需求，销量就高，那么它的生产还可以延续，否则，这个产品的“生命”就会在半个月后终结。更残酷的是，有时候产品还在生产线上，由于市场上的同类产品没能得到消费者的认可，销售就提前结束了。

我们也逐渐意识到，造成上述现象的根本原因是当前服装面料行业的同质化产品在增多、缺乏创新性。我们作为面料商急需生产更多差异化面料，与原先的产品形成良性的互补。从原料创新到花型设计创新，积极打造符合自己企业特色的服装面料新品牌。我们公司的品牌化道路刚刚起步，这段时间我正在积极地与杭州相关面料性能研究机构、服装设计工作室合作，在大力提高面料质量的同时，找准市场的切入点，迎合服装流行趋势，乃至主导和引领服装流行趋势。与此同时，为了更好地树立公司品牌形象，我们在门市部的二楼打造了上百平方米的展示厅和 T 台，并作为直播场地在抖音等网络平台进行直播带货、线上互动，实现了设计师、服装品牌和我们面料企业的零距离对接。接下去，我们还将继续借助“网上轻纺城”“全球纺织网”等线上平台进行推广，实现线上线下“两条腿”协同并行，拓宽我们的产品销售和品牌宣传渠道。品牌的创建和经营是一个长期的过程，也是一个价值积累的过程，如今中国轻纺城的面料企业单靠价格竞争已经难以立足，面料品牌作为核心竞争力，值得我们所有面料企业去追求。

访谈时间：2021 年 4 月 8 日

访谈地点：中国轻纺城被市场四楼会议室

访谈整理：金梁英　黄毓秀　王文莉

从摆地摊到专卖免检产品

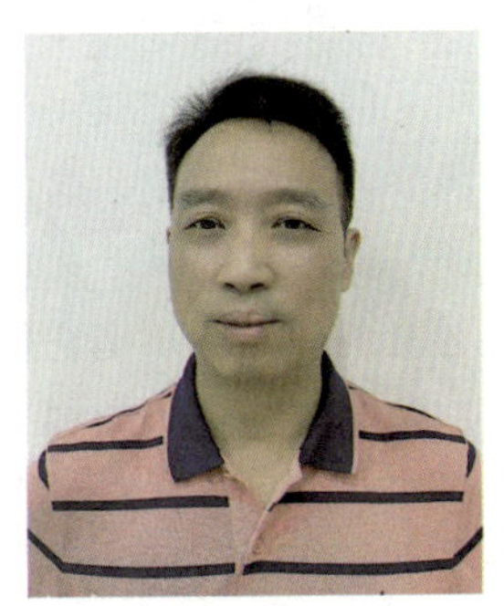

人物名片

赵国年，男，1965 年 11 月生，安徽枞阳人。现任绍兴市南南纺织有限公司董事长，曾获评为中国轻纺城首届“十大影响力布商”之一，曾任中国轻纺城安徽商会副会长，个人和公司多次被上级有关部门评为先进个人和诚信企业称号。

我是安徽人，1997 年起在中国轻纺城做布匹生意，迄今已 25 年。胡适把古徽商精神比喻成徽骆驼，意思是徽商能吃苦，又不计较名利。我的布匹生意从摆地摊做起，搞批发、做生产，摸爬滚打，一步一步走到轻纺城里。我们都是平凡的人，是改革开放的时代浪潮让我在柯桥中国轻纺城里逐渐实现人生价值，这应该是很多中国轻纺城人的共同感受。

徽人不待家　生意不断升级

我在中学毕业时赶上改革开放好时代，像无数老徽商一样，徽人不待家，做小本生意，吃苦耐劳、勤俭节约，由小到大。我先跟随同乡前辈做起百货零售生意，那时没有店面，只能肩挑手拿，走村穿巷，风里来雨里去，足迹踏遍大江南北，十分辛苦地进行着原始积累。艰苦岁月磨炼了我不屈不挠的坚强性格，锤炼了我独特的商业眼光。

20 世纪 90 年代初，我和一些志同道合的同乡在安徽省城合肥的城隍庙做起纺织品批发零售业务。那时合肥人民生活水平高于周边不少地方，纺织服装消费市场非常火爆，我们赚到了第一桶金。同一时期，随着中国轻纺城（早期的东市场）的挂牌和北市场的建设，绍兴市绍兴县柯桥镇成了全国最大的纺织品一级专业批发市场，我的货源主要来自中国轻纺城。凭着敏锐的商业嗅觉，1997 年我举家迁往柯桥，开启了我在中国轻纺城 25 年的创业历程。

来到柯桥，可谓是我人生最重要转折点。合肥的纺织品批发市场只是二级批发市场，而中国轻纺城是一级批发市场。中国加入 WTO 后，中国轻纺城更是快速发展成为国际性大市场，没有中国轻纺城这个大舞台，我们这些普通人很难把纺织事业做大。我先是在东市场租了门市，做起了纺织品批发业务。随着轻纺城市场不断升级改造，市场分工越来越细，经营的产品混杂、粗放已不适应市场发展需要。经过深思熟虑，我选择棉布作为主营产品，因为我认为棉布作为天然环保产品，永远不会被淘汰，中国轻纺城棉布市场发展空间很大，经营棉布将大有所为，于是我迁到北市场专业经营棉布生意。

面对压力　沉着应对

信息技术发展迅猛，已进入全民网络时代，电子商务这种新兴的商务模式正逐步渗入传统商业，实体经济面临巨大挑战。拓展网上销售渠道很有必要，但根本上还是要不断提升产品质量。电商对于我们布料行业没有太大影响，因为布不是网上看看图片就能知道它的质量及成色，都需亲眼看到、亲手摸到才知道到底如何。我们也在网上销售布料，客户要货就先发样品，客户觉得满意了，我们再发货。始终把握好质量，客户才会越来越多，这才是电商时代的根本之策。

2020年，突发的新冠疫情给绍兴纺织业带来巨大压力。一方面，海外市场需求急剧下降，订单锐减；另一方面，国内纺织企业全产业链震荡，内需市场复苏缓慢。新冠疫情严重影响了以出口为导向的纺织企业，我们公司一开始也接到客户要求暂停订单的通知，手上有不少积压的货物，经营风险与成本持续加大。

但危机也是转机。经过分析，我们公司及时采取务实应对措施，公司业绩持续稳定上升。我们主要做了三件事：

一是立足技术和产品创新，减少产业链消耗。以往我们公司代理国内知名纺织企业的品牌产品，以销售为主；疫情发生后，为减少中间环节成本，利用柯桥纺织产业的集聚优势，我们直接承揽了棉纱、棉布和印染生产线；又在生产过程中，注重技术和产品创新。我们所有生产线都有完善的质量保证体系，产品质量标准都达到甚至高于国家标准，我们生产的产品均被国家质检部门认定为免检产品，市场竞争力得到了很大提升。

二是充分利用互联网和社交网络，发展跨境电商。我的孩子们都接受了良好的教育，对新事物和电商流程的学习和应用非常快。在疫情影响严重期间，充分利用了网络资源，以线上为主、线下为辅，发展跨境电商。公司积极参与中国轻纺城网上纺博会和网上广交会，充分利用互联网和社交网络，发挥跨境电商低成本优势，实现业务上的新增长。

三是及时调整市场转向，锁定亚太市场，确保国内市场。随着国家全球化布局带动亚洲和非洲市场持续走暖，“一带一路”沿线国家市场地位进一步提升。疫情发生后，我公司产品出口重点转向亚洲和非洲市场。其中，增长迅速的国家是菲律宾和尼日利亚。

我们公司和柯桥的大多数纺织企业及时走出困境完全离不开柯桥区委、区政府的正确决策和大力扶持。2020年下半年以来，柯桥区及时出台疫情期间助力企业复工复产、稳工业七大行动等诸多政策举措，实施制造业高质量发展的“步鱼计划”，进一步优化营商环境，提振了柯桥企业发展信心。

淡泊名利　做人处事之本

做生意难免会出现一些问题：有的是产品质量问题，有的是交货期延误问题，有的是沟通不及时、信息不对称造成的误解问题。有一次我们接了一个欧美的订单，做好的产品不符合客户要求。那个单子大，产品数量多，我一边组织工厂工人加班重新赶货，一边主动给客户赔偿损失，让客户免去后顾之忧。因为诚实守信，那位客户不但免除我应付的赔偿款，更帮助解决了不符合他需求的产品的销路问题，并成了我的长期忠实客户。

我们古徽商辉煌四百年得益于“诚信经营”这四个字。我认为，诚信经营包含了这些方面的内容：一是以义为先，要重义轻利；二是重承诺，崇信誉；三是诚实经营，童叟无欺；四是货真价实，品质优先。我曾自豪地对朋友说，我承诺的话比合同都有效。对一家企业来说，经过长期努力建立起来的良好信誉，比金钱更宝贵。

随着事业发展、企业壮大，我参与社会活动增多，在市场同行中拥有相当的人脉资源，在同乡中也拥有较高威望，各种荣誉纷至沓来。我曾被评为中国轻纺城首届“十大影响力布商”，曾担任中国轻纺城安徽商会首届理事会常务副会长，个人也多次被评为中国轻纺城市场“优秀经营户”，经营的绍兴市南南纺织有限公司更是多次被评为“诚信企业”“守合同重信誉企业”等等。这些荣誉，我把它们都看成压力、鼓励。

珍惜亲情 弘扬孝道

我非常注重“同乡观念”“宗族观念”和“血缘关系”。我的兄弟姐妹、族亲，很多人都先后来到了柯桥，各自发展着自己的事业，我们有着共同的血缘或地缘关系，以众帮众，相互提携。

我很崇尚我们的传统文化。我的家庭非常幸福，我的父母已八十岁高龄，身体很健康。我的妻子非常贤惠，在我身处困境时一直坚定地支持我。我的子女都已长大成人，接受了很好的教育，现在不仅继承了我的事业，还将我以前不擅长的外贸业务做得风生水起，应该说他们在中国轻纺城这个国际大舞台上找到了自己人生和事业的定位。现在，我公司的主要工作都交给子女们去打理，我每天跑跑工厂，检查监督一下产品质量，没有特殊情况，一日三餐，我基本上都是陪父母一起吃。尽孝当及时，父母健在，就尽量多陪陪父母。

随着杭绍临空经济一体化发展等重大战略的实施，柯桥的综合实力、发展活力、生产环境、营商环境、生态环境、生活环境、生活质量必将不断提升，中国轻纺城作为亚洲最大的布匹集散中心的地位会越来越巩固。在柯桥区委、区政府的正确领导下，我们有信心进一步做大做强企业。作为新柯桥人，我和我的家人、朋友们的事业会取得更好的发展，生活也会更加幸福。

访谈时间：2021 年 4 月 8 日

访谈地点：中国轻纺城北市场四楼会议室

访谈整理：付东升　唐阳阳　吴淑婷

“想客户所想” 企业发展壮大的法宝

人物名片

朱华为，男，1970 年 11 月生，浙江绍兴人。现为绍兴市华为纺织品有限公司法人。

抓住机遇 不畏艰辛

在开始从事纺织业之前，我一直在村办纺织厂里从事机器修理方面工作。后来随着市场不断扩大，绍兴纺织产业迅速发展，我看到了机遇，渐渐认识到纺织业的发展有广阔前景，再加上本身就是柯桥人，于是我选择从纺织厂出来，走上了创业之路。

人要在困境中看到机遇，而不是在困难中面对未来望而生畏。创业的路程总是艰辛的。1995 年我们来市场卖布，在三楼买了个店面，三楼人流量不大，我们发现，一楼下面有摊位，而且人流量大，我们就把摊位搬到了一楼。由于是露天的摊位，只用一把雨伞撑着，夏天太阳毒辣地晒在头顶上。我们每天白天在楼下摆摊，到了晚上再搬到楼上去。就这样来来回回，楼上楼下地跑，干了好几年。2000 年东区改造以后，我们用几年来攒下的钱在一楼买了一间门面房，这样就不用每天再把布搬上搬下，省了很多力气。前期创业不仅条件艰苦，而且市场不规范，市场的一些规则还不够完善，因此在经营过程中也不是很顺利，总有一些磕磕绊绊。随着市场改造完成，市场经营行为逐渐完善和成熟，给企业发展带来了便利。环境好了，经营规范了，客流量也大了起来。

从 2000 年到现在，我们公司一步一步走来，由最初的 5 个人发展到现在的 20 多个人。目前公司主要从事涤棉、全棉面料等方面的业务。随着市场业务不断拓宽，公司在客户当中享有较高声誉，公司与多家零售商和代理商建立了长期稳定的合作关系。

顺应时代　转变销路

2020年由于新冠肺炎疫情的影响，纺织行业工厂里员工大量减少，缺少劳动力，导致生产效率低下。由于我们在年前准备了足够的货，才能正常开展业务，及时完成了客户的订单。

但是，受疫情的影响，线下的客户量锐减，我们公司采取了网上推广销售模式，通过阿里巴巴等网站发布商品信息，及时与客户进行沟通。随着互联网技术的不断发展，传统的线下销售模式已经受到较大冲击，我们意识到，为了更好地顺应时代发展的潮流，增强企业的竞争力，必须走线上和线下相结合的销售方式。新冠疫情凸显了线上交易方式的重要性。我自己负责线下销售的部分，通过线下面对面和客户沟通交流，进行客户的拓展。我对网络不熟悉，年轻人大多习惯于从事网上生意，刚好我女儿是学服装专业的，专业对口，所以我把线上销售部分交给女儿来管理。

对于创业来说，不把眼光放长远，仅仅局限于国内的市场是远远不够的。国内经营纺织业的企业越来越多，然而国内市场相对来说趋于饱和。为了更好地拓宽自己的业务，就必须开拓国外市场。我们采用外销内销相结合的方式，进一步扩宽自己的销售范围。我女儿的外语水平较好，所以国外的订单也由女儿来负责。

创业难，但是经营好企业更难。企业的转型升级是企业发展的内在要求，随着社会的快速发展，很多企业由于缺乏竞争力而被市场淘汰。一些企业落后的产业形态已不能适应激烈的市场竞争的要求，甚至危及到企业的生存，不转型就有可能被市场淘汰。因此，为了更好地适应这个市场，需要加快企业的转型升级，增强核心竞争力，才能使企业真正摆脱困境，并具有持续发展能力，让企业更快更好地发展。

诚信第一　质量为王

我们公司秉承质量立市场、诚信赢市场、质优价低固市场的经营理念，以多品种经营和薄利多销原则，赢得广大客户的信任。

我对我们企业的产品质量很有自信。我们全程跟踪订单，直到流程走完为止。我们长期有人驻点工厂，在生产现场配合工厂质检进行检测把关，在工厂里确定没有问题之后才小批量发货给客户。如果客户反馈有问题，再进行修正，如果没有问题，才大批量生产，确保所发货物没有任何问题。我们一直都是从定点纺织厂拿货，即使有的厂家在价格上比我们的定点厂便宜，也绝不动心，因为从不同工厂拿货，质量不能得到有效控制。我们把质量方面的具体要求以书面形式发给生产企业，让他们按质量要求进行生产。我们卖出的所有布都要进行检测，由国家相关部门出具检测报告。如中小学生校服，检测项目包括色牢度、甲醛、干湿磨、PH值、缩水率等，每一批都要给客户提供检测报告。有了检测报告后，我们放心，客户也放心。

对于国外业务我们同样用心去做。一些国外商人来市场采购的时候，他们大都比较谨慎，第一次下单少一点，质量好的话下次再合作。我们为了能留住客户，在质量上进行更加严格的要求，打消他们的顾虑，让国外客商留下来。我们有很多多年积累下来的老客户，有的已经有 20 多年的业务关系。

我们更讲究诚信。我有个老客户，一次付钱的时候多付了 2000 元，我电话告诉他钱付多了，请他回来取一下。他过来的时候算了一下，的确是多付了。现在这个客户和我做了 20 多年业务，处得像兄弟一样，他打个电话过来，要多少货，我马上就把货发过去。他有时还给我介绍客户，我们很多客户都是这样的老客户带过来的。

纵观国内外每一个长盛不衰的知名企业，其产品或服务都离不开过硬的质量和诚信经营。所以，质量是企业的灵魂，诚信是企业的生命，任何一个企业要生存、要发展，就必须千方百计致力于保证产品质量，不断创新和超越，在追求更高的目标上下功夫。

需要国际化视野和胸怀

我们最早的时候，只卖绍兴本地的布，现在是以河南、湖北等地的产品为主，全国各地不同功能、种类的纺织品应有尽有。我们这里陈列着涤卡、纱布、线绢等各种产品，因为这些产品要卖到全球各地，所以一年四季的面料都有。另外，每种产品的款式都和当前市面上流行的款式不太相同，要提前预知下一年的流行趋势，才能把产品更好地卖出去。因为有敏锐的市场嗅觉，我的生意一直不错，每年的销售额达到几千万元，其中海外市场占了 1/3。我认为，我们向海外进军，把优质国货带到全世界，这是在国内市场趋于饱和的情况下，纺织品销售行业突围的重要方向。现在，中国轻纺城在转型升级，柯桥纺织产业在提升发展，这将极大提升中国轻纺行业的话语权与国际影响力，为柯桥纺织业走出国门、走向世界打开了新的思路，这对于我们来说无疑是个好消息。中国轻纺城的名气越大，我们的生意就会越好做。

我们做生意都是踏踏实实一步一个脚印地向前走，因此，在汹涌澎湃的市场潮流中，我们业务一直是比较稳定的。我个人性格平和，与人为善，广交朋友，希望有更多的朋友和我交流业务。

访谈时间：2021 年 4 月 7 日
访谈地点：中国轻纺城东市场四楼会议室
访谈整理：张增祥　唐阳阳　吴淑婷

奋进路上的轻纺城二代

人物名片

毛鸿飞，男，1980 年 6 月生，浙江淳安人。现任千岛湖顺天纺织贸易有限公司法人。

提前接班

我的父亲曾是一家国企的管理人员，后来恰逢国企改制，他就决定出去闯一闯，于是开始下海经商，至今已有 20 多年了。我父亲是中国轻纺城的第一批经营户，主要经营制作女装的白坯布。刚开始，轻纺市场还处于马路市场的起步阶段，条件比较艰苦，布匹是在淳安的工厂生产，然后再运到柯桥来进行销售。

经过父亲 20 多年的经营，我们公司的规模逐步扩大，现在公司在安徽滁州有自己的生产基地，拥有 6000 多台机床，生产能力可以排在全国雪纺坯布这一领域的第二位。我们的销售以跑单为主，销售渠道比较广，客源也比较丰富。销售途径有内销和外销两种。内销方面，一部分是面向柯桥轻纺城商户，比如中国轻纺城北区和东区的一部分印花和染色经营户；另一部分主要是销往广州的“中大市场”，那个市场的很多商户已经是我们公司的老客户了。外销方面，我们公司主要对接柯桥当地比较有名的外贸公司，由他们联系染厂进行白坯布的印花或染色，然后再销往国外。往年我们外单外贸主要有东南亚和欧洲两大市场，受 2020 年新冠疫情影响，欧洲区域订单减少很多，现在订单主要集中在东南亚的印度尼西亚、孟加拉等国家及地区。

我大学毕业就开始兼职协助父亲打理生意。刚开始，公司有父亲在打理，我工作压力小，真正得到锻炼的机会也不多。为了让我能真正提高经商能力，父亲从总体布局考虑，决定提前让我全面接手公司。

不断学习　将公司打理得井井有条

刚接手公司时，我对纺织、布料、经商等都不太熟悉，很多方面的知识和技能都亟需提高。幸好当时中国轻纺城有专门针对性的教育培训，有职业分析、商务英语、贸易交往等相关培训课程，我非常积极地去报名参加。记得当时的培训时间都是晚上 6 点到 9 点，我就白天上班，晚上抽出时间去参加培训。功夫不负有心人，通过培训，加上自己的努力，经过一段时间后我慢慢地熟悉了轻纺城的环境，掌握了布料经营的商业运转模式，公司经营也逐步步入正轨。在这个过程中，我不仅学到了很多知识，还结交了不少朋友。目前，整个公司被我打理得井井有条。

在这几年的公司经营中，我的一位世交朋友给了我很大的帮助。我经常与他分享一些生意中的事情，向他请教商场经验，他算是我生意场中的诸葛亮。前几年，我想做大内销市场，但作为一名新手，做起来比较吃力。老友知道我的情况后，利用他在广东、湖北等地的市场人脉，主动帮我开拓内销市场，为我们公司的发展添加了很大的动力。我至今仍深刻记得他教会我的一个经商理念——“入袋为安”。有一年，纺织业的整个行情如日中天，布匹的单价涨幅很大，达到了每米六七块钱。面对只涨不跌的布价，很多商户都想囤货，等高价时再抛售，大家都处于观望的状态。正是那时候，我的朋友跟我讲了“入袋为安”这个经商理念，劝我在这么高的利润之下，应该及时抛货，将钱赚入口袋，避免由于张望而造成损失。于是，我听从他的建议，将手上的货物全部售出。物极必反，没过多久，布料价格果真大幅下降，很多囤货的商户都损失惨重，而我因为听从朋友的建议，稳稳地赚到了钱。

2020 年新冠疫情多少给我们公司的生意带来了一些负面影响，但我始终保持一个好的心态：行情好的时候，不赚太多的钱；行情差的时候，不赚最少的钱。我认为事在人为，稳住心态、大胆去干是经商的基本之道。

企业发展事关 3000 多个家庭的生活

现在，中国轻纺城周围的配套设施很齐全，整体的营商环境和平台条件都比较好。在这种环境中经营，我们的财产有保障，销路有基础，自然就会有很强的幸福感。中国轻纺城于我而言，不仅是做生意的地方，更像是另一个家。同时，轻纺城也为我们提供了良好的交流平台。每年，轻纺城会开办纺织品展销会，不仅打通了我们的销路，更为商户们提供了互相学习借鉴的机会。

作为一名民营企业主，我认为需要将感恩化作实际行动来回馈社会，在履行社会责任感和为社会做贡献方面，一方面要积极交税，为国家经济繁荣添砖加瓦；另一方面就是要对企业员工负责，积极提供就业岗位，保证员工福利。我们厂里目前有 3000 多名工人，这意味着工厂的营业收入是 3000 多个家庭的经济来源。对员工负责，也是对员工的家庭负责，我一直秉持这个信念在管理公司。因此，定时发工资、慰问困难员工、发放高温补贴等制度，都是我们公司一直以来坚持的传统。

我经常会进厂区去与员工聊天，了解他们的生活情况。厂里有很多员工来自安徽和苏北地区，在与他们聊天的过程中，我得知他们在收到工资之后，老家小镇上的饭店都会爆满。这个事情对我触动很大，我愈加感受到自己肩上的社会责任，办好工厂，安顿好员工的生计，就是撑起无数家庭，维护社会稳定和谐。

追求品质　提档升级　创新不止

我始终认为，优胜劣汰是商场的生存法则。当前我们国家正处于时代变革期，一个企业如果自身经营模式不完善，布商与客户核心竞争力不强，势必会被时代所抛弃。而核心竞争力主要体现在产品的品质和一定的价格优势两个方面。这些年纺织行业市场竞争激烈，人工成本也在不断上升，因此，我们企业积极增加仪器设备、扩大企业规模，靠量的增长来保证价格最优。同时，我们还引进新技术，尤其是对工厂进行智能化改造，提高生产效率和改进生产工艺，将产品的次品率降到最低。

适者生存是自然界的生存之道，亦是商界的发展之道。市场是残酷的，当你不适应这个环境时，就会被淘汰。近几年，国家大力倡导绿色发展，号召工厂减污增效绿色发展，出台了一系列法律法规和管控措施。对此，我们纺织厂也响应国家号召，在绿色发展技术方面增加研发投入，更换老旧、耗电耗能的设备，实现企业的提档升级。

与中国轻纺城相处的这些年，我最想表达的就是感激！中国轻纺城为我们提供了良好的销售平台和优质的环境，让我们能安心、顺心地做生意。

相信中国轻纺城市场会越来越好，我们的明天也会更美好！

访谈时间：2021 年 4 月 8 日

访谈地点：中国轻纺城北市场顺天纺织贸易有限公司

访谈整理：冯志红　周群芳　杨雨思　王文莉

CHAPTER 5 第五章

外商与外贸

有人做过一个有趣的统计，金柯桥大道500米林荫路上，10分钟便走过十几个外国人，其中，欧美人1个，韩国人2个，中东人5个，印度人7个……

有人分享过一件有趣的事，在中国轻纺城国际贸易区的某幢高楼大厦的电梯里，进门看到一个外国人，于是友好地用英语打招呼："Hello！"结果外国人用标准的普通话回答："你好，请问你到几楼？"

有人看到过温暖的一幕幕，献血车前，一群外国人排着队等候献血；疫情防控期间，小区门口，穿着红马甲的外国面孔正露出友善的微笑，说："请出示一下健康码，配合测量体温。"

……

有时会忽然忘了，自己为何来到柯桥，但永远不会忘记，那些所遇到的善意和美好。

机缘巧合也好，东风使然也罢，每年，都有五湖四海的人涌入这个"托在布上的城市"淘金。

对柯桥，他们有着太深的感情。"可以说，我的青春伴随着中国轻纺城的发展壮大。""有时候，我会忘了我是外国人，我觉得自己就是地道的柯桥人。""柯桥是我的第二故乡。""柯桥爱我，我也爱柯桥。""出差几天就会想念柯桥。"

说出这些话的时候，他们难掩激动。

对柯桥，他们有着太多的惊叹。"刚来时，柯桥就是个农村，到处都是田地，在不知不觉中，柯桥早已经成了一个国际化的城区，宽阔的马路、鳞次栉比的高楼大厦、便利的公共设施、美丽的环湖公园，柯桥有一种刚柔相济的美。""中国轻纺城已然成为柯桥联系世界的纽带。"

说出这些话的时候，他们难掩自豪。

对柯桥，他们有着太多的感恩。"刚来时什么都不习惯，文化、语言等的差异，使我特别迷茫，走在街上，人们用好奇的目光打量着我，因为当时来中国的外国人很少。现在我的家人都在柯桥，孩子也由当地政府安排进入公立小学接受教育，他们的中文讲得比我好。""这里的政府服务特别好、环境特别好，人也非常友善、非常有合作精神，有时候我甚至觉得我们被偏爱。""我在柯桥实现了人生梦想，这在别的地方是不可能的。"

说出这些话的时候，他们难掩感动。

让每一位善良而努力的人，都有实现自我价值的公平公正的机会，这是一个城市最大的魅力和品格。

无疑，柯桥就是这样的城市。

几十年的风风雨雨，已把他乡作故乡，无关国籍，无关语言，只想骄傲地宣布：嗨，我是柯桥人。

有人远道而来，有人却在开疆拓土，那些拥有敏锐眼光和开放思维的人，尝试"走出去"，到欧洲，到非洲，到东南亚，到中东……

从此，丝路柯桥，布满全球。

柯桥的"布"飘往异国他乡，并熠熠生辉。中国轻纺城的品牌立足于世界各地，并闪闪发光。

是的，轻纺城是柯桥的，但，轻纺城更是世界的。

特约撰稿人：陈月芳

我是来自也门的“新柯桥人”

人物名片

拉德曼，男，1962 年 9 月生，也门人。1985 年来到中国，就读于北京语言学院（现为北京语言大学），1986—1990 年就读于同济大学，获学士学位。1994 年就读于河海大学，先后获硕士和博士学位。2005 年成立绍兴拉曼贸易有限公司，在绍兴市柯桥区从事纺织品贸易。

邂逅纺织　筑梦柯桥：从帮助翻译到长期居住

1985 年，我非常幸运地成为也门政府向中国派遣的第四批留学生之一，在北京语言学院完成一年的中文学习后，到上海同济大学学习工程类相关专业，并在 1990 年毕业，获得了学士学位。随后我回到也门，直到 1994 年，我又来到中国，在南京河海大学学习，先后获得了河海大学的硕士和博士学位。在这期间，因为我的中文比别的留学生好，所以经常被邀请去参与商务谈判的翻译工作。一次偶然的机会，我到绍兴柯桥帮助朋友洽谈纺织品贸易业务，引起了我对纺织行业的兴趣。

来柯桥之前，曾经有伙伴给我介绍过柯桥中国轻纺城的历史。我第一次来到柯桥，当时的柯桥还很荒凉，到处都是农田。那个时候甚至到明珠花园那边才能打到出租车，过了那片区域，多数都只有农田了。现在轻纺城的位置当时只是个小市场，所有的交易都是在地摊上进行的。我们得带着现金来买布，再把布运回去。而且那个时候我们还不能长期住在柯桥，必须两地来回跑。如果我有事从南京跑到柯桥，就只能白天来，晚上再回去。如果当天有事情没有做完，有时我还得到绍兴市找一个酒店住下，第二天再回到柯桥办事。

20 世纪 90 年代初，柯桥轻纺市场升级成为“中国轻纺城”，形形色色的面料吸引了全国各地的人来柯桥采购。2002 年我博士毕业，再次跟随朋友来柯桥洽谈面料采购业务时，感觉柯桥已成为一个非常有魅力和活力的地方。特别是中国轻纺城的规模每年都在扩大，经营户每年都在增加，轻纺城里每天都有新品种面料出来，我感觉在柯桥一定大有可为。2005 年，我带着妻子在柯桥长期居住下来，创立了办事处，专门为也门商人采购面料。至今，我对刚到中国时的所见所闻记忆犹新，那时候人生地不熟，一切都是从零开始。当时，走在街上，人们看到我们这样的外国人，会用好奇的眼光打量，因为那时来到中国的外国人还不多。但中国政府和人民

拉德曼博士（中）与也门商人参加世界布商大会

对我们在生活方面提供了极大的帮助，在政策方面开通了很多的绿色通道。特别是绍兴县商务局，在我们的贸易上给予了很大支持，再加上热情豪放的中国人民真诚地对待我们，我们很快就融入了柯桥当地的生活，结交了很多中国朋友，并与他们建立了深厚的友谊。因此，我们对中国是非常有感情的。作为在中国接受高等教育、在中国创业的外国人，我也深深地感受到中国经济迸发出的无限活力。

“也门全国只有 2 个纺织厂……99% 的纺织品都来自中国”

2002 年，我任职于南京一家对外贸易出口机构。由于工作需要，我经常做阿拉伯语翻译，陪客户到柯桥中国轻纺城谈生意。后来，我们介绍了很多也门的朋友来柯桥发展。随着来柯桥的也门商人越来越多，也门商会就成立起来了。2018 年我担任也门商会的会长，主要负责两个方面的工作：一是帮助政府和也门商人解决生意上出现的问题，二是帮也门商人解决一些生活方面的困难，尤其是涉及银行方面的问题，现在这个问题已经通过商务局、外事办和公安局很好地得到了解决。他们给予我们很多帮助。比如，有一次关于开账户的问题，我们商户要去买布，需要发票，因为没有发票布料就不能出口，针对这个特殊情况，有关部门就给我们开了一个市场采购账户，这样我们即使没有发票也能出口布料了。有了银行账户，做外贸生意就有了安全保障，也就吸引了更多的外商来到柯桥发展。

也门商人来到这里做生意，就像新同学来到新学校一样，需要学习。商会的作用就是告诉那些新来的商户在这里需要怎么做、需要注意些什么。其实他们都有自己的公司，只是他们对这个大环境还不熟悉，容易遇到一些问题，这个时候就需要商会来帮助他们解决问题。商会就是一座桥梁，是也门的生意人与中国外贸公司之间的桥梁。

阿拉伯国家的纺织业生产力比较落后，也门全国只有2个纺织厂，最早我们是从韩国、印尼等国家进口纺织品，直到1998年开始进口中国的纺织品，现在也门99%的纺织品都来自中国。因为中国纺织品非常丰富，工厂可以根据客户的需求提供不同品质、不同档次、不同价格的纺织品，也就是一分价钱一分货。也门商人不仅将布料运回也门，也做把中国生产的成衣卖回去的生意。我们会和中国的服装加工企业进行合作，先将布料卖给他们加工成成衣，再将成衣卖回也门。

现在中国轻纺城的规模越来越大，2020年的市场交易额突破了2700亿元人民币，这简直是一个天文数字。正是这样活跃的贸易，撑起了一个巨大的市场，造就了柯桥一批又一批富豪。我虽然算不上富豪，但我的办事处已经升级成了贸易公司，专门从事中国和也门的纺织品贸易。中国轻纺城为我提供了很大的发展空间，也为我提供了很多很好的合作伙伴。在我看来，中国轻纺城已逐渐发展成为柯桥联系世界的纽带。

现在在柯桥的也门人有400多人，小孩也都由柯桥政府安排进入当地公立学校接受教育，他们的中文讲得比我好，普通话非常标准。我想，这些孩子长大后就是联系中国和也门的纽带。我觉得我的青春献给了轻纺城，见证了轻纺城的发展壮大以及柯桥的发展，也亲眼见证了中国是怎样一步一步走向繁荣的。

“我们为小区疫情防控尽外籍志愿者的一分力量”

2020年，新冠肺炎疫情暴发后，也门商会遇到了前所未有的挑战，也遭受了巨大的损失。有的商人回到也门因为疫情回不来，还有些人自己在中国，家人却在也门。通过这次疫情，我们也发现AI技术和电子化商务在贸易中是非常重要的，希望以后可以通过AI技术，让客户远程感受面料的质感。此外，电子货币的发展和应用也是目前我们商会非常关注的问题。通过这些技术的应用，以后不管发生什么事情，我们的生意照样可以进行。

我希望疫情之后柯桥的学校多开设一些能让我们孩子学习的课程，让他们多学习知识。同时，我也希望引进更多的设计方面的人才，非常欢迎设计专业的人才加入我们，一起助力柯桥经济发展。

新冠肺炎疫情防控期间，我和留在柯桥过年的外籍朋友及家人都积极响应当地政府号召，待在家中尽量不出门。其间，我接到过很多国外亲友打来的电话，问我为何没有离开中国。柯桥是我在中国生活时间最长的地方，这里已经成为我的第二故乡，我爱中国，希望能为中国人提供一些帮助。我发现我住的小区门口有好几名身穿红马甲的志愿者，每天负责小区居民安全进出，工作量大且非常辛苦。于是，我主动向社区申请，加入了这个志愿者队伍。我还叫来另外两位在柯桥经商、定居在绍兴的也门朋友，轮流在小区门口执勤，为进入小区的居民测量体温、消毒、登记，为小区的疫情防控尽外籍志愿者的一分力量。

拉德曼博士（左）在浙江工业大学之江学院留影

我来到中国已经30多年，人生大半时光留在了中国，柯桥已是我的第二个故乡。我衷心地感谢中国政府和中国人民，特别是柯桥这座城市的友善，让我们身在中国的外国人感到非常温暖。今后我会为增进也门与中国之间的友谊、发展两国贸易继续做出努力。

访谈时间：2021年4月7日

访谈地点：浙江工业大学之江学院

访谈整理：张茗宇　陈皓

大家都说我是“半个中国人”

人物名片

金基龙，男，1969 年 6 月生，韩国京畿道人。现任绍兴韩国商会会长，绍兴信和皮塑工艺制品有限公司董事长。1999 年 11 月来到中国轻纺城创办企业。

商会是中韩关系的桥梁纽带

我们绍兴韩国商会是在 2020 年疫情防控期间成立的。疫情发生以后，我们韩国商人进出中国程序比较严格。4 年前我们在网上建了一个社群，经常讨论有关问题，也讨论在柯桥的工作和生活，再后来大家觉得成立绍兴韩国商会很有必要，就这样，我们在柯桥商务局的帮助下开始筹备，2020 年 12 月韩国商会正式成立。

韩国商会在中国的规模较大，总共有 60 多个分部。商会总部设在北京，并且在华东、华南和华北地区都设立了分部，浙江就有 4 个：绍兴、杭州、宁波和义乌。

绍兴韩国商会的大部分会员都是做面料生意的，主要是出口到韩国、美国及南美洲的一些国家和地区。他们中很多人在柯桥买了房、安了家，家人朋友也都在这边。

在中国，像韩国商会这样规模和做法的外国商会是很少的，我们是比较正式的机构，比别的商会影响力要大。北京总部的商会会长任命要经过大使馆、领事馆同意，总会长出访时，大使也会同行。商会与大使馆互相合作，和韩国政府的关系也十分密切。好的民间交流，可以促进政府间交流。韩国商会在经济、文化和法律咨询方面都有重要作用，商会就像桥梁，有时候韩国领事馆需要什么帮助，商会可以帮助联系。

绍兴韩国商会的会员每星期一、三、五会在柯桥羽毛球馆打羽毛球，我们这些球友每个月聚会一次，每年组织休闲旅游，像附近的大香林、大禹陵、柯岩等，我们都去过，环境很好，也很干净，感觉很有文化。

我在商会具体负责联络工作，需要投资时，我们代表韩国去与投资对象联系。平时，商会会开展一些文化交流活动，比如举办历史讲座。2021 年 3 月下旬，上海历史研究会的人来到柯桥为商会成员放映纪录片，讲抗日战争时期，提到中韩两国合作互助的故事。几天前，我们还参加了“东亚文化之都 · 中国绍兴活动年”开幕式，中国的绍兴和敦煌、韩国的顺天、日本北九州市是4个东亚文化城市，许多代表都来到绍兴交流。我觉得我们要学习历史，因为不了解历史，就无法计划未来。

我来柯桥的选择是正确的

我是1999年11月到绍兴柯桥来的。2000年，我在韩国的皮革公司做得不太顺利，我们原来在大邱的生产基地生意也不是很好。刚好有一个朋友以前在柯桥的一家公司里担任技术员，他告诉我可以来柯桥这边看看，机器和厂房都不错。所以我就来到柯桥，看了机器和厂房后，觉得设备等条件都还可以，就开始在这里发展事业了。

我的公司主要做皮革加工，公司总共有20多位员工，只有我和另一个员工是韩国人，其他都是中国人，有本地人也有外地人。有一个山东员工在我的公司已经工作20年了，非常不容易，另外有几个员工也在公司工作好几年了。

2000年我刚从京畿道来柯桥的时候，生活还不是很方便，也很不习惯。我们韩国人喜欢吃辣的，绍兴的菜偏淡，吃不太习惯。我记得那时候我住所附近有一家肯德基，我一般一个星期吃一次，其他时间基本都只能吃绍兴菜。但是和柯桥人做生意、打交道还是很容易的，他们都很好说话，非常客气。

刚开始的时候我会觉得辛苦，语言不通，交流不太顺利。在2005年，我去浙江大学上了EMBA课程。在那里，老师辅导我们一些来中国做生意需要注意的事情，包括法律方面、政策方面等，老师教得很好，我学到了很多。当时班上除了我一个韩国人外，其他全是中国人，同学们对我都很好。现在回想起来，我觉得来柯桥的选择是正确的，是很好的选择！

慢慢地，公司的生意好起来了。2002年，我结婚了，我夫人跟我一起来柯桥，她在越秀外国语学院找到了工作，我们也就安定下来了。现在我的孩子也都在中国读书，在这里接受很好的教育。

我记得2005年的时候，柯桥街上好车就多了起来，建筑物也发生了变化，到2007年、2008年，变化更大，一直到现在，柯桥还在不断变化，我们在柯桥的生活变得更方便了。在这里待了这么多年，我们慢慢适应了这里的生活。我们绍兴韩国商会里的好多朋友都在柯桥有自己的公司，他们也都和我一样，在柯桥工作和生活了很多年，已经完全融入了这座城市，和本地人没什么两样。

每次回韩国，韩国的朋友都会说我已经变成“半个中国人”。每次说到关于中国和柯桥的事情，说起中国发生很大的变化，他们都会问我是不是真的，我说是真的。上次我回韩国的时候，和他们说柯桥的疫情控制得很好，他们还不相信我呢！其实中国人也好，韩国人也好，大家都是普通人，都是一样的，大家都是平等、善良的。

我在这里的事业很稳定，现在韩国80%的教会皮塑用品都是我公司提供的。别的公司受到疫情的影响，我的公司没有任何影响。当然，生意有好的时候，也有不太顺利的时候，我对自己目前的状态还是很满意的。

对于轻纺城以后的发展方向，我觉得现在技术越来越发达，运用高新技术，需要去创新。我们的产品不仅是看数量，更要看质量，特别是好面料的开发，要做出收益高的面料。因此，要做好技术开发、机器开发和工艺开发。还有很重要的一点是文化。柯桥有这么多富有文化气息的地方，要开发旅游和文化特色项目，体现中国轻纺城的文化特色，让它也可以和其他历史悠久的文化名城一样，展现我们当地特色的文化。

有困难第一时间想到柯桥政府

2018 年，我的公司遇到了很大的困难。我以前是做皮革生意的，后来从一个朋友的公司买皮革，加工成儿童地垫出口到韩国，结果发现皮革全部裂开了，几百万元的产品变成了垃圾。处理垃圾的费用也很高，这些都要我自己出钱，要损失几百万元。

一开始我没有告诉这个中国朋友，后来另外的朋友告诉了他，他觉得他也有责任，就主动找到我，说要和我一起承担损失。我们最后达成了一个解决方案，他承担一半的损失，我自己承担另一半。这件事让我觉得，柯桥人做生意还是讲公平、讲道理的。这件事也让我非常感动，后来我们关系一直很好，也一直合作。我在柯桥有好几个要好的朋友，他们做事都很讲诚信，我信任他们，他们也信任我，因此我也很乐意和柯桥人交朋友。

我也遇到过一些纠纷，因为不太了解当地的法律规定，需要法律援助。原本我还担心我是一个外国人，会遇到麻烦，但是柯桥政府办事很公正。在政府的帮助下，双方都得到了满意的解决，体现出法律面前人人平等的原则。虽然我们是外国人，但是柯桥政府不会区别看待。有困难时，我会第一时间想到向柯桥政府求助。

作为“半个中国人”，我非常喜欢绍兴，尤其是柯桥地区的历史文化，乐于为促进中韩人民友好关系贡献自己的力量。

访谈时间：2021 年 4 月 1 日

访谈地点：浙江工业大学之江学院

访谈整理：罗雯慧　司马伊莎

来柯桥　有爱有玩有钱赚

人物名片

李天明，男，1985 年 4 月生，黎巴嫩人。2006 年来绍兴，2011 年于绍兴文理学院工商管理本科毕业。2014 年创立首格纺织有限公司，现任首格纺织有限公司董事长、绍兴中东商会会长。

我来柯桥是因为赚钱　我留在这里是因为有爱

我是黎巴嫩人，小学和中学都是在黎巴嫩就读的，后来，在法国的一所大学学习心理学。出于研究的需要，学校选派了 10 个人，前往 10 个不同的国家学习 10 种语言，返回学校再进行儿童语言习得研究，我入选了这个研究计划。说起来也挺有趣的，我之所以来到中国，是因为学校项目的要求及继续研究学术的意向。但等真正到了中国后我才发现，比起欧洲，中国有更多的发展空间，可以做更多喜欢做的事情，我便放弃了在国外的大学学位。

一开始我到的是中国哈尔滨，2006 年被一家俄罗斯公司派到柯桥工作，成了公司在柯桥唯一的办事员。当初来柯桥的时候，这里条件还不是很好，但我想只要有钱赚，没有什么解决不了的，况且我还挺喜欢这里的生活。在忙工作的同时，我也想学习贸易、管理相关的知识，便申请了绍兴文理学院工商管理专业。通过 8 个月的中文学习，我汉语水平考试（HSK）考过了四级，本科入学的要求是三级。在念书的时候，同班同学有 70 多人，起初他们觉得奇怪，一个外国人怎么会来到班上，后来，我和很多同学成了无话不谈的好朋友。一开始我很不适应这里的考试，中国人花两个小时可以做完试卷，以我的阅读速度可能要四五个小时，但是第 2 年我就适应了。我是一个做事比较随心所欲，想干什么就马上去干的人。而且，我认为，学习不能拘泥于一张毕业证书，只要有知识学到自己的脑子里，并且能在必要时将所学知识合理运用，就足够了。

我在绍兴有过很多难忘的事。有一次去学校，那是一个雨夜，视野并不好，我开车的时候突然感觉到前面有东西，马上停下来，吓了一跳，发现车子前面躺了一个人，但他并不是我撞倒的。当时我非常害怕，那个时候还是个学生，没有钱，怕惹上大事。我打电话给绍兴的朋友们，他们一下子全来了，安慰我不要害怕，帮我一起处理这件事情。当时刚好是“五一”假期，我连着 3 天都没有睡好觉。过了几

李天明参加展会留影

天，朋友们告诉我，派出所通过监控查清楚了，那个人是意外摔倒的。事情就这样解决了。我心里很感谢绍兴的好朋友们，也很感谢警察，是他们帮我有惊无险地解决了问题。

在柯桥，我遇见的人都很友善，都乐意帮助我，解答我的各种疑惑，我在这里的发展，离不开所有当地朋友的帮忙和关爱。如果说我来这里是为了赚钱，那我留在这里是因为有爱。现在我在国外说回家，那指的就是绍兴。

做生意　也跟我自己喜欢玩儿有关

2007 至 2011 年，我在绍兴文理学院读大学期间，像打样、跑样之类的工作，我都干过，偶尔也会充当外商的翻译，帮他们跑跑腿。在 2014 年成立首格纺织有限公司时，只有我一个人。后来随着业务的拓展，公司人数也在不断增加，到了现在已经初具规模，有 40 多个员工了。

做生意，也跟我自己喜欢玩有关。公司做的产品是我喜欢的户外运动装备。在公司创立初期，我们主要经营户外遮阳的面料，专攻国外市场。由于一开始的定位比较精准，公司的发展比较稳定，每年都有 20% 左右的增速。目前企业的运作大致分为三个部分：首先是生产纺织品。依靠中国轻纺城这个亚洲最大的轻纺专业市场，我们建立了自己的工厂。其次是服装设计。轻纺城对创新很重视，对知识产权的保护做得比较到位。第三是贸易销售。中国轻纺城的专业贸易分区布局及配套的物流体系，使公司能够和许多国内外企业建立合作，产品远销南美、欧洲、中东等地。

首格纺织有限公司“麻雀虽小，五脏俱全”。和其他公司单一产品不同，我们的产业覆盖了面料研发、织造与服装设计、打版、样衣制作两大板块，实现了从面料向服装的延伸。织造环节里，从倍捻、拼线到纤经、织布我们都可以自己做，像这样小规模、大产业链的模式在国外比较成熟。这种模式更容易把控产品品质，有利于打造自主创新的小众品牌。

目前，我们的产品受到很多公司青睐，还有人气网红带货。有网红主动找到我们，想让我们帮他们设计服装，大致流程是：我们进行打样，然后互相协商修改，一直改到他们满意为止，最后实施生产。我们采取的并不是现阶段流行的带货模式，而是更偏向于网红自身附带的一种推广模式。我们的企业还有一个优势，我们生产衣服不受数量限制，1 件、10 件……成百上千件都可以。现阶段，我们主要经营与极限运动相关的服装及其相关产品，如滑雪、跳伞、冲浪、攀岩和骑行等，当然，像市面上比较火的瑜伽服之类的产品也会做。

我平时比较随性，但又很专注。出现问题时，我不喜欢花时间去抱怨，而是想办法去解决。有一回我去工厂，有工人在加工一件样品，不巧的是他们做错了两个颜色。过了 10 多天后，他们还在抱怨这件事。我听到之后就找到他们说，没有必要再在这个问题上浪费时间了。我一直觉得，做错事情没关系，只管往前走，重新做一遍，有损失一起承担。对投资的项目赚不赚钱，我看得也很开，我觉得很多时候靠的是缘分。

现在，我在柯桥的生意和生活都顺风顺水，我还是中东商会会长。担任会长以来，我们也会时常搞一些活动，外国人遇到了什么困难都会找我帮忙，我也算是个中东生意人和柯桥政府之间的沟通员吧。在管理商会的过程中也会有不少麻烦，有一次，商会里的成员在外面和别人起了冲突，回来对我说他认识商会的人。我对他说，这里是法治社会，不要动不动就拿认识谁来说话，守好规矩、遵守法律是最基本的要求。

做强主业　追求经济与社会双效益

在 2020 年新冠肺炎疫情防控期间，国外的朋友都想着怎么活下去，而我们在柯桥的人却还能想着怎么赚钱。相较于国外，中国有更大的安全保障，能给我们足够的安全感。在国外还在停工停产、抗疫物资短缺的情况下，中国积极复工复产，生产口罩和防护服。在疫情防控期间，轻纺城的无纺布供不应求。我们公司在停工的六七个月里都照常发工资，没有裁员。我觉得公司赚钱的时候靠的是员工，赔钱了就让员工走人，这是没有道理的。也许疫情就是上天对人性的考验，我要经得起这种考验。

疫情防控初期，人力物力短缺。我报名参加了社区组织的防疫志愿工作，协助社区测量体温。同时我也尽自己所能，去捐款捐物。周围的人会问，为什么你不在捐款单上写上自己公司的名字？我说，我们是做慈善，不是做生意，你做了什么善事，自己知道就可以了。

目前，我的公司经营范围不拘泥于纺织品，也是国外新型冲浪滑板品牌的总代理。现在中国经济发展良好，很多人都对极限运动感兴趣。这种滑板既好看又好玩，占用空间小，可以直接放在汽车后备厢，不用的时候放在家里做一个装饰，适合中国人的居住、储存环境。未来我们公司会尝试做跳伞等极限运动的装备。

因为疫情，首格纺织的业务也受到了冲击。作为一名极限运动爱好者，我正好借机进行产品的转型与升级。中国市面上的滑雪服只追求设计感，而忽视了实用性，不够轻便。专业滑雪运动员，经常需要做一些高难度的动作，服装设计中一个细节不合理就可能令运动员感到不舒适。多年的滑雪经验告诉我，这是一片蓝海市场。我知道运动员真正想要的是什么样的服装，于是我创立了户外运动品牌TIYONO。TIYONO 的名字是来自非洲一个民族的名称，意思是极限。2022 年北京冬奥会就要来了，我正好借这个契机进一步打开产品知名度。目前，我们已经在为3 个国家的运动员进行服装打样了。

在绍兴这么久，这个曾经的他乡，早就成了我心里的故乡。绍兴帮助我成长，我也要尽自己所能去回馈这片土地。

访谈时间：2021 年 4 月 8 日

访谈地点：浙江工业大学之江学院

访谈整理：司马伊莎

柯桥既爱我　我自爱柯桥

人物名片

阿杜，男，1983 年 4 月生，巴基斯坦人。现任巴基斯坦柯桥商会会长、浙江港珀贸易有限公司总经理。

在柯桥，我们可以深夜出门……这是一件非常幸福的事

初到柯桥的生活对我来说并不顺利。2001 年，柯桥很少有人可以说英语，人生地不熟，我经常迷路找不到要去的地方。除此之外，饮食也是一大难题。中国的饮食与巴基斯坦大不相同，调整饮食习惯需要很长时间，有一段日子我们靠着馕来度过一日三餐，这样的生活让我们感觉每天都艰难。我们从巴基斯坦来到柯桥的时候，这里的经济发展还比较落后，当时唯一能与家人取得联系的方式是靠一部小灵通，而且电话经常打不通，我一度因沟通不便深感孤独。

2005 年，浙江省绍兴市柯桥纺织工业商会刚刚起步，企业中有许多事情需要中巴双方进行沟通与协调，由于语言问题，沟通非常困难。为了更好地融入当地生活，也为了能更顺利开展商业活动，我们抓住一切能和当地人沟通的机会学习汉语。功夫不负有心人，在柯桥生活了多年之后，很大一部分巴基斯坦人都已经能说一口流利的汉语，还能听懂一些当地方言，这让很多人都感到惊讶，我经常光顾的早餐店阿姨常夸我是新柯桥人。

我们很少回到自己的国家，把柯桥当作我的"第一故乡"。在这里，我不断积累工作经验，积极融入中国社会，并与当地市民建立了友好的伙伴关系。我们做生意以诚信为本，货到付款，从不拖欠款项，受到中国人的高度赞扬。越来越多的巴基斯坦人来华经商、留学，两国人民之间的交流和联系越来越密切。随着社会进步和商会的不断壮大，我在中国的生活也得到了极大的改善。得益于先进的技术、便捷的通信和快速的物流，如今我也可以在中国吃到家乡的食物，保持自己的宗教习俗。

扎根柯桥带给我十足的安全感，我代表家人对此深表感谢。在柯桥，我可以深夜出门，而不必担心我的人身安全。这里治安良好，我不必每天都生活在恐惧中，这是一件非常幸福的事情。

成立商会　建起了一个中巴贸易交流的桥梁

随着在柯桥经商的巴基斯坦人越来越多，我们逐渐感受到了建立一个属于我们自己商会的迫切性。于是在2005年，我们第一次尝试建立商会，但由于对环境的不熟悉及政策方面的不了解等原因，首次尝试失败了。当时的柯桥，商会成功建立的例子只有韩国商会。我们吸取经验教训，更加积极充分地准备资料，终于在2017年，成功地成立了巴基斯坦商会。在有了自己的负责人（商会会长）后，商会开始逐渐发展，分工逐渐细化。作为商会的对外联络员，我每周五都要召集商会成员开会，为成员企业解决货物滞留、签证办理等问题。

在我们看来，商会的成立建起了一个中巴贸易交流的桥梁。一方面，我们从巴基斯坦进口腰果、开心果、松子等干果；另一方面，我们在上海、北京、义乌、柯桥等地设立工厂，进行布料及小商品贸易活动。中国轻纺城的面料种类很多，其中，高档面料的质量完全可以和意大利高档面料媲美，这满足了我们的各种生意需求。我们的公司主要从事布料、服装、窗帘等外贸生意，市场遍布巴基斯坦、马来西亚、阿联酋、沙特阿拉伯等国家。

商会在为两国买卖双方建立桥梁的同时，也为中巴的文化交流做出了贡献。我们给在中国的巴基斯坦留学生提供工作机会，为去巴基斯坦的游客提供旅游翻译服务，以及为想来中国发展的巴基斯坦人提供签证指导等服务。虽然2020年新冠肺炎疫情对商会纺织业的经营产生了一定影响，但我们相信困难只是暂时的，在不久的将来，我们商会一定能走出柯桥，前往更广阔、更发达的地区发展，为所有在华巴基斯坦人提供帮助。

作为一名外籍调解员　我的原则是帮理不帮亲

我看好柯桥的巨大潜力，生活比上海、杭州这样的大城市要轻松得多。同时，柯桥的纺织业很强，地理位置也很优越，我决定在柯桥扎根发展自己的事业。为了更好地融入柯桥社会，我积极投身于各种官方民间活动。我在中国面料商会担任翻译调解员，解决两国外贸商人的沟通障碍问题，帮助两国贸易顺利进行。2018年，我受柯桥区商务局和柯桥区人民法院共同聘请，成为一名“外籍调解员”。同年9月，我在回国的途中接到了柯桥区法院的来电，法院工作人员告诉我，有一名巴基斯坦商人拖欠柯桥一家企业的货款，合计8万美元，至今已有3年。我认为，做生意要以诚信为本，尤其是我们在异国他乡做生意，就更要讲究诚信，不然受到损害的便是我们自己祖国在外的形象。所以，回国之后，我利用自己的人脉关系，多方打听，终于和当事人取得了联系。在我苦口婆心的劝说下，我的老乡终于表示愿意回到柯桥处理此事。作为一名“外籍调解员”，我的原则是帮理不帮亲，对事不对人，做到客观公正。正因如此，不光巴基斯坦的老乡们爱找我，柯桥人和其他国家的商人也愿意来找我帮忙，这让我觉得分外自豪。

一腔“热血”写友谊

中巴两国之间的亲密外交关系使我们两国人民受益匪浅。我认为，每一个巴基斯坦人在中国的举动都代表着自己国家的形象，我们的一举一动都影响着中国人对巴基斯坦的印象。我们和中国人虽然肤色不同、语言迥异，但在我们血管中汩汩流动的鲜血，却并不因国籍不同而有任何区别。

2017 年 7 月，杭州某餐馆发生煤气爆炸，浙江省血液中心血库告急。我得知这一消息，便立刻在商会群里发动大家赶赴杭州献血。同年 8 月，四川阿坝州发生地震，造成重大人员伤亡，我们又在第一时间联系了柯桥区商务局，并通过商务局联系了绍兴市中心血站，连同我在内的 25 名巴基斯坦在柯商人，一起去献血屋献血。

2 年前在义乌的一起两车相撞的交通事故中，一名巴基斯坦在华商人和一名中国人失去了生命。我得知这个消息后，立刻赶往义乌，花费 10 万元人民币，将同胞遗体送回巴基斯坦。随后，我又筹集 20 余万元善款，寄给了遇难同胞的家人，以资助安顿他们日后的生活。

我在中国工作生活了将近 20 年，对于我来说，柯桥早已成为我的第二个家乡。柯桥给予了我许多，我对柯桥充满了感恩之情。因为感恩，所以想奉献。当

阿杜作为外籍调解员，为中巴企业排忧解难，获赠锦旗

家人有需要的时候，我当然应该用自己的实际行动做出回馈。在今后的日子里，我将尽我所能，带领巴基斯坦柯桥商会，继续义行善举，回报“第二故乡”，续写中巴友谊。

柯桥既爱我，我自爱柯桥。

访谈时间：2021 年 4 月 7 日

访谈地点：浙江工业大学之江学院

访谈人：王玲芳　钱可以

丝路牵动我的“纺都情缘”

人物名片

哈桑·艾马尔，男，1975 年 3 月生，叙利亚人。现任绍兴尚萧贸易有限公司法人代表、股东和高管，绍兴市仁飞进出口有限公司执行董事。

初识初遇初相知——纺织业

1975 年出生于叙利亚从商家庭的我，在那里度过了我的童年和学生时代。家里的 11 个叔叔都在不同的国家从事着不同的生意，在沙特阿拉伯、科威特、土耳其以及伊拉克等国家，都有他们企业的身影。由于叔叔们主要从事进出口贸易，在潜移默化之中，我也了解和学习了许多经商之道，如今我所有商业方面的知识都是我的叔叔们一点一滴教授给我的。而我的纺织业从商生涯则是由专门做纺织品生意的叔叔为我开启的。1994—1997 年，我跟着他一起将纺织品从叙利亚阿勒颇出口到沙特阿拉伯及迪拜等地，慢慢地，我学会了这方面的技巧，并打算以此谋生。

1999 年，我随家庭移居沙特阿拉伯，在那定居后，我找准时机，在当地注册了一家公司。在此期间，我的 6 个兄弟分别去阿曼、卡塔尔和科威特等地开拓各领域的商务与贸易，一来二去，也在当地积累了一定的人脉关系。

2002 年，我开始从事纺织品相关生意，出口一些产品到巴基斯坦、印度、土耳其等国家。但两年后，由于地区局势和当地经济环境等诸多因素，纺织品贸易业务变得惨淡。于是，我辗转来到印度，尝试在印度重新开始。由于地域文化差异，当地人排斥外来人，这使我原本就起步艰难的事业雪上加霜。虽然我屡次尝试克服这个困难，但最终还是很难适应这种有根深蒂固的排外思想的环境。于是，我离开印度，另寻出路。

我选择在迪拜做生意，正是在那段时间里，我认识了一个来自中国的朋友，从今天看来，可以说，他是我真正的伯乐。他向我介绍了中国的情况，告诉我可以来中国闯闯，一定能干出一番事业。那次在迪拜的遇见，虽是一面之缘，却在无形中孕育着一段我与中国的缘分。

无心插柳柳成荫

机缘巧合之下，我来到了中国。2008 年，我原计划准备从印度飞往迪拜，由于航班延误，需要等很长时间。当时我想到了和那位“中国老大哥”的谈话及自己对中国的粗浅了解。抱着来看一看的心态，我决定把航班的目的地从迪拜改到中国上海，然后再从上海来到柯桥。

来中国之前，我们的家族原先也通过代理商采购过一些中国的产品，之所以将目的地选在柯桥，就是想来实地看看这个有着“中国轻纺城”美誉的纺织之都。

到柯桥后，住在靠近轻纺市场的一家酒店里。没事的时候就去市场走走，我惊喜地发现中国轻纺城里货品的规格品类一应俱全，销售面不仅覆盖中国市场，同时还辐射全球市场，各地货商络绎不绝，商贸不断。其市场规模之大，辐射地域之广，产业集聚效应之强，进出口效率之高，令人惊叹。后来，我拜访了在迪拜遇到的那位先生，在和他沟通之后，我有了“柳暗花明又一村”的感觉。此后，在他的帮助和指引下，2009 年，我开始利用朋友的公司，把柯桥的纺织品出口到沙特阿拉伯等一些中东国家。

2012 年，随着交易货品数量的增加及市场的进一步成熟，在柯桥当地政府的政策支持下，我注册了在中国的第一家外贸进出口公司——绍兴仁飞进出口有限公司。随着生意的逐渐稳定，2015 年，我又注册了一家内销公司——绍兴尚萧贸易有限公司。2017 年，我的另外一家中国合伙公司——绍兴罗达纺织品有限公司，也成立了。借助柯桥良好的市场环境以及巨大的产业集聚效应，我的纺织品生意覆盖的品类和市场逐步扩大，公司经营也逐渐稳定。

千磨万击还坚劲

2020 年，新冠肺炎疫情暴发，我在中国所拥有的 3 家公司的出口业务同很多当地的企业一样受到严重的影响。由于与部分国外客商失去联系，大量国外客户取消

哈桑·艾马尔查看布料样品

订单，货物出口后交货困难，加之出口渠道受阻，原本稳定的生意一度陷入困境。

但我很庆幸，在这样的时刻，中国政府临危不乱，疫情在最快的时间内被控制并趋于稳定，给我们吃了一颗关乎人身安全的“定心丸”。同时，中国国内以最短的速度恢复了市场环境，积极拉动内需，用庞大的国内消费市场，给我们的贸易提供了有力保障。

在疫情防控常态化以后，政府出台了大量的政策支持和推动市场经济的恢复，这些政策切切实实地落在了我们这些企业身上，也使我的公司有了生机，渐渐恢复到正轨。目前，我除了担任公司法人代表、股东和高管，继续从事纺织品生产和出口贸易等商业活动外，同时也作为商会会长，尽可能地帮助那些在柯桥本地需要帮助的外商。除此之外，我还尽力帮助一些进出口商与客户取得联系，为中国与其他国家尽快恢复进出口业务尽自己的一份绵薄之力。

访谈时间：2021 年 4 月 6 日

访谈地点：浙江工业大学之江学院

访谈人：王玲芳　陈皓

世界纺都成就的乌克兰凤凰梦

人物名片

安娜·瓦西娜，女，1992 年 3 月生，乌克兰人。现供职于绍兴法乐肯贸易有限公司，初创团队核心成员，市场经理。

初见世界环境下的“中国智慧”

我的故乡在乌克兰，以前我从未想过会与这片遥远的土地产生什么联系。直到 2019 年，因为工作的关系，我选择只身前往这片广袤的东方土地。刚来到这里的我，对这里不熟悉，心里还存有一丝紧张和焦虑，疑惑这个“背井离乡”的决定对自己来说是不是一个最优的选择。但在今天看来，这个选择是非常正确的。

由于我之前的工作涉及纺织行业，因此，我首选的落脚点就是这个举世闻名的“中国纺都”——柯桥。柯桥，对于做纺织品生意的人来说是个神奇的地方，它的神奇在于能够提供一切你想要的纺织品，无论是什么样的质地、花色，这座“中国纺都”都应有尽有。同时，这座城市也有独特的地理优势，距离杭州和上海非常近，这无疑给我们的进出口贸易提供了便利，让我们能够在第一时间接收国际订单，不会错失任何一个机会。除此之外，更吸引我的就是中国文化。在这里人们并没有地域歧视，对我这个“异乡人”保有一种纯天然的友好，我想这应该就是中国古人所说的“海纳百川”。对于商人来说，合作共赢是永恒不变的追求，守望相助是赖以生存的准则，诚信经营是需要恪守的底线，而这似乎就是这片土地上深入人心的“中国智慧”。这里不仅让我在工作上如鱼得水，也让我生活得如同“本地人”，这应该就是我们这些“异乡人”所追求的安全感。

正是这样好的经商环境、优质货品资源及自身的相关工作经历，在政府的帮助和朋友们的支持下，我们公司在 2020 年 12 月成立。由于经营着很多国际生意，处理着很多有关国际公司间的事务，在我们的企业和商会中有许许多多来自世界各地的员工，他们来自巴基斯坦、印度、韩国等国家，各自带着自己国家的语言、文化，甚至是不同人种的肤色、习惯融入这个大家庭，都被这里的工作环境所吸引。这让我们的企业和商会像一个浓缩的“小世界”，也充当起了巴基斯坦、印

安娜参加交流会议

度、韩国等国家与中国的桥梁纽带。大家都因为“中国智慧”凝聚在了一起，合作共赢、守望相助、诚信经营成为大家共同的座右铭。我们与客户、工厂之间保持长期合作，共谋发展；遇到困难时，我们也互帮互助，共渡难关。在世界的大环境下，用“中国智慧”做人做事，似乎是对我们企业和商会最好的概括。

真诚本身就是道路

作为一个企业，经营始终是最重要的。柯桥作为“世界纺都”，带给我们很多的机会和资源，但同时，这里同行云集，也让我们的经营充满了竞争和挑战。作为一个新兴的企业，要想在这个“高手如云”的市场环境中站稳脚跟，需要付出极大的努力，而这个核心的关键词依然是“中国智慧”。“没有任何道路可以通向真诚，真诚本身就是道路”，这句话给了我很大的启发。对于合作伙伴，始终谋求共赢，寻求共同发展，才是我们开启这个市场的“金钥匙”。

在这个思路的启发下，我们开始了一个宏大的计划：依托本地企业的现有优质资源，扩充自身的产品种类，同时帮助这些企业的产品一起走向世界，这种能够实现共赢的想法获得了大量本地企业的响应。目前，我们已经和一些公司达成合作协议，通过组织一些项目，整合双方的优质资源推动双方公司共同发展。

此外，在合作中我们发现，有一些本地企业的产品质量很好，但由于产品设计方面的不足，使其在价格和市场竞争力上与国际上同类产品存在不小差距，我们计划帮助本地企业进行一些简单的产品设计，通过这样的小投入，为产品在国际市场上的竞争穿上一件“金装”。

随着中国市场的不断发展，越来越多的中产消费者涌现，也不断促进着中国的纺织品行业发展。越来越多的人追求高质量、高品质，并且具有创新意识的公司也在不断发展和涌现。与此同时，人们还十分注重和关心中国及世界的环境和生态保护问题，我们将这种理念贯穿到产品设计、生产和加工的过程中，这应该也是一种真诚，一种对于终端客户和环境生态的真诚。

“海纳百川”的发展之道

来到柯桥后，有一点感受是不得不提的，我感觉这里无论是人还是企业、组织，对于工作都具有一种韧性。勤劳质朴、永不服输、敢于拼搏的品性似乎是这片东方土地的底色，这与我家乡的文化完全不同。在这里，人们放在第一位的是工作，然后才是处理其他的事，他们永远会在工作上付出自己最多的精力，这点让我印象深刻。

同时，这里的企业家普遍乐于冒险，比较容易接受新鲜事物。如果他们有一些新的想法，便会乐于去投资，花时间去实践这些新的方案和计划，他们看起来都不害怕可能会发生的意外或是失败。而在欧洲的绝大多数地方，企业主们更愿意花大量的时间去管理，而不是去寻找、开发、实践一些新的机会和策略。因此，这种乐于纳新的精神，也是我认为在这里学到的重要品质之一。这些人从来都不是失败者，他们会从失败中得到很多经验，从而做得更快更好。

在中国，值得我学习的人和事还有许多，各色各样的人和事，才汇聚起了这样一个缤纷多彩的国度。就我和柯桥当地人一起工作的这段时间而言，他们乐于接纳彼此，乐于看到别人的优点和长处。同时，对我们这些外国人，也丝毫不会吝惜自己的友善和真诚，这让我们的企业经营更方便，也让我们更容易融入这里。所以，我认为柯桥有一个很友好的工作环境，以及一群很勤奋的员工。“海纳百川”的精神里，似乎也蕴藏着公司未来的发展之道。

访谈时间：2021 年 4 月 25 日

访谈地点：浙江工业大学之江学院

访谈整理：王玲芳　陈皓

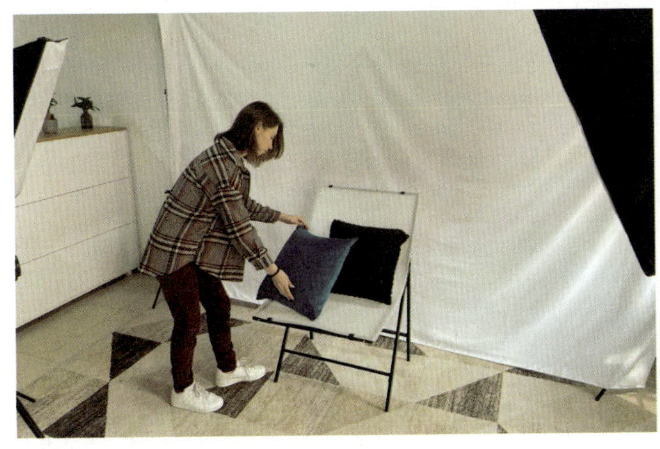

安娜的工作照

柯桥 让我的设计发光发亮

人物名片

阿德里亚娜，女，1982 年 4 月生，塞尔维亚人，自由设计师。在家乡塞尔维亚取得视觉和表演艺术专业学士学位，后至英国、瑞典等国家从事舞台设计相关工作，后返回塞尔维亚。2013 年经朋友介绍到绍兴旅游，后长期在绍兴柯桥工作和生活。

中国文化吸引我来到中国

我是塞尔维亚人，大学就读的专业是视觉和表演艺术。2008 年的时候，我到英国做剧院舞台设计，后试图回塞尔维亚推广。但是塞尔维亚国内习惯于古典和传统戏剧模式，并不接受前卫的戏剧形式，让我有了挫败感。我想起高中时，对中国道教文化有浓厚的兴趣，正好我又认识一个在中国柯桥的朋友，就这样，我来到了柯桥。

我喜欢挑战新鲜的事物，去过很多国家，但柯桥竟让我有了长期居住下来的念头。来中国之前，我对中国有一种浪漫的幻想，比如，一切都很平和，每个人都会功夫。但我真正来到这里后，才发现这里的一切，其实和我的故乡没什么两样。一开始，我也没想到自己能在柯桥待 8 年，我原以为自己会到处走走，然后带着一些新的想法回到塞尔维亚。但是当我第一天到这里，就意识到，这是个值得留下的地方。柯桥很特别，我不太喜欢大城市的拥挤和快节奏生活，恰好柯桥是一个平静的水乡，我可以远离那些繁华和喧嚣，但它的地理位置又很好，交通也很便捷，离上海、杭州这样的大城市很近。

我对做生意没有太大兴趣，所以我一直是一个自由职业者。我现在和一些公司在进行稳定的合作。我在柯桥的第一份工作是一个印度朋友介绍的，她的丈夫在这边从事纺织工作，托他们的福，我认识了这个行业的人，也开始着手翻译之类的工作。

这些年来，我在柯桥认识了不少人，也交了不少朋友。柯桥人都非常热心，很愿意帮助我。他们既聪明又有教养，即使一些日常的交谈也能让我感到欣喜。我每年都会回塞尔维亚一到两次。尽管现在我离家乡很远，但是我觉得，柯桥的一切都像在家一样舒服。甚至有时候，我们外国人会得到太多偏爱，人们会无缘无故地优待我们外国人。我希望被平等对待，虽然我来自异乡，但其实我们都是生活在这里

阿德里亚娜接受采访

的柯桥人。

从8年前的不适应，到现在的难分难舍，我正在逐渐成为这里的一分子。8年前，我第一次来中国，甚至第一次来亚洲，一切都是那么陌生，还一个人偷偷哭过。因为当时我完全不能理解别人在说什么，也没办法解释我需要什么，虽然现在我的中文发音还做不到很标准，但已经可以懂得人们在说什么了。

我很喜欢在之江学院的校园里散步

如果我去北上广等大城市，我的设计也许只能埋没在洪流中，柯桥给了我创作的灵感，在柯桥，我的设计能够发光发亮。

我在柯桥大坂风情小区住过三四年的时间。那个时候，我经常到浙江工业大学之江学院校园里散步。我很喜欢湖泊，校园里的早湖和坂湖能使人宁静。作画的时候，我会经常回忆过去的经历，某些隐藏在记忆里的情愫，某些触动灵魂的色彩。在那样一种安静的氛围里，我读过的东西、看过的电影、听过的音乐和遇见过的人，都会成为我的创作灵感。我觉得中国哲学很有趣，比如道家和儒家就给了我很多启发。我在高中的时候就接触过中国古代哲学，我当时的状态，用中国的成语来说就是求知若渴。中国哲学包罗万象，又那么平静，上善若水、水利万物而不争。柯桥人就像中国哲学一样，很包容。我感觉在柯桥的这8年，受到中国哲学和当地风土人情的影响，我的作品也变得更加多元化，更加开放与包容。

开放和包容　柯桥人正突破传统

一些15年前就到柯桥的朋友说，当时这边除了工厂和商铺，什么都没有。他们在这里工作，却住在绍兴市越城区。不过我来到柯桥的时候，这里已经非常现代化了，连接杭州的地铁2021年6月开通，一切都在向更好的方向发展。

现在的柯桥人更开放和包容，能接受很多新事物和新设计。柯桥和世界各地的交流变得越来越频繁，柯桥人从行为方式到价值观等都在变。就拿设计风格来说，8 年前，设计还停留在非常经典的保守风格，市场也不太接受大胆、有个性的设计，但现在越来越多的人在突破传统，尝试新的东西，而且这种开放与包容是全年龄段的。

目前我正在和梅盛公司合作，这是一家位于滨海的工厂，主要经营环保的合成材料。我负责牵头组织一个面向中外设计师的产品设计比赛，用一些新型环保材料制作产品，包括服装、配饰等。决赛时，我计划邀请设计师们一同来柯桥，以赛会友、以赛交流。

柯桥在规模、理念等方面与国际大都市不太一样，但是，我看到这里的人非常努力地想让柯桥发展得更好，设计和知识产权被新一代企业家所重视和推广。比起 15 年前，我们看到了一个高速发展的柯桥：建筑风格现代化，思想文化多元化，它向来自世界各国拥有不同文化背景的人张开怀抱，很多企业不断地将新思想和新观念植入产业中，推动整个地区走向世界。我相信，柯桥和世界各地未来会连接得越来越好。

访谈时间：2021 年 4 月 25 日

访谈地点：浙江工业大学之江学院

访谈整理：司马伊莎

友好与人文让我爱上这座“城”

人物名片

哈姆萨·巴纳曼，男，1990年9月生，摩洛哥人。毕业于法国里昂第三大学，拥有市场营销和法律硕士学位。来到中国后，获得江苏大学的工商管理硕士学位。曾在美国《财富》500强公司戴尔科技担任全球客户经理，也曾在中国领先的电子商务公司工作多年。现长期居住在柯桥，为Falcon Design公司的创始人。

我创业：利用电商平台　打造高质量品牌

我来自摩洛哥，在北非美丽的海滨城市卡萨布兰卡长大。2015年还在摩洛哥时，我在和一位大学教授偶然的一次谈话中谈起了中国。因为我想要一些全新的体验，所以，他建议我来中国生活学习，之后我就提交了申请。机缘巧合之下，我获得了在江苏大学攻读MBA的奖学金，并学习了一年的MBA课程。毕业后，我开始在中国工作，最初我在杭州的一家电子商务公司工作，后来听说绍兴柯桥的名气很大，于是我打算到柯桥看一看。

在中国生活的6年里，我去过很多城市，也在很多城市生活过，最终选择在柯桥创业。起初我做的是传统贸易，后来，我把握住互联网提供的机会，凭借我在电子商务领域的工作经验，与伙伴共同创立了一家互联网公司，帮助制造商拓展国外市场，直接接触终端消费者。凭借我们的技术和专业知识，帮助制造商建立自己的品牌，并通过电子商务的力量直接向国内市场的消费者销售高端产品。通过这种方式，供应商可以利用不断增长的需求，在海外获得更多的市场份额，并提高利润率。

我的创业想法与中国轻纺城的发展密切相关。来到柯桥时，我并没有发现电商领域的商机，当时布料产业还没有如今这般蓬勃发展，当我有了一些电商运营方面的经验时，我和同伴们开始共同成立公司，去帮助制造业扩大国外的市场。柯桥区委、区政府对我们这些外国创业人员的支持力度很大，在柯北有一个浙江（绍兴）外国高端人才创新集聚区，坐落于绍兴市柯桥区中国轻纺城创意园东区，这是浙江省首个外国高端人才创新集聚区。我们想要在一些专家的指导与高新科技的助力下，创立一个属于我们自己的品牌，销售一些高质量的产品，在国内市场，通过电商运营的方式，将产品直接供应给客户。

哈姆萨（右一）和他的中国朋友

在我眼里，生意上的成功是因为柯桥是一座发展中的纺织城市，蕴含着无限的可能。柯桥是一座闻名世界的纺织城市，我见证了柯桥传统纺织产业的转型升级，发展高新科技和电子商务已经成了一种风尚。柯桥区委、区政府一直支持高新技术公司的发展，通过出台激励政策和建设高新产业园等来辅助当地传统纺织业完成工业现代化的转型，大力投资基础设施，这些积极的方面都为企业的发展提供了很好的孵化环境。例如，柯桥区委、区政府在大力投资改善交通、改善民生的同时，也给企业搭建了一个很好的发展平台，这些措施极大地改变了正在发展中的柯桥。同时，这些改变又让各种大小企业能更好地成长、有更多的发展机会。

巨大的改变和资金方面的优势，让柯桥传统贸易和制造业的转型变得更加快速。在过去，整个销售市场只有一处是可以为外国友人提供帮助的，如今，在柯桥，许多地方的工业中心都已经涉及国外的高新技术和电商。所以，我很高兴能看到柯桥紧跟着世界贸易的时代潮流。在我从事电子商务工作之前，我与许多想开展电子商务业务的公司进行过交流，许多制造商都想做自己的品牌，他们可以为大型品牌制造高品质的产品，但是他们没有自己的品牌，产品也没有办法出口。像小米这样的品牌，它使中国更加出名，也向人们展示了中国真正的水准。对我而言，与这些企业合作，可以帮助他们打造自己的品牌，并将其传播到全世界。我想要打造高质量的品牌，这就是我来到柯桥的原因。

我惊讶：住在柯桥的外国人如此之多

让我感到惊讶的是，住在柯桥的外国人如此之多，在柯桥，我们可以看到来自世界各地的人，比如印度人、南非人、加拿大人等。我很喜欢这样的氛围，这让我觉得虽然身在异乡，却并不孤单。在绍兴外国高端人才创新集聚区里，我结交了来自世界各地志趣相投的伙伴，我们一起创业，一起生活。如果我们想开展业务，不会说中文是很难找到合作伙伴的，因为语言问题，有些企业与我们洽谈时，只是一味地应和。为了解决这些困难，我和伙伴们学习了中文，现在我已经可以用中文进行日常交流。

在柯桥工作期间，有很多人帮助过我。有一家家居公司在市场上为我提供了很多帮助，我们合作了很多年。有位在绍兴外国高端人才创新集聚区的张先生，我也很感谢他，他经常为我们提供政策咨询，对我们的创业起到了至关重要的推动作用；他对

哈姆萨与创业伙伴在绍兴外国高端人才创新集聚区

绍兴文化非常了解，带着我们到安昌古镇游览，为我们讲述绍兴的风土人情和有趣的历史故事。我意识到，绍兴不仅风景非常美丽，文化底蕴也非常深厚，这让我变得更加热爱这座城市。

我期许：商业和科学是成功的关键

柯桥是世界知名的纺织名城，在我来这里的这些年里，我看到柯桥正在从传统贸易向科技、电子商务、时尚等新兴产业转型。当地政府通过提供各种激励措施、建设高端园区、改善外商投资环境及大力投资交通基础设施等措施，促进和支持科技公司发展。我对中国轻纺城的看法可能与许多外国企业家不同，我相信城市发展需要走向未来，而未来总是由科技赋予力量，我很高兴看到柯桥有这样的动态变化。我相信，这些变化也将为新型企业提供更多机会，让更多的外国友人受惠。

除了商业的发展，我也高兴地看到柯桥新建了许多新的设施，这使居住在柯桥的外国人，生活变得更加方便。最近，我有幸成为绍兴传媒集团英语新闻频道“IN KEQIAO”栏目的顾问。这些举措真的很好，让外国人能够更多地了解这个城市正在发生的事情。

作为这座美丽城市的居民和企业家，我希望看到更多的地方大学、研究机构和外国公司之间的合作，因为商业和科学是成功的关键。我祝愿柯桥中国轻纺城未来更加和谐繁荣。

访谈时间：2021 年 4 月 25 日

访谈地点：浙江工业大学之江学院

访谈整理：钱可以

乐当中意两国友好交流的使者

人物名片：

周小燕，女，1964 年 9 月生，浙江温州人，1990 年移居意大利。现任达芬奇国际交流协会主席，米兰中欧设计师协会创始人，米兰中欧创新中心联合发起人，意大利米兰华侨华人妇女联合会创始人，意大利最大慈善机构 SAN PATRIGNANO 慈善基金会独立董事，并被授予杰出贡献奖。获柯桥区“荣誉市民”称号。

我被柯桥区政府授予“荣誉市民”称号

我于 1990 年到意大利米兰做武术教练，后来自己学习制衣，并开设服装厂。1992 年开始为一些一线品牌做加工，至今已与众多企业建立了良好的合作关系。意大利是一个永远和时尚相连的名字，它几乎是世界上最高质量、最佳设计、最优材质时装配饰的代名词，是全球时尚中心之一，也是服装生产大国。我们浙江也是中国的时尚产业大省，但是整个产业的发展与意大利等欧洲国家相比，还是有较大的差距。来到意大利后，服装和时尚行业就是我的本行，就产生了要把欧洲好的设计、好的品牌、好的企业带到中国的想法，同时也希望能为中国品牌走向欧洲尽微薄之力。

2014 年 8 月，我们开始在中国和意大利两地打造 VDS 国际时尚产业平台，同年 10 月，我们带了意大利一线、二线、三线的 56 个品牌及中国的 40 多个品牌，在上海举行了 5000 平方米的国际设计师品牌联合展，并参加了上海时装周的发布会，当时在国内引起了不小的轰动。一位中国朋友向柯桥区政府推荐了我们团队，首次来柯桥实地考察是时任柯桥区区长沈志江接待了我们。到柯桥以后，我们了解到柯桥是亚洲最大的纺织面料交易中心，与意大利时尚产业高度契合。同时，柯桥区政府也给了我们很大的支持力度，共同推动中意时尚产业的合作。每年的柯桥时尚周、世界布商大会等活动，我都会邀请意大利政府及行业嘉宾来柯桥参与时尚盛事，促进双方的了解和合作。2020 年，柯桥区政府授予我“荣誉市民”称号，我也成了一名新柯桥人。

米兰·柯桥馆签约仪式

牵线“丝路柯桥·米兰馆”和“米兰·柯桥馆”

2018 年，时任柯桥区委书记沈志江提出：“米兰作为四大时尚之都，我们能否直接和意大利米兰合作对接？”通过努力，我们促成柯桥和米兰大都会市（相当于大米兰省）签署友好合作协议备忘录。签约之后，我们位于米兰市法里尼大街 8 号的“丝路柯桥·米兰馆”开馆。“丝路柯桥·米兰馆”的建立，为中国绍兴柯桥在意大利开了一个窗口。“丝路柯桥·米兰馆”通过对外展示优质柯桥纺织产品，让欧洲高端品牌的海外设计师对柯桥面料有了全新的认识，不仅为国际品牌了解柯桥产业的转型升级、产品的创新进步提供零时差、零距离的物理空间，同时，展厅的传播形式更直观有效地展示了柯桥城市的“硬实力”与“软实力”。打造一张国际纺都“新名片”，为柯桥产品打入高端市场创造了条件，为柯桥产业转型升级注入了强劲的发展新动力。米兰馆不仅是柯桥面料企业走向国际的首个常设海外窗口，更是柯桥人的海外驿站。

2018 年 11 月 16 日，绍兴市委书记马卫光一行赴米兰大都会市政厅参加柯桥与米兰大都会市政府友好合作备忘录签约仪式。沈志江代表柯桥区政府与以米兰大都市副市长琴西（Arianna Censi）女士、大米兰研究中心主席麦尼尼（Daniela Mainini）女士 、米兰南部公园主席帕莱斯特拉（Michela Palestra）女士为代表的米兰大都会市政府签订友好交流合作备忘录。意大利众议院议员、众议院欧盟政策工作组副组长和欧盟理事会议员贝林吉耶利（Marina Berlinghieri）女士、米兰时尚协会荣誉主席博塞利（Mario Boselli）先生等人也都见证了签约仪式。当时有 12 家柯桥纺织面料企业进驻“丝路柯桥·米兰馆”，使柯桥纺织的整体形象得到了很大的提升。同时，我们每年都会做很多相关推广、发布，让意大利的服装品牌、设计师知道中国有柯桥，柯桥有这些面料。我们开的几次发布会走秀都已经用到柯桥企业的面料，但真正得到大批量的应用，柯桥的面料还有待进一步提高，还需要不断努力创新。

2019 年 9 月 26 日，“米兰·柯桥馆”正式签约。落地中纺 CBD 的“米兰·柯桥馆”和落地意大利的“丝路柯桥·米兰馆”，将成为柯桥和米兰两大时尚之都间产业合作的桥梁和纽带。时任柯桥区副区长李东和当时签约的米兰市大都会政府授权的官方代表意大利阿莱赛市市长帕斯特拉女士，以及我代表米兰华夏集团共同签署“米兰·柯桥馆”合作协议。沈志江书记、意大利国家时装商会终身荣誉主席、米兰时装周创始人博塞利先生也出席了签约仪式。签约结束后，我立即赶往北京准备参加庆祝中华人民共和国成立 70 周年阅兵仪式，在意大利米兰受邀的人当中，我是唯一受邀的女性代表。

以“技术、人才、团队”打造世界纺织之都

柯桥是一个托在布上的城市，但是一直有“恨布不成衣”的遗憾。随着和意大利米兰的深度交流融合，柯桥提出打造“世界纺织之都”的目标，我认为可以把一些意大利好的面料技术，或者通过中欧设计师协会将一些好的服装设计师引荐到柯桥。柯桥很多纺织企业的面料制造设备已经非常先进了，但苦于没有好的技术。例如，我近期在与一位技术员交流时，他给我一块西装面料，捏成一小块放到包里，拿出来是没有任何褶皱的，这需要有好的技术才能生产出来。又比如我身上穿的这件衣服，领子部分是棉的，袖子部分是真丝的，好的技术能把不同材质织到同一块面料上，这些面料创新研发，主要依赖技术员的大脑。所以，从这个角度来说，柯桥要打造成“世界纺织之都”，引进创新创意人才是关键。

柯桥要以中纺 CBD 时尚秀场运营为核心，引进国际优秀设计力量，融合国际时尚元素，打造以时尚发布、论坛、发布会、各类赛事、明星见面会等于一体的常态化时尚活动发布基地，跟进与国际时尚、顶尖设计、前沿潮流的对话。

访谈时间：2021 年 4 月 8 日

访谈地点：电话连线意大利米兰

访谈整理：郑雅萍　孙俊

玉手揽丝万山轻

人物名片

盛菊芳，女，1971 年 10 月生，浙江绍兴人，高级经济师。现任浙江红绿蓝纺织印染有限公司总经理、中国纺织企业家联合会理事、浙江越秀外国语学院校友理事会副会长、柯桥区女企业家协会副会长。曾获绍兴县县长奖、2012 年绍兴县经济建设功臣、马鞍街道劳动模范等荣誉称号。公司曾获国家数码印花产品开发基地、国家数码印花流行趋势研究中心、中国印染行业三十强企业、国家高新技术企业称号，获得中国纺织工业联合会科技进步二等奖、绍兴市科技进步一等奖、2018 年、2019 年、2020 年中国流行面料入围评审优秀奖等荣誉。

绍兴柯桥，是中国生产规模最大、产业链最完整的纺织产业集群地。庞大的纺织产业集群，成就了绍兴经济社会的发展，也给柯桥人创业创新带来了机会。柯桥纺织产业发展史、中国轻纺城的市场发展史，也是柯桥布商的创业史。“红绿蓝”的发展，就是绍兴纺织产业和轻纺城发展的一个见证。

牛刀小试　从轻纺市场淘到第一桶金

20 世纪 90 年代，轻纺城市场刚处于起步阶段，那是遍地黄金的时代，很多人都是那个时候在轻纺城淘到了第一桶金。

20 世纪 80 年代，绍兴乡镇企业开始兴起，但是由于交通还不是很方便，外地人常常坐着小船到绍兴买布。我家所在的余渚村，很多村民都会划船，他们在划着船帮助外地采购商和本地生产企业供需对接的过程中，转型成了中间商，也就是后来的布商。长期耳濡目染之下，我对面料经营也跃跃欲试。我清楚地记得，那是 1990 年 7 月 15 日——我刚放暑假，村里有人去生产企业拿布，我也想跟着一起去。拿布至少要 1 万元，而我手头仅有 1800 元，后来虽然东拼西凑，但还是没到 1 万元，只够拿 2000 米布。当时的轻纺市场刚建成两年，市场氛围已基本形成，而且产品供不应求，我每米布赚 0.75 元，2000 米布一转手就赚了 1500 元，顺利地淘到了人生的第一桶金。当时的我既开心又激动，一有机会就跑到轻纺市场学着做生意。

“牛刀小试”后，我对面料经营更充满了憧憬。直觉告诉我，轻纺市场大有发展前景，在这个市场里经营面料同样大有可为。两年后的 1992 年，我放弃了国企的铁饭碗，租下轻纺市场一间门面，自立门户做面料生意。

迈向国际　与轻纺城共命运同成长

1992 年到 2000 年，是中国轻纺城的快速发展阶段。当时，市场规模不断扩大，原来的轻纺市场冠名“国”字头，成了中国轻纺城，之后又成功上市，成为当时沪市第一个专业市场。市场辐射面越来越广，影响力也越来越大，五湖四海的贸易商都到中国轻纺城买布，而我也是那个时期实现了二次发展。

那时，到轻纺城开展贸易的外商越来越多，我楼下就有一名外商。当时，我和先生凭借着英语专业的优势，成了外商了解轻纺城市场的一个“窗口”，越来越多的外商找上门来。

也是在那段时间，我们成了轻纺城第一批拥有自营进出口权的贸易公司，和外商联合拓展国际市场。本来从事外贸需要通过第三方的进出口公司，拥有自营进出口权后，开展外贸如鱼得水，订单也纷至沓来。

以贸带工　打开不同的国际市场

外贸订单需求大、交货急，再加上时差影响，我们常常一天 24 小时连续工作。为了能掌握生产自主权，保证产品质量，2004 年我们正式成立浙江红绿蓝纺织印染有限公司。我担任总经理，我先生陈宇鸣任董事长，开启人们所说的“夫唱妇随”的黄金搭档事业。在我们的共同努力下，“红绿蓝”站在了改革开放的潮头，摸准了市场的脉搏，短短十余年就成长为一家集研发、生产、销售中高档女装印花面料为一体的科技型现代化企业。至今，“红绿蓝”已是一家占地 9.2 万平方米，员工 700 人，总资产 5.8 亿元，年销售额 7.5 亿元，出口销售 9000 多万美元的“中国印染行业三十强企业”和“柯桥区印染行业标杆企业”。在工作中，我们始终坚持技术创新、管理创新，加快企业提档升级。我们公司被中国纺织工业联合会评定授予“国家数码印花产品开发基地”，成为在数码印花领域的先进生产力代表。

“红绿蓝”成立后，我们并没有止步，而是以此为新的起点，一是加强产品研发，二是进一步提高产品质量。我们请了两名日本籍的高工，开发 9 分色印花，这是印花行业的一个创新。在数码印花速度慢、成本高的当下，我们的产品质量好、交货快，在国际市场供不应求。我们还请了国际上优秀的花样设计师，打开了不同的国际市场。

多年来的稳扎稳打，让“红绿蓝”实现发展的同时，也收获了很多荣誉。这一切，既得益于自身的努力，也得益于中国轻纺城的发展。是轻纺城的崛起，给柯桥的企业带来了机遇，让我们有机会接触外贸，并在国际贸易的过程中，拓展了自己的视野，在创业创新的同时，实现了一次又一次的新发展。

行业标杆　受到国际资本青睐

一路走来，我很欣慰，也很感恩。我的人生每隔 10 年就会步入不同阶段，第一个 10 年，我自己通过做内销，积累了一些经验；第二个 10 年和外国人合伙做外销，实现从内销到外贸的顺利转型；再后面是进一步的国际化，红绿蓝成为国内绿色印染行业的标杆。

作为一名企业经营者，更令我引以为豪的，是我们的诚信，让红绿蓝赢得了来自不同国际市场的认可，受到国际资本的青睐。2016 年，英国的私募公司向我们表达收购股权的意愿。这名英国私募公司的负责人在做了大量的企业社会责任调查和客户市场调查后，发现红绿蓝无论是在诚信经营还是产品创新等多个方面的口碑都非常好，在给他朋友的电话中惊讶地感慨："这个小女人不容易——她从不到 300 美元起家，我现在却要以几亿美元向她发起收购！"

社会责任和客户市场口碑是资本合作调查的重点对象，这些既涉及创始人能不能深度合作，又关乎企业发展前景，这两方面的调查，资本公司对我们的满意度都非常高，红绿蓝已成长为一家真正的国际企业，我也感到非常自豪。这是客户对我们的信任，也是社会对我们的认可。

办好企业　主动承担社会责任

2020 年 11 月，"红绿蓝杯"第十届中国高校纺织品设计大赛暨中国·柯桥纺织工业设计高层论坛在柯桥印染集聚区蓝印小镇举行，来自全国高校的设计作品与柯桥时尚面料无缝对接。

长期以来，红绿蓝一直注重行业人才培养，尤其注重原创设计人才的培养，除与高校合作外，还多次参与柯桥时尚周，与服装原创设计合作，共同提升柯桥纺织

2019 年柯桥秋季纺博会，浙江省人大常委会副主任史济锡、副省长王文序在绍兴市委书记马卫光的陪同下莅临红绿蓝展会参观指导

品品质。“作为一名企业家，除了要办好企业外，还应该担负起更多的社会责任。”我们除坚持创新发展理念，注重实施品牌、质量强企战略，做精做优公司主营业务外，还积极推行清洁化生产、精细化管理，积极响应并参与到“五水共治”行动中，大力投入环保设备的采购，更好地履行环境保护社会责任。在2020年新冠疫情期间，尽管企业订单急剧缩减，但企业没有选择裁员，坚定履行了社会责任！

对于企业未来的规划，在外贸方面，汇率对企业发展的影响较大，其中伊朗的汇率超高，所以在外贸过程中，我想过以物易物的方式进行交易，但是对方能提供的货物对我们企业而言，能够派上用场的并不多，很难变现，而我们想要的如木材类资源，对方又不能提供，因此，以物易物也不现实。投资方面，企业的投资主要用在开拓市场、培育销售团队及优化销售模式（直播、网购）方面。网上投入需要耗费太多资源、风险较高，所以公司未来发展重心在服装方面，希望通过努力，打造出一个国知名品牌。

访谈时间：2021年5月30日

访谈地点：浙江红绿蓝织印染有限公司

访谈整理：陶晓宇　刘程军　张杰　王文婷

非洲市场大　总统说我行

人物名片

魏长军，男，1977 年 7 月生，江西余干人。1999 年毕业于江西九江学院，现任浙江米娜纺织有限公司董事长，兼任绍兴市柯桥轻纺城海外市场促进会执行会长。2008 年开始，在埃塞俄比亚累计投资达到 1.5 亿元人民币以上，2019 年、2020 年连续两年获得埃塞俄比亚纳税金奖，公司获评"浙非经贸合作十佳案例"。

走出江西山区　与绍兴柯桥结缘

1999 年 6 月，我从江西九江学院毕业，一次偶然的机会，得知在绍兴有一场人才交流会，抱着试试看的心态，我和同学一起登上了前往绍兴的火车。

招聘会的现场，一家位于绍兴市马山镇，名叫福运来的领带厂给了我一次全英文面试机会，经过紧张的准备，我顺利地通过了面试。老板认为我来自贫困山区，吃苦耐劳，加上之前有短暂的深圳实习的经历，所以打算好好培养我。

入职后，我虽然身在销售岗位，但经常深入车间，学会了自己动手做产品，加上我天生观察能力很强，对企业管理中出现的问题有敏锐的嗅觉，为企业出了不少点子，因此，老板很器重我，有心培养我。2000 年 8 月，德国科隆男装展开幕，老板派我代表公司前往德国参展。当时办理出国手续很麻烦，还需要红头文件和老板为我担保。

回顾首次德国之行，从展销会的角度来看，我的这次出国并不成功。我们公司的展位放置在一个连灯光都照不到的小角落，无人问津，所以最后只接到了一笔小订单。但是对于我个人来说，这是我人生中一个非常重要的节点，它不仅让我有机会走遍欧洲十几个国家，这次参展的失败也促使我开始思考，为何别的国家的参展商可以将自己的展台搭建得高端明亮，而我们却缺乏这种意识，这是我们企业商业敏锐度与管理决策上的缺失。于是，在工作了一年半之后，我决心辞职，想要闯出属于自己的一片天地。

经过仔细思考，我想起一个大学同学在柯桥光明丝织厂做面料销售，我认为这是一个可以尝试的领域，便动身前往柯桥，做起了跟单业务。当时的柯桥，还鲜有人从事外贸交易，我的第一笔订单，是从在绍兴歌舞厅搭讪的一个外国人手里获得的。那是 2001 年，我通过一个印度代理商，完成了一小柜发往迪拜的布料订单，因此获得了我从事布料生意的第一桶金。

我清楚地意识到，从事外贸生意是我的优势和兴趣所在，但当时的中国轻纺城，私人企业并没有进出口权，我多方打听，得知浙江永通纺织品进出口有限公司拥有进出口权，并且他们允许私人企业进行合作挂靠，我便从此开始了挂靠经营的模式。我很感激浙江永通纺织品进出口有限公司在那个阶段对我的帮助，这些拥有进出口经营权的企业，在柯桥纺织发展的历史上功不可没。然而，不可否认的是，任何经营模式都有其优缺点。挂靠经营的模式，使我可以将自己的全部精力用在客户维护和产品质量上，虽然获得了经济利益，但是以牺牲自己企业的知名度为代价。多年经营，我并没有创立属于自己的品牌，加之我挂靠的其中一家企业因经营不善倒闭，没有和我结算货款，这事件也给我敲响了警钟。我意识到注册自己公司的重要性，于是在 2006 年，我创立了自己的公司，起名为米娜纺织有限公司。公司的发展非常迅速，首年出口创汇就达到 1250 万美元，主要市场分布在欧美、非洲、中东及印度。

米娜是我太太的名字，我很感激她多年来在背后对我的默默支持。创业这么多年，我吃过很多苦，下过车间，睡过布车，我所拥有的每一分每一厘，都是我脚踏实地从事实业赚来的。

到非洲创业　带去新希望

虽然我的外贸业务做得风生水起，但是我始终有危机和求变意识。公司起步阶段，我们多数的业务都是和中东、非洲或者南美洲的公司对接，主要是跑量，对质量的需求并不高。刚开始，从一米布中可以获得的利润较为可观。当时柯桥的外贸生意多数都是如此，加之市场准入门槛很低，任何稍有外贸经验的人都可以参与市场竞争。如此的市场情况并不利于企业的长远发展，于是，我开始思考企业的出路和前途。

我首先考虑在纺织行业的链条中，什么是最难的环节，我的答案是印染。这是一个经常掉链子的环节，如果我可以解决这个难点，那就是解决了行业的痛点，也是我的企业价值和个人价值所在，于是我萌发了想要开办属于自己印染厂的想法。

在我看来，纺织品贸易一定要放眼全球，要具备跨国眼光，在选中埃塞俄比亚作为最后的目标地之前，我考察过十几个国家，包括东南亚、中东欧、中亚各地，最后选择了埃塞俄比亚。相比发达国家，埃塞俄比亚的各项生产成本都要低很多，而且还可以享受相应的关税优待，这对国际上的贸易巨头具有极大的吸引力，非常有利于我们国际市场的拓展。纺织行业的转移有其行业的特性和趋势。从整个国际的供应链角度和纺织行业的趋势来讲，这些“金砖国家”具有巨大的潜在商机。

2011 年，一个偶然的机会，我得知埃塞俄比亚最大的一家国有纺织企业由于亏损，濒临倒闭。经过了解，我发现这家纺织企业虽然经营不善，但是设备却很先进，如果可以对其进行收购，改变管理模式，相信一定能有光明的发展前景。因

埃塞俄比亚总统接见魏长军

埃塞俄比亚印染厂

此，在该企业被公开拍卖时，我参与了投标，并且顺利中标。经过3年多磕磕碰碰的经营整顿，这家纺织企业获得了新生。

纺织厂的成功，让我更加坚定非洲市场的产能和潜力。于是，在2014年，我又在埃塞俄比亚购买了150多亩土地，建起了占地3.6万平方米的印染生产车间，拥有5条集针织、梭织、印花、染色于一体的生产线，车间中都是全新的国际一流设备，其中污水处理设备的投资就达1400万元，排污参照欧洲标准，可日处理污水2500吨。在国外办印染厂并不是转移落后产能，更不是带去污染，在我看来，企业家必须具备良心和社会责任感，赚钱是必要的，但是环境也是一条绝对不能触碰的红线。

我打心眼里喜欢埃塞俄比亚，这个国家有着3000多年的文明史，政府非常清廉，并至少已经和平发展了25年。因此，我很看好埃塞俄比亚能够在未来十几年甚至几十年内成为亮眼的经济增长点，所以，我非常重视自己在当地的信誉和名声，绝不投机取巧。在接下来的几年内，我打算进一步扩大厂房面积和工厂的产能，建设更加完整的产业链。

担纲“轻纺城海外市场促进会”

因为我坚持使用自有资金，赚一点，再投资一点，所以进度相对会慢一些。但对我来说，这样的节奏很好，自己也比较能把控。如果不是因为疫情，2020 年我本来打算开办自己的服装厂，形成一个完整的产业链。我的梦想是将我的企业逐步做成埃塞俄比亚版的宁波申洲。[①] 我希望能够构建起一个全球纺织品贸易版图，能随时调动全球各地的资源。

我在柯桥发家，这是一片包容的土地，对外地人很友好。中国轻纺城的优势很明显，它地处中国最活跃的经济地带，占有中国将近 40% 的印染厂，是全球最大的纺织品集散地，拥有庞大的外贸群体和高效的政府团队。我在柯桥这么多年，成家立业，也受到了政府的重视。比如轻纺城建管委找到我，告诉我他们想要成立一个绍兴市柯桥轻纺城海外市场促进会，来推动柯桥的企业更好地对接国外，希望我来担任执行会长，我欣然应允，愿意为柯桥发展做出一点贡献。

海外市场促进会目前已经在美国、巴西、英国、土耳其、意大利、越南、印度尼西亚、阿联酋、缅甸、马来西亚、埃塞俄比亚、菲律宾共 12 个国家设有办事处，并将在“一带一路”沿线国家设置多个海外分支机构，预计在 3 年内覆盖全球主流纺织市场，我们也掌握了全球几十个国家纺织协会的人脉资源。希望可以通过我们的努力，给在柯桥的布商企业提供一个窗口，让他们看到不同的风景。

我认为，我是属于温和的、有责任心的创业者。这么多年下来，虽然一路走得很艰辛，却很稳健。我相信，只要我始终存着为公、利他的经营理念，努力去做有意义的事情，美好和成就总会随之而来。

访谈时间：2021 年 4 月 23 日
访谈地点：绍兴柯桥昌隆大厦 23 楼浙江米娜纺织有限公司
访谈整理：郑雅萍　钱可以

---

① 浙江宁波申洲针织有限公司是一家在香港上市企业，拥有国际最先进的设备，是集织布、染整、印花、绣花、制衣于一体大型企业，2020 年中国民营企业 500 强。

实业兴邦　在“一带一路”上唱响柯桥纺织业

人物名片

戚昕，女，1987 年 11 月生，浙江绍兴人。现任浙江宝纺印染有限公司执行董事。

秉承“四千精神”：品立宝纺　质行天下

我是浙江宝纺印染有限公司执行董事，2011 年从中国人民大学商学院毕业后，远赴英国华威商学院深造，2016 年回国，正式回归家族企业。谈到公司的发展历程，离不开董事长、我公公虞宝木，对纺织行业几十年如一日的热爱与精进。他秉承浙江人独特的“四千精神”，20 世纪 80 年代走南闯北，寻找贸易商机。乘着改革开放的东风，依托绍兴纺织行业的产业集群优势，从纺织品贸易中积累了雄厚的原始资本，为实体制造企业的建立奠定了优越的基础。2000 年，他创办了浙江大众进出口有限公司；2002 年，成立浙江宝纺印染有限公司，从贸易商转变为实业家，这其中凝结了他深厚的制造兴国、实业兴邦的情怀。尽管我以前不太明白这种情怀，但是回国后，他差异化竞争的经营理念、国际化发展的战略思想，通过言传身教深深地影响了我们，从他勤俭的家风教育与严谨细致的企业管理中，深深感受到他对维护地方优势产业与实业兴邦、纺织强国的殷切期盼。

2002 年，他与中纺联领导赴非洲考察，发现非洲民族服饰所用的蜡布在国内很少有人做，面对潜力巨大的非洲市场，他毅然决定，以蜡布作为向制造业转型的开端，没想到这一做就是 20 年。通过 20 年的专注与积累，不断进行产品研发和迭代，宝纺的蜡布畅销坦桑尼亚、刚果（金）、刚果（布）、尼日利亚、多哥、喀麦隆、马里、几内亚等非洲 30 多个国家和地区，成为风靡非洲的知名品牌。如今，宝纺能在蜡染印花布的国际竞争中一直保持市场占有率第一的成绩，离不开董事长对非洲市场“一带一路”倡议高瞻远瞩的理解和专注，对客户友商秉持“品立宝纺、质行天下”经营合作的品质与担当。他敏锐的市场洞察力、果断的决策执行力，严要求、高标准的品质把控力，让我感受到传统纺织行业也是国民经济的支柱产业，不仅可以大有作为，在国际市场上也大有可为。作为全球产业链最完整的中国纺织业，我们作为企业的一员，不仅要有信心、决心，工作上更要专心、细心。征途漫漫，唯有奋斗，目标明确，才能砥砺前行。

响应“一带一路”：绿色高端　持续迭代

市场竞争总是残酷的，不进则退。要想在市场中立于不败之地，创新是唯一出路。众所周知，印染行业是劳动密集型、有污染被限制发展的传统行业。信息技术的发展，也为纺织业整个行业注入了新的活力。宝纺始终以“绿色高端、世界领先”为目标，积极响应国家“一带一路”倡议，坚持做差异化产品，参与国际化竞争，做好公司发展经营战略。靠自身的战略优势、产品优势、管理优势、员工优势，公司多次被纺织工业联合会评为纺织服装企业竞争力500强企业、印染行业竞争力10强企业、中国印染行业协会十佳企业等国家级行业荣誉。董事长虞宝木被评为“2018中国纺织行业年度创新人物”。

在产品上，宝纺始终坚持创新发展，每年投入销售额的3%～5%作为研发费用，致力于产品技改研发、自主品牌建设，自主知识产权的发明专利、实用新型专利、工业新产品数量居行业前列。设备投入、生产线改造升级是产品研发的基础。根据多年积累的市场经验，结合非洲当地的气候特征与民族风情，我们坚持产品研发与花型设计的持续迭代，陆续淘汰了以松香为原料，高能耗、高污染的生产线，多方测试、比较各种面料的透印效果，持续优化染化料、助剂配方，最终研发出颜色更鲜、手感更好、透气性更强、性价比更高的替代新品。

为保护自有知识产权与客户花型、商标等知识产权，公司近几年组建了近百人的设计团队，引领设计非洲部落风格的潮流花型，得到了更广大非洲人民的认可和喜爱，市场占有率、渗透率和经济效益空前提高。在智能管理上，公司陆续引进了自动调浆系统、自动贴标系统、染化料配送系统，加强自动化建设，减少人工误差，提高生产效率，通过ERP系统和MES系统的能耗数据采集和数据报表分析，把能源管理、两化融合管理落到实处，完成传统行业自动化、信息化、智能化全面转型升级。

注重“以人为本”：抗疫复工　彰显荣光

宝纺企业文化的核心是“以人为本”，党建文化的核心是全心全意为广大员工服务。作为企业的党总支书记，我们的党建工作在“非公两新”组织中非常突出，是绍兴市第一批“五星双强”。通过党建责任制、党员日志、党员干部联系点、党员先锋岗等赋能生产管理，充分发挥出基层党组织的战斗堡垒作用，让每一位党员像一面旗帜，带领大家攻坚克难、争先创优，在技术创新、品质提升、生产安全、数字智能等方面稳步提升。特别是在印染行业受疫情冲击较大的2020年，在党总支的引领下，广大员工凝心聚力、守望相助，通过提质增效、节能降耗攻

2021 年 2 月 2 日，浙江宝纺印染有限公司包车把来自云南、贵州、河南的近两百名员工平安送回家，党组织领导为他们温暖送行。包车人数较以往逐年减少，是收入提高后私家车多了的幸福变化。

坚克难，实现了“大突围”中的“大提升”，成为绍兴市印染企业营收、出口、纳税第一名，为地方经济的稳定与发展，为保就业、保民生积极履行了企业的社会责任。

在企业文化建设上，企业视员工为最宝贵的财富，注重员工“民生工程”：打造花园式车间、公园式工厂，打造集幼儿园、图书馆、游乐场、篮球场、娱乐活动中心于一体的社区式宿舍“宝纺家园”，改善员工的生产生活环境，提高员工的满意度与幸福感。企业工会、职代会积极履行民主管理职责，探索员工福利多样化、人性化，不仅每年提供 10 次以上节假日福利，还为全体员工组织一年两次的团建旅游。2020 年，企业还新建了员工活动中心，健身房、KTV 放映厅、桑拿泡池、洗浴、茶室一应俱全，丰富员工日益增长的精神文化需求。

2020 年初，新冠肺炎疫情暴发后，宝纺 90% 的外地员工都无法顺利返岗。为了早日开工完成交付，我们制定了党员“一人包一省”的做法，开通电话专线、建立微信群，及时掌握并向员工传达企业复工复产及防疫相关信息，有序组织员工返岗。当得知河南员工被困当地，计划包车的浙江牌照无法在河南通行时，我们迅速号召有私家车的外省员工，临时组建了一支由 15 辆私家车组成的党员突击队，前往 1000 公里外的河南接人。车队连续开了 12 小时，到达河南已近凌晨，短暂休整几小时后，第二天一大早，马不停蹄返厂。除私家车队接送，我们还积极鼓励员工以乘坐飞机、拼车等方式返岗，报销全部费用。在“返岗直通车”项目上，宝纺花费 100 余万元，最终 900 多名外地员工顺利返岗，成为柯桥区内第一家复工复产满产的印染企业。

2021年春节，为响应国家“减少流动、就地过年”的号召，宝纺300余名员工主动选择留厂过年，“宝纺党总支关爱基金”为每位留厂员工发放了1500元现金红包，农历廿八至正月初五，党员干部每晚带50人以下员工错峰吃年夜饭；初一至初六，公司包车、党员带队，游遍绍兴范围内的诸暨、上虞、嵊州、新昌、越城、柯桥，每天200余人出游，其乐融融、喜笑颜开的影像被绍兴新闻联播《就地过年、暖在身边》栏目专题报道，成为民企疫情防控的正能量典范。

外地员工爱厂如家、党员干部勇于担当，董事会、工会、后勤保障，全体员工凝心聚力、守望相助，疫情下，企业不仅没有员工流失，反而增强了员工的向心力、凝聚力和各部门之间的协作团结，凭借出色的经营能力、企业文化、员工口碑、社会责任，获得全国印染行业唯一的全国纺织工业联合会“抗疫先进集体”荣誉。这是集体创造的荣誉，是属于全体员工的荣光。

2021年是建党百年，新起点开启新征程，宝纺将坚持“以人为本”，牢记党性初心；专注非洲市场，奏好“一带一路”强音；深化“五星双强”，树作风出实绩，提升核心竞争力；坚持数字智能，开启高质量发展新篇，向“百年企业、世界品牌”迈进。

访谈时间：2021年4月6日

访谈地点：浙江宝纺印染有限公司

访谈整理：刘程军　张杰　唐根年　徐敬

CHAPTER 6 第六章

时尚与科创

2008 年 10 月，习近平同志在柯桥中国轻纺城实地考察纺织技术及装备创新情况时，提出要及时转化更多的技术创新成果，为纺织业优化升级做出应有的贡献。

从此，创新成为推动轻纺城市场转型发展的新引擎。按照“绿色高端、世界领先”目标定位，柯桥实施了印染产业集聚升级工程，加快新旧动能转换，推动互联网、大数据、人工智能与传统产业深度融合，为行业高质量发展注入了新的活力。如今，蓝印时尚小镇成了柯桥染整艺术中心的主体。智能化、数字化印染车间在柯桥遍地开花，智慧物流、线上线下相融合的互联网平台让轻纺城步步领先。全国首个“印染大脑”也在柯桥建成投运。

2019 年落户柯桥的材华科技，是国内第一家专业从事大分子着色剂研发和推广的创新型科技公司，致力于做色彩化学品的中国“芯”，2021 年 5 月 5 日央视《焦点访谈》栏目专题介绍公司创始人李军配和他的大分子着色剂技术创新。

柯桥纺织行业的科技创新并不仅仅体现在印染行业，在面料的原材料、后整理工艺、功能性、绿色环保等方面也展现得淋漓尽致。在 2019 年秋季纺博会现场，咖啡纤维、玉米纤维、竹纤维、天丝、莫代尔、铜氨等天然纤维，阻燃、防水、抗菌除螨、保暖等新材料纤维、科技型面料成为吸睛亮点，引领行业发展新风向。

2018 年，柯桥区启动了中国轻纺城新三年提升计划（2018—2020），以创意大厦、轻纺城创意园、中纺大厦、中纺国际时尚中心等为核心的“时尚创意谷”逐渐形成。一众怀揣创意、阳春白雪气息十足的吴海燕等时装设计师，走进了颇具人间烟火的中国轻纺城，通过对接合作，让空中楼阁变得脚踏实地，也让“品质、高端、创意”成为柯桥面料的新标签。

随着轻纺城花样版权保护氛围日益浓厚，原创设计和版权意识逐步觉醒，为设计创新提供了沃土，也推动了时尚创意产业的发展。2020 年，“中国纺织面料花样版权数据中心及 AI 系统”正式上线运行。2021 年，柯桥法院依托该系统主导开发“版权 AI 智审”项目。在花样版权领域，“真假孙悟空”将借助 AI 智审的“火眼金睛”加以识别，轻纺城的版权保护正式进入 AI 时代。

网上轻纺城是中国轻纺城的另一个亮点。2011 年成立至今，开通交易功能的网上商铺从 500 多家已经增至 10 万家，会员数达 212 万人。同时，柯桥还进一步完善全球纺织网、有布 App 等平台建设。这不仅改变了传统的贸易模式，也打通了中国轻纺城网上市场与整个纺织行业的信息联合和商贸对接。

今天的轻纺城，已是“开放、时尚、智慧、云端”的国际纺织之都、活力四射的创新创业之城，它正以令人惊讶的速度赶赴米兰的时尚之约。正如凤凰庄创始人何锡辉所言，中国轻纺城、中国纺织业的发展必将是无可限量的。

特约撰稿人：黄锡云

创意柯桥　让中国设计走向世界

人物名片

吴海燕，女，1958 年 4 月生，上海人，中国美术学院教授、博士生导师。1984 年毕业于中国美术学院（原浙江美术学院）工艺系，并在中国美术学院工作至今。从事服装教学和设计工作 38 年，曾为电影、电视剧演员及舞台主持人进行服装设计，并主持国内外服装及家纺品牌设计工作、大型文艺晚会策划等。任妇女手工编织协会会长、中国服装设计师协会副主席、浙江省创意设计协会理事长、纺织服装研究院院长。

传统与时尚交汇　让中国设计走向世界

我的家人中其实是没有人从事过艺术相关工作的，但我从小却对色彩和图案有着深深的迷恋。大学时的一次敦煌临摹之行，我被那穿越几千年时空展现在我们面前的古老壁画所震撼，我想，这就是我们中国传统文化的魅力。

随着改革开放的深入，我国的纺织服装行业进入了奔腾式发展阶段，我们也开始设置各类服装设计奖项，吸引全球的设计师前来交流。1993 年，我国第一次举办了国际服装博览会，还组织开展了首届“兄弟杯”国际青年服装设计大赛，当时我选择了“一丝一竹”来创作我的参赛作品《鼎盛时代》。那时其实对于获奖我并没有抱很大期望，只是想通过参赛来认知自我，并将我的设计理念传达给更多的人。最终我在那次大赛上获得了唯一的金奖。事后才知道，当时我的金奖是存在争议的，来自英国、日本、中国三个国家的评委意见不一，有位评委更中意采用展现西方流行样式的另一件作品，但是日本评委坚持选我，理由是几何图案全世界都有，但丝和竹的花样唯独中国才有。这次经历让我第一次深刻意识到了传承中国文化的重要性。只有民族的，才是世界的。只有民族的文化，经过千百年提炼升华，才具有生命力和持久力，才能被世界认同。从 1994 年开始，几乎每年我都会出国，去世界上服装设计最发达的城市，考察奢侈品名店，参观各大著名的博览会，拜访国际知名设计大师，去研究当前的流行趋势、设计趋势，以及它的整个支撑结构和它所呈现的艺术设计跟商业价值。再回望我们，我感到当时中国人最缺少的，恰恰是对自身文化的了解与认同。清代锦缎上最常用的花纹，都有其吉祥寓意：蝙蝠是福气的象征，牡丹代表富贵，荷花意指如意和合，绣球花则取团团圆圆、滚滚向前之意，

吴海燕和团队成员在探讨设计方案

都在表达着对幸福生活连绵不绝、源远流长的祝福。这些纹样的叙事性之丰富，是任何文化都难以比肩的。游览过那么多国外的博物馆、博览会，我发现外国人是通过一丝一瓷来认识中国的。为此，我创建了个人品牌——“东方丝国”，意在通过对中国传统山水画宁静致远的意境、壁画纹样元素、良渚玉器标志性图案的提取与梳理，把传统和时尚相结合，山水、自然、民俗与时尚相结合，展示了中国的丝绸、中国的设计、中国的工艺、中国人的文化气韵和精神内涵。作为当代设计师，我觉得我们应该始终抱着一种民族自豪感，将中国传统文化活化于当下，重新切合当代东方起居与审美意趣，把设计作品转化成我们的时尚，最终呈现出东方范式，这也是我一直以来的期望、责任和追求。

突破知识产权“瓶颈” 花样版权变“资产”

德国的法兰克福家纺博览会是我每年都会去的一个博览会。20 世纪 80 年代我去的时候，外国人看我黑头发、黄皮肤，都会问我是不是日本人，我说我“From China”，他们就会转身走开，连我想要个样品目录看看都不肯给。到 1998 年前后，我再去法兰克福博览会，已经可以看到很多中国人了，一问，得知很多都是来自中国轻纺城的经营者。2001 年之后，博览会上来自中国轻纺城的展位越来越多，到处都有绍兴人的影子。这个时候当我们再介绍自己来自中国时，往往接收到的都是友好的回应。这也是我国加入 WTO 后，在政治、经济、文化上的国际影响力日益增大带来的变化，中国轻纺城的名片也随之在国内外打响。

十几年前，我初来轻纺城与当地服装企业谈合作时，听到过这么一句话：“三分

时任中共绍兴市柯桥区委书记沈志江为“吴海燕国际时尚研究院”项目落成揭幕

钟出小样，一天批量上市。”我惊讶于中国轻纺城花样创新之快的同时，也对中国轻纺城花样版权、知识产权管理与保护的现状感到担忧。这样的环境必然使市场经营户和企业开发创新产品的积极性大大降低，产品始终停留在较低的档次，从而加剧市场的恶性竞争，随之而来的司法纠纷也会发生。还好当时的绍兴县委、县政府及时意识到了知识产权保护的重要性。2008 年，绍兴县政府就出台了全国专业市场中首个系统性知识产权保护文件——《关于加强中国轻纺城市场知识产权保护工作的几点意见》，这是十分具有开拓性的。此外，中国轻纺城还发起建立浙江绍兴、江苏南通、山东潍坊、广东佛山纺织品市场版权保护“四地合作机制”，成立了国内首个花样版权保护跨省联盟，联合推动大型专业市场知识产权保护和管理协作机制，成立全省首个专业市场品牌指导站，构筑了“商标＋版权＋信用（荣誉）”“三位一体”的品牌指导体系，构筑多层次、立体式大品牌保护体系。近几年，柯桥区更是以建设国家知识产权强县工程试点区为契机，积极创新产权管理、优化增值服务。2020 年，为了缓解服装企业的融资难题，柯桥区出台了全省首个文化金融改革知识产权融资示范点创建方案，为拥有花样版权的企业提供融资贷。2021 年，全国首家纺织行业知识产权快速维权中心——中国绍兴柯桥（纺织）知识产权快速维权中心即将正式投入运营，全国首个中国纺织面料花样版权数据中心及 AI 对比系统也已正式启用。一系列行之有效的创新之举，确立了中国轻纺城纺织品知识产权保护新格局。

现在柯桥的知识产权管理与保护体系越来越趋于成熟，加上这里拥有完善的纺织印染产业链、先进的织造工艺技术，接下来，我计划将一项来自北京的庆祝建党百年文化衫的设计制作项目落地中国轻纺城，我对这个项目的成功开展是充满信心的。

创建国际时尚研究院 促进产学研深度融合

从1992年开始，我就受邀担任国际流行色协会的设计创意中国提案工作，在开始研究中国提案的时候就被告知，必须从中国的地域文化、历史文化、当下的生活方式这三方面进行设计。经过多年的实践积累后，我们发现，产业角度的流行趋势是非常重要的。只有达到产业共识，再与老百姓达成共识，才能形成自己独特的具有中国文化的流行趋势。

我接到来自中国轻纺城的邀请后，了解到近几年柯桥的城市建设、产业规划管理、品牌建设和加工企业的发展都已经接近真正的国际化水平，我觉得应该带着我们的团队——中国美术学院纺织服装研究院，和我们的教授、博士一起入驻。我们首先做了产业基础的调研，接着调研文化旅游，再做了设计师品牌的调研。这三个调研完成后，一下子就感觉到有很多潜力可挖，从不同层面与不同方向进行整合。于是，2020年6月，我们在柯桥创意大厦成立了“吴海燕国际时尚研究院”。研究院目前包括趋势研发中心、品牌战略与设计服务中心、时尚人才培养基地、国际大赛与文化交流中心、创意设计概念集成展厅五大业态功能。其中，趋势研究中心致力于助力中国轻纺城改变以往的产业状态，发挥现有优势，利用互联网力量，从原创源头打造中国轻纺城在国内乃至国际面料流行趋势上的标杆地位。目前社会已经发展到了互联网时代，以前的生产资源、设计资源和集成资源都在发生巨大的变化，我们的时尚人才培养目标也在发生着变化。我认为，人才培养不光要立足于高校自身的定位，也需要跟各方面协同，包括社会服务、社会合作等。柯桥有包括浙江工业大学之江学院、绍兴市柯桥区职业教育中心等不同定位、不同层次的学校，我们想成立一个联盟，把我们中国美院的很多资源都输入到地方，依托我们的研究院，建立具有地方特色的培训体系，为中国轻纺城的企业培养更多的创意设计人才、时尚管理人才和品牌营销人才等。

2020年，我们在中国轻纺城国际会展中心策划并发起了首届中国“全能设计师主播大赛”，引发了行业、高校的高度关注。未来，我们还计划在柯桥举办创意设计大赛与国际论坛等文化交流活动，打造设计师集成店模式，建设柯桥时尚新地标。我想，“吴海燕国际时尚研究院”必将成为国际时尚流行策划地、时尚文化交汇地、时尚品牌集聚地和时尚活动荟萃地，为将中国轻纺城打造成新时期国际纺织之都提供强大助力。

访谈时间：2021年4月23日

访谈地点：吴海燕国际时尚研究院

访谈整理：郑雅萍　金梁英

匠心二十载　专注花型创新设计

人物名片

盛素英，女，1978 年 10 月生，浙江绍兴人，中共党员。现任绍兴彩色橼纺织科技有限公司董事长。公司连续 10 年被评为“中国轻纺城十佳创意机构”“浙江省科技型企业”“绍兴高新技术企业”“中国轻纺城商业秘密保护先进单位”“中国轻纺城知名品牌”等，设计作品多次获得国家、省、市级奖项。

专注整体工艺　强化知识产权保护

绍兴彩色橼纺织科技有限公司一直专注于纺织创意设计研发，公司秉承“客户至上，市场为先”的原则，精益求精，推陈出新，所设计的花型始终引领着花型开发的流行趋势，受到了广大客户的一致好评。我们企业每年设计的花型在绍兴地区花样设计中品种最多，最受欢迎，带动了中国轻纺城各类纺织品、面料花样设计产业的发展。

绍兴彩色橼纺织科技有限公司的版权证书

我们有设计师、工程师等 42 人组成的设计团队，拥有 10 多万幅花样组成的数字纺织品数据库和 1 项发明专利、17 项实用新型专利、368 项外观设计专利和 1106 项花型版权。公司常年为绍兴市柯桥区及其周边纺织印染企业提供花样设计服务，先后为 500 多家纺织印染及面料企业提供花样设计 3 万多套，已经形成了创意设计、技术服务的信誉和品牌优势。

同时，公司在知识产权保护方面也做得比较好。客户花钱找我们设计，我们可以直接给客户注册好花样版权，不需要再通过第三方。我们做的花型设计以系列为主，客户都是整组挑选，不是单个买，而是买一个系列花型。比如说春夏秋冬，春季款一个系列可能是 20 个花型，20 个花型分三四次挑选，然后搭配好款式和流行色，客户会提出一些要求，比如需要的风格、地域文化和材料。因此，平时我们还经常和客户保持沟通，能比较准确地了解客户需要的风格，再分组定员跟进每个客户，设计每组花样。

2013 年末，有个客户来挑选很简单的一个窗帘提花面料花型，客户看了以后，说需要考虑一下，没有直接买。第二年另外一个客户也看上了这个花样，客户买下花样后，注册版权时才发现，原来的那个客户居然偷偷地找了类似风格、类似素材的花样注册了版权，这样，两家客户就产生了版权纠纷。后来，法院调查取证后，第一个客户自认理亏，法院判他输了官司。这个例子说明知识产权保护的重要性，因为像我们这种做外观设计的，很容易被别人模仿。经过这件事情后，我也成了法院花样人才库的专家。

聚焦内涵建设　打造现代设计团队

我们的研发团队一般都是学纺织或设计类的，团队成员大多是大学毕业生。到目前为止，我们公司先后培养出设计人才 500 余人。我们也和学校合作，招聘实习生，以柯桥区绍兴职教中心的学生居多，我们公司是柯桥区绍兴职教中心花样班的实习基地。如果实习的学生愿意留下来，我们公司再深入培养，然后上岗。

设计行业门槛低，一个人学会了花样设计，拿个电脑就可以做设计了。目前我们公司员工的稳定性比较高，尤其是核心成员和设计骨干。这个核心团队有 40 人左右，是创意团队。我们公司在柯桥能保持设计销售额前三，在业内名气比较响，我们团队保持稳定已经 10 多年了，从 2009 年到 2015 年，这是我公司的重要成长

盛素英展示花样设计图案

期。正是由于研发团队的稳定性，我们才能保持高质量的设计。2013 年 11 月，公司承担的省级科技项目“面料外观流行趋势设计研究与应用”通过验收，得到了专家组与领导的一致好评。

嵌入产业集群 深耕设计创新赛道

根植于产业集群，关键在于紧邻市场，市场是创新的源泉。我们也尝试了比较多的合作方式，比如根据花样设计与客户的销售情况去分成。但是我们没有办法去控制客户的销售情况，假如客户卖了 100 万件，只跟我说卖了 10 万件，我们很难管控。后来我们改进了业务模式，提供设计包年服务，我们根据客户的需求，一年提供一系列花型设计和配色体系，这相当于客户把花样设计和研发外包给我们。这样的专业化分工模式比较快地受到了市场的认可，逐渐形成了以轻纺城为核心的较为稳定的客户群体。

另外一种模式是，我们和大公司客户的研发团队共同协作，对方团队参与到花样设计过程中，这样可以很好地针对花样设计进行沟通。一般合作公司的专业设计师基本都是同一种风格，思路是有局限性的，不像我们自己的设计师看得多，面对的客户群体也多，能够很快地抓住客户需求的核心要素，并把它融入花样设计当中。此外，我们自己的团队做了多年的客户关系管理，累积了很多有效客户信息，包括客户数据、产品偏好及产品属性等。

从 2009 年开始，我们到创意大厦办公，柯桥区政府对我们的支持力度比较大。第一是房租补贴，第二是销售补贴，第三是新品发布会的活动补贴。我们想成为优秀的企业，就要根据建管委针对创意企业的评分标准去比对，持续地提升企业的核心竞争力。

访谈时间：2021 年 4 月 19 日

访谈地点：绍兴彩色橡纺织科技有限公司

访谈整理：刘程军 张杰 徐敬

诚信和创新是点布成金的秘诀

人物名片

毕光钧，男，1968 年 11 月生，浙江乐清人，自闭症画家毕昌煜父亲。现任浙江金点子纺织有限公司董事长。2016 年，注册浙江毕昌煜文化艺术发展有限公司，携手宁波市善园公益基金会建立“毕昌煜自闭症艺术疗育专项基金”，2017 年 9 月，以毕昌煜命名的第三个艺术专项基金“毕昌煜艺术慈善基金”，继在北京、上海之后在绍兴揭牌。多年来一直致力于推动自闭症人群的艺术疗育和创业创新，其子曾荣获“中国残疾人事业新闻人物”“浙江骄傲”等殊荣。

传承“100=101”诚信精神　金点子书写辉煌

我是土生土长的温州乐清人，爷爷辈就已经在外经商，那时候我们住在雁荡山上。记得父辈们每天需要步行两个小时去卖货，很是辛苦。我父亲 20 多岁开始从商，从经营俗称“土布”的布料开始，在那个年代做生意叫投机倒把。1983 年，我 15 岁，父亲开始选择卖各种面料，把绍兴的面料运到四川卖。那个时候，商人的社会地位还比较低，很多时候是冒着生命危险做的。我读高一那年，决心要跟随父亲一起经商，于是决定放弃学业，立志子承父业。而我的父亲认为，读书很重要，但我坚定地认为读完书后还是要做生意，就毅然决然坚持了自己的想法。我跟随父亲先后去广东、四川、贵州、山东、河南、江苏、浙江等地做面料生意，足迹遍布全国各地，主要形式就是沿街卖被面，这一做就是七八年。1991 年，我们举家到柯桥，并在独山租了房子，这才在柯桥安定下来，从此开始与中国轻纺城共同成长。

最初，我们在当时还是石板凳子的北区市场摊位做生意，条件非常简陋。1991 年，在父辈的积累下，我们有了门市部，叫“光钧布行”。我父亲逐渐退居幕后，由我开始真正独自发展，几年下来，发展得还不错。1993 年前后，萧山开始招商，我们这些温州商人也犹豫是否要去萧山发展，但当时的绍兴县委、县政府表示出非常大的诚意，让我们留下来发展。虽然当时别的地方市场硬件、交通等条件都比柯桥好，但我认为柯桥是一个包容的地方，这里的人不排外，最重要的是有中国轻纺城的支持。最终也是这份支持与包容让我留在了这里。

“金点子”这个名字始于 1995 年，那时候开始做印花圆点面料，以圆点花型为主。以前韩国、日本的技术设备流入中国轻纺城市场的，都是在外面被淘汰掉的，而当时的技术很难突破，圆点花型在印花的时候是圆的，但在布料上经过高温定型就会变成椭圆。而我们做到了印花点子非常圆，两个点的距离是 1.5 厘米，一组 4 个点子，颜色很多，一个点子大概有 20 个颜色。市场上没有这么漂亮的印花，那一年我们这个点子就火了，大家认为这个点子卖得好，那公司就叫“金点子”吧，这就是公司名字的由来。

随着中国轻纺城的发展和我个人生意的逐步变好，我也考虑如何解决公司壮大的问题。千禧年之初，我在柯北置地，自建厂房。2003 年前，我们的国际贸易都是挂靠形式。中国加入 WTO 后，当时的绍兴县政府鼓励我们民营企业成立进出口公司，于是我在 2004 年成立了对外贸易进出口公司，实现了外贸和内销同时进行，真正做到了“两条腿”走路。

之后 10 多年，公司的业绩稳步增长，国内贸易和国际贸易两个板块都有不同程度的增长，出口销售额曾经是柯北贸易区自营出口第一名。当然，发展过程也不是一帆风顺的。2008 年金融危机的时候，当时流行企业间担保，我们也陷入互保当中，当时我给别人担保，后来有些公司倒闭了，我们背锅。也有人劝我让公司破产，然后换一家公司再开始。但这不是我的做事风格，品牌来之不易，“人一旦做生意，就要讲究诚信，如果没有诚信，你这条路就没办法走了”。这个是我父亲一直教育我的。我爷爷做生意的时候每卖三尺布放一寸，我现在每卖出 100 米布，实际给客户 101 米，我们叫多放 1 米，我始终坚持诚信比生命更重要。

事故转化为故事　相互成就

1995 年，金点子发展处于稳定阶段，我的家庭生活也慢慢步入正轨。1996 年，我的儿子毕昌煜出生，整个家庭格外开心，他像一个天使降临到人间，他的到来带来了许多欢乐与幸福。然而，他在 3 岁那年被确诊为自闭症，这对我们家庭来说无疑是个晴天霹雳。我们带着他到北京、上海等地求医，自闭症是没有办法治愈的，这是一条备受煎熬的漫漫长路。我们调整了心态，逐渐接受了现实。当了解到绘画是自闭症儿童康复机构的一个治疗项目时，我就让他接触绘画。7 岁时，在一次点连线的绘画课上，他在圆圈上加了几笔，就变成了一个苹果造型，从此开启了他的绘画之路。2014 年，我们把他的一幅油画《荷花》做在面料上，此款花型在柯桥引起很大轰动，据说后来整个柯桥市场仿毕昌煜画作的就有 500 多万米。再后面就有了把他的绘画作品运用在服装上面的做法，在纽约、巴黎、新西兰时装周亮相，深受大众的喜爱。今年我们创立了“BCY96”潮牌，希望更多的年轻人关注这类群体，这是一个事故变成的故事，我成就了儿子，儿子成就了我，最终我们都成为对方的骄傲。

由于我儿子的事情，我关注到了自闭症群体这个世界性难题。毕昌煜是幸运的，一个是我们这个家庭比较重视，一个是我正好从事服装这个行业，与他的绘画

新西兰著名设计师将毕昌煜油画作品运用在礼服上并在新西兰时装周亮相

天赋结合起来运用到我的产品当中。有这样一个孩子，我认为对任何一个家庭来说伤害都是很大的，不仅仅是我儿子，包括这个群体，我认为我应该做些什么，于是成立了毕昌煜艺术慈善基金。2021 年 3 月，在珀莱雅青雅艺术中心，展出了 64 幅画，里面包含了很多其他自闭症画家的画，邀请了很多设计师来参观，产生了一些新的服装联名款，为这些家庭和群体带去了更多帮助。

对于企业经营，我也会一直致力于创新。以前我是卖面料的，现在我做服装，这个产业链不断在延伸，由实体店走向互联网，由传统花型图案走向与艺术绘画图案结合，真正变成有设计、有制造的中国品牌。在自闭症这个群体中，通过毕昌煜艺术慈善基金，能够在精神层面上给这类家长带来一些希望，建立一个交流的平台，更好地鼓励这类群体及其家长，并在其中发现一些有才华的人进行培养和发展，创造出更好的艺术品。与其说做服装事业，我更想说这是我的一个兴趣爱好，是我所热爱的事情，生活还是要有很多诗情画意和艺术气息的，我更想把每一件服装都看作艺术品。依托中国轻纺城，讲好励志故事，做好公益事业，设计好艺术时装，这是我以后发展的方向，希望最终能给世人带来美的享受。

校企合作共赢　优化人才创新发展

近年来，随着企业规模的扩大，我们对于员工的整体素质有了更高要求。除一线工人外，其余岗位必须以本科生为主。我们把纺织品当作艺术品来看，核心理念是“又快又好又便宜”。2021 年，公司员工突破 400 人，今年还获得“太平鸟”颁发的“快速反应奖”，与国内外的大品牌合作越来越多。现在我们致力于打造“平民的消费，奢侈品的品质”消费理念，要让以前中国人消费不起、但现在可以买得起的高性价比产品走入寻常百姓家。目前金点子纺织正在做面料“黑科技”研究、纤维创新分析等项目，有专业设计团队做优化，从消费者的角度看市场，做环保面料与服装，优化供应链，做奢华快时尚。我们也做了股份化改革的尝试，探索更好地为员工提供优质岗位和分担员工经济压力的方法，让每位员工都感觉到是在为自己干。我坚持认为，合作共赢才是正确的方向。

2021 年，我们与浙江工业大学之江学院进行校企产学研合作，使我们可以借助高校的师资优势，把最新的设计理念、最好的创意思维，都落地在我们企业日常的生产生活中。校企合作给了我们很好的平台，我们可以做到更好的艺术搭配，并结合当下互联网信息时代，实现实体到网络的跨越。校园充满活力，让年轻人设计他们自己爱穿的衣服，才最能贴近当代青年人的消费市场，这也是校企合作最值得挖掘的地方。

我们坚持诚信原则，优选合作伙伴，整合优质资源，形成一条集文化、设计、生产、销售于一体的产业链。到了那个时候，柯桥不再是“恨布不成衣”，我对中国轻纺城的发展充满信心，希望政府、企业、个人群策群力，让中国轻纺城走向更加辉煌的明天。

访谈时间：2021 年 4 月 1 日

访谈地点：浙江金点子纺织有限公司

访谈整理：王维康　金梁英

“四化集成”打造服装智造新工厂

人物名片

李雅建，男，1972年8月生，浙江绍兴人。绍兴县职教中心纺织服装专业首届毕业生，现任绍兴市博亚服饰有限公司董事长、总经理。

越挑剔的客户　越要敢于去面对

我是1989年绍兴县职业教育中心第一届服装设计专业的毕业生，毕业后留校，当时是被作为学校第一批创业学生来进行培育的。受母亲的影响，我从小就对服装有兴趣，毕业的时候也选择了这个行业。当时很多同学都从事了别的工作，而我却一直坚持从事这一行业。我一直认为“行行出状元”这句话是对的，学了服装这一行就应该认真钻研，学一行，爱一行，专一行，成一行。

当时，绍兴县委、县政府想要大力发展轻纺产业，于1988年成立了绍兴县职业教育中心，培养纺织、印染服装等专业的人才。这些人才对绍兴轻纺产业的发展有着重要推动作用。我的事业起步于轻纺城，1990年左右，我在东升路老市场有一个裁缝铺，一直到1999年，我先后在两个服装厂当过厂长。

刚毕业时，有件事让我印象深刻。记得学校对面兴越小区的一位阿姨让我给她做衣服，说是要穿着去喝喜酒的，结果她嫌我给她做小了，把我狠狠数落了一番，当时我心里很难受。后来我把门关起来，把衣服拆开，花了整整三天时间把衣服

李雅建在车间指导

重新做好，请阿姨过来再试一下衣服，阿姨试了非常满意，把我又好好地夸赞了一番。这件事使我明白了一个道理，对越挑剔的客户，就越要敢于去面对。在以后的创业过程中，我也始终认为把越难搞定的客户搞定了，做什么都不怕了。

纺织服装专业关键在产品定位

对轻纺城"恨布不成衣"这种说法，其实大家有些误解。从全国范围来讲，柯桥服装的生产与贸易比例应该是不小的，尤其是服装贸易这一块。轻纺城的服装产业，主要是在服装的品牌运作和市场方向上存在一些差异。就省内的男装而言，宁波和温州品牌较多，但对柯桥而言，在国内有影响力的品牌不占主导，服装的国际化生产与贸易占比还是挺高的。另外，在国内其他地区的服装品牌及生产企业，有很多创始人是绍兴柯桥人。柯桥生产的服装，在国内影响力不算大，但是在国际上，很多服装是从我们这里出口的。

纺织服装业关键在于产品定位上。目前，我们博亚在做的服装主要是定制，价格在 2000 元至 10000 元不等，2000 ～ 3000 元的面料柯桥还是有的，但高于这个价格的面料需要进口。产业的布局问题和企业的发展定位跟周边市场有很大的关系，哪类产品好销，就生产哪类产品，这样就会逐步形成当地的一种产业方向。近年来，柯桥区在定位上突出了打造"国际纺织之都"这一发展目标，也出台了很多的政策，对产业的整体提升是有很大推动作用的。

打造未来服装工厂

以前我们公司是做服装贸易、品牌加工的。早在 10 多年前，我就开始规划做服装的数字化。通过多年的努力，我们把服装数字化应用到服装定制的生产和销售上，通过四个数据化的融合集成，对服装定制与销售模式进行了新的改革，目前正在打造服装定制的未来工厂。

第一，从产品数据化开始，我们使用 3D 技术，建立庞大的产品数据库，把产品数据化应用到服装定制，实时的单款设计整装展示，即刻呈现想要的产品效果，进行确定。通过数据化产品对客户需求的品类进行分类定义，根据客户产品需求可以做到实时智能推荐。产品数据化还可以应用到品牌的贸易当中，在设计开发过程中，客户可以同步在数字化产品中进行互动设计，实时、快速地满足客户订单需求。

第二，人体数据化。拍照进行人体数据分析，可以更精准、更快速地将人体数据与版型智能匹配。通过对客户拍照再输入个人的喜好，做智能分析智能推荐，可以实时从千万个款式中找出最匹配的款式效果排列筛选。通过"人、机＋体验"的流程，再用一套"试版衣"进行试穿，并进行专业化的四度审核。根据个人的体型特征、喜好、习惯等进行修正，形成一个完美的定制流程。

第三，技术数据化。我们高薪聘请技术人才，通过技术钻研建立了一个技术数据中心。组建团队研究市场上一些大品牌的流行趋势并不断调整，进行分类，设置版型结构、款式结构，形成数亿种版型和款式的支撑数据。客户能选到的款式，数据库可以实时同步技术匹配，通过技术数据化，可以实现最大效益、最好效果、最低成本。

第四，工艺数据化。我们确定了数据化的产品设计及定制确定的体型数据，以及实时匹配的技术版型，同步实现工艺的自动分解及指示、MES 的智能化流水。我们按客户需求，运用数据化、信息化等手段，提高效率和满足个性化需求。

此外，我们的系统可以跟客户进行互动，通过微信实时反馈每个环节做的效果图，客户可以实时看到最新信息。我们还开创了一个新定制新零售的模式，创立了“DATAILOR”的数字化裁缝品牌。我们的模式叫作“没有衣服的时尚定制移动展厅”，这个展厅是没有衣服的，但是我们款式数量是千万级的，这些衣服都在产品数据库里，匹配度精准，服务对象广，并且很重视客户的体验度。以后客户买衣服就不需要展厅，戴个 VR 眼镜就可以实现了。

创建“四化”融合　创新创业实践基地

几十年的耕耘，让我明白人才对企业发展的重要性。在企业“四化”融合研究与开发过程中，我的投入是很大的，但关键还是要有人才。我有自己的研发团队。我觉得不管是职业院校还是高等院校，在培养专业人才时，一定要让学生能体验到行业是怎么运行、怎么操作的，比如 3D、VR 技术的运用，可以让学生边学习，边实践，边理解，边创业。因此，我近期与我的母校绍兴职教中心合作建成了“四化”融合创新创业实践基地，硬件由学校投入建设，软件和数据库是我无条件支持的，教育和实践效果全国领先。我也希望能参与更多的大学生专业人才培养，加强校企合作，推动柯桥服装产业发展。

我相信，在绍兴市委市政府、柯桥区委区政府的大力支持下，柯桥这个“托在一块布上”的城市，通过企业家和设计师们的共同努力，一定会从“四个数字化集成应用”打造的服装智造新工厂里，源源不断地涌现出新的服装品牌及新的服装销售模式。

访谈时间：2021 年 4 月 21 日

访谈地点：绍兴市博亚服饰有限公司

访谈整理：郑雅萍　徐玉红　蓝刚　陈华　周群芳

百思得其解：做孩子喜欢的校服

人物名片

夏士润，男，1971 年 6 月生，江苏无锡人。现任绍兴百思服装设计工作室、绍兴市柯桥区纸笔画服饰设计有限公司、绍兴市柯桥区百客服饰设计有限公司负责人。

恪守设计师初心　用一块布拯救一个企业

我是设计师出身，起先在上海帮一家企业做设计。2009 年我来到柯桥，给传统面料企业设计服装。两年时间里，我帮好几家企业从濒临破产发展到产值上亿，从一块布开始，将企业做强，可以说“用一块布拯救了一个企业”。2011 年的时候，我发现纺织行业面料设计没有体现出美感，于是决定孵化自己的服装设计品牌，成立了百思服装设计工作室，一转眼已满 10 周年了。创业初期，政府给予创业基金及场地支持，对我有很大帮助。创业时别的公司对我们的品牌和设计还不了解，我就挨家挨户地拜访客户、承揽业务，帮助面料商制作成衣，慢慢累积，攒下了第一桶金。从最开始在服装市场没有空调、没有窗户艰苦的创业环境，到现在买下价值近亿元的创业园写字楼，这 10 年的艰苦奋斗还是非常值得的。

有了第一桶金以后，2011—2014 年，我就开始组建自己的设计团队，专攻擅长的羽绒服设计，打造自己的品牌。凭着专注的态度和高度的责任感，得到了行业认可，拥有了一批忠实客户。在被市场认可的情况下，我并没有觉得自己做到了极致，而是去学校挖掘新人，亲自培养设计师，组建销售团队，在柯桥成立服装加工基地，推广自己的羽绒服品牌，也就是我们的“百思”羽绒服。后来我们搬到柯桥创意大厦，在创意大厦待了 8 年，一步步地扩大自己的团队。2015 年，我开始 100% 原创服装，打造一线羽绒服品牌，筹划“纸笔画”童装品牌，挖掘童年故事，将童年的记忆做到衣服上，联系上下两代人的回忆。现在我们有自己的“纸笔画”艺术学校，专门挖掘童年故事和思想；有专门的服装设计班、创意班，还为小孩子的童年色彩画办画展。现在“纸笔画”这个品牌已经逐步推出，在行业中也得到了客户的认可。我们还做了相关产品的设计，比如衣柜，让孩子们的生活有规律，每

“百思”原创设计的羽绒服

天进行不同的衣服搭配；还有收纳盒，让孩子们养成整理和归类习惯。其实做“纸笔画”这个品牌也有个小插曲，那时候有家公司让我帮忙设计校服，很多小孩子不喜欢穿校服，觉得不好看，我当时就想，为什么我们不做出改变，打造中国孩子喜欢的校服？于是我开始通过杂志、社会生活的观察来寻找灵感，最后发现，孩子的创意就是我们的灵感起源，“纸笔画”童装品牌应运而生。

付出培养人才的真心：为梦想而来　为理想奋斗

我做这个企业不单单是为了赚钱，而是为了实现价值。我是设计师，我专注、坚持并且执着，我将自己定义为有价值创造的企业家。我在员工人才培养方面特别用心，我并不在意他们的学历和经历，反而觉得，没有经历过社会考验的人，想法上会比较有可塑性。对于一个新手设计师，一开始我就会让他们不断地创作，我亲自监督，布置作业。现在的大学毕业生，思想已经有了一定的固化，喜欢上下班定时定点，所以我更喜欢选择职业院校出来的学生。之前我面试了一位设计师，从国外回来的，我其实没有很在意她是否出国留学过，我只看她给我带来的设计效果和真正的能力。我慢慢地培养她、帮助她，最终她成为一个很有创意和创新精神的设计人才，现在已经定居在柯桥，成家立业。我一直跟员工们说，你们刚入职的前三年不要跟自己的朋友比薪资，一定要注重自己能力的提升。为了培养自己的年轻设计师，我们在国外与伦敦圣马丁学院有合作，致力于打造精英设计师，在国内，我们在东华大学有自己的研究基地。我们培养出来的设计师，我都支持他们出去看看，开阔视野。

坚定原创品牌信心：聚焦人才引进和产品开发

2019 年，随着设计领域快速发展，也为了给员工更优质的工作环境，我们在中国轻纺城创意园买下了一栋楼，总面积达 2 万多平方米。规模的扩大，也让我规划了新的蓝图。经过 6 年磨一剑的积累，我打算在 2021 年全面推广我们的原创童装设计品牌“纸笔画”。我的初衷非常简单，我想要把这个童装做好，同时也要证明柯桥已经具备孵化一个优秀服装品牌的能力。中国轻纺城是中国纺织面料最大的聚集地，对于服装设计师来说则是创意的福地，我们在面料上寻找灵感，扎根在柯桥，让世界认识柯桥。“纸笔画”和“百思”这两个原创品牌今年正式运作和推广，我们更想把这句口号喊响：“中国的百思，世界的温暖！”我们通过自己原创设计、国外代加工，真正做到中国创造。

纺织行业并不是一个简单的传统行业，而是一个搭乘新兴的高科技列车，正在不断创新发展的朝阳产业。随着我们的进步，纺织行业的发展速度也在不断加快。我希望柯桥能加大人才引进力度，留住人才，做出更好的面料。我们需要商业人才的聚焦，从而推进我们的产品聚焦，用我们的品牌来带动这个行业的发展。

访谈时间：2021 年 4 月 7 日

访谈地点：绍兴百思服装设计工作室

访谈整理：王玮　王维康　陶美霞

纺城二十载　做创新开发的探路者

人物名片

王苏芳，女，1978年1月生，浙江绍兴人，中共党员，香港理工大学纺织与服装系硕士研究生，高级电子商务师。现任中国纺织信息中心国家纺织面料馆董事兼总经理、中纺联检（绍兴）实验室总经理、中国轻纺城创意产业基地联合支部书记；受聘为中国纺织工程学会纺织产业数智化技术委员会副主任委员兼秘书长，中国纺织工程学会标准化技术委员会纺织品外观质量检验分标准化技术委员会常务副主任、中国纺织工程学会科学传播专家。主持出版《面料实物大全》，有多项发明专利和实用新型专利，发表的论文《非遗毛毡技艺与材料创新设计》，经第38届全国毛纺年会组委会评审，获得优秀论文一等奖。

避开竞争才是最好的竞争

1994年，绍兴柯桥轻纺城北六区市场开张，从事纺织面料经营的父母从宁波来到绍兴，开始在轻纺市场扎根，寒暑假的帮工生活是我对纺织行业的最初印象。

1999年，我从浙江工业大学之江学院工业外贸专业毕业，在理想中的省级国有公司进出口部门工作。半年以后，因为母亲身体原因，父母将我从杭州召回柯桥。那时的轻纺城及其周边很少有像我这样接受过科班教育的人来做生意，我的同学大部分都是到公司当白领，所以一开始告别理想的工作回家打拼，使我产生了巨大的心理落差。但学着父亲做生意，帮助家里打理业务，我逐渐找到了自己的优势。无论是在市场里待人接物的商务礼仪，还是沟通交流，我似乎显得更专业，也更规范。

2000年，积累了一些经验的我想自己创业。在父亲的支持下，和哥哥各拿出10.8万元作为启动资金，在轻纺城北一区租了一个门市，正式开启创业之路，这是我第一次独立操盘。在这期间，得益于我们的认真、专注、较为专业的话语和沟通方式，以及更为得体的商务礼仪，我们更容易接到客户的单子。从产品品牌包装形象，到员工的专业素养，再到店铺的陈列摆设，都充分体现了我们的高要求与高标准。

能快速响应客户需求也是我的一个突出优势。做内销的时候，我自己做了一个订单表，把不同的客户放置在表格第一列，把不同的面料放置在表格第一行，一旦接到客户电话，我就能第一时间登记好，我们可以做到每天发 4 大卡车的货，建立了当天下单、当天生产、当天发货的快速反应模式。

硅谷创投教父彼得·蒂尔说过："避开竞争才是最好的竞争。"因此，创业初期我们就定位于打造差异化，整合不同的资源，走不一样的发展道路。我们汲取了其他经营户现货积压卖不出去的经验和教训，构建了一套不同于他们的销售方式：先收集市场上的不同布料、不同图案进行打样，将各种各样的样布分门别类陈列在店铺陈列柜和精品柜中，等客户来询问、查看并确定签单后，再根据订单通知工厂生产布料。我们率先实现了以销定产的模式，缓解了库存积压这一难题。这一年于我而言是非常有成就感的一年，在家人的支持下不仅赚到了第一桶金，还对行业有了更进一步的理解，让我对接下去的路有了莫大的信心。

有志者事竟成

客户的需求信息是市场最好的风向标。我到现在都觉得客户对我而言意义重大，被客户信任的感觉特别好。为回报客户的信任，我们不断努力前进。在这一过程中，赢得了稳定的合作伙伴，也赢得了市场的肯定。

2001 年，随着中国加入 WTO，柯桥有了在国际大舞台亮相的机会，中国轻纺城的影响力不断攀升。2006 年到 2010 年，许多国外、境外客商涌入市场。我清晰地记得，当时一个香港的客户来柯桥采购，她到市场转了一圈都没找到合适的出口企业，尽管那时我没有进出口权，但由于我对外贸比较了解，并在交流的过程中体现出了我们的专业，获得了客户的信任。她委托我去落实这个订单，这也是我由内销转外贸的契机。对于外贸新手来说，那是笔大订单，近 8 万米的印花弹力府绸，价值大概 100 万元。我特别认真，积极向做单证的同学请教，同时安排好工厂生产，学习怎么出口货物，寻找委托出口的挂靠企业……在我的努力和大家的支持下，首笔订单顺利完成，这是"无知者无惧"，更是"有志者事竟成"。

2007 年，刚成立外贸公司的我，没有客户积累，没有经验支撑，一切从零开始。好在这一时期的柯桥，外贸兴起，产业链日益成熟，配套服务也逐渐完善。我们仍然抓住差异化竞争，秉持"小、多、快、多工艺"组合，与中间合作商高效配合、快速反应，在市场内闯出了一片天地。尽管第二年春节前突遇雪灾，道路封锁、工厂提前放假，但在供应商的支持配合、客户的信任理解和同事的专业态度下，我们顺利完成了订单。通过这样一次应对，我们的团队快速成长，供应链关系也更加紧密。我记得我们最高峰的时候，每个月要出口 17 个高柜的色织格子布，一个高柜大概装 175000 米布，一卡车一卡车往外送。

"货问千家变行家。"2008 年 5 月，我接到一个巴西客户关于 CVC 天鹅绒的询问。在此之前我对这种布料了解不多，但面对这种新事物，我并没有退却，立刻通过网络查找到近 20 家提供这种面料的厂家，当天晚上逐一打电话咨询，查找网页了解该种布料的价格、工费等，第一时间与客户敲定了供货价格，签订了合同。快速、果断、准确报价，对客户而言至关重要。

为了确保质量，我们还到生产企业实地考察，并给厂商提供专业的建议。通过使用特殊的纱线，让产品价值再造，在面料更轻柔的同时，大大降低生产成本。这一新思路使我们有了控制成本的空间。在当年原材料价格疯狂上涨的情况下，我们采用技术革新降低的成本，抵消了原材料价格上涨的成本，这一举措获得了客户与供应商的赞赏和信任，最终三方合作共赢。

技术创新的探路者

2010 年，我与朋友一起创办科创公司，入驻创意大厦，开始转型做产业研发创新。当时，我们提出虚拟成衣一键速配、自动设计、一键配色的概念并投入研发。我们第一次引入以色列的成衣软件，应用到相关学校专业的课程当中，还邀请北京服装学院的李涛老师指导将 PS 应用到教学中。我们当时提出花型设计、数码印花、3D 成衣、自动出版一条链的数据集成，现在看来也是智能制造的雏形，我们早在 2010 年的时候就提出了这样的理念。

然而，第一个吃螃蟹的不一定是成功的那一个。当时，我们想实现一键速配的软件在线化操作，但受制于多方因素未能如愿。首先，基础设施不完善，3D 软件对网速要求较高，当时的 3G 网络无力驱动；其次，人们对于产业技术创新的意识较为薄弱，我们开展线下服务工作也遇到了不少障碍。

尽管过程颇有波折，但我们开拓了思路。在开拓新道路的途中，我们逐渐摸索形成了一套完善的标准工艺，对花型设计、产品研发、技术转型等具有一定价值。我们的努力在一定程度上推动了产业的创新发展。因其适配度高，为业内许多企业带去了便利和机遇。我们所培养出来的人才现在基本就职于印花企业并担任重要职务，我们在创业过程中收获了经验和成长，非常自豪与开心。

这一时期的柯桥，正如火如荼地开展“二次创业”，推动产业转型升级，我们的

2010 年 4 月，探讨虚拟成衣自动出样的数据集成现场

探索作为先驱，形成了带动效应，对整个柯桥创意产业发展起到一定的作用。时任国务院总理温家宝、时任国务院副总理王岐山、时任第十届全国人大常委会副委员长顾秀莲，以及众多海内外的嘉宾和行业人士，都到过我们公司进行现场指导，让我们倍感振奋！

提升平台服务品质

2014 年 8 月，应中国纺织信息中心邀请，我担任国家纺织面料馆常务副总一职。

中国纺织工业联合会的前身是国家纺织工业部，在改革开放初期，纺织工业在我国百姓走向富裕、国家走向富强的过程中发挥了重要作用。多年来，我国纺织服装产业占据全国 GDP 的 10% 左右。从纺织工业部到中国纺织工业联合会，中国纺织信息中心从原来的研究所发展成现在的事业单位，模式在变，初心不变，多措并举推动中国纺织工业走向强盛。

随着中国轻纺城迈入新的发展阶段，柯桥逐渐从建设市场向服务市场转变。2009 年，柯桥引进第一家公共服务平台——国家纺织面料馆。国家纺织面料馆隶属中国纺织信息中心，是国家级行业公共服务平台，通过各个功能板块的搭建，支持和推动中国轻纺城向品牌化、国际化发展。现在的国家纺织面料馆已在全球建设 25 个分馆，在重要的产业集群带都能看到国家纺织面料馆公共服务平台的影子。

接手面料馆工作以后，我们做了大量的展览展示推广和上下游资源对接工作。带领中国轻纺城的企业去海内外各个时尚策源地，深入了解品牌需求，让这些企业感受如何实现供需匹配。随着对品质要求的提升、标准意识的认知、研发资源的有力支撑，柯桥纺织企业的层次逐渐提高，不仅收获了一线品牌的赏识，更对柯桥金名片的推广起到了积极作用。近年来，柯桥周边的配套基础设施更加健全和完善，国际物流的配套、现代仓储的建立、数字化产能转型等，让柯桥的整体实力向着更高的水准迈进。而面料馆作为公共服务平台也在持续探索创新，拓展服务板块，帮助企业解决痛点难点，提升柯桥高品质、国际化时尚创意形象，为建设“新时期国际纺织之都”贡献力量。

在轻纺城 21 年，我最大的体会是绍兴县委、县政府（柯桥区委区政府）的敢闯敢为。中国轻纺城从 20 世纪 80 年代的一条布街到棚屋式的轻纺市场，再到规范化的中国轻纺城，现在正向着国际化、时尚化、智慧化方向发展。柯桥历届政府以强烈的使命感、责任感，使轻纺城在发展的每一个阶段都成为时代的领跑者，让“丝路柯桥·布满全球”的名声享誉千家万户，在国际大舞台上发光发热。

访谈时间：2021 年 4 月 23 日
采谈地点：绍兴柯桥创意大厦
访谈整理：董勇　沈夏瑶　曾毛滢

浴火重生竞高飞　凤凰涅槃演传奇

人物名片

何锡辉，男，1968年7月生，四川泸州人，高级经济师。浙江凤凰庄纺织品有限公司创始人，浙江凤凰庄时尚科技集团有限公司董事长，兼任中国国际贸易促进委员会纺织行业商会会员、绍兴中国轻纺城四川商会常务副会长、浙江省四川商会理事。先后荣获中国纺织行业年度创新人物、绍兴市柯桥区人民政府颁发的“区长奖”、绍兴市总工会授予的绍兴市“五一劳动奖章”。

跌宕人生　“凤凰”浴火重生

1992年，邓小平发表南方谈话，到1993年，春雷已唤醒了长城内外，春风也已吹绿了东方神州。那时，我还是四川泸州的一名基层公安人员，“东方风来满眼春，风起正是扬帆时”，我不顾家人的强烈反对，辞掉公职，下海经商。

机缘巧合，我下海后首先干的就是卖布，和那个时代大部分下海的人一样，我也喝到了“头口水”，但同样，也被海潮搞得睁不开眼，没赚到钱，反而负债几百万元。几经周折，1997年我来到了柯桥，在三尺柜台上创办了浙江凤凰庄纺织品有限公司。

那时候的柯桥还叫绍兴县，轻纺城市场也没有今天的“高大上”，纺织贸易尚处在初级阶段。经营模式也只是单一的门市部经营，大家都在小小的门市部里卖着布。我来到柯桥创业，可以说是从零开始，靠的就是市场信息聚集，用互联网的说法就是每个门市就是一个流量入口，轻纺城市场就是个大平台，向每一个门市导入流量。凤凰庄人讲诚信，能吃亏，肯吃苦，愿意为客户的个性化需求东奔西跑，整合资源，寻求解决方案，几年下来，形成了一批长期、稳定的合作伙伴，这些伙伴大多成了一生的挚交。

那时，我坚信商业的本质是规模经济，如果没有规模，就没有竞争力，有足够大的规模，才能整合全产业链资源、货源、渠道，形成强大的竞争力。我经过深入地调研和思考后，决定调整凤凰庄的公司发展战略，走面料超市（EFC）的销售模式，致力于在全国打造面料行业的“沃尔玛”。凤凰庄EFC计划一经推出，受到了行业、媒体、资本界的高度关注，我们用了3年时间，在全国20多个省份开了20多个区域营销中心，公司营业收入年年上新台阶，达到年销售收入近20亿元，年纳税额近2000

万元。一大批资本也非常看好这个模式，我们于2014年完成了公司股份制改造，雄心勃勃地计划通过资本市场把凤凰庄带到新的高度。

可是一场突如其来的担保链风波波及了凤凰庄，我曾经帮4家公司担保，这4家公司陆续陷入危机，债权人纷至沓来，要求凤凰庄代为偿还这4家公司的巨额债务。可以说，这是凤凰庄发展史上最艰难的时刻。我反复权衡凤凰庄曾经成功的三大关键：一靠改革开放的政策，抓住了大的发展趋势；二靠诚信经营，形成了凤凰庄的品牌和商誉；三靠团队合作，形成了一支能战善战的优秀团队。凤凰庄可以放慢发展脚步，但这三点是绝对不能放弃的。

面对这场风波，凤凰庄无处可逃，能做的只有积极沟通、努力化解，由此进入低成本扩张时期。经过五六年艰难的变革与调整，凤凰庄重新踏上了快速发展的征程。

战略布局　撬动人才资本

在最困难的几年，我对商业的本质有了新的思考，商业不仅仅是规模，而且要把整个产业链的横向和纵向打通，形成更强的生态，实现整个产业链数据化的提升，才能取得商业的持续繁荣。

现在，中国正处于转化新旧动能、转型发展的关键时期，产业数字化、数字产业化是推动纺织行业全产业链提升的关键路径，乃至必由之路。依赖产业数字化打通纺织面料织染销，2018年开始，我们做了大量的探索和尝试，2020年我们成立了浙江凤凰庄时尚科技集团有限公司。

今天的市场追求快销，在互联网时代要以互联网需求、数字信息化为导向。以前的营销，我们是拿着布去一家家推销，今天是“体验＋流量”营销，推广模式的变革，更需要企业服务的延伸。从科技创新的角度来说，中国的企业刚起步，原来我们只要求把产品做得更便宜，现在是要做出核心竞争力，而实现这个核心竞争力的关键，不是销售团队有多少人，也不是生产厂房里有多少人，而是在互联网平台、技术研发团队里有多少人。我一直认为，社会的发展离不开人才，企业的科技进步更需要人才。

我们公司的员工大多是从高校招聘来的，主要来自东华大学、浙江理工大学、北京服装学院、西安工程大学、成都纺织高等专科学校等国内一流纺织类高校。过去十几年，我在国内很多大学开展校招，都有成百上千人来应聘，而近一两年，我们的企业去招人，很难招到，不管是在东部地区还是西部地区。这是为什么呢？如果拿一个城市来讲，年轻人愿意去的地方，叫作有未来的城市；一个行业，年轻人去得多，说明这是有未来的行业。企业也是一样，现在的年轻人并不是看眼前能拿到多少工资，而是看未来5年、10年之后他们的梦想和愿景在哪里。所以，成立凤凰庄时尚科技集团对我来说，我们是要成立一个未来的企业，让年轻人愿意带着梦

浙江凤凰庄纺织品有限公司党支部赴井冈山学习

想来到这个企业。而我们提供这个平台帮助他们实现梦想，也有助于实现我们作为经营者的远景目标规划。

在凤凰庄科技园内，我们打造了700间单身公寓，针对入驻的企业员工给予优惠；园区内的众创空间，有来自各级政府和园区内部的补贴；我也计划从美国华尔街引进科技人才基金，投资新兴的产业、新兴的人才。我们从各方面为年轻人打造实现梦想的环境，从而吸引年轻人加入我们。目前凤凰庄纺织板块已经交由职业经理人团队来打理，年轻的团队在运作，业绩也相当不错，复工复产后好多家分公司的销售量都有较大幅度增长。凤凰庄的企业文化一直在提升，虽然过去5年很艰辛，但是团队一直不离不弃。企业有了远景、有了团队、有了文化，困难是一时的，发展是必然的。

着眼全球　打造品牌中心

我在纺织行业打拼了20多年，做过面料超市，全球有近千家供应商，主要来自意大利、日本、韩国。在这个过程中，我看到，纺织行业发展到今天，中国为什么这么强大？中国轻纺城为什么这么强大？这强大的背后，其实是源于强大的全球信息支持下的研发、生产、织造、印染，是整个纺织产业链的强大。整个中国的纺织产业链在未来的10年乃至更长的时间内，是没有任何一个国家和地区可以撼动的。在今天这个时代，耐克、H&M等品牌，中国人可以去消费，也可以不去消费，但是它们一旦离开中国这个产业链市场，就会变得很难生存。我也去考察过东南亚一些国家的纺织情况，它们跟我们国家是不能同日而语的。中国纺织产业链的强大，远远比我们所有人看到的强大得多，用数字来说，我们有30000多家企业在轻纺城，30000多家企业其实就有30000多条全球柔性供应链管理系统，这在其他国家是难以想象的。

我是非常看好中国轻纺城的，但仍觉得它在战略定位上还有待提升。从全世界来看，中国轻纺城有三个核心竞争力，一个是人力资本，柔性供应链管理系统里的30000多家企业，这些企业家就是最大的竞争力：他们拥有资金、经验、管理能力。第二个优势就是中国轻纺城拥有全世界最大的印染集群。第三个就是每天能产出成千上万的新品和几亿米现货。这三个核心竞争力，使中国轻纺城短期内是别的地方无法替代的。我们常说“恨布不成衣”，其实在全球化的今天，服装追求个性化，轻纺城应提升一个要素——互联网个性化品牌集群。我们可以把中国轻纺城重新定位，定位成未来10年、20年后全世界的电商个性化品牌中心。服装快销的核心是面料的差异化、面料的创新、面料的品质和面料的快速交替，这些要素轻纺城都具备。轻纺城目前不具备的是更高的战略定位，即把轻纺城作为未来10年、20年后，全世界个性化电商品牌集散地的目标设定。如果重新做这么一个定位的话，我相信一定会吸引全球大学生、年轻人蜂拥而来，柯桥就会成为未来10年的创业热土，这个行业也就成为未来行业，这个城市也就成了未来的城市。

我相信，那时中国轻纺城会有无限的未来。我最近在美国一些大的服装品牌考察时看到，其生产、研发还是10多年前的传统模式，在美国显得高高在上，但它们对这个行业数智化的理解，还远远落后于中国的企业。美国的服装从发布到上市需要6个月，而我们，从面料的研发、织造到销售，20天就够了，这是它们没办法跟我们竞争的。在这种情况下，我觉得政府在引导市场的时候应站高一些，我们要做民族的品牌，乃至世界的互联网时尚品牌孵化中心、创新中心。大家不能重复做那一米布，为降低成本而去做，我们要通过电商这个平台，通过创造——原材料的创造、面料的创造到品牌的创造，让未来10年全球的个性化互联网品牌都在中国，而不是在意大利。为什么意大利的面料能卖那么贵呢？一条爱马仕的围巾几万元，一套阿玛尼西装卖10万元，其实它的面料成本没那么高，原因就在于几十年前其纺织企业转型时创造了无数的服装全球线下品牌。

这个时代需要变革创新，如果中国轻纺城重振20世纪90年代的开创精神，重新定位，寻求突破，整合优势资源，完善产业链，同时加快织造智能化、印染转型升级，我觉得，中国轻纺城、中国纺织业的发展必将是无可限量的。

访谈时间：2021年4月1日

访谈地点：视频连线采访（美国）

访谈整理：宋汉卫　金梁英

做色彩化学品的中国“芯”

人物名片

李军配，男，1988年8月生，山东菏泽人，中共党员，材华科技创始人、清华大学博士后研究员，中国科学技术大学和伦敦大学国王学院联合培养博士毕业生。致力于水性功能高分子材料、治疗铁过载性疾病的铁螯合剂开发，参与包括英国BBSRC基金、中国国家自然科学基金等在内的多个重大科研项目。目前已申请国家发明专利52项（21项已授权）、国家实用新型专利8项（全部已授权），发表在其领域内有重要影响的学术论文20余篇，申请软件著作权2项。曾获得美国“百人会英才奖”、中国大学生自强之星标兵等荣誉称号，入选中国科协2017—2019年度“青年人才托举工程”，先后被中央电视台《新闻联播》、《焦点访谈》、《人民日报》及新华社等多家权威媒体报道关注。

来柯桥始于海创大赛

2019年，我在绍兴参加第四届海创大赛获得了第一名，之后我就把公司总部从北京迁到了中国轻纺城。

我出生在山东菏泽一个小山村，2006年上大学，2010年读硕士，2013年出国留学，2016年在清华大学做博士后。从大学开始，我的研究方向一直是新型高分子材料，在校期间拿到过20多项国家发明专利。

我们公司来柯桥之前只有不到20人，现在有接近70人了。之前一年销售额为20多万元，到柯桥第一年销售额就达800多万元，2021年第一季度跟2020年一年的业绩差不多。公司从600平方米的面积扩展到了1200多平方米，应该说，发展还是比较快的。

了解到柯桥区有好的政策，也是一个机缘巧合。当时柯桥区委组织部人才办和科技城的4位领导到嘉兴招商引资，刚好清华长三角研究院选了10位清华校友在做一次大型路演，我是其中之一。柯桥的4位领导看了路演后就跟我聊，介绍了柯桥的政策及绍兴海内外高层次人才创新创业大赛（海创大赛）的情况，并推荐我到柯桥看看，希望我能落户柯桥，当时，他们的诚意给我留下了很深的印象。

之后，我带着“安全健康大分子着色剂”项目参加了绍兴海创大赛，没想到拿了第一名，获得了4个500万元（500万元扶持基金，500万元研发补贴，500万元销售奖励，500 元万投融资奖励）的政策支持，当时我和我的团队就决心要落户柯桥中国轻纺城。

现在看来，把总部从北京迁过来，是我们创业以来做的最正确的决定，没有之一。2020 年，我作为三名中国代表之一参加了二十国集团青年会议（Y20）峰会，并通过讲述自己的创业经历，呼吁各国政府更多地支持青年创业发展。在与其他国家青年创业者交流的过程中，当我说到政府给了我这么大的政策支持时，他们都难以置信，表示非常羡慕。

在柯桥寻找客户就跟在大学泡图书馆一样

2016 年 4 月，习近平总书记在中国科学技术大学考察，我作为学生代表向总书记汇报工作，当时总书记对我们说："学得文武艺，报效我们的祖国和人民，报效中华民族。"这句话对我触动很大。我作为代表，有幸向总书记汇报。我说，我是我们村第一个博士，第一个出国留学的，现在想创业，想把自己的学习成果做更多的转化，去服务更多的人。总书记听了特别高兴，鼓励我好好创业。

2018 年博士后出站后我兑现了自己的承诺。我在北京清华科技园注册了公司，当时拿到了第一桶金，是香港漆宝、启迪种子基金等出的 540 万元的种子轮投资。于是，我组建了 20 多人的团队，搭建了实验室，这笔钱很快就在研发上花完了。但是大家都觉得基于一个共同的理想来做这个事，始终没有放弃。

可以说，那个时候我们只关心研发，不太关心市场，技术与市场脱节，公司就出现了很多隐患。有个小姑娘在公司本来做得挺好的，但是我们没钱了要裁员，她就在我办公室哭了，我也哭了。我合伙人的房子被我抵押了 50 万元，我妈把老家的拆迁款给我投进公司，我到现在都还没买房子。做这种研发其实很烧钱，那个时候我就特别痛苦，我公司的同事一个月只拿 5000 元的工资，我自己也只拿 1 万元的工资，有时候甚至更少，而他们都很优秀，有浙江大学、北京化工大学毕业的。除了缺少资金，在推广新材料和新技术时，我们还经常吃闭门羹，最多的时候甚至被近 200 家单位连续拒绝。

2019 年 10 月，终于峰回路转。我们拿到了柯桥政府 2000 万元的扶持基金，可以说是雪中送炭。在柯桥，我们拥有很好的产业资源和客户群体，这里的产业链资源是非常齐全、丰富的，这个对我们很重要。比如我们需要一些原材料都能很快地从周边的一些公司拿到。同时我们的下游厂商也都在长三角附近。在这里寻找客户就跟在大学泡图书馆一样，想要什么书就有什么书。

中国轻纺城非常适合年轻人创业，我现在鼓励很多清华、中科大及伦敦大学国王学院的校友，建议他们来中国轻纺城创业。前两天还有几位清华的校友来实地考察，他们感觉这里的政策和创业氛围的确非常好，都愿意过来。柯桥政府是服务型的政府，这是非常难得的，我第一次去的时候，我们科技园区的主任亲自给我倒水，我们一起吃饭，氛围很轻松，完全没有距离感。我的一位非常优秀的合伙人李怡霞，她女儿上幼儿园的事就是柯桥区委组织部的领导亲自帮忙解决的，我经常把柯桥政府称作“不占股份的合伙人”。

现在我的创业压力已经不像以前那么大，今年我也成了家，也算是成家立业了。柯桥的风景特别好，令人心旷神怡，我的家现在离我的公司也就步行 5 分钟的路程，我觉得挺幸福的。

专注于色彩安全化

我们公司是国内第一家专业从事大分子着色剂研发和推广的创新型科技公司，致力于解决传统染料安全性差、色牢度低、容易造成环境污染等问题。传统的染料都是小分子，很容易被吸收和迁移，也就是老百姓常说的容易掉色，容易被吸收到人体里。而大分子着色剂让小分子们“手拉手”变成一个个链状或网状的大分子，直接锁在材料里，所以不仅不容易褪色，而且无法被人体细胞吸收，成为一种安全的着色剂。

最早的时候，大分子着色剂是在美国被研发出来的，因为有技术壁垒，他们价格卖得很高，中国其实也一直在研究和突破，所以在色彩化学品方面，我们想做自主创新。

目前，以水性聚氨酯为高分子骨架的大分子着色剂已非常成熟，可快速应用于印染纺织行业，比如应用于超纤染色、扎染染色、印花涂料等领域。在超纤染色、扎染染色的同步测试中，结果表明这种着色剂可以简化传统超纤染色的工艺，节约成本、提高干湿摩擦牢度等。印花涂料中聚氨酯体系大分子着色剂的应用已经开展，可完全替代印花浆中的传统水性色浆，并提高印花颜色的鲜艳度。

纺织印染行业用固色剂是我们的一个中期规划。传统固色剂是通过连接有胺类化合物的聚氨酯，与直接染料、酸性染料或活性染料等阴离子水溶性染料作用，可以得到非常理想的固色效果。我们大分子着色剂系列可制备成带胺类化合物的彩色聚氨酯，这用于织物固色时，既可以使直接染料、酸性染料或活性染料产生相互作用从而达到固色效果，同时可通过本身的色彩来达到给织物修色的目的。目前，我们实验室里已经制备出带胺类化合物的彩色聚氨酯，初步证实可在固色剂方面应用。

具有活性反应位点的大分子着色剂是我们织物染色的中长期规划。大分子着色剂对织物染色的主要原理是，通过大分子着色剂上有活性基团，可与织物中的羟基、胺基进行化学反应，同时通过结构设计，使高分子链中的结构与织物的结构尽量相似，从而提高大分子着色剂与织物之间的结合力。目前，我们已初步设计结构并安排实验，实验表明，确认与织物有较强的结合力。而大分子着色剂在织物染色方面应用具有非常重大的意义，可明显降低废水的排放，降低废水处理

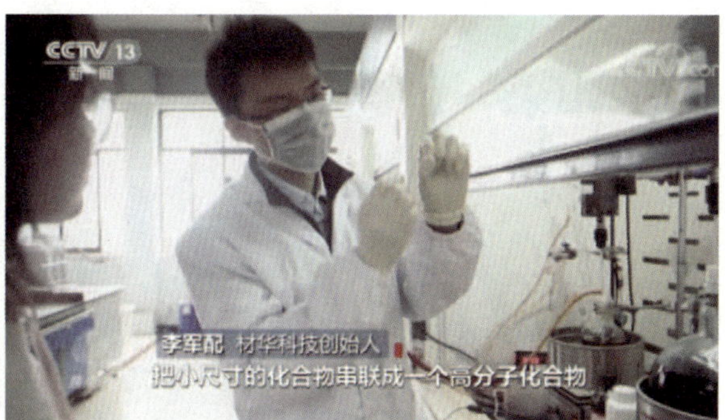

李军配在 2021 年“五四”青年节接受中央电视台《焦点访谈》采访

成本，对生态环境的可持续发展具有巨大的意义。我们未来也想做一种可自带颜色的纤维，也就是说，以后我们的布料就不用印染了。

做自着色纤维和相关功能高分子材料是我们的长期规划。现在的纺前染色或原液着色，是指在纤维生产过程中掺入适当的颜料或染料，直接制成有色纤维。经纺丝成形后，着色剂即分散在纤维中，此工艺属物理变化。材华科技开发的自着色纤维是在化学纤维生产过程中加入可聚合的发色团中间体，让着色剂化学键作用到材料上，把色彩加入到这些材料的“基因”里，形成多种功能特性或效果的自着色纤维材料，从源头上解决印染行业存在的高污染和高能耗问题，使柯桥的印染产业走向更绿色转型的道路。我们认为，大分子着色剂是染料化学和功能高分子的未来方向，材料的未来一定是走向功能性、环保和轻量化。我想，这对于中国轻纺城的印染产业将带来革命性的变革。

未来，我们要把中国的大分子技术和功能材料更好地加以应用和推广，解决印染行业高污染高能耗的问题。短期的目标是在 3 年内服务超过 800 家客户，达到 5 亿元销售额。未来，我们致力于成为大分子着色剂领域的全球性企业，专注于色彩安全化，秉持简单正直、开放进取、艰苦奋斗、创业创新的价值观念，希望推动化学与材料的进步，成为色彩及特种化学品领域的全球性企业。

我们是来建设中国轻纺城的，建设绿色绍兴、绿色中国。正如 2021 年 5 月 5 日我在中央电视台《焦点访谈》栏目采访时说的，我们要立大志、担大任，把创新色彩化学品这个事情承担起来，为我们国家的富强、为人民的幸福、为社会做一点点贡献，让我们的青春绽放出绚烂的花朵，这样的人生也就没有遗憾了。

访谈时间：2021 年 5 月 6 日

访谈地点：浙江材华科技有限公司

访谈整理：郑雅萍　罗雯慧　周群芳

无水印染　创新不止

人物名片

谢亚军，男，1974 年 6 月生，湖南常宁人。2006 年创办浙江省福欣德机械有限公司，任总经理，现为无水印染 5G 科技创新投资 CEO。早年毕业于电大机电专业，后在广东一家制造印染机械企业从事印刷机械开发设计工作，2006 年来绍兴从事印刷机械设备研发、生产工作。

家国情怀　痴心研发

我是从湖南常宁市的一个仅有几十户人家的深山村里走出来的，是一位地地道道的大山的儿子。我年轻时就兴趣广泛，对于自己喜欢的事情就非要尝试，极有韧劲，有一种说干就干的劲头儿。我是电大机电专业毕业的，并非名校。但我好胜的性格特点，使我很快在广东工作的企业里崭露头角，成为专业度较高的技术人员，负责各类印染机械落地安装之后的调试工作，这是我初涉纺织印染印刷领域。

调试工作本来很简单，但是有一件事让我记忆深刻。记得那是一套销往俄罗斯的印刷机械设备，可能因为各种偶然因素，导致该套设备到达目的地后，线路被弄乱了，俄方专家束手无策，只好求助于中方制造厂家，我作为技术人员前往俄罗斯处理。俄方怕承担经济损失，保险起见，他们首先将我的护照收起来，并让翻译告诉我，如果这套设备不能正常使用，我就不能离开俄罗斯。面对复杂情况，我没有慌，而是冷静地沉下心来，认认真真地寻找问题症结所在。差不多花了近 20 天的时间，整个系统终于恢复了。看到设备运转正常并超过预想的效果，俄方专家被我这个小个子中国人彻底征服了。遗憾的是，那年我只能独自一人在遥远的俄罗斯过春节。走在寒冷的俄罗斯大街上，我深深地体会到了只有在异国他乡才会产生的那种对祖国的特殊感情。这一次刻骨铭心、化险为夷的特殊记忆，也成为激发我在行业技术上精益求精的原动力。这件事成为我在技术革新领域敢为人先的重要转折点。

浙江是我国纺织行业的产业集中地，有着雄厚的纺织产业基础。因工作业务联系，我与浙江一带的纺织印染企业结下了不解之缘。有一次，销往绍兴一家纺织企业的印刷机械设备在安装调试的时候，该企业技术人员反映设备存在一系列问题，我就开始了一些摸索：在这套机械设备上用橡胶辊代替原来的铁辊，使原来生产的各种花色指标明显提升，第一次技术改革的成功，极大地鼓舞了我探索技术革新的决心。

2006 年，我终于抵挡不住绍兴这块土地上印刷技术深厚底蕴对自己的强烈诱惑，下定决心从工作多年的广东机械制造企业辞职，孑然一身来到了绍兴，专注于纺织印刷机械设备的研发和生产。

2008 年 8 月 8 日，我在绍兴创建了浙江福欣德机械有限公司，并担任总经理。为了更快、更好地掌握纺织印染前沿技术，我频繁参与绍兴当地各种印染行业培训班，结交了一大批纺织业精英人物，掌握了行业前沿动态。

2012 年，我参加了一个绍兴当地印染行业协会开办的“企业家总裁班”进行集中培训，班上的同学们几乎都是印染行业的资深人士。学习期间，我们主要围绕纺织印染行业的重点和热门话题展开讨论，包括传统印染行业的污染治理问题。记得授课的老师说：“谁将来能解决绍兴印染业的环保问题，谁将是这个行业的引领者。”这句话我默默地记住了。

我喜欢跳出圈外看问题，净化污水好比亡羊补牢。我忽然萌生了一个想法，能不能从生产源头减少污水排放，变后期被动治理为前期主动遏制呢？这将是对印染行业工艺流程的一次再造。经过一段时间的思考，我下定决心走上研究无水印染的技术改革探索之路。这是治理思路上一个质的飞跃。

勇于创新　敢于突破

由于对纺织印染行业缺乏总体了解，我首先去了上海的东华大学，从基础开始，向一些知名教授和科研人员学习、请教，了解和掌握了印染行业的工艺流程设计现状。这为我从机械制造的角度去改造印染行业的工艺流程，找到了最佳切入点。

搞科研，组建队伍是关键。经过精挑细选，我组建了有 20 多人参加的精干研发团队；成立“创新科技俱乐部”，成员包括国内外各个行业的专家学者，有来自中科院的院士、军工科技学院的教授、印刷机械制造企业的一线技术人员、纺织印染行业的资深从业者，甚至还有化学专家等。这样的人才组合框架，为我的科研技改提供了坚实的人才支撑。

大约过了两三年，我和团队终于设计出第一代纳米无水印染印花机。这台设备在当时浙江绍兴柯桥纺博会上一问世就引起了轰动，在为期三天的纺博会期间，至少有 40 多位来自印染界一线的企业掌舵人表现出对这台机器的浓厚兴趣。这台长 30 多米、宽 3 米多、高约 7 米的机器，就是一条完整的生产线，整个印染过程没有废气、废水产生，就像印

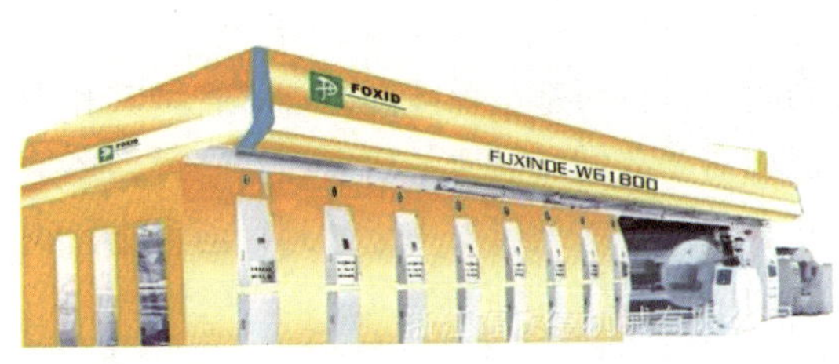

浙江福欣德机械有限公司研发的无水印染印花机

刷报纸一样简洁流畅。与传统印染相比，我的新机器每分钟至少印布 200 米，效率是传统印染机器的 2 ～ 3 倍，是数码印花的数十倍。除了效率，纳米无水印染印花机印出来的面料，色牢度可以达 4.5 级，是传统印染（色牢度 2 至 3 级）和数码印染（色牢度 3 级左右）不能比的。

更为可喜的是，我们的印染机器实现了真正的智能化。我们同时研发了一款管理机器的手机 App，这为日后的电脑总控平台研发打下了坚实的基础。在我看来，环保才是这台机器的最大优点。因为没有上浆、喷色、汽蒸、水洗的过程，我们的机器自然不会释放出废水废气。我们将传统的高能耗高污染印染产业打造成高端、智慧、环保的高新技术产业。

我不只是局限于对环保或者某种技术单一方面进行技术改造，而是全方位在环保和提高整体技术水平两大领域下功夫，几乎每一次研发都同步整合了当时最先进的生产理念和生产技术。

2016 年 5 月 10 日，《绍兴日报》头版头条专题报道了我们研发成果所引起的轰动性的盛况。我们这台纳米无水印染印花机每天可以生产 6 万米布，大大节约了劳动用工。流水线上 2 个人就可以操作，一个开机，一个下料。我们公司有员工 40 多人，一线工人只有 6 个人，其余都是研发人员。就在我们初尝成功喜悦大约不到半年，我们忽然发现纺织印染行业中的数码印刷技术居然悄无声息地流行开了。

数码印刷新技术的爆发，带给行业的冲击力非常之大，而且最开始出现的数码印染，比我们新研发出来的无水印染成本还低。迎难而上，继续干！我们再次开始革自己技术命的新征程。很快，我们又研发出涵盖最先进的数码印刷和无水环保两个层面的综合新技术——激光雕刻机。这个被逼出来的发明获得了国家的发明专利。

百折不挠　创新不止

我从 2012 年开始搞无水印染，到现在有将近 10 年了。成功的背后是常人难以想象的艰辛。

尽管在当地政府和业界的支持下，我们走在了纺织数码印染技术改革进步领域的前列，但毕竟每一项研发都是具有革命性的，每一次的探索和研究都会毫不例外地面临着很多挑战，我也曾经多次萌生放弃的念头，但每次都还是坚持下来了。正是靠着这种坚持、恒心、毅力，我才能突破一道又一道难关，走在这个领域的前列。

在研发中，我们遇到的另一个现实问题就是科研基金保障问题。尽管国家和当地政府曾不断地给过很多支持和帮助，但相对于我们所需要的研发经费来说，还是捉襟见肘。我创业多年所积蓄的资金，几乎全部投入到研发中了。到目前为止，我们的创新研发投入已经有上亿元。

经过多年的不懈努力，现在我们手里的技术储备已经很多了，完全包含了当今纺织印染行业最先进的技术，都可以在具体实践中转化为大幅度提高生产力的新技术。

我现在投资无水印染5G科技创新项目，希望能够在最短的时间内找到一种更为适合市场的标准商业模式。希望尽快找到志同道合的合作者，通过彼此的融合交流，在这个热爱的领域持续不断迸发出更为耀眼的火焰。以星星之火可以燎原的态势，创立、扶持、策划出一批可以稳固发展、基业长青的具有中国特色的优质民族品牌。

我一直认为，企业家不仅要有精神或者情怀，还要有社会责任感。我始终铭记习近平总书记说的"绿水青山就是金山银山"这一理念，既要发展，更要保护环境，给子孙后代留下一个良好的生存空间。尽管历经创新的艰难，经常也有痛苦缠绕，但是，对于敢于追求梦想、醉心科学探索的人来说，成功才是最大的快乐。

访谈时间：2021年4月15日

访谈地点：绍兴滨海工业园区

访谈整理：张杰　刘程军　唐根年　徐敬

“花样比对系统”赋能花样版权保护

人物名片

郑德均，男，1981月8月生，四川雅安人，博士，副研究员。现任浙江工业大学之江学院色彩研究中心主任，绍兴市第八届人大代表。曾任香港理工大学计算学系助理研究员、副研究员，兼任国际SCI期刊 *Textile Research Journal*（纺织品学术国际顶级期刊）论文评审专家、国家自然科学基金评审专家、绍兴市特聘专家、专业技术拔尖人才、学术技术带头人、“330海外英才计划”B类入选者、中国柯桥纺织花样与面料设计大赛评审专家。

面对众多工作机会　我选择来柯桥发展

我的本科就读于浙江理工大学，专业也是工科与艺术交叉的纺织品设计。大学毕业后，我怀着一腔热血进入社会工作，本来以为得到了一个比较满意的工作，在工作过程中才发现“理想很丰满，现实很骨感”，感觉自己心中的理想并未实现。怀着对专业的热爱，我选择了继续深造，最终，在著名的中国纺织业大家石凤俊教授的带领下完成了硕士阶段的学习，并在导师的推荐下，于2007年1月去香港理工大学攻读博士学位。

2012年，我即将博士毕业，得到了很多工作机会，可以留校进行研究工作，也有机会到香港的企业做技术开发，还可以回到内地发展。面对这么多的选择，我最终选择来到绍兴柯桥，主要原因是当时的香港纺织业没有实体产业，不仅发展前景

在第二届世界布商大会上
发布花样版权保护系统

不好，而且能够留给我的舞台也很小，根本不足以大展身手；另一方面，在我读博士期间就对柯桥的产业有过一定的了解与考察，柯桥是一个创意与文化结合、历史文化深远的地方，和我的专业非常契合。此外，还有一个重要的原因，就是导师的推荐。我的博士生导师是胡金莲教授，她作为当时柯桥引进的第一个高层次人才，落户在柯桥的浙江省现代纺织工业研究院。在导师的推荐下，我与柯桥相关部门取得了联系，同时，我的一些创新创业的想法也得到了政府的认可；又因为考虑到大学的平台更有利于推广先进技术，既可以发挥自己的专业特长，又可以实现自己的初衷抱负，还可以培育出更多的技术人才，最后我选择了浙江工业大学之江学院作为我的工作常驻地。事实证明，来到柯桥是一个非常正确的选择。

有人说我是为柯桥而生

我大学本科和硕士的研究方向是纺织品设计，当我考上博士，当时有两个研究方向摆在我面前，一个是高分子材料工程，另一个是关于计算机的。当时我认为，高分子材料主要是化学工程类的，我自己本身并不是特别感兴趣，因此相比化学工程来说，我选择了在当时还比较前沿的计算机方向。所以，我是拥有纺织设计和信息开发专业能力的，为我开发花样比对系统奠定了专业基础。

我开发这个花样比对系统的原因很多。首先，与柯桥的定位有关。柯桥主要产业是面料、纺织，面料的核心附加值就是花样。一个面料销量高与低，并不是简单的高端与低端的概念，因为消费的人群是固定的。花样设计附加值的核心就是面料受不受顾客的喜欢，也就是面料的销量高低。因此，从这个角度来看，花样就是最核心的抓手，也是柯桥纺织产业的核心要素。其次，柯桥政府在很早的时候就关注到了这个方面的问题。一方面是如何促进创意产业的发展，另一方面是如何去保护创意设计。创意设计是非常容易被剽窃的。我了解到，其实早在2013年之前，政府就想开发类似的系统了。但是这个系统是非常专业的，在这个领域政府也花费了很多的时间和精力，聘请了相关的专家，但是总的来说，效果不是非常理想。

与柯桥区市场监督管理局工作人员一起讨论

2018年，国家越来越重视知识产权的保护，柯桥政府下决心一定要做好“花样比对系统”。因为传统花样比对过程都是人工进行，我们无法从海量的图片中筛选、甄别，所以说人工比对有它的局限性。时任柯桥区市场监督管理局局长寿志平找到了我，要我来开发这个系统。在我去做这个项目之前，他们对这个系统心里没有底。当我得知政府想做这个项目之后，我也恰好在研究这个细分领域，和这个项目的技术完美匹配，我就着手开始与领导探究方案。寿局长在听完我的陈述之后，觉得我的方案特别好，心里瞬间就有了底气，当时他说了一句话让我印象非常深刻，他说:“你就是为柯桥而生的！”

2018年，这个项目正式启动。在启动之前，我和我的团队还做了长达半年的市场调研。在短短的一年内，这个系统就开发完成，并在第二届世界布商大会上发布了。2020年1月，“花样比对系统”正式投入试用，经过一年的试用期，我们的“花样设计比对系统”效果特别好。据统计，通过我们的系统对花样进行比对，平均每100个申请中，有五六个存在重复或者侵权。这样来看，这个“花样比对系统”是很有价值的，如果我们不去鉴别，在未来花样设计版权纠纷中或者花样设计证书的公信力方面会产生一系列问题。后来这个系统入选了浙江省委的观星台明星应用项目，面向全省推广、展示；这也是浙江省委书记袁家军重点推荐的一个数字化改革项目。

除了“花样比对系统”，我和一家企业也合作开发了一个“花样自动设计系统”。起初，这家企业的老板听说我是专门做这方面研究的，对我的技术非常感兴趣，就找到了我。那是2018年的冬天，雪下得很厚，这家企业的负责人冒着大雪来学校找我，让我非常感动。在我和这位负责人聊完之后，我感到热血沸腾，因为在大多数人的观念中，企业家都是为了钱去做事情，而这位企业家不是，他的眼光确实非常长远、精准、合理，他是非常真诚地想去做这个“花样自动设计系统”。但是这个系统的开发是有风险的，是一件投资了不一定能得到回报的事情。非常幸运的是，“花样自动设计系统”成功开发出来了，现在也很好地被运用。

加快数字基建是轻纺城的发展方向

我认为，中国轻纺城要想提高发展水平，一定要找准定位，找到一个发展亮点，数字化改革是一个机遇。当今社会的发展很快，未来一定是一个数字化时代，国家也在极力加大科技投入，柯桥积极与浙江省的数字化改革相结合，我相信，这一定会对当地产业产生巨大且深远的影响。作为新一代的柯桥人，我们有责任为柯桥的未来发展出力，面向未来，勇于应对挑战，进一步激发轻纺城的巨大潜力与市场活力。

就我个人看来，轻纺城未来的发展，可以从以下几个方面发力：首先，一定要坚持抓住数字化改革的机遇，这是当今社会的主流，也是浙江省今后发展的重点，

“牵一发而动全身”，柯桥作为浙江省的一个部分，要积极响应号召，结合柯桥的实际情况及轻纺城的特色去设计规划。其次，数字基建是柯桥改革的关键点，我们要利用好互联网的便利性、数字化的快捷性，进行各产业部门之间的互通互联，加强沟通与联系，做轻纺产业数字化方向的领头羊。再次，也希望政府给予更多的支持力度。加大服务意识，为企业提供资金支持，加大人才引进力度。最后，纺织行业作为传统产业，一定要有创新意识，积极结合数字化，让传统创新达到企业发展的核心，也是数字化的本质——降本增效，通过生产方式的变革等措施，与数字化高效合作。我相信，只要抓住机遇，积极创新，一定会促进轻纺城的产业升级，提高纺织数字化的发展水平。

访谈时间：2021 年 4 月 14 日

访谈地点：浙江工业大学之江学院

访谈整理：陈华　魏娇　王孝云

网上轻纺城——打造新型 B2B 平台

人物名片

丁建军，男，1978 年 1 月生，浙江仙居人，九三学社社员，全球纺织网、网上轻纺城创始人之一。现任好牛电商公司总经理，绍兴市政协委员。曾任中国轻纺城网络有限公司总经理。

在人民大会堂发布　柯桥要打造网上轻纺城

我的大学是西北纺织工学院，读的是工业外贸专业，2000 年在读大学时我就开始创业了。2001 年，我的毕业论文写的是关于“如何利用互联网做纺织品贸易”方面的，那时候我已经开始做全球纺织网了。做电子商务以后，有两个转折点，一个是 2003 年非典疫情，另一个是 2008 年金融危机。2003 年，公司实现了盈利。2008 年，公司订单量骤升，平时我们的订单一天只有 300 多个，那时候一天订单有 1000 多个。公司员工以为公司投广告宣传了，我说没有啊，我也不清楚什么情况，过了半年以后才知道是金融危机来了。

当时，有浙江省级领导到柯桥调研，我汇报说公司订单很多，赚到的钱也不少。2009 年，时任中国轻纺城建管委主任周如生找到我，说柯桥想做纺织品网上交易，我对绍兴县政府印象一直不错，加上有这么大的一个轻纺城资源可以用，于是 2010 年，我决定跟绍兴县政府合作。

2014 年 3 月 17 日，时任柯桥区区长徐国龙参观网商集聚区，在集聚区内与入驻企业交谈，询问电商运作情况

“网上轻纺城”新闻发布会

政府当时给我公司进行了增资，并让我继续负责经营轻纺城网络公司，在网上搭建一个网上轻纺城平台，帮助市场经营户及绍兴当地企业通过网上轻纺城推广销售纺织品，而不只是为了自己公司挣钱。政府算的是大账，绍兴县纺织品通过网上轻纺城推广销售得越多，对绍兴当地的回报越大。2011 年 3 月 18 日，绍兴县人民政府在人民大会堂召开新闻发布会，向世界宣布，柯桥要打造网上轻纺城。政府对网上轻纺城建设非常重视，希望每年都有新的突破，当时感觉压力挺大的。2011 年的核心任务是平台全覆盖，就是要让绍兴绝大部分市场经营户和企业都上这个平台。经营户和企业当时没有做电商的意识，也没有这个能力，我让他们把面料拿过来，我们免费帮他们拍照，一个个建起网上商铺，每天晚上做到十一二点，在正式上线前，照相机都拍坏了六七台。

我觉得所有交易的核心问题是由三部分组成的：信息流、资金流、物流。信息流是要让别人知道想要的东西哪里有卖，资金流是怎么付钱，物流是货怎么发给客户。传统的交易，比如到银泰百货逛街，就是解决信息流；看了衣服，试了以后喜欢就要付钱，付现金、刷卡、支付宝或微信，就是资金流；钱付了后，服务员帮顾客把衣服包装好，顾客带回家，就是物流。任何交易的核心都是为了解决信息不对称的问题，所有的商业模式就是为了提高这三部分的效率。

纺织行业一直存在一个严重的现象，就是信息不对称。我知道我想要的面料肯定有人能做，但是不知道在哪里；我知道我想要找的面料肯定有，但是不知道在哪里；柯桥纺织企业知道这块面料做出来肯定有人要，但是不知道客户在哪里，就是因为信息不对称。所以有了轻纺城市场，把做面料的都集中在一起，客户要找面料，到柯桥来找就行了。展会和外贸公司也都是同样的道理。

每天很多人跑到柯桥来找面料，很多是来找样布，可能就是两三米、四五米，找了样布以后，觉得合适了就下订单。我的很多校友做服装，经常需要开车到柯桥，一个市场一个市场地逛，挺累的，而且效率太低了，轻纺城当时主要就是这样一个模式。我当时觉得轻纺城一定要通过互联网解决传统交易信息不对称弊端，未来应该朝这个方向发展。把柯桥所有企业的面料拍了照片全部放到网上来，对全世界宣布，你们要到柯桥来找面料，可以在网上先找，找到之后寄样品。不管什么时间，哪怕是凌晨 3 点钟；不管在哪里，哪怕是在海边旅游、晒太阳，只要有手机、电脑可以上网，就可以去查看轻纺城有没有你想要的面料，然后寄到你家里来。

这个模式是看不到交易量的，但是可以看到平台上流量很大。世界各地的人都可以看。比如青岛做服装的客户，知道面料柯桥有，坐飞机到柯桥，太麻烦，也不一定找得到，只好在青岛那边找面料了，但是他可以到网上轻纺城来找，找到了以后打电话，然后把样品寄过去，这样他就买到柯桥的面料了，做成了生意。因此，解决信息不对称，网上信息搜索效率一定比传统方式高很多。

当然，网上交易的信息决策效率不高，就像阿里巴巴也是线上寻找，线下交易。网上轻纺城存在的价值不只是为了交易量，而是为了对线下市场有帮助。因此，当时网上轻纺城的贡献无法直接从交易量上来衡量，但是可以肯定地说，市场里很多交易，是先通过网上轻纺城获取的信息。我们当时推出了网上样布交易，每个月的量很大，推动了柯桥市场快递业的发展。后来，我们又推出了小批量的现货面料交易、库存面料交易、坯布交易及订单交易等。

颁发了第一张网上虚拟营业执照

时任绍兴县委常委诸剑明对网上轻纺城提出了“先国内，后国际；先信息，后交易；先坯布，后色布”的指导意见，后来证明是非常正确的。2012 年平台开始做交易，做了很多开创性的事情，以前国内从没有人搞过，都是我们自己在“摸着石头过河”，突破了很多的政策障碍，克服了各种困难，踉踉跄跄地开展了一些交易。2012 年有个报道，说网站每天的访问量有 200 多万人，作为一个专业网站，这样的访问量很多了，网上商铺有 60 多万家，而轻纺城只有 2 万多家，网上轻纺城的市场比实体市场要大得多。以实体市场为基础，全国很多商家都入驻了，商家在轻纺城没有摊位，但是在网上拥有了摊位。2011 年 9 月，中国轻纺城率先颁发了第一张网上虚拟营业执照，经营地址是用网上的网址，浙江省工商局特别表扬了我们。当时外地有几千家企业在我们这里办了 B2B 营业执照，商家没在柯桥，但是在这里的网上轻纺城办了营业执照。2013 年 6 月，成立了全国纺织行业首个电商孵化园区——网上轻纺城网商集聚区。

坯布、样布、现货和库存布是当时主要交易的 4 种布。坯布相对比较标准，规格比较统一。网上坯布市场开出来以后，特别火，所有人都会在上面查一下价格，哪怕在市场里已经谈好了，也要查一下价格。传统做生意的方式，信息不对称，价格是不公开的，网上轻纺城出现以后，价格就公开了，我在坯布市场还专门放了几台电脑可以直接查价格，对用户、买家是有好处的。样布每月可以做到几百万元的交易额，其实样布背后是真正的生意，绝大多数生意都是从样布开始的。库存布和现货面料销量也很大。2013 年开始，有一个趋势，在淘宝上卖衣服的人向我们买面料，他们希望平台能提供现货面料。做电商的要求快速交货，数量不多，可能只有几百米，但要货很急，希望今天给钱明天就拿到面料。他们不喜欢有库存，今天把面料买去，马上就拉到服装加工厂，第二天就做衣服，第三天衣服就做好可以卖了。

万名电商培训利在千秋

轻纺城 90% 以上的经营户都搬到网上来了，当时我也在全国投了很多广告。客户在网上轻纺城找面料，网上经营户留下的联系方式却打不通，客户打电话到我公司来投诉，我发现 80% 的经营户不更新网上的信息。后来我跟企业老总谈，问他们为什么不更新，他们说没人，也不知道怎么运营。当时柯桥的企业非常缺电商人才，我每次和柯桥企业老板一起交流，说的第一句话就是要我帮他们招人。当时，我在柯桥也招不到人，我们很多员工都是在杭州招聘来的，招来的人早上 7 点钟从杭州坐大巴车接到柯桥，下午 5 点 45 分下班送回杭州。

网上轻纺城要长足发展，首先要有电商理念，其次要有电商人才。做传统生意很简单，但是做电商，这里面有太多细节和专业性的东西。我觉得专业的人才和专业的配套服务是影响一个地方电商发展的两大核心因素。不要什么事情都让企业自己做，既要做美工又要做设计，还要做推广、做软件，这样是做不好的。企业只要把产品做好，其他东西由专业的人来做。所以 2014 年我们成立了中国轻纺城网商服务公司，帮助企业来做人才培训。通过组织“万人电商培训”服务，我们邀请国内电子商务专家、电商成功人士为柯桥人才进行培训，每年举办的大小培训超过百场。

当时天猫上卖窗帘的大商家绝大部分都是柯桥的，淘宝上 60% 做窗帘的都是柯桥的，一开始他们都不愿意做，包括现货面料。现在柯桥的现货面料已经做得很厉害了，都是我们那几年打下的基础，虽然没到收获阶段，但已经能看到未来了。我觉得电商培训是功在当代、利在千秋的一项事业。

我把轻纺城搬到网上，最有价值的资源就是市场经营户的面料，因为任何一家网商上面的东西都没有我们网上轻纺城多，没有我们新，没有我们好，这是当时我们最核心的一个东西。来自杭州、西安等全国各地的采购商人没来柯桥，但是交易在柯桥，这是一件很好的事情。回顾历史，网上轻纺城的起步是一个转折点，对未来几十年轻纺城发展的作用不可估量。

访谈时间：2021 年 4 月 16 日

访谈地点：杭州好牛电商公司

采访人：郑雅萍　周群芳

从单打独斗走向多元联盟

人物名片

江一玮，男，1976 年 3 月生，广东普宁人。现任浙江三川纺织科技有限公司董事长，绍兴市中小纺织企业促进会会长。2021 年 1 月被浙江省委宣传部和浙报集团联合评为“浙江好人·最美浙江人”。

我命在我不在天

我是 1998 年来到柯桥从事衬衫面料生意的，后来由于种种原因，进入义乌一家服装下游企业工作。然而，2004 年末的一次常规体检，给我的命运带来重大转折。我在浙江邵逸夫医院查出来一半以上肾小球纤维化，医生说我最多还有 5 年时间就会发展成尿毒症，当时我感到万念俱灰，但是脑子里很快又闪出一个念头，我要回到纺织本行，大不了干 5 年倒下，好歹也给父母留点什么。于是我回到绍兴，从事衬衫面料贸易，在这段时间我真的是豁出去了，那时候我好像已经忘记了病痛，完全投身工作，没日没夜地干，凭着这股劲，公司和产品都得到了客户认可。

这一路上，我一边拼命工作，一边调理身体，不断学习，拜访名师，始终保持乐观向上的心态。我现在的身体健康状况很稳定，从一开始医生判定我只有 5 年生存时间，到现在已经 17 年了。所以我认为，命运掌握在自己手里。一个人对生命的态度是十分重要的，必须要坚定信念，一切都会向阳而生。在创业历程中，我也始终抱着坚定的信念。

2020 年底，我因多年来秉承和践行诚信，被推选为“浙江好人”，这个荣誉对我来说太大了。其实诚信为人之本，也是企业经营的根本，这么多年来，我们从不拖欠货款，在业内有很好的口碑。无论在开拓内销市场，还是在国外打造自己品牌，我始终坚持诚信是基石。为了信誉，400 万元订单的损失我自己承担；为了信誉，我们不让合作伙伴吃亏。我坚信，唯有坚定信念，才有希望乘风破浪。

做一件好衬衫

我一直认为，要想不被市场挑战击倒，就要抓住人性的需求来开发产品，抓准产品定位，这样就不会错。我们公司是做中高端功能性差异化衬衫的，讲究的是可持续性。我们对产品的定位是“环保、个性化、易打理、舒适、享受”。随着人们生活质量的不断提高，消费者对于纺织品的要求也在不断提升。就以衬衫为例，一件衬衫的制成往往需要几十道复杂工序，大到面料选择，小到一根线、一根纱的应用，都有着严格的考量和标准化要求，要想得到一件高品质的衬衣，更是少不了科学技术的应用。在面料选择方面，虽然普通的棉质面料有着柔软、透气、易着色的优势，但易皱、缩水、易变形的缺陷也很明显。为了改善面料，我们从纤维开始，不破坏织物本身的结构，利用可循环模式进行研发、生产，有效提高织物的弹性、耐磨性、强力和吸水性。但是这样的一件衬衫从研究到生产，这中间所要投入的环保成本和科技成本要高出普通衬衣很多，但这也只是我们为“做一件好衬衫”所付出代价的冰山一角。

拿我身上穿的这件石墨烯衬衫来说，我既是代言人，也是试验人。这件衣服即使连着穿上多日也不会有异味，不会吸附室内的烟味或者饭菜味，抗菌抑菌效果非常好。对于当代年轻人来说，这是非常有吸引力的。当你穿这件衬衫和朋友一起吃火锅的时候，身上就不会有火锅味。而且这个衬衫穿着十分亲肤舒适、有弹性，凭借这些特点，这件衬衫成了爆款。

打造纺织供应链联盟

2019 年 9 月 29 日，我们成立了绍兴市中小纺织企业促进会，开始重点打造“纺织供应链联盟”，希望通过这个平台吸收优秀前端企业的同时，也可以将我们研究的舒适、亲肤面料分享出去，形成一个双向流动，以促进纺织行业的发展。随着人们对个性化、功能性的需求越来越高，促使我们对供应链体系提出更高的要求。所以，我们通过规划供应链前端，把原料端打通，形成以纤维开发、纺纱、坯布织造、印染、服装设计制作和贸易等为一体的供应链系统，建立供应链商业化运营平台。现在我们联盟正在不断扩大，力争在 5 年内供应链联盟荣誉会员达 300 家。当然，我们对于加入到供应链联盟的企业也是有一定要求的，我们选择有备货能力、有开发能力、有吸引力和有品质标准的企业加入纺织供应链联盟，这样才能进一步完善我们的供应链体系，逐步向下游发展。

不论是建立供应链联盟还是成立促进会，在我看来，中国的纺织行业绝对不是孤立的，必须建立一个生态圈，建立我们自己的生态系统。就拿我们生产衬衫的弹力面料为例，我们现在用的这个弹力面料是美国杜邦的，用这个面料做的衬衫，美国客商就很喜欢，他们一看是美国的纤维就下单，这就是因为美国有自己的纺织生态圈。

但是随着中国国力的不断提升，国际地位的提高，我们也要在国际纺织行业中建立我们自己的纺织生态圈，让我们的纺织面料在国际上站稳脚跟。从供应链，服务等方面加强自身建设，发挥促进会、供应链联盟等平台的优势，建立自己的生态圈。只有这样，我们才能从容应对。如 2020 年疫情防控期间，我们利用供应链联

江一玮在当选绍兴市中小纺织企业促进会会长后发表讲话

盟的优势，找到内销新的增长点，积极响应国家内循环加外循环的策略，加大内销的开发投入，减小受到的外部环境风险的影响，将我们的命运掌握在自己手中。

老天是公平的，付出终有回报。这一路走来，从创业成功到成立促进会，再到创新开发，我坚信，人这一生必须要有信念，一定要专业、专注，勇于实践。如何将传统孤立纺织企业转型向多元化纺织生态发展是当下的机遇与挑战，我将不断学习新知识、新技能，为柯桥打造“国际纺织之都”，实现柯桥梦、助推中国梦贡献力量！

访谈时间：2021 年 3 月 29 日

访谈地点：浙江工业大学之江学院

访谈整理：潘家涵　丁陈颖

CHAPTER 7 第七章

媒体与文创

“1994 年，为了推动“工业旅游”，我去找老同学、时任绍兴县委书记陈敏尔。在谈到轻纺城的时候，陈敏尔书记语重心长地说：‘我们是恨布不成衣啊！’说明他很早就意识到中国轻纺城在发展过程中的痛楚和遗憾。”“他的思想和理念与后来的腾笼换鸟、科学发展观及‘八八战略’都是相吻合的”——这，是一种深挚的感受；

“2004 年 11 月我第一次报道纺博会的时候……刚提出国际化这个定义时轻纺城有 45 个国际展位，到 2006 年已经达到了 570 多家，其中俄罗斯有 8 家纺织企业组团来参加这个纺博会；到了 2007 年，纺博会发布了纺织指数；2008 年，境外的客商有 2000 多个；2009 年达到了 5820 个”——这，是一份深入的场记；

“2006 年 7 月 25 日，我受邀参加绍兴县在上海国际会议中心举办的柯桥纺博会推介会，这也是我第一次采访柯桥纺博会……绍兴县县长冯建荣先生满怀深情地介绍绍兴县和中国轻纺城，他说：中国轻纺城是绍兴县的‘通灵宝玉’。失去这块‘宝玉’，绍兴就会失魂落魄。”“2006 年第 9 期《长三角》杂志以三个版面刊发了《绍兴县倾力打造‘国际纺织之都’》，这是我第一次报道中国轻纺城。”——这，是一个深情的叙事；

“《轻纺城报》是全国第一家公开出版发行的专业市场报，与《绍兴县报》一起构建了全国少有的‘一县二报’现象……全国市场很多，为什么轻纺市场有一张《轻纺城报》？”“一张报纸，在某种程度上，可以说是串联和浓缩了一块布、一个市场、一座城、一群人、一种精气神，这种精气神就是‘绍兴县现象’”——这，是一道别样的风景；

“拼布的过程，需要展开无尽的想象力，创意的发挥加上娴熟的技术”“为了让拼布的教、学、研、产体系更加完善，我和一些拼布爱好者发起组建了浙江民艺拼布博物馆。博物馆于 2020 年 5 月在柯桥兰亭成立，取名‘绍兴大师’”——这，是一条美丽的心路；

“我们建立的‘设计 + 互联网’的线上众创空间，集聚了国内外 7000 余名设计师和近 8 万注册用户……就纺织品印花而言，我认为花型版权保护是痛点。中国轻纺城要从面料之都转型为时尚之城，加强版权保护是必由之路”——这，是一丝切身的期待；

…… ……

是的，这些，都是记者眼中的轻纺城、媒体人心中的柯桥、镜头和笔触中的绍兴县；也是创意创新人“把文化做成产业，把产业做成文化”的信心、爱心和匠心！

无论是“最早驻点中国轻纺城的中央媒体人”、还是“三重身份看中国轻纺城发展”；不管开播轻纺城频道及其“英语新闻”节目、还是钟情于好玩好看的拼布故事；或感慨“绍兴是一篇写不尽的大文章”……他们，是一群特别的记录者、推动者，尤其是见证了中国轻纺城逐步从“摊”（地摊）到“集”（集市）、“街”（街区）、“市”（市场）、“城”（县城），及其建设中的“都”（国际纺织之都、现代商贸之城、时尚 CBD）之不平凡历程，或担当着“柯桥”从镇到城、“人 – 从 – 众”的宣传责任，或致力于产品审美、产业升级、产城赋能的创新进程——而一个共同点就是，他们都扮演着书写历史、分享美好、愿景未来的文化使者。

特约撰稿人：李武军

从媒体宣传到行业担当

人物名片

张井波，男，1970 年 7 月生，吉林省吉林市人。1993 年毕业于长春大学，分配至吉林化纤集团公司，先后在纺练车间、技术改造处、规划发展处工作。2002 年进入中国纺织工业联合会，任会刊记者、编辑、浙江办事处主任。现任中国长丝织造协会副秘书长、浙江省纺织面料设计协会副会长兼秘书长、绍兴市柯桥区化纤行业协会秘书长。

报道写到“上海滩”

2005 年，我从北京来到柯桥中国轻纺城，第一个任务就是为柯桥纺博会做宣传，后来又为中国轻纺城做宣传，从此，我就没有离开过柯桥。

2006 年，时任中共绍兴县委书记徐焕明提出“柯桥就是中国轻纺城，中国轻纺城就是柯桥”，同时实施了一个对柯桥今天都影响巨大的“611 工程”，就是用 6 年的时间在柯桥建 100 幢高度超过 100 米的大楼，同时启动了中国轻纺城“二次创业”。

当时，中国轻纺城面临非常激烈的外部竞争环境，周边都在建设纺织专业市场，比如苏州的“东方市场”，无锡的“新世界”、常熟的“招商城”等等。把招商的门店开在了柯桥，中国轻纺城压力很大。县委、县政府确定了升级改造、注重内核提升的发展战略。

2006 年 7 月，绍兴县在上海东方明珠旁会议中心召开了中国轻纺城（上海）推介会。这个大会举办得非常隆重，规模大、档次高，有外国驻上海领事馆、外国机构、公司的代表参会，参会的各种机构单位有 100 家以上。这次会议开得非常成功，之后我写了一篇报道，即《中国轻纺城“上海滩”打响卫城第一枪》。

中国轻纺城

“上海滩”打响卫城第一枪

本刊记者 张井波

7月25日，在中国经济“火车头”上海标志性建筑——东方明珠旁，彩旗飘扬，斑斓的彩球带动巨大的宣传条幅迎风抖动，强大的阵容，使东方明珠游客也不禁多看了几眼，美丽的浦江畔在这一天又增加了一份喜庆。

制造这种喜庆气氛的是中国纺织产业第一大县——绍兴县，活动的主题为：中国轻纺城推介会暨中国（绍兴）国际纺织品博览会新闻发布会。据介绍，这是世界大布市——中国轻纺城自开埠以来举行的规模最大、档次最高、辐射最广的大型推介会……

城，绍兴县县长冯建荣说。

其实，中国轻纺城这次“大动作”宣传的背后还有其特殊的意义……

“世界布市”之“卫城之战”

中国轻纺城一直是绍兴县的一张“金名片”。权威资料表明，全国有一半的化纤面料在中国轻纺城交易，40%的纺织产业为中国轻纺城配套。去年，中国轻纺城市场成交额278亿元，在数万个专业市场中连续14年位居第二。

……开，就能在“比较惨烈”的“卫城战”中立于不败之地，就能确保中国轻纺城亚洲“老大”的位子。

“世界布市”之“美城之术”

……场、会展中心3项功能于一体的新市场已开始启动，计划今年6月开工。

“世界布市”之“荣城之策”

2006 年，报道中国轻纺城（上海）推介会特别令我激动的是，在推介会晚宴上，时任绍兴县县长冯建荣对时任绍兴县副县长孟柏干说：“张记者对绍兴有贡献，你要和他喝三杯。”

此次会议之后，柯桥就大范围启动了市场的升级改造。时任绍兴县委徐焕明书记很重视宣传，希望能通过媒体将中国轻纺城推介出去。

2007 年，我陪徐焕明书记、轻纺城建管委主任周如生、县经信局局长沈小军，去北京向中国纺织工业联合会会长杜钰洲做了汇报，杜会长对柯桥纺织业的发展规划非常满意，也希望我继续加大对柯桥的宣传。

我向会刊领导提议，先立足柯桥建一个浙江工作站，我任站长。当时与《绍兴县报》轻纺周刊有一些合作。2007 年的一天，《绍兴县报》社长杨金法对我说，县里希望出版《中国轻纺城专刊》，每个月出一期，全国发行。他问我能不能做，我一口答应下来。

真正要把这件事做好，还需要一个团队。于是我向北京总社建议组建了浙江办事处。我任办事处主任，还有四位同事，在柯桥主要负责《中国轻纺城专刊》的采编工作。

一本专刊全面报道柯桥中国轻纺城，全部是与纺织相关的内容，每一期策划一个主题，这是柯桥中国轻纺城的大手笔。在柯桥全力打造国际纺织之都的伟大征程上，我们把柯桥中国轻纺城政府、商（协）会、企业、商户的动态及时准确地宣传出去。我们想了很多办法，比如为柯桥各商协会会长各写一篇深度专访报道，增进对商协会的了解，建立沟通渠道，每个商协会推荐 5 到 10 家优秀企业，我们一家家采访。进一步推出中国轻纺城“范蠡奖”、“风云布商”等系列报道。推出了中国轻纺城精选面料，对优秀面料企业产品进行集中展示推广。我们在采访优秀企业过程中，体会到他们的创新精神、实干精神、奋斗精神，及对中国轻纺城的热爱，对柯桥的热爱，对纺织的热爱。我们渐渐融入了柯桥中国轻纺城这块热土，我们对柯桥的认识更深刻了，服务也更精准了，得到了政府和企业的认可。

在产业结构调整、转变经济增长方式、国内外纺织市场竞争日益加剧的背景下，绍兴县作为“托在一块布上”的经济强县，纺织业在城市定位、产业布局、县域经济发展中将处于什么位置？市场与产业提升之路怎么走？中共绍兴市委常委、绍兴县委书记徐焕明给出了明确答案，那就是中国轻纺城是绍兴县的“立业之本”、“立城之本”、“立县之本”，着力通过会展、文化创意、科技品牌等来提升市场与产业，进而把中国轻纺城打造成国际纺织之都，即国际性纺织品贸易中心、国际性纺织业先进制造基地、国际性纺织技术创新中心、国际性纺织信息中心。

中国轻纺城向国际化迈进

访中共绍兴市委常委、绍兴县委书记徐焕明

本刊记者 张升波

3 月 29 日，中共绍兴市委常委、绍兴县委书记徐焕明出席了在北京召开的首届中国国际面料设计大赛暨 2008 中国（绍兴）国际纺织品博览会新闻发布会，并参观了中国国际纺织面辅料展。在京期间，本刊记者对徐书记进行了专访。

《纺织服装周刊》：将中国轻纺城打造成“国际纺织之都”，对绍兴县域经济发展的意义体现在哪里？

徐书记：改革开放以来，绍兴县依托地处长三角、东接宁波、西临杭州的区位优势，秉承水乡、桥乡、酒乡、书法之乡和“名士之乡”的文化底蕴，以传统纺织产业为基础，逐渐发展成为我国重要的纺织产业基地，形成了亚洲最大纺织品集聚地——中国轻纺城，县域综合经济实力连续多年位居全国十强。这其中纺织产业对绍兴县的贡献是功不可没……内外的中国轻纺城就位于这里，柯桥也因此被形象地喻为托在一块布、一个市场上的城市。中国轻纺城的发展与柯桥的发展密不可分，着力发展柯桥新县城，就是全力推进中国轻纺城的建设。上世纪 80 年代，伴随着产业的发展，柯桥轻纺市场由一个农村的小集市逐步发展壮大，特别是 2001 年绍兴县政府迁入柯桥后，进行了大规模的城市建设、市场建设，据统计，截止目前已累计投资超 300 亿元。可以说，柯桥发生了日新月异、翻天覆地的变化，由当初一条小小的布街，发展成为建成区面积达 38 平方公里的初具规模的中等城市，发展成为含中国轻纺城原料市场在内，年销售总额超 500 亿元，亚洲最大的纺织原料、纺织品交易中心。因此，柯桥新县城是依托中国轻纺城发展起来的，中国轻纺城的提升发展带动了柯桥城市经济的繁荣和城市建设大步推

2008 年，专访时任中共绍兴市委常委、绍兴县委书记徐焕明

利润紧盯“五毛钱”

在柯桥，发生过一个关于“五毛钱”的故事。

2006 年，柯北时代广场落成，我陪时任中国纺织工业联合会副会长许坤元来柯桥参加开业典礼，之后走访企业，到了夏履镇的恒柏服饰。这是一家生产高档西装的中国名牌企业。许会长问恒柏服饰的老总夏柏潮，面料是从哪里采购的？多少钱？夏总说：“从国外进口的，每米 200 多元。”许会长又问国产面料多少钱？得到的回答是“也就每米七八十元。”许会长说，中国的面料与外国的面料有如此大差价，柯桥一年产销 15 亿米，有巨大的提升空间，每米提升 5 毛钱，就是 7.5 亿元。

许会长当时就跟我说，你在浙江多了解产业的实际情况，深入做行业调研，寻找柯桥面料附加值，提升 5 毛钱或者更高的发展路径，这对柯桥整个发展来说很重要。

这句话对我触动非常深。当时我们媒体没有过多关注企业的收入、成本、利润，从此我开始思考关注产品的价值、增值的空间，琢磨怎样实现提高产品附加值。带着问题深度走进纺织行业，我与企业联系更加紧密了。认识到提高产品附加值，就要植入新材料、新工艺、新技术、新设备等，就是要创新。

创新要从纺织新材料开始。当时柯桥大部分的纺织材料都是涤纶、黏胶的。其他的纤维材料用得少，所以我有针对性地引进纺织新材料。

2009 年，我将天竹纤维引进柯桥。这个材料特别好，一是环保有机，符合未来发展趋势；二是材料带有中国元素，是中国原创，世界首创。从我当时对整个纺织产业链的理解来看，把带有中国文化和中国符号的竹纤维引入柯桥，符合产业提升的需求。

2009 年，在柯桥富丽华大酒店举办了一场“天竹联盟走进绍兴”的大型会议，有 200 多家企业参加，柯桥市场被打开了，竹纤维在衬衫、无纺布、家纺等领域得到广泛应用，创造的附加值远远超过 5 毛钱。

开启家纺团购直销时代

首届中国家纺团购直销论坛探析营销变革

2009 年，在上海策划举办首届中国家纺团购直销论坛

整合锚定"新窗口"

2015 年，我思考要提升高度、广度、深度、维度，为行业做一点事情，把国内乃至世界的纺织行业优质资源进行整合，创新发展。

展会是整合资源的好平台。2018 年，我主要参与策划了"中国柯桥坯布纺织新材料展"，由中国长丝织造协会主办。柯桥有一个纺博会，举办了 20 多年，办得相当不错，但纺博会是为了把柯桥的产品卖出去，与我们展会的定位有些不一样。我的想法是把国内外最好的资源嫁接到柯桥来，纺博会是"出口博览会"，而我们是"进口博览会"。按照这种逆向思维，我们展会有四大类重点产品，第一是纤维纱线，第二是坯布，第三是染化料助剂，第四是设备及辅料。这些都是柯桥纺织产业所必需的生产资料。

从 2018 年至今，我们的展会已连续举办了三届，我觉得对柯桥的改变非常大。通过我们的展会，很多大企业第一次走进了柯桥，很多新产品、新技术、新材料、新设备来到了柯桥，大学、研究所、企业都能够通过展会这个平台互相交流。

2020 年展会影响力特别大。在当时疫情严峻的情况下，15000 多平方米展览面积全部招满，我们还举办了四场配套活动，包括面料开发会议、纺织服装供应链会议、抗菌抗病毒会议和绿色印染会议，这对当时疫情影响下的柯桥纺织行业起了一个提振信心、谋求发展的作用。

展会让更多的企业接触到了优质资源，为他们找到了对标的优秀企业和产品。更重要的是，它打开了柯桥企业家的视野。柯桥的老板一直很勤劳、内敛，要拓展他们的边界，让他们尝到甜头。未来，展会的价值会越来越大。

2020 年，第三届中国柯桥坯布纺织新材料展开幕盛况

整合资源是为了发展、为了创新。改革开放以来，经济和社会取得的成就令世界瞩目，但仍然存在资源错配、资源利用效率不高的问题，纺织业也是如此，整合资源这条路还很长，大有拓展空间。展会提供了一个整合资源的平台，关键是要探索和实践将资源整合进来后，我们如何利用。现在有一句话是：要么你整合别人，要么被别人整合。如果两条路都走不了，只能被淘汰，这并非危言耸听。

新时代，纺织行业要实现产业提升，必须思考整合资源、创新发展。同业资源是用来整合的，异业资源是用来联盟的，跨界资源是用来创新的。

新征程，更应该加紧学习和提升，思考将人工智能、工业互联网、大数据等先进科技及其他行业创新发展模式，与传统纺织业嫁接。

今年迎来中国共产党百年华诞，站在新起点，要勇担新使命！

访谈时间：2021 年 4 月 2 日

访谈地点：绍兴市柯桥区人民政府

访谈整理：陶佳苹　黄佳乐

相遇十六载　奋斗不停歇

人物名片

吴彩莲，女，1969 年 3 月生，江苏苏州人，中共党员。从事宣传、新闻工作 20 余年，先后担任中国出版集团《长三角》杂志副主编、人民网苏南频道副总监、《人民日报》（海外版）美洲刊副总编、中国网中国视窗副总监。

我和柯桥的缘起

2004 年 10 月，中国出版集团《长三角》杂志试刊，2005 年 1 月正式创刊，面向全国出版发行。当时，“长三角”作为“世界第六大都市群”的概念很热，但没有上升到国家战略层面。中国出版集团关注到长三角发展大趋势，于 2004 年 8 月筹备《长三角》杂志，我是创刊人员之一。

最初，长三角城市经济协调会的核心城市有 15 个，以上海为龙头，江苏有南京、苏州、无锡、常州、镇江、扬州、南通、泰州这 8 个城市，浙江有杭州、宁波、绍兴、嘉兴、湖州、舟山这 6 个城市。2003 年，长三角城市经济协调会首次扩容，浙江省台州市被纳入，于是就有“15 + 1”这个提法。长三角城市经济协调会是 16 个城市进行合作交流的主要载体，常设机构在上海市政府。《长三角》杂志的诞生，特别是国家级媒体的身份，受到了长三角城市经济协调会以及长三角各市的重视。因我出生在浙江湖州，与浙江很亲切，因此，杂志社安排我负责浙江区域。

我加盟《长三角》杂志社时，已经 35 岁了，对于记者这个职业来说，实在是高龄。此前，我担任一家上市公司的工会副主席，但为了“记者梦”，毅然放弃在别人看来已经不错的工作。我有一个愿望，那就是走遍长三角的每个乡镇。我一直觉得长三角的乡镇藏龙卧虎，比如吴江盛泽镇，在历史上是与苏州、杭州、湖州齐名的“中国四大绸都”之一，有“日出万匹，衣被天下”之美誉；桐乡乌镇、湖州南浔走出了茅盾、徐迟这样的文坛大家。长三角一带乡镇企业发达，不少乡镇以“一镇一品”的产业特色而兴旺，带动了地方经济，比如吴江七都镇的光电缆产业，无锡东港镇红豆集团以纺织服装业闻名。

我最早关注的浙江乡镇是绍兴县杨汛桥镇。当时，杨汛桥有“浙江第一镇”的美誉，这么一个小镇竟然有 7 家上市公司，于是我报了选题，选题得到了编辑部批准后，我便决定踏访杨汛桥。2004 年 12 月中旬的一天清晨，我从苏州起程出发，尽管天气预报有雨雪。

我当时没有买到直达柯桥的票。于是，我先坐车到萧山，再从萧山坐公交车到衙前，再坐三轮车到达杨汛桥镇政府。大约是下午两点半，我见到时任杨汛桥镇宣传委员丁焕盈，他向我介绍了杨汛桥的情况，并且说媒体对杨汛桥镇很关注。其实，当时作为“新手记者”，加之杂志社人手紧张，我们都是“单枪匹马”自己摸索着去采访报道。我感觉当记者，就应该像徒步红军长征原路采访的著名记者罗开富先生那样“脚板底下出新闻”。于是，我和丁委员说：“年底您也很忙，让我自己转转吧。”我走访了两家企业，还转悠到了展望村。

当时展望村家家有别墅，真是令人羡慕，感觉这里堪比江苏华西村。晚上入住牛头山宾馆，虽是乡镇宾馆，但环境设施不错。我就这样踏上了绍兴的土地，对于绍兴的了解不再停留在学生时代的课文里。其实，在我担任杂志社记者之前，从没有到过绍兴。踏上绍兴县这片热土，我便关注绍兴县的历史文化和产业特色。

绍兴纺织业的历史非常悠久，“日出华舍万丈绸”，说的就是绍兴县华舍镇。通过对长三角纺织产业集群地深入采访，我了解到柯桥与盛泽早在明清时期就有过“亲密接触”。明清时期，柯桥一些印染产业工人到盛泽工作，有些人甚至在盛泽成家。盛泽当地一些美食有绍兴特色，这也充分说明两地人缘相亲、文化相容。

纺织业可以说是长三角地区的“母亲产业”，苏州、无锡、常州、绍兴、嘉兴、湖州都拥有一些纺织产业集群基地，尤其是柯桥中国轻纺城和盛泽中国东方丝绸市场，当时已经享誉海内外。

透过纺博会了解中国轻纺城

2005 年 1 月，我采写的《浙江杨汛桥：满园春色关不住》发表在《长三角》杂志创刊号上。此文也是杂志“名镇风采”栏目的开篇。

2006 年 7 月 25 日，我受邀参加绍兴县在上海国际会议中心举办的柯桥纺博会推荐会，这也是我第一次采访柯桥纺博会。这次会议面向全球推介，海内外媒体云集。在上海这个国际化大舞台上宣传柯桥纺博会，让我感受到绍兴县的魄力。那时柯桥纺博会已经举办了 7 届，我颇为好奇，展会一般都办在一、二线大都市，县域办展会很少。记得那次推介会上，时任绍兴县县长冯建荣先生满怀深情地介绍绍兴县和中国轻纺城，他说：“中国轻纺城是绍兴县的‘通灵宝玉’。失去这块‘宝玉’，绍兴就会失魂落魄。”

冯建荣县长的脱稿演讲给我留下了非常深刻的印象。作为记者，我经常参加新闻发布会，看到不少领导都是照着稿子来念的。2006 年，绍兴县已经跻身长三角县域、全国县域中的第一方阵了。只是，绍兴县和其他县域的产业结构不同，是“一块托在布上的城市”。因此，绍兴全县上下达成了共识，“纺织业是绍兴县纺织产业的立业之本，是新城建设的立城之本，是经济强县的立县之本。没有纺织业，就没

吴彩莲采访中国纺织工业联合会会长孙瑞哲

有绍兴县的发展”。

2006 年第 9 期《长三角》杂志以 3 个版面刊发了《绍兴县倾力打造“国际纺织之都”》，这是我第一次报道中国轻纺城。时隔 15 年再读此文，记忆犹新，依然感觉到当时的满腔热情。文章中写道：

> 炎炎盛夏，绍兴县政府于 7 月下旬在上海国际会议中心举行了中国轻纺城推介会暨 2006 年中国（绍兴）国际纺织品博览会新闻发布会，这是中国轻纺城第一次在上海高调亮相。作为“中国纺织业晴雨表”的绍兴县，在火热的季节为其“母亲产业”捧出了火热的心，表明了绍兴县争夺“亚洲第一”的勇气和决心。今年，绍兴县提早为 10 月下旬举办的纺博会摇旗呐喊，也表明了作为东道主的热情和期待。

纺织业在绍兴县 GDP 的比重达到 90%，坦率地说，这既是优势，也是风险。绍兴县领导显然早已看清这个现实。他们把做强优势作为当务之急，以柯桥纺博会为龙头的会展经济当时已经在酝酿了。2008 年，绍兴县试水春季纺博会，一炮打响，开创了一年两季纺博会的会展新格局。此后，绍兴县加快发展会展业经济步伐，经过多年努力，“展旺柯桥”使柯桥成为长三角会展业中的一匹黑马。记得 2016 年时，我采访柯桥会展办，会展办负责人表示，围绕“做精纺博会、做强产业展、做优消费展”，在集中精力办好春季、秋季纺博会的同时，积极引进拓展窗帘窗纱、纺机、印染设备等产业展，并以车博会、房博会、农产品博览会和家居博览会等消费类展会为基础拓展特色品牌展会。2019 年，柯桥举办展会达 20 个，实现了 2016 年的预期。

如今，绍兴已经成为全国会展业的“网红城市”，绍兴会展业在柯桥纺博会等龙头展会的带动下，规模不断扩大，设施不断完善，竞争力不断增强，已成为绍兴服务业中增长快、潜力大、前景好的行业之一。2019 年秋季，世界布商大会、柯桥秋季纺博会、柯桥时尚周（秋季）等精彩活动同期举办，汇聚了全球纺织业高端资源，纺织业界精英齐聚一堂，国际性时尚活动轮番上演。三大盛会融合互动，进一步推动柯桥纺织的行业话语权与国际影响力。

从《长三角》杂志到人民网、《人民日报》（海外版）美洲刊，再到中国网，虽然我几经工作调动，但与柯桥一直保持着联系。16 年来，我到柯桥估计有五六十次，可以说，我见证了中国轻纺城做强做大的发展历程，见证了柯桥会展业的蓬勃发展。2007 年中国·柯桥指数发布，“611” 工程推进柯桥向现代化城市迈进，抢占时尚创意产业新高地……我亲眼见证了柯桥人以不畏艰难的勇气和果敢，昂首阔步地书写着时代的创新之路。

我记得绍兴县第一家五星级酒店是富丽华大酒店。富丽华大酒店开业时，周边没什么商业区，也没什么地方可以去，如今有天虹百货等大型商场，周边商铺林立，有鉴湖大酒店、天马大酒店等多家五星级酒店。印象中 2006 年左右，绍兴县很多机关干部家住绍兴市区，下班后就往绍兴市里赶，因此，每当夜幕降临，柯桥相对比较冷清。现在，很多机关干部已经把家安在柯桥了。

16 年来，我不仅见证了中国轻纺城再展辉煌，也看到了柯桥作为新兴城市的繁荣，以及柯桥纺织业在历经几次波折后的韧劲。我也看到了柯桥旅游业加速发展，比如 “酷玩小镇” 的横空出世，这些都体现了柯桥人的聪明才智和无穷的创造力。

我心中的“印象柯桥”

我在柯桥来来往往 16 年，16 年间采访了不少领导、企业家，也结识了不少柯桥的朋友。

10 多年来，虽然领导变动了，但柯桥的基本定位没变，主要围绕 “江南水乡名城，国际纺织之都” 铺展新画卷，并且延续了 “北工中城南闲” 的城市发展战略。正是 “一张蓝图绘到底，一茬接着一茬干” 的执着，柯桥围绕产业链布局创新链，使柯桥不断奏响高质量新发展乐章。

印象中，值得一提的是，多年前纺织业被国家某些部门定为 “夕阳产业”，这对于整个行业来说，打击有点大。绍兴县领导和政府部门一方面为提振企业信心做了大量的工作，另一方面积极向有关部门呼吁。同时，大刀阔斧地推进产业升级，以 “壮士断臂” 的决心，关停污染严重的印染企业，从而使当地纺织产业展现出新活力。

我发现，我的微信朋友圈里，柯桥的朋友特别多，有五六十位。我在柯桥采访得到了宣传部门的热情支持，和宣传部的同志成为朋友，赵建兴、冯文华、朱利奇、张兴刚、马钦华、金懿、吴海明等，他们的真诚热情、敬业踏实给我留下了美好的印象。

每年柯桥两季纺博会，是我持续关注的重点展会。因此，我与主办方联系较多。一任又一任领导带领团队，发扬“愚公移山”精神，砥砺前行，使柯桥纺博会欣欣向荣。周如生、孙成荣、徐迅、马周勇、潘建华、裘华建等领导对于如何具体办好纺博会倾注了大量的心血，不断在创新创意上努力，使柯桥纺博会常办常新。

我采写中国轻纺城纺织产业和柯桥纺博会的文章比较多。2015 年 5 月刊发在《人民日报》(海外版)上的《柯桥纺博会何以欣欣向荣?》被《柯桥日报》和许多网站转发。《浙江柯桥：加快轻纺城“三次创业” 打造国际时尚智慧“纺都”》，也算是我的“力作”吧，这篇 5000 多字的长文，是在深入采访和多年积累的基础上完成的。分为“时不我待，创业正当年”“勇于清零，轻装再上阵”“擂响战鼓，转型再升级”“培育创客，创新无止境”4 个部分。虽然文章已经发表 5 年，现在重读，依然能感觉到那份被柯桥人所感染的澎湃激情。

本文系吴彩莲撰稿

轻纺城是一篇写不尽的大文章

人物名片

金鑫荣，男，1963年1月生，浙江绍兴人，中共党员，博士、教授、博士生导师。先后毕业于杭州大学（学士）、南京大学（硕士、博士），1988年入职南京大学出版社，历任出版社编辑室主任、副总编辑、总编辑，总支书记、社长兼总编辑，现任南京大学出版社董事长、社长。先后荣获第十三届“韬奋出版奖”（出版领域个人荣誉最高奖）、中宣部“文化名家暨四个一批人才”、中国出版协会“2018中国十大出版人物”、国家新闻出版广电总局“全国新闻出版行业领军人才”、江苏省委宣传部首届“四名人才”（出版类名编辑）。

大市场大平台

我出生于绍兴南部的稽东镇，现在属于柯桥区，我是土生土长的绍兴人。这些年虽然我身在外地，但我也一直关注着家乡的发展，对中国轻纺城也有一定的了解。

轻纺城是改革开放40多年来，我们绍兴经济发展的重大标志性成果，是社会主义市场经济推动区域经济发展的重大象征。原来名不见经传的一个小集镇，现在成了全国第一、世界闻名的轻纺业大市场。小小一个轻纺城，一下子盘活了柯桥乃至整个绍兴的产业发展，为全国乃至世界的轻纺业、服装业搭建了一个大市场、大平台，可谓成就至大、居功至伟！

我们这些在外的绍兴人谈起绍兴来，觉得绍兴有两张亮丽的名片：一张文化名片，一张经济名片。文化名片大家都耳熟能详。绍兴作为中国历史文化名城，独特的文化特色让人着迷，绍兴是水乡、酒乡、名仕之乡，是鲁迅、蔡元培等许多名人的故乡；经济名片就是柯桥中国轻纺城，它的知名度与文化名片比起来也相差无几，非常值得我们绍兴人骄傲、自豪。

如果用“沧海桑田”来形容轻纺城也许过于夸张，但短短40多年翻天覆地的变化却是实实在在的。40多年前，柯桥是一个相对偏僻的小镇。如果没有政府创造的营商环境，没有全国各地四面八方经销商的积极参与，没有市场化建设的各方努力，平地上就不可能修建起摩天大楼，柯桥就不可能取得现在这样的成就。那些市场的经销商，才是柯桥真正的建设者，他们是真正的无名英雄。经过短短几十年的发展，中国轻纺城成了全国乃至世界纺织面料服装业的“朝圣地”，全国和世界各地的交易者汇集在这里，既做成了生意，也促进了中外文明的交流融通。一根根纺线，像无形的纽带，连接着地球村的消费者，为他们披上中国美丽的“霓裳羽衣”。可以说，轻纺城就是中国改革开放伟大成就的一个缩影，没有改革开放，就不可能有中国轻纺城这样的经济奇迹；中国轻纺城也是伟大时代的馈赠，我们今天庆贺中国轻纺城的建设成就，首先要感恩这个伟大的时代。

历史上“绍兴师爷”的名谓既是文化名签，其实也是文化包袱。影视剧中“绍兴师爷”的形象更加深了人们对绍兴局部的文化认知。但我认为，轻纺城的重大成就从文化视角探视，完全突破了这样的认知偏差。说起来绍兴既不是传统纺织工业大市、强市，也不是传统纺织工业集散地，更不是 14 个沿海开放城市，但我们硬是从一无所有到遍地开花，仿佛魔术的“帽子戏法”，生生杀出一条血路来！轻纺城张开双臂欢迎八方来客、中外宾朋，欢迎他们来绍兴成家立业，这充分体现了绍兴襟江抱海的胸怀、大开大合的气度、融贯中西的力量，展现的是改革开放以来绍兴人勇立潮头、砥砺奋进、开放包容、敢作敢为的精神气象。正是这样的精神驱动，才使得柯桥轻纺城从无到有、从小到大，走向全国、走遍世界，体现的是新时期绍兴人的发展理念、生存智慧。

故乡人故乡事

我虽是一个绍兴人，却是一个中国轻纺城的过客。

轻纺城刚启动的时候我已经在杭州上大学了，后来又到南京大学学习、工作，每年回老家坐车都要经过轻纺市场。大学时，每当我从杭州回家的时候，看到轻纺城就知道快到家了。那时，轻纺城的规模还比较小，只是一个自发的市场，我是从一个在柯桥区合资企业当领导的亲戚口中听说了柯桥区有了这么个大型纺织品交易市场。有时候他会跟我绘声绘色描述轻纺城发展状况：客商如何如过江之鲫，生意怎样红红火火，五湖四海的经销商都在这里汇聚。20 世纪 90 年代中后期，我就听说要在轻纺城买到一个好一点的档口，得准备几十万元才行，要知道几十万元在 20 世纪 90 年代可是一笔“巨款”。还有一次回到家乡，家乡人跟我说我们村里的一个小伙子就在轻纺城做生意，有一年赚了 200 万元。一个来自山区的年轻人赤手空拳，没什么背景，也没什么学历，但通过轻纺城这个平台，实现了他的人生理想。年收入能达到 200 万元，真是觉得后生可畏啊！设想一下，如果没有中国轻纺城，他可能还是在外的一个普通打工者，只是茫茫人海中一个默默无闻的身影。是轻纺城成就了他个人的理想，创造了他的家族辉煌，也让他成为同村年轻人学习的榜样。

轻纺城历时 30 多年，生生不息，到现在依然这么红红火火屹立在我们柯桥这个地方，这是一件了不起的成就。30 多年来，柯桥的轻纺市场给绍兴区域经济带来了很多的积极影响，如民生、就业、税收等，也提升了柯桥地区的影响力和美誉度，成为绍兴的经济重地、发展标杆。2019 年，我有幸作为“乡贤”参加绍兴发展大会，参观了绍兴近年来的重大建设成就，我想，轻纺城永远是一个绕不过去的所在。

国际化智慧化

中国轻纺城的发展是一件很了不起的事情，令我们感到骄傲。有人说世界布料的圣地在绍兴，作为一个绍兴人，更是乐于宣传推广中国轻纺城，使其影响力和美誉度不断扩大和提升。

新时期，在向高质量发展转型的过程中，中国轻纺城的机遇和挑战同在。关键在于我们如何定位、如何抓住中国轻纺城未来的发展机遇。我想，可以通过以下几方面助推中国轻纺城未来高质量发展。一是聚焦国际化，扩大对外开放，全面推进市场能级跃升。可以通过大力推进市场运行机制、管理服务、规则标准与国际充分接轨，不断提升市场竞争力与影响力。二是聚焦时尚化，强化时尚引领，不断加快市场动能转换。大力发展时尚产业，加快集聚和打造一批国际知名的时尚展会、时尚论坛、时尚园区、时尚产品、时尚品牌，不断提升市场时尚纺织产品的比重。三是聚焦智慧化，不断提升市场运行效率。强化数字赋能和智慧应用，积极优化电商生态，构建轻纺城“云图”，推动线上线下市场同步繁荣。四是重点促进线上交易，完善市场电子商务基础设施建设，提高“网上中国轻纺城”与市场主体对接深度，推进现有实体市场向电商市场转型，利用数字化扩大中国轻纺城线上采购和活动一体化融合。

我相信中国轻纺城蕴含的价值和意义是宝贵的、巨大的，中国轻纺城仍然是一个区域经济发展的立身之本。希望家乡的人民继续发扬“四千精神”，为把绍兴柯桥建设成为开放、时尚、智慧、高端的“世界纺织之都”而不懈努力。

我的家乡未来可期，祝福中国轻纺城！

访谈时间：2021 年 4 月 12 日

访谈地点：电话连线采访

访谈整理：陶佳苹　刘胜蓝

谁持彩练当空舞

人物名片

鲁兰洲，男，1958年1月生，浙江绍兴人，研究生，高级编辑。历任绍兴家具厂工人、绍兴地区教育局教研员，绍兴市委党校教研室主任、教务处长，上虞东关镇党委副书记、绍兴市旅游局副局长、绍兴市委宣传部副部长、绍兴日报社总编辑、绍兴市新闻工作者协会主席、鲁迅文化基金会绍兴分会执行会长。

我没有直接从事过轻纺城的建设工作，也没有与纺织产业相关的工作经历，但是因为工作关系或某种机缘，我与轻纺城之间有过一些联系。比如开发过轻纺城的工业旅游项目，多次组织对中国轻纺城的新闻采访，自己也写过几篇相关报道。尤其是几件亲历的事情，让我如今记忆犹新，也算是轻纺城发展过程中的历史偶遇吧。

一部纪录片:《谁持彩练当空舞》

20世纪80年代中期，随着国家改革开放的发展步伐，千年古镇柯桥也发生着深刻变化。1983年开始，我在绍兴市委党校工作，经常到柯桥去讲课，当时县委组织部在柯桥中学设有一个干部教学点，讲课间隙我会到镇上及周边走走。那时的柯桥与解放初期比没有太多变化，小桥流水人家、老石板路，一幅“记得住乡愁”的乡村图景，同时老百姓的生活也较为清苦。因为日子过得苦，和义乌一样，穷则思变。商户最早是小本经营，挨家挨户，房前屋后沿着河道自发形成了一条布街。后来发展成了柯桥轻纺市场，再到后来的绍兴轻纺市场，一直到中国轻纺城的建成。中国轻纺城的诞生和发展就是经历了这样从无到有、从小到大、从单一到繁荣的过程。

1991年4月，时任绍兴县工商局党组成员、我的高中同学鲁伟儿牵线，叫我帮忙写一个供电影拍摄用的脚本。他说，中央新闻纪录电影制片厂要到绍兴来拍一部介绍轻纺市场的专题片。这在当时是非常不容易的，说明绍兴轻纺业发展势头很好，在国内已经有名气了。我来到时任县工商局局长董连和的办公室，他给我介绍了轻纺市场的发展历程，还派工作人员陪我到市场去转了好几圈，与不少经营户、企业家和市场管理人员交谈，做了实地考察，让我对轻纺市场有了比较丰富的感性印象。

为了从宏观上理解轻纺市场发展的战略思路，我拜访了时任绍兴市委书记陈礼安（原绍兴县委书记）和时任绍兴县委书记纪根立。聆听两位主要领导百忙中画龙点睛的叙谈，为我准确把握脚本基调支了招、引了路。陈礼安书记说："绍兴轻纺工业历史悠久，很早就有'日出华舍万丈绸'之说。随着地方工业的发展，特别是乡镇企业的崛起，轻纺行业发展迅猛，现在全县轻纺企业已经达到1000多家。在这样的发展势头面前，过去那种简单的、露天的、小型的市场已经很不适应。1987年，县里便决定建设一个有一定规模的室内轻纺市场，作为这届政府要办的十件实事之一。"1988年1月正式开工，仅仅过了9个月，在庆祝新中国成立39周年的欢呼声中，一座投资近700万元的大型专业化轻纺市场——绍兴轻纺市场拔地而起。市场占地面积1.7万平方米，建筑面积23200平方米。徜徉在一片纺织品的海洋中，使人目不暇接，美不胜收。听不完的南腔北调，数不尽的五湖四海客。全国各地的轻纺行家、厂家汇集于此，日成交额达百万元以上。

"轻纺工业的发展造就了轻纺市场，轻纺市场又有力推动了绍兴轻纺工业新的发展。"纪根立书记深有体会地说，"现在绍兴县的轻纺工业产值已经超过了50亿元，占我们县整个工业总产值的80%以上，年产各类纺织品6亿多米。绍兴的轻纺产品闻名遐迩，花香引蝶来，致使客商云集，促进了绍兴轻纺产品的销售。同时，绍兴的轻纺市场又是一个重要窗口，从全国各地及时反馈对轻纺产品需求的各种信息，又有力地促进了轻纺企业产品结构调整和质量提高，从而使绍兴轻纺工业又上一个新台阶。"

我在走访一些企业的过程中，能够强烈感受到他们对县委、县政府建设轻纺市场的感激之情。许多厂家就是靠轻纺市场打开销路，加快了资金周转，从而赢得企业新发展的活力。这样的企业随着轻纺市场的建立，如雨后春笋般冒了出来。

柯桥镇上的绍兴光明丝织厂设备先进，生产的"火星"牌丝绸化纤棉麻织物非常畅销；绍兴合成纤维厂是省特级信用企业，拥有20世纪80年代国际先进设备，年产涤丝近万吨，令人惊羡；绍兴县第一涤纶厂不仅产量高，而且生产的主导产品马鞍牌150D涤纶低弹丝获省优质产品称号，深受纺织厂家欢迎；位于华舍镇的绍兴第二纺织厂，技术力量雄厚，产品质量过硬，花色品种繁多，开发新产品特别有一手，厂长马仕秀是有口皆碑的全国劳模；位于马鞍镇的绍兴县第二绸厂，也是随着轻纺市场的繁荣而兴旺起来的涤丝加工、纺织印染一条龙生产企业。

轻纺市场不仅引导企业拓宽了国内市场，还促进了众多轻纺厂家向外向型企业迈进，成为绍兴县创汇大军中一股举足轻重的力量。1990年，全县外贸额已达7亿元人民币，居全省各县之首。绍兴县丝绸一厂、齐贤镇上的老国企绍兴红旗绸厂、绍兴县外贸针织厂、中外合资新富纺织有限公司，以及安排了几百名残疾人就业的福利企业绍兴县织造工艺厂等企业，都成了创汇大户。

绍兴轻纺市场的建立，不仅促进了纺织业蓬勃发展，也推动了印染与轻纺机械工业的兴起和扩展。遍及绍兴城乡的“三缸”之一的染缸，历来无非是一只陶缸、两根木棒，随着轻纺市场建立带动起来的印染行业，发生了一系列连锁巨变。许多印染厂家都拥有了比较先进的染色机、卷染机、精炼机、蒸化机等印染和后整理设备，形成了炼白、染色、印花、涂层、烧毛和整理定型的机械化、自动化印染体系。20 世纪 90 年代初期，绍兴县的印染业在内已可与苏沪杭媲美，在外已打入国际市场，且声名鹊起。

如果说印染是与纺织孪生而来，那么轻纺机械工业的兴起，则是轻纺企业大发展的必然结果。位于轻纺市场附近的绍兴柯桥轻纺机械厂就是这样一家应运而生的专业生产针织机械的骨干企业，该厂拥有 20 世纪 80 年代国际先进水平加工设备，具备独立设计能力。它以内销袜机闻名全国起步，1989 年出口创汇额达 2400 万元，跨入国家二级企业行列，厂长盛荣虎荣获“中国当代优秀农民企业家”“全国农业劳动模范”称号和“全国五一劳动奖章”。绍兴县经编机械厂也是顺应轻纺工业急速发展，走引进和应用相结合的道路，连续研制开发了各种新型的精编机械和织物新工艺、新产品，使企业成为国内研制生产拉舍尔经编机及织物品种最多、批量最大的厂家之一。

轻纺市场的建立和发展，产生了多方面的积极效应，尤其是对周围农村产业结构调整、促进第三产业发展产生了明显作用。市场吸纳了大量农村剩余劳动力，有的经销轻纺商品，有的从事运输、饮食、修理等服务业。1989 年，仅柯桥地区在市场从事第三产业的农户就有 1800 多户。当年该地区农民人均收入达 1500 元，在绍兴地区各县名列前茅。农民、纺织、轻纺市场，三者组成了一个市场繁荣、经济发达、农民安康的良性循环圈，原先贫穷破败的乡村真正走上了富裕之路。

1987 年开始，直到我写这篇电影脚本，绍兴轻纺市场年年被评为全国文明集贸市场。国家工商行政管理局、国家科委、中国社会科学院等部门的 10 多位部级领导先后考察轻纺市场，给予高度评价。新影厂纪录片开拍之际，1991 年 5 月 20 日，时任中共中央政治局常委、书记处书记李瑞环同志亲临轻纺市场考察，给市场所有的生产者、经营者、管理者极大的鼓舞和激励。绍兴县委、县政府乘势而上，着手规划建设一个由交易区、轻纺大厦、综合展销楼和停车场四大主体工程组成的绍兴轻纺

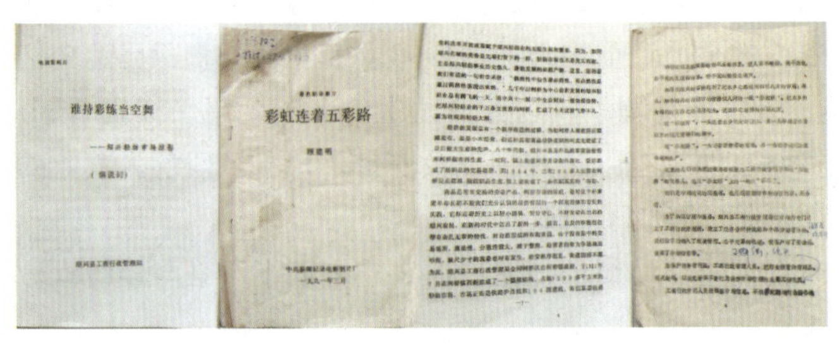

鲁兰洲当时写的电影和电视拍摄脚本

中央新闻记录电影制片厂拍摄现场

市场。这是一个规模更大、服务设施功能更加齐全的新市场，总投资 2986 万元，于 1992 年底全部完工。新轻纺市场的建立，是绍兴轻纺工业突飞猛进的必然结果，为后来中国轻纺城的建设奠定了坚实的基础。

我利用业余时间，花了一个多星期，根据工商局给我的零散材料，结合自己的实地采访，按照轻纺市场的发展脉络，写出了 8000 多字的电影文字脚本，取名《谁持彩练当空舞》。纪录片就是按照我当时所写的，从柯桥布街到柯桥轻纺市场、绍兴轻纺市场再到扩大了的绍兴轻纺市场，非常艰辛而神奇的四步走发展脉络来拍摄的。新影厂编导根据这个脚本，改写成了 4000 多字的解说词，片名定为《彩虹连着五彩路》。影片制作完成后，在绍兴鲁迅电影院、东风剧院、人民剧院、绍兴剧院、工人文化宫等处公开播映。接着，绍兴电视台完全按照我写的稿子，一字不改，拍成电视资料片《谁持彩练当空舞——绍兴轻纺市场掠影》，也相继播出。当时的绍兴县工商局董连和局长笑呵呵地对我说："不好意思，鲁老师，为了某种考虑，你的姓名就不署在影片中了。"我说："这没关系的，怎么好怎么来。对我来说，经过这七八天的走访写作，让我比较全面地了解了轻纺市场的发展史，受益很深，收获很多。"这是我的心里话。10 年以后，当我真的从事宣传和新闻工作，多次去中国轻纺城采访的时候，便能准确把握轻纺城的发展脉络，找出改革开放渗透在轻纺市场发展过程中的内在逻辑，从而更深刻地理解中国特色社会主义思想的伟大力量。此事过去整整 30 年了，每每想来，都深感理论对于实践的巨大意义。

一块里程碑："恨布不成衣"的提出

我到绍兴日报社工作以后，好几次去中国轻纺城采访。当时有一句"恨布不成衣"这样既通俗又深刻的口头禅，在绍兴县机关和基层广泛流传。2006 年 10 月，《绍兴日报》有一篇报道是这样写的："绍兴县委、县政府开始建设以品牌展示、订单交易、批零兼营为定位的服装家纺专业市场。这是轻纺城发展 20 多年来单体面积最大的专业市场，彻底改变了‘恨布不成衣’的历史。”其实，在我的印象中，这个理念此前 10 多年就已在绍兴县委主要领导头脑里扎根了。1994 年，为了推动工业旅游，我去找老同事、时任绍兴县委书记陈敏尔。在谈到轻纺城的时候，陈敏尔书记语重心长地说：“我们是恨布不成衣啊！”说明他很早就意识到中国轻纺城在发展过程中的痛楚和遗憾。布不成衣，产品的附加值低，卖不了多少钱，因此，必须把产业链延伸到纺织产业的终端产品上来。县委书记、县长亲自抓产能升级，2 年间，对全县 3 万多台生产设备进行改造，把有梭织机换成无梭织机，同时努力改变靠单一面料支撑市场的局面。经过一任任县委班子的努力，花了 10 多年时间，才有了前文所述的具有里程碑意义的服装家纺市场的诞生，当时《浙江日报》等媒体都作了报道。2005—2008 年，《绍兴日报》发表了系列相关报道。现在看来，当时陈敏尔书记高瞻远瞩，富有战略眼光，他的思想和理念与后来的腾笼换鸟、科学发展观及“八八战略”都是相吻合的。因此改变“恨布不成衣”这个里程碑式的发展阶段，不是一蹴而就的，是县委、县政府带领绍兴县人民“一张蓝图绘到底”，一任接着一任干的完美体现。这既是腾飞的过程，也是努力拼搏的过程。

一把“尚方宝剑”：成立新闻出版局　保护花样知识产权

绍兴市在 2003 年筹划成立新闻出版局，当时我是分管文化和新闻出版的宣传部副部长。记得时任市委书记王永昌交给我一个任务，让我向省里提出申请，希望成立绍兴市新闻出版局。当时全省只有杭州和宁波有新闻出版局，绍兴是地级城市中率先成立新闻出版局的，别的地区都很羡慕。这并不是因为绍兴新闻出版事业特别发达，而是因为绍兴有中国轻纺城。当时轻纺城发展迅速，市场繁荣，同时花样盗版也非常猖獗。而政府手中没有“尚方宝剑”，工商和文化部门也没法管，企业怨声连连，他们辛辛苦苦开发出来的花样得不到保护，转眼就被抄袭和翻版了。因此，成立新闻出版局主要是为了保护花样知识产权。新闻出版局和文广局两块牌子一套班子，成立后马上就产生了积极效果。可见，市委、市政府和省有关部门对中国轻纺城的发展都起到了积极的推动和保护作用。

访谈时间：2021 年 4 月 14 日

访谈地点：浙江大学之江学院（连线采访）

访谈整理：周群芳

中国轻纺城是新闻的富矿

人物名片

周智敏，男，1965年7月生，浙江诸暨人，中共党员。现为浙江日报报业集团绍兴分社总监，高级编辑。1988年8月参加工作，历任嵊州市人民广播站编辑、编辑部主任，嵊州市经济报社副社长，《绍兴日报》总编室副主任，《绍兴晚报》副总编辑，浙江日报报业集团绍兴分社社长、总编辑等职。

我关注中国轻纺城的10年正是其高速发展的10年

我是2004年3月从《绍兴晚报》调到浙江日报报业集团绍兴分社之后，才开始真正关注中国轻纺城的。这之前，1988年至1995年，我在嵊州媒体工作，只知道绍兴柯桥有一个很大的市场，各种各样的布很多，但很少有机会近身去了解它。1995年至2004年，我虽然调到了《绍兴日报》，但仍以做编辑、策划和管理为主，对中国轻纺城也只是从记者稿件的描述中略微了解了一些。

真正深入中国轻纺城，近距离、高频率地了解和认识这个超大市场，是2004年我被调到浙江日报绍兴分社之后。那个时候，浙江日报绍兴分社的记者人数较少，只有两三人，我虽然是分社社长，但很多采访还得自己去跑。那个时候，中国轻纺城我是跑得比较多的。从2015年开始，浙江日报报业集团对全省11个分社进行改革，分社职能发生了变化，除了向《浙江日报》供稿以外，运营浙江新闻客户端绍兴频道成了绍兴分社的主业，分社人数也增加到20人。这之后，我从在一线跑新闻为主，转变为以审稿、策划和管理为主，中国轻纺城就去得比较少了。

所以，我对中国轻纺城的关注和报道，主要集中在2004年到2014年这10年间。这10年，恰恰又是中国轻纺城高速发展的10年。我总的感觉就是，中国轻纺城是新闻的富矿，有挖不完的新闻和写不完的素材。10年间，我在《浙江日报》上发表的有关中国轻纺城的稿件有60余篇。这些稿件有大有小，有些是几百字的消息，也有几千字的通讯。

这些新闻报道，不是对中国轻纺城发展历程的完整记录，它只是奔腾不息大潮中的一朵朵浪花，但朵朵浪花也能折射出发展之势、市场之变。欣慰的是，我对中国轻纺城发展的一些重要节点基本没有遗漏，这些节点如果连接起来的话，基本上也能看出那个时期中国轻纺城发展的轨迹。

节点一：中国轻纺城办起了“纺博会”

中国轻纺城有一个很大的亮点，就是每年秋季举办的纺织品博览会（简称纺博会）。2004 年 11 月，我第一次报道纺博会的时候，中国轻纺城已经喊出了“要唱响国际歌”这个口号了，也就是要走国际化之路。纺博会首次提出国际化这个口号时，只有 45 个国际展位，是比较弱的。到 2006 年，我再次去报道纺博会的时候，国际展位已经增加到了 570 多家，其中，俄罗斯有 8 家纺织企业组团来参加纺博会，进步是十分明显的。此后，国际化的步伐就迈得更大了，2008 年，境外客商为 2000 多个；2009 年境外客商猛增到了 5820 个。

纺博会还有一个重大的节点，就是从 2008 年开始，经过国家有关部门批准，纺博会升格为国家级展会，档次得到了较大的提高。从之前的纺博会到现在的世界布商大会，可以看出中国轻纺城的发展路径还是很清晰的——越来越国际化、时尚化。柯桥人不光把纺博会越办越高档，还经常组织企业家到国外参展，这种相互之间的交流，也进一步促进了柯桥的时尚化和国际化。

节点二：2006 年中国轻纺城“升级版”亮相

中国轻纺城是从 20 世纪 80 年代开始兴建的，因当时条件所限，硬件设施从现在的角度来看，还是比较差的，里面没有空调也没有互联网，无法满足现代交易的需求。但在 2006 年的 2 月春节过后，这一切都成了历史。当时我写了题为“中国轻纺城升级版亮相”的报道，主要反映联合市场升级的情况。1600 间营业房，卫生间、水、电、空调、宽带等设施一应俱全，经营环境大大优化。

同时开业的还有时代广场——国际贸易区，这个以一幢 26 层高楼、3 幢 13 层建筑为主体的新概念市场，实际上是 300 多家纺织企业和贸易公司的总部。原来的中国轻纺城以门店销售为主，而在国际贸易区，就升级为公司化了，交易方式也发生较大变化。所以这两个硬件的升级与建成，把中国轻纺城提升到了一个新的高度。

节点三：“中国柯桥纺织指数”的诞生

2007 年 10 月中国（绍兴）国际纺织品博览会举行之际，“中国柯桥纺织指数”正式诞生。

这一纺织指数，是由商务部、浙江省经贸委和绍兴县政府依托中国轻纺城编制发布的，由纺织品价格指数、纺织品景气指数、纺织品出口指数和纺织品订单指数 4 部分构成。价格指数每周发布一次，景气指数和出口指数每月发布一次。纺织指数是中国纺织业的晴雨表，对于全国乃至全球的纺织业有着重要的参考价值。这个指数在柯桥发布，更奠定了中国轻纺城在业内的地位和影响力，意义非同小可。

节点四：传统市场辟出创意专区　打造创意设计高地

2009 年开始，中国轻纺城着力引进和培育创意产业。主要新建了 F5 创意园、科技园、中国轻纺城创意园三个创意园区，总面积超过 10 万平方米。政府着力“筑巢引凤”，以优厚的条件吸引国内外创意企业落户柯桥，为传统纺织产业引入更多创新元素。经过不断努力，到 2015 年，中国轻纺城集聚了 330 多家纺织创意企业，吸引了 2400 多名设计师入驻。

同时，中国轻纺城对于线上创意产业培育的力度也比较大。在我的印象里，当时有一个叫“瓦栏”的网上花型交易平台，吸引了来自全球的 2000 多名设计师入驻，在线“叫卖”的花型达 20 多万张。柯桥逐渐成为全国纺织品的创意设计高地。

节点五：打造全国纺织业 B2B 航母　动建网上轻纺城

2011 年 4 月 15 日，《浙江日报》头版刊发了我写的一条消息：《绍兴县动建网上轻纺城》，这标志着中国轻纺城顺应时代之变，正式向互联网进军。此前，绍兴县政府正式收购“全球纺织网”，网站整体从杭州搬迁至柯桥，开始建立覆盖轻纺城所有企业、经营户和境内外数以万计的经销商、采购商的资源库。柯桥提出的目标是打造全国纺织行业 B2B 航母，实际上，这个航母很快就建成了，从此形成了网上网下两个轻纺城并存的新格局。

中国轻纺城是柯桥的“通灵宝玉”　市场兴则产业兴、城市兴

绍兴市和柯桥区历届党委政府，对中国轻纺城建设倾注了极大精力，可以说是“一张蓝图绘到底”，一任接着一任干，干劲一任更比一任高。从建设国际纺织之都，到打造国际性纺织制造、贸易和创意中心，虽然在提法上有点差异，但对中国轻纺城建设的目标、定位，却是一脉相承的。

这也是中国轻纺城的地位、作用所决定的。我记得，时任绍兴县县长冯建荣有一个比喻，说中国轻纺城就像是一块“通灵宝玉”，如果失去了它，绍兴县的经济社会就会失魂落魄。这句话，我在多个场合听他说过。正因为中国轻纺城像“通灵宝玉”一样重要，绍兴市及柯桥区的历届党委政府，包括相关部门，都对此倾注了很多的心血。

市场兴则城市兴、产业兴。我认为中国轻纺城的发展对柯桥而言，确实意义重大。可以这么说，柯桥就是轻纺城，轻纺城就是柯桥，柯桥城市的发展，就是靠轻纺城的发展带动起来的。改革开放初期的柯桥，是一个不大的江南古镇；而现在的柯桥，高楼林立，城市框架也不小。在绍兴各县（市、区）当中，柯桥是最年轻的，它的房子特别新，马路也特别宽。城市的发展与中国轻纺城的发展是同步的，市场发展了，城市也发展；市场繁荣了，城市也繁荣了。所以城就是市场，市场就是城，这个关系还是比较明晰的。

中国轻纺城是依托绍兴县强大的纺织产业发展起来的。绍兴县是“托在一块布上的经济强县”，这个是我们当初稿子里经常写到的。布生产出来要有地方卖，那么自然而然就有了市场；市场形成以后，卖布更方便了，对纺织产业的推动作用也很明显。更重要的是，市场是很开放的，来自全国、全世界各地的布都在这里交易。在柯桥搞纺织的人就能看到哪种布的花样更好看、哪种布比较畅销，市场是各种信息的交汇地，及时了解行情，织出来的布才不会落后。更有很多布老板，卖布积累了资金，就向上游挺进，在柯桥弄块地，办起了织造厂、印染厂，织布、卖布一体。因此，中国轻纺城和纺织产业是相辅相成、互相促进、互相发展的。产业推动市场，市场推动产业，可以说，一部中国轻纺城的发展史，也是绍兴纺织产业的发展史。

中国轻纺城国际化、时尚化深刻影响着柯桥居民生产和生活方式

中国轻纺城对柯桥市民来说，真是一块福地，它的繁荣和发展，对居民生产和生活方式的影响，是革命性的。

首先，中国轻纺城像台巨型印钞机，让老百姓告别贫困，走向富裕。轻纺城培育的老板是不可胜数的，我刚到绍兴的时候，经常听人说，绍兴的老板集中在柯桥，柯桥的老板大多是卖布的。到柯桥一看，果然如此，市场外车水马龙，一派繁荣景象。许多当地种田的农民，洗脚上岸，靠一个门市部起家，演绎一个又一个精彩的财富故事，有不少还功成名就，成了企业家。

市场的辐射力很强，它催生了搬运、餐饮、小卖部等相关产业，更多的老百姓靠此鼓起了钱包。柯桥钱清是中国轻纺城原料市场的所在地，当年我到一个叫方家桥的村采访，全村基本是依靠市场发家致富摆脱贫困的。当时我去做了一个调查，方家桥村 500 多个劳动力，其中，在市场经商的 48 人，开小店的 133 人，搞餐饮的 15 人，做装卸的 77 人，办厂从事个体经济的 104 人，在本地企业打工的 90 人，村里几乎没人在外打工。不仅如此，方家桥村周边 10 余个村也跟着“沾光”，单是为市场服务的搬运工，估计有几千人。

其次，我觉得通过中国轻纺城，柯桥人也变得日益“洋气”了。现在你要问绍兴哪个地方外国人最多，肯定是柯桥。随着中国轻纺城国际化进程的日益推进，越来越多的外国人来到柯桥，他们在柯桥赚到了钱，有许多人也在这里安了家。他们的到来，给本地居民带来了一些变化。我记得 2006 年 12 月我写过一篇《“洋邻居”开门了》，从一件小事反映了这个变化。以前，外国人一户户在社区住下来，跟柯桥本地居民是互不往来的，社区干部有事去敲门，外国人大多装作没听见，是不会开门的。当然语言不通是一方面，另一方面，外国人对本地居民还是会有戒备心理，毕竟融入当地有一定的困难。这给社区的管理带来一些问题，像社区里要搞垃圾分类或者环境整治，如果外国人不配合的话，也会影响到整个社区。

周智敏去纺织企业采访

后来我去柯桥育才社区采访的时候，社区主任很开心地说，现在有好多的“洋邻居”都愿意开门了。为什么会有这一转变呢？因为很多社区干部学习了英语，也学习了国际礼仪，他们去敲门的时候，可以用简单的英语跟对方交流，这样就拉近了与“洋邻居”之间的距离。这也从一个侧面说明，柯桥这个地方国际化的步伐在加快，不光吸引了大量外国居民，本地居民和外国人的关系也越来越融洽。

最后，中国轻纺城的发展，促进了柯桥城区的时尚化。随着柯桥经年累月培育纺织时尚之都，越来越多的创意设计人才来到柯桥，他们不仅年轻、充满活力，而且十分时尚。我经常拿绍兴各县（市、区）作比较，从时尚化角度讲，柯桥区要略胜一筹。比如年轻人很喜欢的星巴克咖啡店，你到其他县区去找，可能一时难以找得到，但是在柯桥，一条马路上可以找到好几家。这也说明柯桥这个地方时尚化程度比较高，还有一点年轻人比较多。星巴克的氛围确实适合年轻人，带着手提电脑，要一杯咖啡，一坐就是半天。

总之，柯桥这个地方，城市年轻，居民有活力，这一切都离不开中国轻纺城的引领和带动。虽然在互联网时代，传统市场面临着新的挑战，中国轻纺城的发展也有新的难题要破解，但前行的趋势是不会变的。特别是随着地铁的开通，融杭步伐的加快，柯桥这个城市，一定会越来越美好。

访谈时间：2021 年 4 月 8 日

访谈地点：浙江日报报业集团绍兴分社

访谈整理：陶佳苹　陈佳宇　黄佳乐　王宁倩

政府“双手”推　市场“双脚”走

人物名片

金明辉，男，1961 年 3 月生，浙江绍兴人，中共党员。毕业于绍兴师范专科学校中文系，浙江省委党校研究生。曾任中学教师，后在原绍兴县机关工作；1994 年调绍兴市委组织部，任四级调研员。为主创作的电视片获得中共中央组织部的奖励。在各类公开发行的报刊、书籍上发表文章计 180 余万字。

我于 1979 年考上大学，就读于绍兴师范专科学校。毕业后，我成了一名中学语文老师，任教于越南区青陶中学。1988 年，我进入原绍兴县委机关工作。1988—1994 年这 6 年时间，我看着中国轻纺城一步一步从初诞婴儿到英武少年，直到 1994 年调到绍兴市级机关工作以后，我仍然心系肠牵，对中国轻纺城念念不忘，乃至为之奋笔、为之奔波。

我曾写下 1 万多字的长篇报告文学《中国轻纺城的发展》，记录了中国轻纺城 1992—1997 年的发展历程，在绍兴县委办公室工作期间，还写了大量通讯稿，调市级机关后拍摄、制作中国轻纺城党建电教片。

“双手”推“市”记

当绍兴的“船老大”们一边摇着乌篷船，一边向人们兜售或介绍布生意时，谁也想不到，在绍兴这片土地上，后来会兴起一座规模如此庞大的中国轻纺城。

1992 年，纪根立担任绍兴县委书记，陈敏尔担任县长，他们俩口才都非常好。记得当年中国轻纺城市场奠基仪式那天，下了大雨，地上都是泥，很多市场的老板们来到现场，脚一踩，泥浆就往外面一冒。纪根立书记鼓励大家说：“柯桥这块地，一脚踩下去，冒出来的都是金子！”老板们被鼓舞得信心满满。市场就是在这样的领导带领下建立起来的。

1988 年，绍兴轻纺市场刚建立，门市部店铺还靠推销，后来就开始抢购，这个局面是怎么形成的呢？

绍兴县当时是“聚全县之力”推动市场发展，可以说，中国轻纺城的每一步发展，都离不开政府这双“有形或无形的手”在推动，从政策支持的“软手”到市场建设的“硬手”，政府在其中起到一个不可或缺的作用。

时任绍兴县县长陈敏尔，后来是县委书记，他说：“经营户发财，我政府发展。”

经营户最大的愿景就是发财，那时候，手里有几十万元是不得了的事。对这批经营户老板，政府非常重视。我是非常关心中国轻纺城发展的，当时的感觉就是市场发展速度太快了，到 1993 年，已经发展到“买全国，卖全国”。四川商会、乐清商会等，都是在 1993 年就建立起来的。

因为是第一个以“中国”命名的市场，前面没有先例、没有参考，绍兴县聚全县之力，发展市场，当时的态度就是“海纳百川”，提出“兴商建市（市场）、兴市建城（中国轻纺城）”。我当时主动充当中国轻纺城的通讯员，经常写轻纺城的报道，供给《绍兴县报》等媒体，没事就到轻纺城去走走看看，有时也会买一点窗帘布回来。我到市里工作以后，还经常乘坐公交车，去市场逛逛。现在，有时还会带单位客人或者自己一个人，去中国轻纺城走走看看，我对中国轻纺城是很有感情的。

政府各部门都非常重视轻纺城的发展，除了“党员电教中心”关注轻纺城党建工作外，其他如绍兴县文联，通过搞活动来支持轻纺城工作，我的长篇报告文学《中国轻纺城的发展》也是在这个背景下写成的。

1993 年，绍兴县文联组织一批骨干工作者，进行纪实题材的采风报道，挑选了轻纺城题材的只有我一人。我先听取轻纺城管委会负责人的总体情况介绍，对于某些重点商户，预先联系好，到市场或者直接到管委会办公室采访。那时候的商户，有绍兴本地人，也有四川、温州乐清等外地人，他们大多是中年人或青年人，老年人少。管委会很重视这个工作，我一共采访了七八家商户。

当时，由管委会推动，组织系统抓市场党建，不停地在市场开展活动，考察经营户，素质好、达到入党条件的就发展成党员。还记得当时有这样一个情况，门市部里有党员的，就挂一块牌子“共产党员示范户”，当时挂牌子的商户不多，大家都很信任，商户说：“共产党员信誉好，做生意比较放心。”

在政府的大力推动下，一期一期地扩建轻纺市场，每一期扩建，都带来新的发展机会。

中国轻纺城是“奇迹”

轻纺城的发展，除了政府号召之外，主要靠市场“自己长大”。从这一点来说，中国轻纺城的发展真是个“奇迹”。

我印象最深的有一家乐清商户，他买了一个门市部卖布，卖着卖着发财了，后来，一口气买了 3 个门市部。在当时，有一个门市部已经很了不起，他竟然一口气买了 3 个门市部。

1993 年随着商会的成立，在轻纺城做生意，如果是同一个商会的人，他们就会“抱团”取暖，一家如果做生意亏了，其他人会一起联合起来帮助这家人，渡过难关，非常团结。有意思的是，这些商户自己发财了，会回到村里，叫上更多的人来柯桥做生意。有一个乐清商户，他一个人来做生意，发财了，回到村里，带了同村的七八个人一起过来卖布。

中国轻纺城的生意，是一个奇迹。市场经营，基本上都是七成赚、两成平、一成亏，一般都逃不过这个规律，但中国轻纺城不是这样，它发展速度非常快，经营户只要卖布，基本上都赚钱，亏本的很少。只要卖布就赚钱，这是一个“奇迹”。

这些老板赚了钱后做善事，开始反哺社会，他们把钱捐出来，支持教育事业，帮助贫困地区的学校，如稽东镇学校，资助那里的贫困孩子。

中国轻纺城发展中也有一点遗憾之事，我们有一个较为完整的产业链：有纺织基地、印染基地，也有纺织品交易市场，从一开始全部营业额只有0.76亿元，发展到现在2000多亿元，规模越来越大，但遗憾的是“恨布不成衣”，我们的服装产业还没有跟上。

中国轻纺城的发展，政府起到了关键作用，市场起到了主导作用。政府结合实际，依托市场，因势利导，海纳百川，使轻纺城能够持续发展。

在中国共产党建党百年之际，中国轻织城的党员经营户们以“党员之家”传承红色基因带头推动诚信经营、绿色发展，这也是共产党员发挥先锋模范作用的一个缩影。

访谈时间：2021年3月31日

访谈地点：绍兴市行政中心大楼

访谈整理：徐玉红　陶佳萍

透过“窗口”看“绍兴县现象”

人物名片

李武军，男，1963年6月生，浙江绍兴人，中共党员。担任过绍兴县报社副总编辑、总编辑和《轻纺城报》总编辑、绍兴县委宣传部副部长，浙江日报报业集团《今日早报》副总编辑，绍兴日报社副总编辑兼《绍兴晚报》执行总编，绍兴广播电视总台副台长、副书记等职。

窗口的“窗口”——应轻纺城而生的特殊“名片”

我1984年7月参加工作以来，主要从事党务及宣传工作，1992年开始从事新闻媒体工作，已近30年。

20世纪90年代，随着中国轻纺城市场的蓬勃发展，《轻纺城报》应运而生，同步成长。《轻纺城报》是全国第一家公开出版发行的专业市场报，与《绍兴县报》一起构建了全国少有的“一县二报”现象，可以说，也是绍兴县难得的无形资产。《轻纺城报》于1992年12月18日试刊，1993年3月28日正式创刊，1993年5月我接手兼任总编辑，直到2000年6月调离报社（期间《轻纺城报》有短时分设运作），我与《轻纺城报》共同见证和记录轻纺城发展的辉煌历程。

全国市场很多，为什么轻纺市场有一张《轻纺城报》？这说明浙江的市场经济走得比较早，也比较发达，绍兴的轻纺业很有特色，体量也比较大。

《轻纺城报》除了一般功能上的宣传报道外，更有其特殊的意义和作用。

第一，《轻纺城报》对于轻纺城（轻纺业及市场）包括绍兴（县）的建设和发展起到了一个特别的名片和窗口作用。正如时任绍兴县县长陈敏尔在《轻纺城报》1992年12月18日试刊号上署名文章所言：“伴着党的十四大奏响加快改革开放和现代化建设步伐的主题曲，又一个新生事物诞生在鲁迅先生的故乡；中国轻纺城从此喜添一份拓天地、闯市场的特殊‘名片’——《轻纺城报》。就像当初人们目睹建设者在轻纺城打下第一根桩；就像去年喜获绍兴轻纺市场跻身全国十大专业批发市场行列的消息；就像今年耳闻绍兴轻纺市场更名为中国轻纺城的喜讯一般，今天，当我们推出《轻纺城报》时，心境依然晴朗而亢奋。中国轻纺城所做的一切奋斗，都是为了顺应历史的潮流，跟上时代的步伐。”陈敏尔县长是宣传部部长出身，曾兼任过绍兴县报社的社长，所以无论从宣传角度，还是从领导绍兴县来说，他对《轻纺城

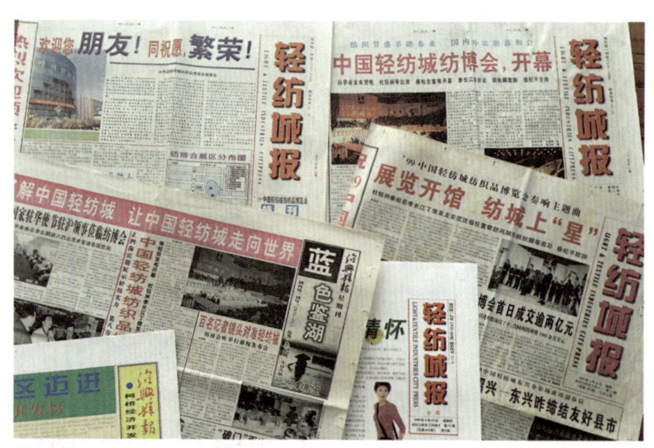

《轻纺城报》历史照片

报》将助力轻纺城的发展既有专业理念，更有现实期待。

时任绍兴县委书记纪根立在 1993 年 3 月 28 日《轻纺城报》创刊时寄语：“中国轻纺城是外界了解绍兴的窗口，也是绍兴走向世界的桥梁。由市场创办的这份《轻纺城报》无疑将成为窗口的窗口、桥梁的桥梁。”为此，要“立足大市场，致力大发展”。

第二，《轻纺城报》浓缩了轻纺市场和行业发展的进程和轨迹，也展示了轻纺城（包括柯桥、绍兴县）的创新创业风采。

1985 年 7 月，柯桥轻纺产品市场开张，1992 年 6 月正式更名为“中国轻纺城”，1992 年 8 月“中国轻纺城开发管理委员会”成立，1993 年 5 月全国第一家以大型专业市场为依托的股份制企业（中国轻纺城发展集团股份有限公司）面世……时任绍兴县的领导多次强调：柯桥及轻纺城的开发建设，是战略步骤（贯彻邓小平南方谈话精神）、战略选择（一方热土、财富宝地）、战略决策（打破“有县无城”困局）；既有现实的基础，也有潜在的需求，更有历史的责任；应该“边规划、边开发、边建设、边管理（边收获）”等。

这个过程中，《轻纺城报》可以说是一个难得的平台和纽带。并且以“立足轻纺、放眼经济、服务市场、贴近生活”为办报宗旨，基本定位概括为三句话：做透“轻纺城”文章（各片各类轻纺特色市场，管委会、股份公司，金融、托运等相关配套机构），做深“轻纺业”文章（纺织、纺机，丝绸棉麻、服装鞋帽等），做好“轻纺人”文章（店铺厂商、行业及区域商会、布商等从业人员）。就中国轻纺城市场而言，《轻纺城报》无疑是个特别的标识；对全国各地（轻纺类）市场，是相互联络、信息互通的桥头堡，是载体和纽带。

一张报纸从无到有，倾注了当时绍兴县委、县政府和主要领导人的心血和期待。从新闻行业管理而言，很多县还没有一张报纸，我们绍兴县要再办一张专业性的市场报，这是相当不容易的。从面向全国这个角度来说，《轻纺城报》立足绍兴，但也不能都只是报道绍兴的“轻纺”和“城”（市场），不去了解和比照其他的市场，那样就太局限了。但当时不像现在互联网这么发达，信息传播的渠道有限，基本上靠传真机传递信息，所以在新闻及动态信息的采集和了解上，形式到内容及时效上也有不少困难。

绍兴县创办行业报领全国之先，具体到办报业务方面我们也做了很多探索和创新。比如，成立了《轻纺城报》理事会，请一些全国有特色、有影响力的市场作为我们的理事会成员，这可是一举三得的事（既收取一定的会费，也及时获得一些信息素材，还有利于订报发行和扩大影响）；在一些重要市场、企业或所在城市，我们聘请“驻地记者”延伸采编网络，约请当地的媒体记者或者业内人员为我们写稿组稿，同时也为报纸外宣及编读往来、发行工作提供了一定的保证。《轻纺城报》编辑部曾多批次派出采编人员，与广东、福建、上海、天津、江苏、湖北、重庆等沿海、沿江地区的市场、企业建立了联系，涉足杭州丝绸城、宁波轻纺城、湖州织里童装市场和成都荷花池、武汉汉正街、沈阳五爱市场、辽宁海城西柳服装市场等；期间，《轻纺城报》根据不同时期的经济形势和热点，组织多题材、多形式的系列报道，如“寻访第一代布商”“外地人（记者）看轻纺城”“您最喜欢穿什么衣服”等专题，“来自专业市场的报道”“市场，路在何方”大讨论等，先后获得省新闻出版局肯定和广大读者的好评。

通过一系列举措，《轻纺城报》的影响力不断扩大。1995 年 10 月，全国县市报总编年会在绍兴县召开，我作为县报兼《轻纺城报》的总编辑，带领两报同仁接待了来自全国各地 200 多名参会人员和领导，尤其是专门组织参观了蓬勃发展中的中国轻纺城，听取绍兴县柯桥开发委、轻纺城管委会（工商处）负责人介绍并答问，不少老总回去后发表了很多观感及照片。

市场脉动——《轻纺城报》见证轻纺城的发展节点

《轻纺城报》从 1993 年正式创刊，在绍兴县一直办到 2000 年 7 月，共出版了 630 多期（后因报刊调控及体制变化，划归到绍兴日报社主管主办,11 月 25 日终刊，11 月 29 日《天天商报》试刊）。

在这个过程中，《轻纺城报》作为特殊的“见证者”，记录了中国轻纺城发展中的一系列重要节点。现在翻看笔记、回望片断，记忆犹新。

1992 年 10 月 13 日，绍兴县全县乡镇党委书记会议召开，主题为“学习贯彻十四大精神，控制人口增长，加快改革发展”，强调了市场经济。陈敏尔县长在谈到如何“领会实质，联系实际，落到实处”时，警示“三开”（开拓市场、开放思想、开发方法）不够，“三气”（大干快上的气势、只争朝夕的气氛、高瞻远瞩的气魄）不足，为此要“三抓”（抓住中心、机遇、要害），提出有操作性的“市场观”——乡镇企业要魂系市场（两头在外），农业生产要走向市场（一优两高），国企要推向市场，经济部门要面向市场（换脑筋、机制、职能），各级干部要了解市场。可以说，这些高屋建瓴且务实的见解，统领并倒逼着轻纺城的发展。

1993年12月29日，绍兴县委九届二次全会上，时任绍兴县委书记纪根立小结1993年工作“三步”（改革开放迈大步，经济建设走快步，各项事业全方位进步）；担任绍兴县县长陈敏尔部署1994年工作时强调三个“新”的“生长”——着眼于培育新的生长点（个体经济、开发农业等），着力于开拓新的生长地（重点在柯桥、集镇要跟上），致力于催化新的生长力（金融、人才、社保等），并提出拟“搬迁县址，众志成城”的思路。

1994年1月10日，绍兴县城镇建设工作会议召开，突出“聚精会神抓经济”。陈敏尔县长在报告中强调“战略认识、机遇意识、改革精神、群众观点”，同时感慨“绍兴县的‘中心’在哪里”，“十年无‘城’，缺少集中生长地”，“无‘城’的县长，缺乏看家本领”等。

1994年4月28日，绍兴县柯桥经济开发区成立，举行中国轻纺城北市场开业暨“双十”工程（即十大项目竣工、十大项目开工）庆典。《轻纺城报》提前于4月27日出特刊，共20版(《绍兴县报》也出专版)，《人民日报》刊发整版报告文学《金柯桥之光》(作者袁亚平)。当晚举行了专题文艺晚会。

1994年5月16日，绍兴县召开工业经济会议；1994年7月15日，绍兴县召开乡镇企业转制工作会议（陈敏尔书记做报告，原县长沈祖伦发表讲话）；1994年9月22日，绍兴县山区经济工作会议召开（陈敏尔书记做报告，代理县长茹关筠主持）。其核心都是强调经济发展、转型和市场开拓、建设。

1999年4月25日，中国轻纺城纺织品博览会开馆暨中国轻纺城三星级市场授牌（时任浙江省省长柴松岳宣布“开幕”，时任绍兴县委书记顾秋麟、绍兴县县长徐纪平分别致辞和主持）。《轻纺城报》出特刊24个版+金版（铜版纸）。同年4月24日举行开幕式“轻纺城之夜”大型晚会。

1999年7月15日，召开绍兴县委全委会，强调市场开拓、轻纺城延伸（“一区二场”，即自贸区、国内国际两个市场）；1998年8月14日，全县深化“双开年”活动工作会议，强调市场开拓、产品开发。时任县委书记顾秋麟坦言全县有15万名纺织工人、服装面料占90%以上、三北市场占75%以上（东北、华北、西北），要求大力增强“大纺织、才能大市场”意识。

“绍兴县现象”——对轻纺城成长和发展的些许感慨和愿景

一张报纸，某种程度上，可以说是串联和浓缩了一块布、一个市场、一座城、一群人、一种精气神，这种精气神就是“绍兴县现象”，这种现象集中体现在敢想敢说、立说立行和上下同欲、舍我其谁的“知行合一”上。

原绍兴县的人、也就是现柯桥人，做事情的风格与其他地方的人真不一样，特

李武军（右一）陪同领导走访轻纺城

别是当时，有“我不去做谁去做”“现在不做何时做”的自信和作风。我记得，当时包括《轻纺城报》在内的媒体报道中，经常有一些带有时代印记、绍兴（县）痕迹的“语录”。比如“三天出小样，五天上批量，七天上市场”“先繁荣后整容，先流通后交通”“你发财，我发展”“开足马力，开拓市场，开发产品”“一万元贫困户，十万元刚起步，百万元富裕户，千万元数一数”“发展一个个体户，减少一个贫困户，带动一片富裕户”等。这么多年来的事实证明，这些话语不只是口号，都有人去践行。

轻纺城之“城”，既是市场，又是城市；既是经济，又是文化。因为有轻纺和轻纺城，所以“柯桥，并不仅仅只是个镇”，它的发展逐步从“摊”（地摊）到“集”（集市）、“街”（街区）、“市”（市场）、“城”（城市），再到现在的“都”（国际纺织之都、现代商贸之城、时尚 CBD）；轻纺城也不只有“轻纺”和“城”（市场），更是水到渠成地成为绍兴县的集贸中心、经济中心、行政中心；无论以“托在一片布上的经济强县”来形容轻纺业无可替代，还是以“立业之本”（绍兴轻纺）、“立城之本”（柯桥新县城）、“立县之本”（绍兴经济强县）来锁定轻纺城之举足轻重，这既是市场经济发展的客观造就，更是几代绍兴县（柯桥）人，包括历届领导者的执着决断及顺势而为，尤其是“绍兴县现象”及其精神成了传承历史人文、固化干部作风的特别符号和共同记忆，这种精神是我们应当大力褒扬的。

大家现在都在说“互联网＋”和“产业链”，轻纺城的建设，仅就“市场”而言，我觉得应该还有空间和潜力。试谈两个方面的努力点：

一是从线下轻纺城、数字轻纺城，到“数智轻纺城”的质变和飞跃。数字化无非是我们说的电子、网上市场，但我们要转向从智能化的角度来建设和管理市场，比如大数据的精准营销、“云”应用及各种配套、管理。在这方面，我们还是有比较大的差距的。每年的纺博会，从参与度、影响力和实效性三个角度来说，目标和参照应该是广交会、深圳的高交会、上海的进博会等。再如义乌的小商品市场已经开启了“中欧班列”（义新欧），那我们轻纺城是否可以在“一带一路”的大背景大趋势下，积极探索“中欧班列”之绍兴车次运营。尤其是在国际经贸风云变幻、疫情防控常态化和全球化的趋势下，实物交易、线下交易成问题，外贸出口受到制约，我们应该举办更积极而有效的“云发布”“云展会”。

二是“恨布不成衣”一直以来都是绍兴轻纺的短板和软肋。我们目前还是以布料为主（包括染整等），而布料是纺织的中间产品，真正走出去的、让人有印象的是衣服，赚大钱的也在后头（包括领带的贴牌）。所以从市场布局及建设看，人们还少有“买（卖）服装到柯桥去”这样的第一印象、首选意识，所以说轻纺城及其系列市场中，还是缺乏一个真正能倒逼产业链、提升附加值、引领潮流示范性的“服装市场”。这也是中国轻纺城发展的潜力所在。

访谈时间：2021 年 4 月 21 日

访谈地点：浙江工业大学之江学院

访谈整理：陶佳苹　陈佳宇　黄佳乐　王宁倩

“三重门”里看纺城

人物名片

李菲，男，1973年4月生，浙江遂昌人。现为瑞丰银行总行办公室（党委办公室）主任。2001年进入绍兴日报社工作，历任《绍兴晚报》记者、《绍兴日报》新闻部副主任、绍兴日报社首席记者、《绍兴日报》评论部主任，多篇新闻获浙江省新闻奖一等奖、全国晚报好新闻奖等奖项，2011年获评绍兴市“十佳新闻工作者”称号。

我的职业生涯经历过三个行业，从制造业到传媒业，再到如今的金融业，很巧合的是，或多或少都与中国轻纺城相关。这种相关其实带有某种必然性，因为轻纺城过往数十年的发展轨迹，某种程度上就是这片土地上人的命运年轮。

从“参与者”到“观察者”

我的第一份职业是在一家纺织企业工作。20世纪90年代，在这家当时绍兴规模最大的乡镇企业里，我见识到了轻纺城对纺织制造业的强大牵引力，因为当时来下订单的所有客户都不得不看轻纺城的“风向”决定产能。

也正因为有多年在制造企业工作打下的“根基”，我于2001年转行到绍兴日报社工作时，能够较好地踩中市场报道的重点。在长达10多年的记者生涯期间，我采写了数百篇关于中国轻纺城的报道，有一些报道在当时产生了影响，赢得了主管部门和从业者的认可。

从“参与者”到“观察者”，我对轻纺城的印象是丰富而多元的。在我看来，轻纺城就像一个“大熔炉”，用岁月“炼金”，成就今天的“奇迹”，这里面有多种要素产生的“化学反应”，绝不仅仅是市场的叠加。第一个要素是“业”。产业是轻纺城之“血”，没有如此完整的产业链条，就没有历史上轻纺城的持续成功。因为从我做记者开始，印象中全国各地就不断有地方挑战轻纺城，甚至有轻纺城客商出走“自立门户”，但最终均告失败，因为市场可以复制，产业不能复制。第二个要素是“城”。我初到柯桥时，柯桥还是一个不起眼的小镇，直到2001年绍兴县城迁址柯桥，属于柯桥人的城市化时代才真正到来。柯桥的城市化用一句话总结，就是“柯桥就是轻纺城，轻纺城就是柯桥”，“城”与“市”融为一体，使这里的三产服务业等自成一体，后来者居上，比如会展等。“城”与“市”齐头并进，也使柯桥人耳熟能详的“611”工程等，在短时间内就集聚了大量资源，换作其他地方难以达成。第三个要素是“人”。柯桥万商云集，但比商更重要的是“人”，与现在全国各地到处“抢人”不同，柯桥很早以前就享受到了“人口红利”，这里最多时集聚了100多万名外来务工者，有什么样的精彩故事不能发生呢？第四个要素是“贸”，不仅指贸易，更指外贸。从轻纺城国际会展中心、国际物流中心到国际纺织品博览会，纽带就是国际贸易，而国际贸易打通的不仅是资金纽带，更使得一座小镇真正成长为一座“大城”，如今这里常驻的国外客户就达5000多人，外贸不仅使当地的居民迅速完成了资本积累，也从根本上改变了这个市场的营销基因。第五个要素是“容”。我觉得这个“容”，既指轻纺城创业初期领导者的思想解放，也指这片土地上的原住民对新生事物和外来创业者的包容，因为有包容，才有后来这里发生的一系列神奇的“化学反应”。

我采访过很多轻纺城从业者，印象最深的是一位叫汪宇的湖北小伙子。2001年我转行做记者的时候，他也刚好来到柯桥发展，用3万元租下港越路白坯市场一间20平方米的铺面。当年秋天，中国加入了世界贸易组织。汪宇将自己的小小门市部定位为外贸公司坯布供应点，由此收获了“第一桶金”。2006年，他成立了绍兴天元纺织公司。在这一年里，轻纺城有860名布老板成为“总经理”。从档口转变为公司，不仅意味着财富升级，更标志着经营模式的转型。几年后，在刚刚开始预售的轻纺城国贸中心，汪宇又买下了一个300多平方米的门面，作为公司的对外窗口。轻纺市场发展的同时，汪宇的公司也在快速成长。他把港越路门市部一并迁往柯北新市场。这个市场是一个18万平方米的巨型建筑，里面云集了全国品种最多、最全的坯布。通过10年的努力，“天元”销售额翻了20番。汪宇也从一名年薪7000元的打工者，成为年纳税额突破百万元的公司老总，他的生活轨迹发生了巨大的变化，2004年开始，他就不断在柯桥购房，全家陆陆续续定居柯桥，整个家族的命运发生改变。

汪宇的故事，恰好印证了我上面所说的五个要素。

从“观察者”到“服务者”

2016年初，我从传媒业进入金融业，这种身份的转变使我得以更近距离地接触轻纺城。因为在我供职的这家金融机构，数以万计的客户就来自这个市场，作为规模最大的本土金融机构，我们专门为轻纺城客户提供定制金融服务。这里有超过80%的客户接受过我们的服务，我们甚至将“驿站”设到了市场内部，为的就是零距离接触他们。

在服务的过程中你会发现，假如金融是“血”，那么轻纺城就是“骨”，因为轻纺城及与此相关的纺织业和纺织人，是这片土地上真正的财富创造者。不管是从产业数据上还是从业人数上，今天的柯桥仍然是“市场立业”“纺织立城”。

李菲（右二）在采访中

这不禁让我想起 2008 年次贷危机引发国际金融危机，外向度达到 70% 多的柯桥纺织产业也遭受重创，一批龙头企业折戟沉沙，当时甚至有一种论断，专业市场已经落伍了，纺织业已经成为“夕阳”产业。就是在这种悲观的论调下，柯桥（原绍兴县）开始了有史以来最大的一轮产业调整，这个调整的过程是相当痛苦而漫长的。包括到 2014 年左右，经济又一轮下行，但印染业集聚搬迁等重大转型工程始终未曾停止，柯桥以“腾笼换鸟”实现“凤凰涅槃”，最终度过了危机，焕发了新的生机。

在这个过程中，包括瑞丰银行在内的金融企业，做出了巨大的贡献。因为包括不良贷款处理等在内，付出的都是真金白银，产业和金融作为经济生态的闭环，不可能独善其身。是什么让我们对这里的产业始终充满信心呢？为什么即便在产业最低谷的时候，我们都第一个站出来给予他们巨额授信，帮助他们重整旗鼓？我觉得就是因为轻纺城，只要有轻纺城在，这里的产业就在，只要有产业在，这个市场就始终会在。

这样的信心，也是我在服务轻纺城的过程中逐步坚定的。曾几何时，我也对专业市场“红旗能打多久”存有疑惑，因为其实在国外这种形态的专业市场并不存在，如果有也不可能有持久生命力，但轻纺城如此长久地占据“亚洲第一布市”地位，确实是有规律可循的，那就是我上面所说的五个要素的完美融合，它使得专业市场这种传统的业态，能够保持旺盛生命力。

从“体验者”到“热爱者”

我的老家在浙江遂昌，我觉得自己是绍兴或者柯桥文化的体验者。轻纺城像一块吸铁石一样，我转了三个行业竟然都在围着它“打转”，因此，我觉得有必要思考一下它的魔力究竟在哪。我觉得归根到底是这里的文化。

很早以前有人说过，柯桥是商业的热土，却是文化的沙漠。我不这样看，至少在我看来，中国轻纺城在过去长达数十年的发展中，已经创造出了属于自己的文化，这种文化的核心基因就是今天的流行语——“奋斗”。在这里工作生活一段时间后你会发现，这里的人们并不懈怠，他们始终像一个上紧了发条的闹钟，按照自己的节奏安排时间。

这里的领导者是一群奋斗者。从最早的“四千精神”到后来的“柯桥作风”，就是他们最真实的写照。在很长一段时间，柯桥官员都是勤政的典范，如果没有这样的“官风”，很难想象在轻纺城刚刚起步时，这里的领导者可以如此清晰、清醒又辩证地看待“发展”与“发财”的关系，并付诸行动，及至后来又历经多次行政区划调整，柯桥仍能守住属于自己的荣光，确实与领导者的奋斗分不开。

这里的创业者是一群奋斗者。事实上，轻纺城里做得比较好的布商很多都是外地人，像温州乐清、四川筠连、湖北黄石这些地区的布商，是轻纺城最早的一批创业者，也是轻纺城最早的奋斗文化的践行者。他们身上镌刻着奋斗的基因，既能吃苦又敢于打破常规，正是由于他们作为拓路者出现，极大地提高了这片土地创造财富的可能。

这里的原住居民是一群奋斗者。很多人觉得绍兴人的性格过于“师爷”，精明有余，大气不足，但往往忽略了他们身上良善和真诚的一面。绍兴人虽然精明，却识大体；虽然有时候不够大气，但每遇大事都知进退，正是这样一批原住居民的文化性格，使柯桥能够兼容并蓄，持续成长，他们何尝不是奋斗文化的践行者呢？

我的三个职业的转换像一道“三重门”，让我得以窥见轻纺城不同维度的本真。我觉得，即便实体的专业市场有一天会消失，或被其他形态所取代，但我仍然觉得在过去的几十年中，轻纺城以及围绕着轻纺城的这种精神，是始终不会消失的。我热爱这种精神和这种文化，因为它让人感受到职业的价值和生命的价值。

访谈时间：2021 年 4 月 17 日

访谈地点：柯桥区瑞丰大厦

访谈整理：陶佳苹　刘胜蓝　郑宋霞

沉浮市场中不变的桥梁

人物名片

颜坎淼，男，1965 年 2 月生，浙江绍兴人，中共党员。1987 年毕业于杭州大学哲学系，当过绍兴市中等专业学校老师，1994 年初进入电视台工作，曾任绍兴县电视台新闻部副主任、社教文艺中心主任，县广播电视台电视节目中心主任、新闻中心主任，柯桥广播电视总台中国轻纺城频道总监，绍兴县第八、第九、第十届政协委员。

中国轻纺城媒体见证人

我是在 1994 年参与轻纺城建设的采访，之后不久就碰到了轻纺大桥落成、北市场开业。当时正值市场经济快速发展期，轻纺城整个市场日渐兴隆，新产品与日俱增、供不应求，之后，轻纺城的市场区一个接一个地扩大。1994 年国庆节，我参与了柯桥第一高楼鱼得水大酒店的结顶仪式，走着黑咕隆咚的楼梯上了楼顶，看到了整个轻纺城。当时轻纺城还是很小的，北市场人气还不太旺，所以，后来绍兴县政府特地在古运河上、北市场与东市场之间架桥引流。

1997 年春天，轻纺城发生了一件大事：中国轻纺城在上交所上市。我当时在上海，以一名电视台记者的身份，见证了中国轻纺城柯桥第一股上市。开锣现场，时任中国轻纺城集团股份有限公司董事长谢方员与时任绍兴县县长茹关筠一起敲锣。到今天，我仍记得，当时市场第一股“轻纺城”股票的交易代码是 600790，上市日期是 2 月 28 日，开盘价为 15.00 元，收盘价为 14.65 元，而发行价是 6.78 元。

1994—1998 年是轻纺城的快速扩张期。当时的中国轻纺城关注度很高，中央领导经常来视察。首先，柯桥离杭州近，交通便利，杭甬高速于 1996 年初通车以后更加方便。其次，在市场经济迅猛发展的大势下，柯桥不断进行制度创新，许多方面都走在前列，人流、物流、资金流快速集聚，引起各级领导的关注、纷纷前来考察，也寄予厚望，给予许多新点子，慢慢地达成了一个共识。也由此，时任绍兴县委书记陈敏尔提出了“兴商建市，兴市建城”的战略构想。1995 年 5 月 28 日，绍兴县行政中心从绍兴延安路迁址到现在柯桥鉴湖路的鉴湖大院办公，极具远见卓识。兴商建市，就是吸引全国各地的布商到柯桥，让市场兴旺起来；兴市建城，市场繁荣了，柯桥这个现代商贸新城的建设就水到渠成了。果不其然，之后我们就看到了柯桥新城跨过运河到鉴湖路，再到群贤路，再到柯袍线，然后跨过杭甬高速公路，直接抵达钱塘江畔了，城市的框架不断扩大。可以说，柯桥城市的发展，与中国轻纺城的繁荣兴旺息息相关。

从一线记者到幕后执行人

轻纺城流传一句话，“日子难过年年过”，说的就是轻纺城人的一种状态，遇到难题，攻克难题；看到需求，满足需求。轻纺城人始终在攻坚克难中前行。作为一名媒体人，我发挥的作用就是桥梁、媒介，架起政府与市场、商务与主管部门之间的信息桥梁，攻克信息交流中的痛点、难点。

1998 年，经历过纺织厂大规模发展后，产能大量过剩，本地产品卖不出去，“开拓市场”这个问题摆在了当时政府的眼前。如何从一级批发市场向二级批发市场开拓，柯桥中国轻纺城是一级批发市场，全国各地也有许多轻纺市场，绝大部分都是二级批发市场，面料是从柯桥转运过去的。1998 年秋天，我随以时任绍兴县县长徐纪平为团长的考察团，先后去了广西东兴轻纺城（中国轻纺城广西东兴分市场）和广州的国际轻纺城、中大布匹市场、白马服装市场、黑马服装批发商场等地，更加认识到“它山之石可以攻玉”的道理。原先一级市场与二级市场之间多以民间的自发联络为主，在这时候开始思考，政府层面怎么样来加强联系，建立紧密的合作关系，于是就有了 1999 年的“双开万里行”大型策划行动。我们电视台组织几路记者，去了成都荷花池批发市场、武汉汉正街批发市场、辽宁西柳服装市场、广西东兴中国轻纺城东兴分市场，深入了解市场运行情况，认真倾听市场客商的心声，特别是他们到中国轻纺城进面料过程中碰到的一些问题。采访回来后，除了正常的节目播出，还将采访内容做成内参资料供领导参考。也就是说，我们充当桥梁的作用，承接两头信息，然后由政府牵头来解决具体困难，用官方的话说就是“联合协调机制”。这个项目大约持续了半个月，后来政府还专门召开了研讨会，开展了一系列反垄断、扫黑除恶的行动，保证了联托运线路的畅通。可以说，这个项目真正起到了做实事的作用。

进入 21 世纪，产生了一个新需求：如何让外国人准确、全面地了解轻纺城的信息？受义乌小商品城英语新闻的启发，2007 年 6 月 18 日，我们正式推出每周一档的《英语新闻》节目，收视对象针对外国客商，内容全部与轻纺城相关。开始，我们借助培训机构老师的力量一起做节目，后来，我们引进了英文主播，除了翻译仍由专业机构来承担，其余都独立完成。这个节目一直持续到 2015 年 9 月底。

2008 年 9 月 28 日，“中国轻纺城”频道正式开播，这是一个全新的电视频道。这个频道由当时的县委、县政府主要领导多次提议后开设的，得到了中国轻纺城建管委的大力支持。频道以“立足轻纺城、扎根新县城，依托纺织业、服务新发展”为宗旨，以“专业、时尚、国际”为特色，自办节目分成 4 大板块：本地新闻、创业

颜坎淼（左二）在采访中

故事、权威解读、行业资讯。本地新闻板块又分市场区块、纺织、大纺织三块。人物板块讲述不同代表人物的创业故事，有设计师、工程师、经营者、新引进人才、刚入驻的新柯桥人、新产生的商会会长等；解读板块是一周一次，主要是中国轻纺城发布的如“纺织指数”“时尚指数”等，这些指数由中国轻纺城建管委发布，《柯桥日报》、“轻纺城”频道、《中国纺织报》等媒体公布；资讯板块介绍国内国际与纺织相关的信息，包括现货期货行情、市场热点、时装走秀、展会信息等。当然，电视台本身也在发展，如后面不断推出的网站、微信公众号，现在的融媒体等。总之，我们节目的制作、呈现，都是在为轻纺城打破信息壁垒、便利贸易服务的。

我个人觉得，中国轻纺城的发展总的来看算是一帆风顺，偶有沉浮也是正常的，它让我们始终保持冷静的头脑、理性对待健康发展。科学、远见的指导方针，核心技术的掌握，规范高效的经营管理模式，对一个行业的发展至关重要。而不少民营企业中存在的家族式管理，区域经济阶段性出现的盲目发展、野蛮生长也值得我们警惕。展望未来，我个人判断，轻纺城只要恪守“守成创新”，还能立于不败之地很长时间，毕竟我们已经站到了制高点上。现在产业越来越细分，我们有这么好的基础优势，抢占了先机，想撼动很难，除非自己打败自己。年轻一代人又茁壮成长起来，他们比父辈的视野更开阔、创新意识更强，再经过几年历练，抗风险能力肯定更强。当然我也希望，作为柯桥媒体人中的一员，能为轻纺城整个市场的健康发展起到更好的媒介作用，尽个人绵薄之力，因为我们是其得益者，还将是其持续的受益人。

访谈时间：2021 年 4 月 14 日

访谈地点：柯桥传媒大厦

访谈整理：陶佳苹　郑宋霞

把文化做成产业　把产业做成文化

人物名片

杨铁刚，男，1965 年 11 月生，浙江绍兴人，中共党员。现任中国纺织服装教育学会拼布艺术设计教育专业委员会常务副主任、浙江省拼布协会执行会长、浙江民艺拼布博物馆馆长、绍兴大师文化创意产业有限公司董事长兼总经理。历任中国共产党绍兴县第十二次代表、柯桥区第一届人大代表；曾任绍兴县解放工业供销公司业务经理、绍兴固达防水材料有限公司副总经理、浙江维纳斯美术用品厂厂长，兰亭镇人民村党支部书记兼村主任、娄宫村党支部书记。

与拼布结缘

我一开始是从事轻纺生意的，不仅在柯桥卖布，也在全国各地卖布。1992 年，我开始和中国美术学院的美术设计专业合作，认识了很多美术界的朋友，这为我后来从事拼布艺术拓展了人脉。2007 年，我去了一些国家考察，偶然的机会接触到拼布艺术，被拼布艺术深深吸引。回国后，我与绍兴县有关领导交流，并把国外拼布的发展情况向领导做了汇报。领导当时也认为拼布产业大有可为。在有关领导的大力支持下，我尝试开展拼布这种既包含实用性又充满艺术性的布艺作品制作。

在做拼布之前，我认为拼布是非常简单的，但当入门以后，才知道拼布不是简单地将各种布块进行裁剪缝合，其中是很有门道的。拼布的过程，需要展开无尽的想象力、创意的发挥，加上娴熟的技术，让不同的布料结合紧密，颜色搭配协调，这样才能形成一件工艺品。拼布工序非常复杂，拼布布料的种类及特性、拼布用具、布纹和剪裁方式、拼布缝合整烫、压线缝用具、作疏缝、作压线缝及缘边的处理等都要了如指掌。拼布作品适用范围很广，可以用在餐垫、壁画、抱枕、篮子、家具、窗帘、贴布、袋子、坐垫、背包、装饰品等家居及日常生活用品上。拼布发展比较发达的国家都是经历几十年的沉淀才有现在的水平，我国拼布还是一个新兴的产业，目前处于起步阶段。

为了让拼布的教、学、研、产体系更加完善，我和一些拼布爱好者发起组建了浙江民艺拼布博物馆。博物馆于 2020 年 5 月在柯桥兰亭成立，取名“绍兴大师”。绍兴是一座历史悠久、文化底蕴深厚的古城，又是江南水乡，“绍兴大师”寓意着我的企业和博物馆能够做成高端的文化艺术产业，结合绍兴这座古城的文化底蕴，把文化做成产业，把产业做成文化。博物馆主要是以弘扬中国拼布艺术、传承优秀传统文化为宗旨，通过收藏、保存、研究、展示的方式，促进人们对拼布文化和艺术融合的理解。博物馆的各项设施为公众获得拼布知识提供了形象、真实的资料，以陈列展览为载体，通过实物传播思想、知识和文化，具有生动、直观、寓教于乐的特点，独具一格的实物“教材”，涉及历史、文学、艺术、美学、民俗等多门学科，以自身鲜明的个性魅力和深厚的内涵吸引公众，成为公众感知拼布、认识拼布、探索拼布的重要文化殿堂。目前，博物馆已拥有国内外拼布艺术作品 600 多件，以拼布被面、拼布壁挂、拼布家居为主。博物馆的建成，在我看来，就像是把我和拼布之间缘分具象化了。

有思想有感情地做拼布

在我看来，国内拼布行业目前更多的是以工业化、流程化的形式在做，而不是把拼布当成一种艺术品，倾入创作者的情感与想法。数量上虽然多了，但是在质量上还有很大的提升空间。

为了改变这一现状，自 2015 年起，每年的 10 月左右，我们都会在柯桥举办中国拼布创意设计大赛、国际拼布学术研讨会等活动。这些活动的举办，一方面是为广大手工作品爱好者和从业者搭建一个拼布创意设计交流、学习、竞争、展示的平台，另一方面旨在挖掘培养国内拼布艺术设计的新生力量，传承中国优秀传统拼布文化，促进国内拼布文化产业的可持续发展。

中国轻纺城有着得天独厚的纺织产业集聚优势，近年来，通过举办拼布创意设计大赛、召开国际研讨会、开设高级研修班等互动交流活动，不断培育和壮大拼布产业。2017 年 9 月，浙江省拼布协会、“绍兴大师”和浙江工业大学柯桥创新研究院联合成立了之江“拼布＋”设计教学研发中心，集拼布研究、拼布设计、教育培训与国际拼布贸易、工具材料制作等为一体，为浙江工业大学之江学院的师生和柯桥本土企业提供一个合作创新的专业平台。

2018 年，我们承办的“2018 拼布艺术设计教育高级研修班”在浙江工业大学之江学院开班，参加高研班的学员来自全国各地设计艺术院校的教师、国内拼布爱好者。他们接受的是来自德国、法国拼布艺术家拼布艺术设计的理论教学和实践指导。2018 年第四届“胜家杯”中国拼布创意设计大赛，我们邀请了英国的自由纺织品艺术家詹姆斯·亨廷，分享了从英国传统的拼布藏品到现代拼布的创新作品，系统讲述他创作拼布的灵感和经验。此外，还有法国拼布艺术家、韩国拼布村合作社主席等应邀出席。此次活动的成功举办，得到了绍兴市委书记马卫光的充分肯定。对于人才的培养，我们精心打造了“拼布实训基地”一类的大学生设计创作平台，让大学生们不仅可以学习拼布的理论知识，还通过电脑绘图、激光切割等工作形式，对拼布的制作工艺有了更深的理解。

风尚圈

A08

拼布

废布料里玩出世界时尚

A 什么是拼布?
从废物利用到艺术创作

B 一块 0.5 平方米的作品
用掉 100 多块碎布料

C 把柯桥打造成
世界拼布面料研发制造基地

2018 年 10 月 24 日《绍兴晚报》刊登的《拼布：废布料里玩出世界时尚》获绍兴市委书记马卫光批示

“2021 年第七届‘胜家杯’中国拼布创意设计大赛”目前处在作品征集阶段，希望通过这个平台，通过大赛活动，在更大程度上激发拼布创作者的创作热情，有思想、有感情地去做拼布，并把拼布很好地传承下去。

讲好拼布故事　焕发拼布活力

自从浙江民艺拼布博物馆建成以来，我一直想在文创产品开发上更进一步。文创产品毕竟自身就带着一些创作者的情感和想法，甚至其本身也有着动人的故事。像博物馆推出的衲布手提包，它就富含我们的设计理念，希望把古老的文物，通过现代的手法，变成创意思想、符号、生活方式的消费性产品。这个过程不是简简单单地复制文物，而是生产具有文化价值、创意转化、市场价值的物质化产品。包括“百衲”，并不是说一定要用一百片布片缝缀起来，只是说明布片之多，不止一片，亦或者说针线细密，缝得精致。“衲”同时也指僧人的衣服，“百衲”便和佛教有了不可分割的渊源。浙江省拼布协会作为一个交流合作平台，一座连接各方的桥梁，希望未来会有更多院校的师生、工作室、设计师、爱好者等新的血液融入我们，合作交流，共同成长进步！

在美国，与拼布相关的从业者大概超过 2000 万人，去年拼布产业总产值超 60 亿美元，并以每年 15% 的速率在高速增长。美国创意产业协会设计师于范，其作品多次入选休斯敦国际拼布展。她认为，拼布艺术具有巨大的市场前景。中国轻纺城作为全球纺织面料的集散中心，发展拼布产业具有得天独厚的优势。近年来，我国拼布初步形成了一定的产业。像浙江省的浦江县，高峰时拼布年产值在 2.5 亿元以上，有 400 余家拼布加工企业规模。我们绍兴大师文化创意产业公司从 2012 年开始设计研发制作拼布产品，至今已形成家纺、服装、休闲旅行包、家装 4 大系列，产品达上百种。绍兴虽有面料优势，但下游没有拼布工艺产品加工生产能力，这成为绍兴拼布工艺发展的一大瓶颈。只有在全民参与的基础上，加强对拼布花纹的设计、面料的开发，针对拼布工艺发行相关教材等，才能形成一个既有文化创意又实用的产业链。

拼布文化源于生活，是从传统中走来的，也在不断的传承创新中，实现了由功能性表达到艺术性表达的转变，成为一种时尚艺术潮流。未来，拼布之布会以崇尚自然的棉、麻为主，同时，面料在品质、节能环保及对身体保护方面均有一定要求。随着拼布产业的发展，拼布面料的个性化需求，也将会促使中国轻纺城纺织企业加大对科技、时尚、绿色面料的研发与投入，进而丰富中国轻纺城面料的内涵与价值，提升时尚竞争力。

“其作始也简，其将毕也必巨。”拼布之路道阻且长，未来肯定会迎来更多机遇与挑战，更需要社会各界的支持与努力，我和我的团队将不忘初心、牢记使命，坚定信念，凝聚力量，为这项美丽的事业砥砺奋进！

访谈时间：2021 年 4 月 20 日

访谈地点：浙江工业大学之江学院

访谈整理：俞钰炯　郑雅萍

赋能创意设计　助力产业升级

人物名片

黎春芳，男，1974年3月生，湖北荆州人，毕业于武汉大学。现任浙江瓦栏文化创意有限公司总经理，杭州市经信委信息化专家，高级工程师。公司获工信部纺织行业两化融合标杆企业及应用示范项目，被授予"中国纺织面料（图案）流行趋势研究与发布联盟战略合作伙伴"，"2017年中国纺织服装行业十大领先企业"。获浙江省省级高新技术企业、成长型文化企业、制造业"双创"平台试点示范企业、行业云应用示范平台和外贸公共服务平台，被评为绍兴市和浙江省众创空间。

产业互联网　连接设计资源和产业需求

就纺织品印花而言，我认为花型设计是瓶颈。

顺应"互联网＋"和数码印花的发展大势，立足于柯桥的面料产业，2012年我们建立瓦栏网——互联网印花设计服务平台，从设计端切入纺织面料产业链。在数字化创作和印刷时代，用互联网连接设计资源和产业需求。最开始我们瓦栏网只是一个共享设计平台、花型交易平台，为了满足产业链的需要，逐渐提供设计师培养、趋势发布、花型设计、花型交易、版权保护、在线印花一体化服务，实现纺织面料花型图案的设计、存储、交易、版权登记、版权鉴定、版权检索等全生命周期的数字化、在线化、智能化。2015年10月，传化智联投资2800万元战略入股瓦栏，致力于打通从创意设计到印花加工全产业链。

平台用户包括设计工作室、面料商、印花工厂、品牌商，设计工作室将设计好的花型上传到线上云平台，主要花型包括服装类花型、家纺类花型等，供客户（面料商、印花工厂）选择和采购，同时也为客户提供在线印花服务（选花型＋选面料＋印花加工），提高纺织面料产业链整体运营效率，有效地降低了行业成本。另外，平台与国内外花型研究机构合作，及时提供花型流行趋势信息，供平台使用者参考。

我们建立的"设计＋互联网"的线上众创空间，集聚了国内外7000余名设计师和近8万名注册用户。我们曾经组织过一场线上画稿交易会，效果非常好，有上千名设计师参与，展示了近万个花型，促成了多个订单。为了让平台上花型设计师的作品服务更多服装品牌商，他们还与京东平台服装部展开了服装供应链上的合作。

黎春芳在瓦栏学院学员毕业典礼上讲话

一站式版权保护　助力面料产业良性发展

就纺织品印花而言，我认为花型版权保护是痛点。

中国轻纺城要从面料之都转型为时尚之城，加强版权保护是必由之路。改革开放中的前 40 年是知识产权的法律时代，接下来的 40 年是知识产权的商业时代。

我们瓦栏平台为花型设计的全生命周期提供了“一站式”版权服务，花型设计完成上传平台后即时确权，花型交易完成后即时授权，印花面料在市场上被侵权马上维权，发挥平台的集成作用，与多个地区的版权局、律师事务所、法院、执法机构深度合作，实现全国范围内的线上一体化登记、异地调解、异地执法、异地诉讼。

为了提高企业的版权意识，我们与市场监督局、法院、律师事务所一起，定期组织版权专题培训会，也经常走进企业做内部培训。为了鼓励原创，我们设立了瓦栏学院，致力于原创设计师培养的孵化地，彰显了瓦栏培养原创设计师的决心和努力。我们聘请国内外知名图案设计专家授课，专门培养原创手绘设计师，从源头上解决创意设计人才问题。可以说，我们利用新技术和新模式解决了柯桥面料产业的很多痛点，为柯桥的面料产业转型升级提供了新的思路。

新技术变革传统产业应用场景

瓦栏的发展历程，就是不断利用新技术改造传统产业应用场景的过程。

如何让用户选中花型后在不做成实物样品的情况下，在电脑或者手机上就能看到效果？我们率先在平台上实现了模拟实物效果展示，只要选择模特就能即时展现成衣穿在身上的效果，适应了数字化环境下的面料视觉体验需求。

如何快速准确地从海量的花型库中找到类似花型，如何判断花型是否存在抄袭？我们率先在平台上推出基于深度学习的人工智能图像比对功能，实现以图搜图、版权登记内容审查，解决了一直以来靠人工比对来判断内容抄袭的传统手段弊端，适应了互联网时代的版权登记内容审核效率要求。

版权登记是一种中心化的确权方式，不能做到实时确权。我们推出了自己的区块链证书。设计师上传花型到瓦栏平台的同时，即可获得一张由瓦栏平台生成的区块链数字证书，与版权登记证书互为补充，解决了确权的时效性问题。

瓦栏平台从上线运营到现在，构建了一整套花型分类体系、花型价格标准、版权维权流程、侵权判罚标准，为行业的规范做出了应有的贡献。

我们还会开展春夏女装、男装、泳装印花等趋势分析，专门为设计师、VIP 客户量身打造，根据平台的销售数据、国内外流行趋势等总结，以实现供需双方的高效匹配。如 2020 年第一季度的报告显示，3、4 月份本来是传统花型开发的旺季，但是我们从报告中看出需求明显不足。从供给端来看，我们设计师注册量是 2019 年同期的 4 倍，客户注册量是 2019 年的 2 倍，但疫情全球蔓延后，导致需求萎缩，成交量下降。如何转危机为契机？我们充分利用线上平台，开拓线上设计、线上培训、线上交易等模式，采用线上画稿交易会、短视频、视频直播等，实现与设计师、客户的互动，还根据客户需求精准分类推送花型，提升客户体验。

个性化审美时代　创意设计将无处不在

这是一个个性化审美崛起的时代，消费需求正在由纯功能性向个性化审美定制转变，实体文化消费将成为“新零售”的下一站。未来，创意设计需求量会更大，创意设计需求与智能制造“小批量、多品种、短生命周期”能力必须高度匹配，我们会在两者的匹配中发挥资源整合的作用。

瓦子勾栏，是两宋时期最繁华的民间娱乐性集市。在瓦栏的宣传墙上有一句话：“源于对瓦子勾栏的流连和向往，故取名瓦栏。希望努力缔造一个网络盛世，将瓦子勾栏的繁华胜景重现网络江湖。”如今的瓦栏，聚集了 11 个国家的花型设计工作室和客户，帮助设计师实现自由设计和创业，帮助客户提高面料开发效率和降低开发成本。设计师和客户在线上形成了专业的圈子，在线下形成了网络。

我们的使命是：赋能创意设计，助力产业升级。

瓦栏像步鱼一样专心致志做强做大，目标是打造成为时尚产业的领军企业。近年来，我们依托柯桥纺织产业集聚地的优势，书写了“一块布”上的精彩华章，让原创花型设计赋能时尚产业腾飞。接下来，我们将加快布局线下数码园区，打通从创意设计到印花加工的全产业链，助力柯桥打造新时期“国际纺织之都”。未来的瓦栏将依托线上线下平台，进一步促使原创设计为时尚产业赋能。

我们的愿景是：让“一带一路”上的人们，把中国的创意设计穿在身上、铺在床上、贴在墙上。

访谈时间：2021 年 4 月 8 日

访谈地点：浙江瓦栏文化创意有限公司

访谈整理：李彬钰　张萍　常有梅

后记

POSTSCRIPT

我们感慨，情缘经纬。

纺织的起源相传始于嫘祖养蚕治丝，从古及今，华夏儿女用智慧与勤劳织成经纬历史；纺、染、织、绣、印无一不是东方大国文明的载体和呈现。如果把文明比作一块“大布”，那么纺织不仅像经线一样纵贯千古、形影相随，而且像纬线一样，横贯交织、丝丝入扣。人们生活一日也离不开纺织。

人的勤劳与纺织科技创新，极大地推动了纺织业变革，使“纺织”本身，从最初单纯的“衣食住行”之首“衣”中脱颖而出，其“纺、织、染、整”整个产业链内涵得到延展，应用领域也突破性地延伸到了军事、航空、电子等各类新领域，使“纺织”二字，深深打上文明与科技进步的时代烙印，成为一个历史悠久、积淀深厚又紧跟时代，几与人类文明及尖端科技相始终的独特领域。不仅如此，“纺织”中的“经纬”这一概念，近乎成了一个哲学概念。“经”与“纬”，作为一个二元概念，彼此相辅相成，它的深层意义在于：两个不同性质的线，一条经线，一条纬线，彼此相交，最终产生出一个质的飞跃——布或类布材料。

我们幸运，礼赞纺城。

绍兴柯桥，“托在一块布上的城市”，纺织产业是其传统、支柱和富民产业。早在隋唐时就有“越罗”名扬天下，到明清时更是“时闻机杼声、日出万丈绸”。改革开放以来，绍兴柯桥的轻纺市场慢慢形成，到 1992 年冠名为“中国轻纺城”，“日出华舍万丈绸”织出了国际纺织之都。

在中国轻纺城“二次创业”期间，2012 年 4 月 18 日，浙江工业大学与绍兴县（柯桥区）人民政府签约共建浙江工业大学之江学院，明确新校址从杭州搬迁至绍兴柯桥。2013 年 9 月 20 日，浙江工业大学之江学院的第一批新生正式入住绍兴柯桥校园。浙江工业大学之江学院“十三五”规划明确提出，打造“一流区域应用型大学”的目标，全体师生围绕“面向需求、产教融合、开放办学、共同发展”的办学理念，秉承“尚德致知、敢为人先”的院训，实施“融入绍兴、依托母体、内涵发展”的“三大战略”，实现“人才、学科、服务”三位一体创新能力的提升，朝着一流的区域性应用型大学不断奋进。

近年来，浙江工业大学之江学院在教学、科研和社会服务等方面取得了较大的成绩，特别是学院组建特色团队积极融入地方服务经济社会发展方面取得了较为丰硕的成果，“布商研究中心”就是其中之一。该中心成立以来，立足绍兴和柯桥，围绕“布”“商”“都”的核心主题，开展多学科融合的前瞻性、战略性和发展史研究。

为献礼中国共产党成立100周年，由绍兴市布商研究中心负责人郑雅萍研究员领衔撰写的《中国轻纺城发展口述史》，历时8个月，对“中国轻纺城”这一纺织行业和市场的典型案例和现象进行了系统性、别样性的回顾，为“中国轻纺城”乃至整个纺织产业，留下了一本具有历史价值的专业文献资料，期待细细阅读与品味。

我们感激，关爱有加。

在本书的前期策划中，我们得到了南京师范大学副校长、历史系教授、博士生导师、中华口述史学会副秘书长张连红，东华大学教务处长、教授姚卫新，浙江理工大学副校长、教授陈文华的悉心引领；浙江省社科联一级巡视员邵清，绍兴市社联党组书记、主席、社科院院长柳巨波，绍兴市社联党组成员、副主席王晶，柯桥区委常委、宣传部长李永杰等也分别给予关心指导，使我们没有走太多的弯路；在选择采访对象的过程中，我们先后得到了中国轻纺城建设管理委员会、柯桥区经信局、区科技局、区商务局、区市场监管局中国轻纺城集团股份有限公司、区工商联等单位负责人的大力支持，使我们的采访覆盖面比较广泛而有一定的代表性；在具体采访过程中，除了上述单位部门的继续协同，我们还得到了柯桥区委办公室、区政府办公室、区社联、区史志办、柯桥传媒集团和柯桥街道、钱清街道、安昌街道、夏履镇等的积极配合，使我们的访谈工作能够顺利进行……

在百忙之中接受访谈的各界人士，有的远在美国、加拿大，或在北京、南京采用电话连线形式接受访谈，有的出差在外专程赶回柯桥接受访谈，有的访谈后又主动要求补充相关内容，有的在审阅中多次修正素材，有的则提供了丰富的文字材料、重要的信息线索、珍贵的史料照片，有的因为不太会表达要求孩子现场“解释”……特别是纪根立书记专门在杭州接受访问、后又几度审稿修改，还有茹关筠、濮耀胜等几次来校给予指导、协同联络，诸剑明、方优美两位领导在百忙之中接受访谈，冯华林给予全面指导并多次帮助对接中国纺织工业联合会会长孙瑞哲，陈瑾组织商会协会负责人集体走进之江学院方便我们访谈，高建华陪同我们团队人员寻访“四大花王”，潘建华委派徐金玉到市场摸排经营户访谈名单，冯文华多次给团队成员培训采写要领，寿志平为访谈提供了大量的线索和背景资料，许可可为书稿中的历史事件、人物、数据等信息予以仔细的核实和修正，李武军还在书稿文字提炼、文本统稿等方面提出很多建设性意见，从而使我们团队成员在业务交流中不断形成共识和提高……

在访谈名单提供、沟通联络、文稿核校及特约撰稿等环节中，任宏亮、何其洪、周智敏、钱苗娣、陈广见、章慧娟、寿志平、娄东寅、王叶刚、俞小炜、谭科、陈勤、徐俊、陈百干、何鸣雷、朱利奇、赵奕芳、章承福、陈金鲤、裘华源、徐舒、王强、尉小华、裘裕顺、吴军、朱兰萍、喻伟祥、黄锡云、王征宇、陈月芳、王姝、黄新明、张剑平、刘欲丹、王华樑、徐雪引、顾建光、朱建栋、沈晓莉、高丽萍，等等，都先后给予我们充分的帮助和及时支持……

对于以上机构和人士的呵护抬爱和友情合作，我们一并表示衷心感谢！

我们致敬，精神生辉。

访谈过程中，我们深切感受到在中国轻纺城的发展中，就是有那么一群决策者、管理者、企业家、经营户、商会负责人、新闻媒体朋友等，他们来自五湖四海，以不同的视角全方位而又深入地展现中国轻纺城在经济、社会、文化、城市建设、生态文明等方面的建设进程和发展成就，在他们身上展现出来的独具特色、熠熠生辉的专业魅力和敬业精神，千方百计、千言万语、千山万水、千辛万苦的“四千精神”，“二次创业”、“三次创业”的创新进取、开放合作、放眼未来的国际观和全局观都是惊人的一致——中国轻纺城的发展，其实就是浙江人秉承“红船精神”、展现“重要窗口”、努力“领跑竞跑”和敢闯敢干、艰苦奋斗、砥砺前行的一个典型和缩影；“百人百篇”，以另类视角，素描和印证了这种历程和气质。

“绍兴县（柯桥区）精神”同样感召和激励着我们。期间，我们团队也克服了各种困难和临变，如外商受访者大部分能听懂中文但不会说中文，有的受访者只会讲绍兴方言，有的企业家因为生意繁忙几次改变访谈时间地点甚至一度“失联”；更有遗憾的是，我们虽已采访了印度商人凯瑞姆、柯桥街道福东社区周青美、企业家吴汉、市场管理人员朱建栋、经营户赵伟等，但因出版时效、个人意愿和疫情防控等因素，最终没有收录到本书中；而由于时空变迁、邀约不便、版面制约等原因，又难免与更多的重要人物、节点人杰、功勋人选“擦肩而过”——无论是关键时期的高层决策者、还是默默无闻的基层践行者，也包括成千上万的普通建设者、经营者、支持者。然而，他们的担当和智慧、精神和力量，中国轻纺城不会忘记，我们在访谈中也充分感悟并领略，所以同样值得尊重和分享……在此，除了崇高致敬，我们也深表歉意！

本书的采编和出版，我们还要感谢浙江大学出版社总编袁亚春、部门负责人吴伟伟和责任编辑杨茜，为整理、排版及编校等做出的不懈努力，周旭教授为本书封面题写“口述史”三个字，陆少坎为本书设计插页图案，“中国轻纺城志”编委会为本书插页提供了很多珍贵的照片。为了更直观反映中国轻纺城的历史，书中部分图片来自网络，文中未一一标注出处，在此一并表示感谢。当然，我们的团队在辛勤劳作中也拓展了业务领域、丰富了人生经历，如周群芳、张增祥在书稿最后核校阶段付出大量的时间和精力，印象深刻。我们参与访谈整理工作的 20 多位研究生和本科生，不但丰富了知识和阅历，而且上了一堂生动的社会实践思政课。

总之，我们十分感谢为本书如期上“市”而倾注心血的各方面热心人！

由于课题量大面广，且成书时间较紧、专业能力有限等原因，本书还有诸多可完善之处，恳请广大读者赐教，以利我们择机补正、提升。

《中国轻纺城发展口述史》编委会

2021 年 5 月

图书在版编目（CIP）数据

中国轻纺城发展口述史 / 浙江工业大学之江学院，绍兴市布商研究中心编著. — 杭州：浙江大学出版社，2021.7（2021.10重印）
ISBN 978-7-308-21500-8

Ⅰ. ①中… Ⅱ. ①浙… ②绍… Ⅲ. ①纺织工业—工业史—中国—现代 Ⅳ. ①F426.81

中国版本图书馆CIP数据核字(2021)第118396号

中国轻纺城发展口述史

浙江工业大学之江学院　绍兴市布商研究中心　编著　郑雅萍　主编

策划编辑　吴伟伟
责任编辑　杨　茜
责任校对　许艺涛
封面设计　周　灵
出版发行　浙江大学出版社
（杭州市天目山路148号　邮政编码　310007）
（网址：http：//www.zjupress.com）
排　　版　杭州林智广告有限公司
印　　刷　杭州钱江彩色印务有限公司
开　　本　710mm×1000mm　1/16
印　　张　26.25
字　　数　514千
版 印 次　2021年7月第1版　2021年10月第2次印刷
书　　号　ISBN 978-7-308-21500-8
定　　价　128.00元

浙江大学出版社市场运营中心联系方式：0571－88925591；http：//zjdxcbs.tmall.com